古墳時代の日朝交流と金工品

土屋 隆史 著

雄山閣

口絵 1

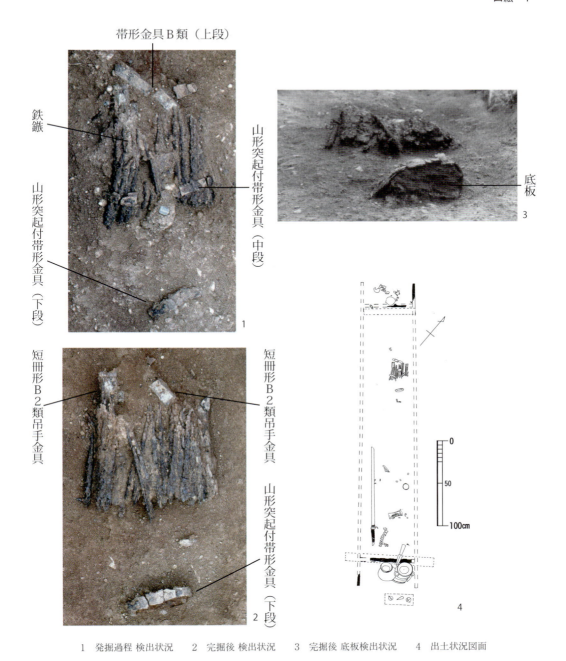

1 発掘過程 検出状況　2 完掘後 検出状況　3 完掘後 底板検出状況　4 出土状況図面

図50　坊主山1号墳例の出土状況［本文127頁参照］

図48　口絵6に掲載

［註］カラー図版の図番号は、本文中の図番号を示す。
　　　カラー図版は、紙面構成の都合上、順不同のものがある。

口絵 2

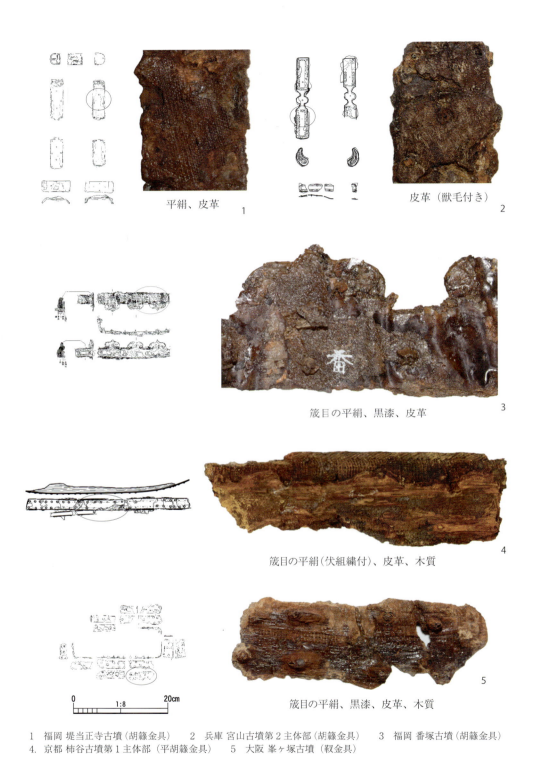

1 福岡 堤当正寺古墳（胡籙金具）　　2 兵庫 宮山古墳第2主体部（胡籙金具）　　3 福岡 番塚古墳（胡籙金具）
4 京都 柿谷古墳第1主体部（平胡籙金具）　　5 大阪 峯ヶ塚古墳（靫金具）

図69　盛矢具に付着する有機質（s=1/8、写真は縮尺任意）[本文 155 頁参照]

口絵 3

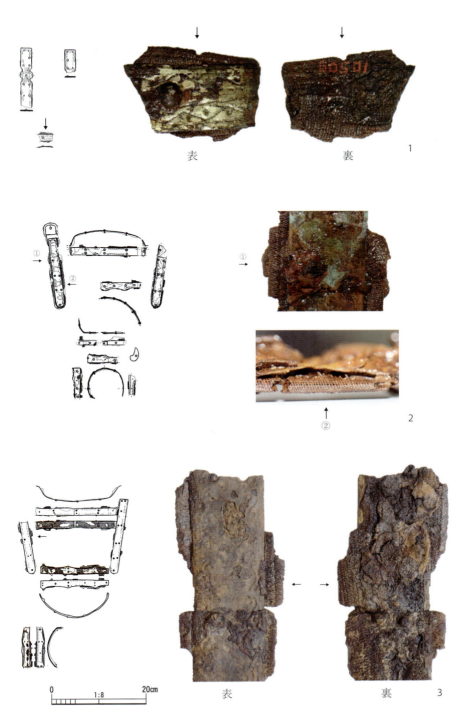

1　公州 宋山里 4 号墳（胡籙金具 双Ⅲ群）　　2　京都 坊主山 1 号墳（胡籙金具 短BⅡ群）
3　香川 王墓山古墳（胡籙金具 短BⅡ群）

図72　縁かがりの事例（1, 2, 3 の実測図は s=1/8、写真は縮尺任意）［本文160頁参照］

口絵 4

1 東京国立博物館所蔵品（胡籙金具 双Ⅱ群）　2 咸安 道項里（現）8号墳（胡籙金具 双Ⅱ群）
3 咸安 道項里（東）6-1号墳（胡籙金具 双Ⅲ群）　4 高敞 鳳德里1号4号石室（胡籙金具 双Ⅱ群）

図73　伏組繍の事例1（実測図はs=1/8、写真は縮尺任意）［本文162頁参照］

口絵 5

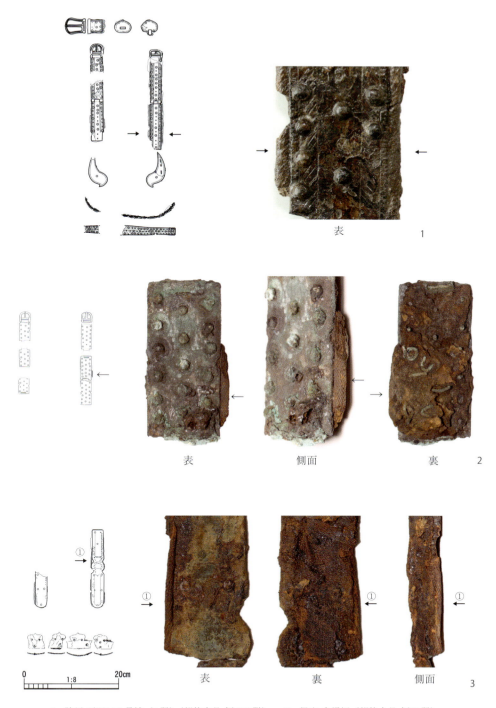

1　陝川 玉田M3号墳（J群）（胡籙金具 短CⅡ群）　　2　梁山 夫婦塚（胡籙金具 短C群）
3　奈良 珠城山1号墳（胡籙金具 双Ⅲ群）

図74　伏組繍の事例2（1～3の実測図は s=1/8、写真は縮尺任意）［本文162頁参照］

口絵 6

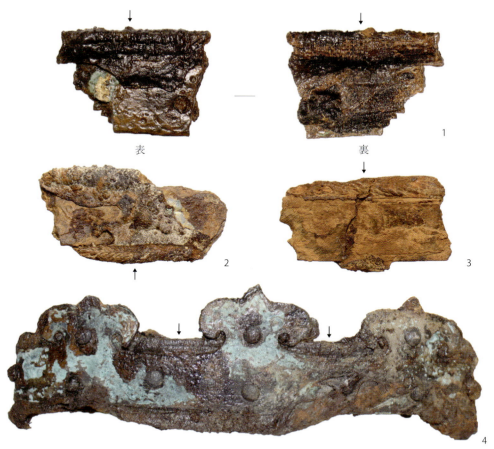

表　　　　　　　　　　裏

1〜3　大阪 峯ヶ塚古墳後円部（山形突起付帯形金具）　4　福岡 番塚古墳（三葉形立飾付帯形金具）
図75　倭における初期の縁飾（写真は縮尺任意）［本文164頁参照］

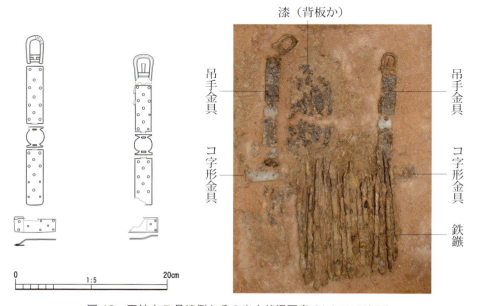

図48　天神山7号墳例とその出土状況写真［本文124頁参照］

口絵 7

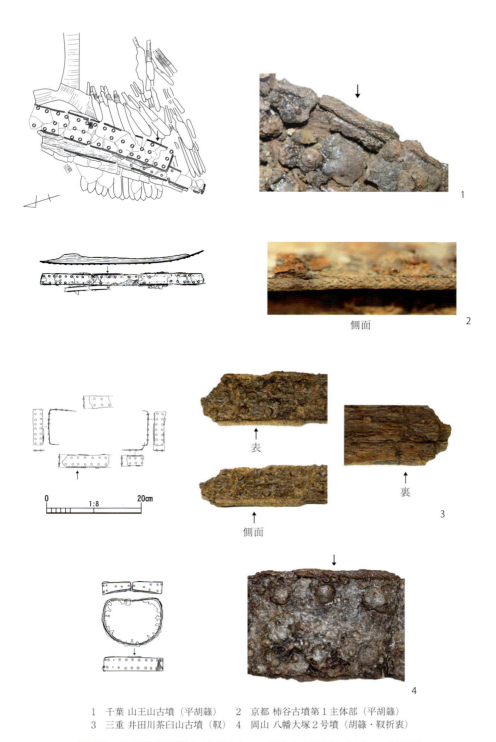

1　千葉 山王山古墳（平胡籙）　2　京都 柿谷古墳第1主体部（平胡籙）
3　三重 井田川茶臼山古墳（靫）　4　岡山 八幡大塚2号墳（胡籙・靫折衷）

図76　伏組繍の事例3（実測図は1/8、写真は縮尺任意）［本文162頁参照］

口絵 8

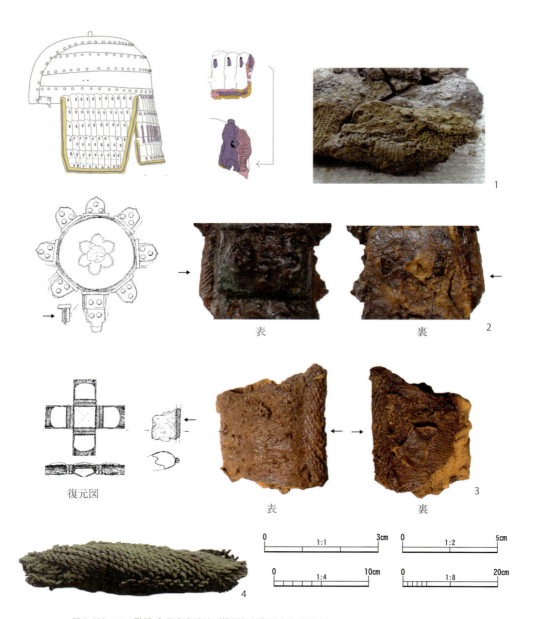

縁かがり：1　群馬 金井東裏遺跡（横矧板鋲留衝角付冑頬当）
伏組繡：2　島根 上塩冶築山古墳（雲珠）　3　千葉 江子田金環塚古墳（辻金具）
　　　　4　公州 武寧王陵（金銅飾履内側に付着した経錦縁の組紐）

図77　他の器物にみられる縁飾
（1は左から右下の順にs=1/8、1/4、1/1、2はs=1/4、3はs=1/2、写真は縮尺任意）［本文166頁参照］

口絵 9

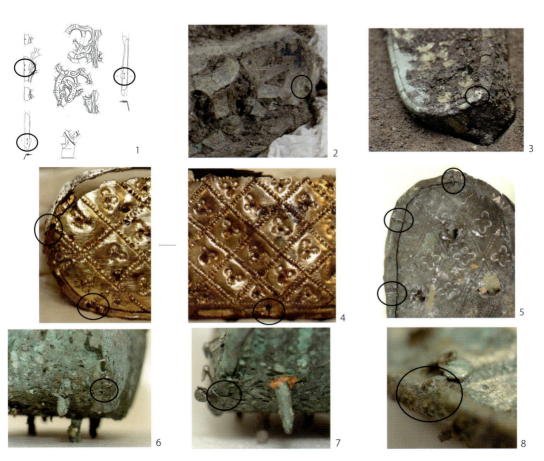

1　原州 法泉里1号墳（側折：折曲1類）　2　公州 水村里Ⅱ-3号墳（側折：折曲1類）
3　高興 吉頭里雁洞古墳（側折：折曲1類）　4　益山 笠店里86-1号墳（側折：折曲1・2類）
5　羅州 新村里9号墳乙棺（側折：折曲2類）　6　公州 武寧王陵王（側折：折曲2類）
7　公州 武寧王陵王妃（側折：折曲2類）　8　羅州 伏岩里3号墳96号石室4号甕棺（側折：折曲2類）

図84　百済における底板と側板の折り返し方法と接合技法［本文183頁参照］

口絵 10

1, 2　群馬 下芝谷ッ古墳 [1：底板　2：側板]（底折：かしめ）　3　福井 十善の森古墳底板（底折：かしめ）
4　熊本 江田船山古墳側板（側折：折曲 2 類）　5, 6　滋賀 鴨稲荷山古墳側板 [1：下から　2：横から]（側折：捩 1 類）
7　大阪 一須賀 WA1 号墳側板（側折：捩 2 類）　8　奈良 藤ノ木古墳 A 底板（側折：捩 2 類）
9　伝福岡大将陣古墳側板（側折：捩 2 類）

図 90　倭における底板と側板の折り返し方法と接合技法 ［本文 192 頁参照］

1　側坂下端の折り返し部分（表面）　　　2　側坂折り返し部分（側面）

図 100　新徳 1 号墳出土飾履 ［本文 213 頁参照］

口絵 11

ソケット金具鋲カシメ：1 羅州 新村里9号墳乙（冠）、ソケット金具差し込み：2 高敞 鳳徳里1号墳4号（竹葉形金具）
座金＋割りピン（青銅）：3 福井 十善の森古墳（広帯二山式冠）、座金＋割りピン（鉄）：4 福井 十善の森古墳（飾履）
座金＋ハトメカシメ：5 大阪 峯ヶ塚古墳（双魚佩）、割りピン（青銅）：6 三重 井田川茶臼山古墳（広帯二山式冠）
割りピン（鉄）：7. 兵庫 西山6号墳第6主体（広帯二山式冠）

図96　ガラス玉接合技法の諸例　［本文 207 頁参照］

1類：1　熊本 江田船山古墳右　　2類：2　咸平 新徳1号墳　　3　奈良 大和二塚古墳前方部
3類：4　咸平 新徳1号墳　　　　4類：5　大阪 一須賀WA1号墳　　6　大阪 伝城山所在古墳

図119　亀甲繋文にみられる彫金技術の分類　［本文 250 頁参照］

口絵 12

1　立飾上部

2　立飾下部〜中部

3　立飾接合部

4　蝶形金具痕か

5　帯部の装飾

6　魚形歩揺

7　ガラス玉の接合（表面）

8　ガラス玉の接合（側面）

図99　新徳1号墳出土の広帯二山式冠　[本文212頁参照]

目　　次

序　章　本研究の目的と課題

第1節　本研究の射程 …………………………………………………… I

第2節　古墳時代における日朝交流の論点 …………………………… I

　　第1項　相互作用という視点　I

　　第2項　金工品の研究　2

　　（1）金工品の研究意義　　（2）注目する金工品　　（3）金工品生産研究の論点

第3節　本研究の構成 …………………………………………………… 6

　　第1項　分析方法　6

　　第2項　検討地域・検討時期　6

　　第3項　本書の流れ　7

第Ⅰ部
朝鮮半島における胡籙金具の展開

第1章　胡籙金具の分類・編年・地域性

はじめに …………………………………………………………………… II

第1節　胡籙金具の研究史と本書の位置づけ ………………………… II

　　第1項　研究史　II

　　第2項　問題点の所在　I4

　　第3項　分析の視点　I4

第2節　胡籙金具の分類 ………………………………………………… I5

　　第1項　各部名称と金具の分類　I5

　　（1）吊手金具の分類　　（2）収納部金具の分類

　　（3）勾玉状金具の分類　　（4）帯金具の分類

　　第2項　胡籙金具の組み合わせ　24

第3節　胡籙金具の変化 ………………………………………………… 26

　　第1項　双方中円形吊手金具の分析　26

　　第2項　短冊形B類吊手金具の分析　30

　　第3項　短冊形A類吊手金具、方形A類吊手金具の分析　30

　　第4項　短冊形C類吊手金具、方形B類吊手金具の分析　33

目　次

　　第4節　胡籙金具の変遷と実年代 ……………………………………… 35

　　　第1項　変遷の特質　35

　　　第2項　各段階の実年代　36

　　　（1）Ⅱ段階の上限年代─収納部金具 Ba 類、Bc 類、Bd 類の出現時期

　　　（2）Ⅲ段階の上限年代─双方中円形3類吊手金具、収納部金具 Bb 類の出現時期

　　第5節　朝鮮半島南部における胡籙金具の分布状況 ……………………… 38

　　　第1項　勾玉状金具と帯金具の分布状況　38

　　　第2項　胡籙金具群の分布状況　39

　　結　語 …………………………………………………………………… 41

第2章　百済における胡籙金具の展開

　はじめに ……………………………………………………………………… 45

　第1節　先行研究 ……………………………………………………………… 45

　第2節　Ⅰ段階 ………………………………………………………………… 46

　　　（1）出現時期　　（2）双方中円形Ⅰb 群の特徴

　　　（3）短冊形CⅠ群の特徴　　（4）装身具賜与体系の成立と胡籙金具

　第3節　Ⅱ段階 ………………………………………………………………… 51

　　　（1）双方中円形Ⅱ群の特徴　　（2）短冊形CⅡ群の特徴

　　　（3）方形B群の特徴　　（4）短冊形BⅠ群の特徴

　　　小　結　55

　第4節　Ⅲ段階 ………………………………………………………………… 56

　　　（1）双方中円形Ⅲ群の特徴　　（2）短冊形BⅡ群の特徴

　　　小　結　57

　結　語 ………………………………………………………………………… 58

第3章　新羅における胡籙金具の展開

　はじめに ……………………………………………………………………… 61

　第1節　先行研究 ……………………………………………………………… 61

　第2節　Ⅰ段階 ………………………………………………………………… 61

　　　（1）双方中円形Ⅰa 群の特徴　　（2）短冊形AⅠ群の出現　　（3）方形AⅠ群の出現

　第3節　Ⅱ段階 ………………………………………………………………… 66

　　　（1）双方中円形Ⅰa 群と双方中円形Ⅱ群　　（2）短冊形AⅡ群と方形AⅡ群の出現

　　　（3）材質と階層性

　第4節　Ⅲ段階 ………………………………………………………………… 69

（1）双方中円形Ⅲ群の特徴　　（2）短冊形CⅡ群の特徴

（3）新しい胡籙金具の出現　　（4）小　結

結　語　…………………………………………………………………………　73

第4章　大加耶における胡籙金具の展開

はじめに　………………………………………………………………………　75

第1節　先行研究と問題の所在　……………………………………………　75

　　本章の視点　76

第2節　大加耶における胡籙金具の展開　…………………………………　76

　第1項　Ⅰ段階　76

　第2項　Ⅱ段階　77

　（1）双方中円形Ⅱ群の特徴　　（2）玉田M1号墳例の検討

　（3）玉田M3号墳例の検討　　（4）Ⅱ段階後半の百済系胡籙金具

　第3項　Ⅲ段階　86

　（1）双方中円形Ⅲ群、短冊形BⅡ群の特徴　　（2）　出現経緯

　（3）新しい胡籙金具の出現　　（4）小　結

結　語　…………………………………………………………………………　89

第5章　阿羅伽耶における胡籙金具の展開

はじめに　………………………………………………………………………　91

第1節　先行研究　……………………………………………………………　91

第2節　阿羅伽耶における胡籙金具の展開　………………………………　91

　第1項　Ⅰ段階　92

　第2項　Ⅱ段階　92

　（1）道項里（文）54号墳例　　（2）道項里（現）8号墳例　　（3）道項里（現）22号墳例

　第3項　Ⅲ段階　95

結　語　…………………………………………………………………………　95

目 次

第Ⅱ部

日本列島における盛矢具の展開

第6章　倭における胡籙金具の展開

はじめに …………………………………………………………………………… 99

第1節　倭における胡籙金具の編年 …………………………………………… 99

第2節　倭における胡籙金具の系譜 ………………………………………… 101

　　第1項　Ⅰ段階　101

　　第2項　Ⅱ段階　105

　　（1）双方中円形Ⅰa群の特徴　　（2）双方中円形Ⅰ群―百済系の可能性があるもの

　　（3）双方中円形Ⅱ群の系譜　　（4）短冊形BⅠ群の特徴

　　（5）逆心葉形金具の出土例　　（6）大加耶との交流

　　第3項　Ⅲ段階　111

　　（1）双方中円形Ⅲ群と短冊形BⅡ群の特徴　　（2）Ⅲ段階の開始時期

　　（3）胡籙金具の終焉　（4）小　結

第3節　倭における胡籙金具の分布状況とその特質 ……………………… 118

　　（1）分布状況　　（2）分布の背景

結　語 …………………………………………………………………………… 121

第7章　胡籙の形態復元

はじめに …………………………………………………………………………… 123

第1節　胡籙の形態復元にかんする先行研究 ……………………………… 123

　　（1）双方中円形Ⅰa群　　（2）双方中円形Ⅱ群　　（3）双方中円形Ⅲ群

第2節　双方中円形Ⅲ群の復元形態の検討 ………………………………… 126

　　（1）坊主山1号墳例　　（2）王墓山古墳例　　（3）復元形態の検討

　　（4）双方中円形Ⅱ群の復元形態　　（5）その他の胡籙金具群の復元形態

結　語 …………………………………………………………………………… 131

第8章　平胡籙の出現過程と形態復元

はじめに …………………………………………………………………………… 133

第1節　先行研究 ……………………………………………………………… 133

第2節　平胡籙の金具とは …………………………………………………… 135

　　第1項　基準資料の検討　135

（1）山王山古墳例　　　（2）柿谷古墳第1主体部例

　　　（3）女谷B支群18号横穴例　　　（4）巨勢山ミノ山支群2号墳東棺例

　　第2項　検討資料の共通点　137

　　第3項　類例の検討　138

　第3節　平胡籙の源流　………………………………………………………　139

　　第1項　「胡籙」との関連　139

　　第2項　朝鮮半島出土の関連事例　141

　結　語　………………………………………………………………………　142

第9章　靫金具の変遷

　はじめに　………………………………………………………………………　143

　第1節　埴輪にみられる靫金具　………………………………………………　143

　第2節　靫金具の分類　…………………………………………………………　145

　　　（1）装着部位　　　（2）横帯金具の属性分析　　　（3）胡籙金具と靫金具の折衷形態

　結　語　………………………………………………………………………　153

第10章　倭における盛矢具生産
　　　　　　―盛矢具に付着する織物の製作技法を中心に―

　はじめに　………………………………………………………………………　155

　第1節　盛矢具に付着する有機質の基本構造　………………………………　155

　　　（1）胡　籙　　　（2）平胡籙　　　（3）靫　　　（4）盛矢具に付着する有機質の特徴

　第2節　盛矢具にみられる縁飾についての先行研究　………………………　157

　　　（1）縁かがり　　　（2）伏組繍　　　（3）馬具にみられる縁飾　　　（4）本章の視点

　第3節　盛矢具にみられる縁かがりの検討　…………………………………　159

　　　（1）事　例　　　（2）縁かがりの系譜　　　（3）縁かがりが確認される盛矢具の変化

　第4節　盛矢具にみられる伏組繍の検討　……………………………………　161

　　　（1）伝朝鮮半島出土　　　（2）阿羅伽耶　　　（3）百　済　　　（4）大加耶

　　　（5）新　羅　　　（6）倭　　　（7）伏組繍の系譜

　第5節　その他の器物にみられる縁飾　………………………………………　166

　　　（1）馬　具　　　（2）冑　　　（3）飾　履　　　（4）その他

　第6節　縁飾の系譜　……………………………………………………………　167

　結　語　………………………………………………………………………　169

目　次

第Ⅲ部

金銅製装身具の展開

第11章　金銅製飾履の受容と展開

はじめに ……………………………………………………………………… 173

第1節　先行研究 ………………………………………………………… 173

（1）本格的な飾履研究の始まり　　（2）日本における研究

（3）韓国における研究　　（4）分析の視点

第2節　金銅製飾履の製作技法 ……………………………………… 176

第1項　底板と側板の接合技法　176

（1）底板と側板の折り返し方法　　（2）底板と側板の接合技法

第2項　地域性との関連性　178

第3項　時間的変化との関連性　180

（1）Ⅱ群A型の変化　　（2）Ⅱ群B型の変化　　（3）小　結

第3節　朝鮮半島南部における飾履の展開 ………………………… 181

第1項　百　済　181

（1）5世紀前葉—飾履の出現　　（2）5世紀中葉—製作技法・文様の多様化

（3）5世紀後葉～6世紀前葉—製作技法・文様の大きな変化　　（4）出土地不明資料の検討

第2項　新　羅　188

（1）5世紀中葉—飾履の出現　　（2）5世紀後葉～6世紀中葉—製作技法と文様の変化

（3）出土地不明品　　（4）小　結

第4節　倭における飾履の受容と展開 ……………………………… 191

第1項　倭における初期の飾履　191

（1）Ⅱ群C型　　（2）系　譜

第2項　Ⅱ群A型の検討　193

（1）MT15型式期—Ⅱ群A型の出現

（2）TK10～TK43型式期—倭独自の製作技法と文様の変化

（3）TK209型式期—倭の独自性の高まり

第3項　倭における飾履の受容　197

（1）分布状況　　（2）形態的特徴　　（3）共伴遺物　　（4）出土状況

結　語 ……………………………………………………………………… 199

第12章　倭における広帯二山式冠の出現過程

はじめに ……………………………………………………………………… 201

第1節　先行研究と分析の視点 ……………………………………… 201

第2節　広帯二山式冠の文様系列 ………………………………… 203

第3節　広帯二山式冠を構成する諸属性 ………………………… 205

　　（1）蝶形金具の変化　　（2）ガラス玉接合技法　　（3）属性の共伴関係

第4節　広帯二山式冠の原型 ……………………………………… 209

　　（1）加耶の影響　　（2）百済の影響　　（3）中国、ユーラシアの影響　　（4）小　結

第5節　文様系列の出現過程 ……………………………………… 215

　　（1）透彫B類　　（2）透彫A類　　（3）線彫A類　　（4）線彫B類　　（5）小　結

第6節　広帯二山式冠の副葬 ……………………………………… 225

　　（1）出土状況　　（2）飾履との共伴関係

結　語 ………………………………………………………………… 227

第13章　倭の金工品にみられるモチーフの系譜

はじめに ……………………………………………………………… 229

第1節　連続波頭文の系譜 ………………………………………… 229

　　第1項　透彫表現の連続波頭文　229

　　（1）冠・飾履　　（2）馬　具　　（3）胡籙金具　　（4）系　譜

　　第2項　立体、象嵌・彫金表現の連続波頭文　235

　　（1）立体表現　　（2）象嵌・彫金表現

　　第3項　透彫表現と立体表現、象嵌・彫金表現の関係性　237

第2節　魚を描いた金具の系譜 …………………………………… 237

　　第1項　魚の文様構成　237

　　第2項　他のモチーフとの組み合わせ　240

　　（1）魚と鳥　　（2）魚と連続波頭文　　（3）魚と船

　　第3項　系　譜　240

結　語 ………………………………………………………………… 241

終　章　倭における金工品生産と渡来系工人集団

はじめに ……………………………………………………………… 243

第1節　古墳時代中期における渡来系集団の研究事例 ………… 243

　　第1項　集落研究　243

　　第2項　生産遺跡研究　243

　　第3項　古墳副葬品の研究　244

第2節　広帯二山式冠、飾履の出現と盛矢具の変化 …………… 245

目　次

　　　（1）広帯二山式冠　　（2）飾　履　　（3）盛矢具　　（4）金工品モチーフの変化

第3節　5世紀後葉以降における倭の金工品生産 ……………………………… 246

　　第1項　生産遺跡と器物の状況　246

　　（1）生産遺跡の状況　　（2）器物の状況

　　第2項　金工品生産の様相　247

　　（1）設計段階―モチーフの共有　　（2）部品製作・組み立て段階　　（3）小　結

第4節　百済系工人集団をめぐる国際環境 ……………………………………… 253

　　第1項　金工品にみられる特徴　253

　　（1）漢城期の金工品に由来するモチーフ　　（2）モチーフの退化と製作技法の変化

　　第2項　百済系工人集団の渡来の契機　254

　　（1）百済系工人集団の移住の可能性　　（2）交流経路

　　第3項　倭の社会状況　258

おわりに ………………………………………………………………………… 259

　　参考文献　261

　　図版出典　279

韓国語要旨 ……………………………………………………………………… 287

あとがき ………………………………………………………………………… 291

図表目次

［巻頭口絵］
口絵1　図50　坊主山1号墳例の出土状況
口絵2　図69　盛矢具に付着する有機質
口絵3　図72　縁かがりの事例
口絵4　図73　伏組繍の事例1
口絵5　図74　伏組繍の事例2
口絵6　図75　倭における初期の縁飾
　　　　図48　天神山7号墳例とその出土状況
　　　　　　　写真
口絵7　図76　伏組繍の事例3
口絵8　図77　他の器物にみられる縁飾

口絵9　図84　百済における底板と側板の折り
　　　　　　　返し方法と接合技法
口絵10　図90　倭における底板と側板の折り返
　　　　　　　し方法と接合技法
　　　　図100　新徳1号墳出土飾履
口絵11　図96　ガラス玉接合技法の諸例
　　　　図119　亀甲繋文にみられる彫金技術の
　　　　　　　分類
口絵12　図99　新徳1号墳出土の広帯二山式冠

［本文］
図1　各部名称　15
図2　吊手金具の諸属性　16
図3　双方中円形吊手金具の属性構成　17

図4　短冊形B類吊手金具の属性構成　17
図5　収納部金具の分類　21
図6　勾玉状金具と帯金具の分類　23

viii

目　次

図 7　胡籙金具群の模式図　25
図 8　双方中円形群の類例　29
図 9　短冊形群の類例　31
図 10　方形群の類例　32
図 11　胡籙金具を構成する諸属性の消長　34
図 12　胡籙金具群の併行関係と段階設定　34
図 13　三燕における胡籙金具の類例　35
図 14　勾玉状金具と帯金具の分布状況　39
図 15　朝鮮半島南部における胡籙金具群の分布状況　40
図 16　百済における I 段階の胡籙金具群 1　47
図 17　吊手金具下端片側に抉りをもつ事例　48
図 18　高句麗における双方中円形吊手金具　48
図 19　百済における I 段階の胡籙金具群 2　49
図 20　百済における II 段階の胡籙金具群（双方中円形 II 群）　52
図 21　百済における II 段階の胡籙金具群（短冊形 C II 群）　53
図 22　百済における II 段階の胡籙金具群（方形 B 群、群不明）　54
図 23　短冊形 B I 群の出現と三燕の関連資料　55
図 24　百済における III 段階の胡籙金具群　57
図 25　新羅における I 段階の胡籙金具群（双方中円形 I a 群）　63
図 26　新羅における I 段階の胡籙金具群（短冊形 A I 群、方形 A I 群）　65
図 27　新羅における II 段階の胡籙金具群（双方中円形 I a 群、II 群）　66
図 28　新羅における II 段階の胡籙金具群（短冊形 A II 群、方形 A II 群）　67
図 29　新羅における III 段階の胡籙金具群　71
図 30　大加耶における I 段階の胡籙金具群　76
図 31　池山洞古墳群における II 段階の新羅系胡籙金具群　79
図 32　玉田古墳群における II 段階の新羅系胡籙金具群　80
図 33　玉田 M1 号墳例　81
図 34　大加耶 II 段階前半における百済系胡籙金具群　82
図 35　玉田 M3 号墳例　84
図 36　大加耶における II 段階後半の百済系胡籙金具群　85
図 37　大加耶における II 段階後半から III 段階の百済系胡籙金具群　86
図 38　大加耶における III 段階の胡籙金具群　87
図 39　阿羅伽耶における胡籙金具群　93
図 40　倭における I 段階の胡籙金具群　103
図 41　倭における II 段階の胡籙金具群 1　106

図 42　倭における II 段階の胡籙金具群 2　107
図 43　倭における III 段階の胡籙金具群　112
図 44　山の神古墳例　114
図 45　倭における胡籙金具群の分布状況　120
図 46　正倉院葛胡籙の模式図　123
図 47　双方中円形 I 群の復元案　124
図 48　天神山 7 号墳例とその出土状況写真　口絵 6
図 49　双方中円形 III 群、短冊形 B II 群の復元形態の諸例　125
図 50　坊主山 1 号墳例の出土状況　口絵 1
図 51　坊主山 1 号墳出土胡籙金具　127
図 52　王墓山古墳出土胡籙金具　129
図 53　胡籙の復元形態　130
図 54　平胡籙金具の出土状況図　134
図 55　倭における平胡籙金具 1　136
図 56　倭における平胡籙金具 2　140
図 57　古墳時代後期における平胡籙の復元試案　141
図 58　林堂 C−I−35 号墳出土例　142
図 59　靫を模した埴輪の諸例 1　144
図 60　靫を模した埴輪の諸例 2　145
図 61　靫と靫金具の部位名称　146
図 62　靫形埴輪にみられる凹形帯　147
図 63　靫金具（横帯金具）の諸属性　148
図 64　I 段階の靫金具　150
図 65　II 段階の靫金具　150
図 66　III 段階の靫金具 1　151
図 67　III 段階の靫金具 2　152
図 68　胡籙金具と靫金具の折衷形態　153
図 69　盛矢具に付着する有機質　口絵 2
図 70　朝日長山古墳出土胡籙金具の縁飾構造　158
図 71　伏組繡の構造　159
図 72　縁かがりの事例　口絵 3
図 73　伏組繡の事例 1　口絵 4
図 74　伏組繡の事例 2　口絵 5
図 75　倭における初期の縁飾　口絵 6
図 76　伏組繡の事例 3　口絵 7
図 77　他の器物にみられる縁飾　口絵 8
図 78　縁かがりの時空図　168
図 79　伏組繡の時空図　168
図 80　底板・側板の折り返し方法と接合技法　177
図 81　百済における飾履の諸例 1　182
図 82　百済における飾履の諸例 2　184
図 83　百済における飾履の諸例 3　186
図 84　百済における底板と側板の折り返し方法と接合技法　口絵 9
図 85　新羅における飾履の諸例 1　189
図 86　新羅における飾履の諸例 2　190

目 次

図 87　倭における初期の飾履　192
図 88　倭におけるⅡ群 A 型の諸例 1　194
図 89　倭におけるⅡ群 A 型の諸例 2　195
図 90　倭における底板と側板の折り返し方法と接合技法　口絵 10
図 91　亀甲繋文の分類と変遷　196
図 92　倭における飾履の分布状況　198
図 93　帯部文様の分類　204
図 94　蝶形金具の分類と諸例　205
図 95　ガラス玉接合技法の分類　207
図 96　ガラス玉接合技法の諸例　口絵 11
図 97　草花形立飾と船形立飾　210
図 98　笠店里 86-1 号墳出土金銅製冠　211
図 99　新徳 1 号墳出土の広帯二山式冠　口絵 12
図 100　新徳 1 号墳出土飾履　口絵 10
図 101　新徳 1 号墳例の関連資料　214
図 102　透彫 B 類の諸例　216
図 103　冠帽と広帯二山式冠の文様の関連性　217
図 104　透彫 A 類の諸例　219
図 105　冠帽・飾履にみられる花文　221
図 106　線彫 A 類の諸例　223
図 107　線彫 B 類の諸例　224
図 108　倭における広帯二山式冠の分布状況　225
図 109　連続波頭文をもつ金工品 1　230
図 110　連続波頭文をもつ金工品 2　231
図 111　C 字形瘤付二叉紋の諸例　233
図 112　C 字形瘤付二叉紋と連続波頭文の比較　234
図 113　立体・平面表現の連続波頭文　236
図 114　魚を描いた金具 1　237
図 115　魚を描いた金具 2　238
図 116　モチーフの組み合わせ　241
図 117　金工品の製作工程　248
図 118　特殊な花文をもつ馬具・刀装具・胡籙金具　249
図 119　亀甲繋文にみられる彫金技術の分類　口絵 11
図 120　共通の要素技術がみられる金工品のまとまり　252
図 121　朝鮮半島中西部から南西部における倭系武具・倭系古墳の分布　255

表 1　双方中円形吊手金具の属性相関　18
表 2　収納部金具の共伴関係　22
表 3　胡籙金具群の設定　24

表 4　双方中円形吊手金具の変化と馬具編年の相関（朝鮮半島）　27
表 5　短冊形 A 類吊手金具の変化と土器編年の相関　33
表 6　方形 A 類吊手金具の変化と馬具編年の相関　33
表 7　短冊形 C 類吊手金具の変化と馬具編年の相関　33
表 8　収納部金具 Ba 類、Bc 類、Bd 類の出現年代　37
表 9　双方中円形 3 類吊手金具、収納部金具 Bb 類の出現年代　38
表 10　百済におけるⅠ段階の胡籙金具群　50
表 11　百済におけるⅡ・Ⅲ段階の胡籙金具群　56
表 12　新羅におけるⅠ段階の胡籙金具群　62
表 13　新羅におけるⅡ段階の胡籙金具群　68
表 14　新羅におけるⅢ段階の胡籙金具群　70
表 15　大加耶におけるⅠ・Ⅱ段階の胡籙金具群　78
表 16　大加耶におけるⅢ段階の胡籙金具群　87
表 17　阿羅伽耶における胡籙金具群　94
表 18　双方中円形吊手金具の変化と鉄鏃編年の相関　100
表 19　短冊形 B 類吊手金具の変化と鉄鏃編年の相関　101
表 20　倭におけるⅠ・Ⅱ段階の胡籙金具　108
表 21　倭におけるⅢ段階の胡籙金具群（双Ⅲ群）　116
表 22　倭におけるⅢ段階の胡籙金具群（短 BⅡ群）　118
表 23　平胡籙金具の類例　138
表 24　靫金具の諸属性　149
表 25　倭における盛矢具の統合編年　153
表 26　縁かがりの事例　161
表 27　伏組繍の事例　163
表 28　百済における飾履の諸属性　179
表 29　新羅における飾履の諸属性　179
表 30　倭における飾履の諸属性　181
表 31　蝶形金具の変遷　206
表 32　倭におけるガラス玉接合技法の諸例　208
表 33　広帯二山式冠の諸属性　226
表 34　連続波頭文をもつ金工品　229
表 35　魚が描かれた金工品　239
表 36　彫金表現による亀甲繋文をもつ金工品　249
表 37　異なる金工品間で共通する特徴　251

序章　本研究の目的と課題

第1節　本研究の射程

　五胡十六国時代、華北一帯は非漢族が次々と建国・滅亡を繰り広げた。この華北の争乱に端を発し、朝鮮半島、日本列島へ到達する混乱の波は、国際政治上の緊張だけでなく、人と文化を運んできた。このことが、4・5世紀の半島・列島社会を大きく変革させる原動力となったのである（田中史 2013）。本書では、多くの新しい文化が日本列島にもたらされる直接的な契機となった、倭の対外交流に焦点をあてる。

　この時期の倭の対外交流としては、まず中国南朝との交流が挙げられる。『宋書』には倭の五王が中国南朝へ朝貢していたことが記載されており、それを通して同型鏡群をはじめとした中国南朝の器物が多く倭にもたらされたことが明らかにされてきた。また中国南朝への朝貢で得た官職を、倭内部の政治的秩序に用いた「府官制的秩序（鈴木靖 1984、2002 など）」の存在も指摘されている。中国南朝との交流は倭の政治や文化に大きな影響を与えたと考えられる。

　また、『古事記』、『日本書紀』、『三国史記』、『三国遺事』などには倭と朝鮮半島南部諸勢力との交流を示す記事も多数認められる。中国南朝への朝貢が途絶えた6世紀以降の記載もあるなど、中国南朝への朝貢と比べて情報量が格段に多い。朝鮮半島南部諸勢力と倭の交流関係こそが、それぞれの対外関係において大きな比重を占めていたと評価できるという指摘もある（吉田 1998、高田 2014）。さらに、近年朝鮮半島南部において三国時代の墳墓が多数発掘され、それにともなって三国時代の考古学研究が精力的に進められてきた。朝鮮半島南部と日本列島から出土した遺物や遺構の比較検討を通して、朝鮮半島南部から多くの文化が日本列島に伝えられたことが具体的に明らかになってきている。本書では、倭の対外交流の中でも、朝鮮半島南部諸勢力との交流に注目する。

第2節　古墳時代における日朝交流の論点

第1項　相互作用という視点

　古墳時代における日朝交流の研究は、従来の任那日本府論が文献史学の側から批判されて以降（山尾 1989、田中俊 1992 ほか）、新しい局面を迎えている。近年では、日本列島側や朝鮮半島側からの一方的な視点での日朝交流史ではなく、双方の事情も考慮した両地域の「相互作用」に注目した研究視点が盛んである。

　朴天秀は、このような視点から日本列島と朝鮮半島の交流史研究を精力的に進めている（朴天秀 1998、2007 など）。朴天秀は、日本の研究者が日朝交流を倭王権[1]による任那日本府を通した植民地収奪、あるいは韓半島侵略の結果として理解してきたことを批判した。そのうえで、

倭王権が韓半島の南部地域における軍事活動を通して、技術者集団と金銅製の装身具、鉄素材、武具、馬具などの先進文物と必需物資の導入ルートを独占的に掌握し、各地にそれを分与することを通して覇権を確立することで、日本列島で古代国家が出現したとする歴史像の見直しをはかった。

　朴天秀によると、3〜4世紀には金官伽耶、5世紀前半には新羅、5世紀後半は大伽耶、6世紀前半は百済、6世紀後半は新羅、6世紀末以降は百済が主な交流の相手であり、交流の主体が当時の国際情勢と力関係によって時期別に変動したという。さらに、それらを各地域の政治的変動と相互作用の結果と捉えて、「金官伽耶と河内王権の成立」、「大伽耶の成長と雄略朝の政治変動」、「百済の再興と継体朝の成立」という相互の画期を関連するものとして結び付けた。このように、朴天秀は、古墳時代の日朝交流を倭の侵略によるものではなく、韓半島と日本列島の政治的な交流によるものという観点からまとめあげた。

　相互作用という視点は、近年多く取り入れられてきており、成果を挙げている。高田貫太は、従来の日朝交流史の問題点として、①倭としての政治経済的な結集の契機として倭王権の軍事的活動を重視している点、②古代の日朝関係を倭の政治経済的立場でのみ解釈を進めていく場合が大部分であった点、③大和朝廷の任那支配をめぐる問題をはじめとした考古学と古代史学の相互依存関係を挙げた（高田2014）。朴天秀の研究が、日朝関係の定型性にのみ注目するあまりに朝鮮半島の特定地域との関係をまるで日朝関係全体であるかのように把握した感が強い点に対し、高田の研究は日本列島諸地域社会の交流活動に注目し、日朝交流の多様性、錯綜性を動的に把握することを目的とした点で違いがある。日本列島と朝鮮半島の間には、相互の交流意図に基づく基層的かつ恒常的な交流関係が積み重ねられており、それこそが倭における先進文化の受容と展開の最も根本的な要因であったという。

　騎馬文化を研究対象とした諫早直人によると、日本列島に騎馬文化が普及・定着していった最大の要因は、高句麗南下政策を基軸とする当時の東北アジアの国際情勢の中で、受容主体である倭と、供給元である朝鮮半島南部諸国、双方の利害が一致したことに求められ、騎馬文化受容のメカニズムは、倭側の視点のみでは説明できないという（諫早2012a）。

　また、耳飾や装飾大刀といった金工品を研究対象とした金宇大は、古代朝鮮諸国や倭において、金工品や金工品製作工人が他地域に移入されることを多数確認した。そのうえで、緊迫した国際情勢を背景に、それぞれの勢力が利害関係の均衡を図り合う中で交渉がなされていた当時の国際関係を読み取った（金宇大2017）。

　このような研究視点は、ナショナリズムに左右されることが多い伝播論、対外交流論を客観的に考えるうえで、有効な方法であるといえる。

第2項　金工品の研究

（1）金工品の研究意義

　本書では、具体的な分析資料として金工品に注目する。金工品とは金属に細工が施された工芸品の一種であり、古墳時代の遺物としては冠、垂飾付耳飾、帯金具、飾履といった装身具

や、装飾付大刀、胡籙金具といった武具、装飾馬具などが挙げられる。金工品は、大陸から朝鮮半島を経由して日本列島に伝播してきた。モノや技術の移入の背景には朝鮮半島を中心とした地域との交流があったと考えられるため、日朝交流に迫りうる資料である。

　また、金工品は集落から出土することはほとんどなく、多くはエリート層の古墳副葬品として確認される。金や銀という素材の希少性や、彫金、鍍金などの製作技術の複雑さからみて、金工品の製作工房は限定的であったと考えられ、エリート層のもとに管理された工房の姿が想定されることが多い。そのため、金工品授受の背景には、エリート層間の政治性が反映されるとして、地域ごとに様々な指摘がなされている。

　例えば新羅では、5世紀代の古墳から冠、耳飾、帯金具、大刀などの金工品が被葬者に着装された状態で出土しており、これらは「着装型威勢品」と呼ばれる[2]（李熙濬2002）。これらは新羅王権が諸地域への間接支配を進める中で、新羅王権から下賜されたものと考えられており、組み合わせ関係や材質によって諸地域のエリート層を格差付けることで、身分制を示す道具としても機能していた可能性が指摘されている。また、漢城期、熊津期の百済においても、中央の支配層が地方のエリート層を編入させるため、着装型金工品を社会統合の一手段として用いていたことが指摘されている（李漢祥2009）。倭においては、6世紀後半以降に盛行する装飾付大刀に、具体的な職能や身分が反映されるとみる見解も示されている（穴沢・馬目1977、松尾充編2005など）。

　これらは、金工品授受の背景に想定される政治性を高く評価する見解であるが、これに対する批判もある。まず、金工品が地方で模倣製作された可能性を支持する研究者は、金工品が王権から各所へ下賜されたという前提を批判している（朴普鉉1987、鈴木勉2014など）。さらに、多様な日朝交流のあり方を想定する際、金工品生産主体の政治的意図が、最終的に金工品を入手した人物にまでどの程度反映されているかは判断が難しい。例えば、新羅の中枢である慶州で製作された金工品が、釜山福泉洞の勢力を介して倭王権にもたらされ、それが倭の地方のエリート層へ与えられたと考える場合、新羅が期待した政治的意図が、最終的に金工品を入手した倭の地方のエリート層にどの程度反映されているかについては検証が困難である。また、多くの場合、朝鮮半島で製作された金工品がどのような経緯・経路で日本列島にもたらされたのかについても、まだ漠然としている状態である。

　このように、金工品は5、6世紀の地域間関係を探るうえで重要な資料であることは間違いないが、日朝交流のような遠隔地の交流を論じる際、金工品に期待された政治的意図をふまえた検討をおこなうのは困難である。ただし、金工品が中国大陸や朝鮮半島から伝播した渡来遺物であることは間違いないため、そこに金工品研究の意義を見出したい。具体的には、金工品の「生産」、「流通」、「保有」、「廃棄（副葬）」という一生の中でもとくに「生産」に注目する。金工品生産[3]にみられる他地域の影響から交流の様相を探り、最終目標としては倭の金工品生産に従事していた渡来系工人集団の動向について考えることとしたい。

（2）注目する金工品

　倭で出土する金工品の故地は時期によって異なるが、百済、新羅、大加耶の影響が顕著であることから、これらの地域の金工品の動向をさぐる必要があるだろう。とくに本書では、胡籙金具、飾履、広帯二山式冠を分析対象とした。

　胡籙金具は、矢を入れる器の一種である胡籙を飾る金具である。「みせる」ことを旨とした儀仗・荘厳の道具であるという指摘もある（上野2014）。朝鮮半島南部と日本列島の4世紀末から7世紀にかけての墳墓から出土する。長期間にわたり広域で数多く出土することから、百済・新羅・大加耶・倭における展開様相を一貫した視点で分析することが可能な器物である。

　また飾履と冠は、それぞれ足と頭を飾る装身具である。飾履は度を越して大きく弱い構造であることから実用品とみるのは難しく、モガリの場などで用いられる葬送儀礼用品であったと指摘されている（馬目1991）。5世紀から6世紀にかけての朝鮮半島南部と日本列島の古墳から出土し、とくに百済・新羅・倭の上位層の古墳で出土する点が特徴である。

　広帯二山式冠も、頭部に着装された状態で出土することがあることから、葬送儀礼用品として用いられることがあったことが指摘されている（森下・吉井1995）。5世紀後葉頃から6世紀にかけて、日本列島の上位層の古墳から出土する点が特徴である。

　胡籙金具は武具、飾履と広帯二山式冠は葬送儀礼用品というように、それぞれ用途は異なると予想されるが、ともに朝鮮半島を経由して日本列島に伝播した金工品の一種であり、製作に必要となる素材や技術は共通する部分が多い。本書では、装身具、武具、馬具といった多様な金工品を同列に扱いながら比較検討することで、金工品生産の様相を探る。

（3）金工品生産研究の論点

　金属製品の生産にかんする研究はこれまでに多くの蓄積がある[4]。最も研究が進められているのは甲冑研究であろう。精緻な型式学的検討を基礎とし、在来系甲冑と外来系甲冑の比較検討を通して、在来工人と渡来工人が混じった工房の様子が議論されている。先駆的な成果を上げた北野耕平の研究をみてみよう（北野1963）。北野は、甲冑にみられる鋲留・鍍金技術の技術史的意義に注目し、甲冑の鋲留手法が馬具の鞍金具にもみられること、眉庇付冑にみられる鍍金や文様が帯金具などの金銅製品にもみられること、衝角付冑にも金銅製品にみられるような鍍金と波状列点文の手法をもつものがみられることなどを指摘した。そのうえで、鋲留・鍍金という新技術の導入が馬具製作工人をはじめとした大陸工人の帰化という形で実現したと結論付けた。在来工人と渡来工人が入り混じった当時の金工品生産の実態に迫りうる研究成果である。

　北野は、「…中期古墳の副葬品を綴り合わせて知られる技術的な数々の様相の間に、幾つかの接合面を探り当てることによって一個のものに繋がることを明かにしうるとすれば、そのようにして組立てられた実態は個々の事象を別々に観察して得られる印象とは違って、より一層古墳時代の中期の特質を抽出する上に役立つものであろう（北野1963、163頁）。」と述べている。これは、中期に限らず、後期の金工品生産の研究にも応用できる視点である。ここでは特

定の金工品だけでなく、複数の金工品の比較検討から金工品生産に迫った研究事例に注目してみたい。

橋本達也は、眉庇付冑と、帯金具、初期馬具などの金工品に共通してみられる透彫文様、鋲留、鍍金、彫金といった金工技術の間に直接的な技術関連を見出し、その製作は同一場所か互いに緊密なコミュニケーションのとれる範囲でおこなわれたという状況を想定した（橋本1995）。そして、眉庇付冑を日本列島で独自に開発された製品とみたうえで、従来、舶載品とされてきた帯金具や馬具などの中にも日本列島で製作された製品が少なからず存在する可能性が高いことを指摘した。北野の研究視点が発展的に継承された研究成果であろう。

同様の研究視点は他の金工品にもみられる。和田晴吾は、装飾馬具と装飾大刀の生産体制を考えるうえでの一例として特殊な花文に注目した（和田1986）。これは、多くは鉄地金銅張馬具の雲珠や辻金具に鏨で刻まれるものであるが、まれに倭系大刀の半球形勾革飾金具にも同じ技法で花文がほどこされる。また逆に、主に装飾大刀で用いられる銀象嵌の技法が、花文付馬具の中にもみられる。このことから、一部の大刀の製作が馬具生産と密接な関係にあったことを暗示すると結論付けた。特殊な花文という他人の空似の可能性が低い文様が、装飾馬具と装飾大刀に共通してみられることから両者の工房の関係性に迫った興味深い方法論である。

また、鈴木勉は、このような研究視点を技術史的立場からさらに発展させた。鈴木は、工具や技法といった「つくり」の共通点から金銅製品を「新山群」、「五條猫塚群」、「穀塚群」、「珠城山群」等に分類し、製品の用途や形態は異なっても使われた要素技術から同じ群と判断できるものについては、同じ技術が継承された工房で製作された可能性があることを指摘した（鈴木勉2004）。技法をもとにして多様な製品を簡潔に整理・分類することに成功した事例であるといえる。穀塚群には帯金具だけでなく大刀装具も含まれており、帯金具のような装身具工人と大刀工人の深い関係性が指摘されている。さらに、藤ノ木古墳出土馬具には双連珠魚々子文や鋳造による高肉彫の技術がみられるが、これは大刀装具工人が編み出した装飾技術であり、大刀装具工人が馬具の製作に参加したと考えられている。このような異業種工人間が協力し合う生産体制を、鈴木は「プロジェクトチーム型技術移転」と表現した。

さらに、諫早直人と鈴木勉は、福岡県月岡古墳出土の各種金銅製品の彫金技術を観察し、計測して統計的にデータ処理をおこなうことで、初期金銅製品生産について考察した（諫早・鈴木勉2015）。彫金技術の中でも、蹴り彫り、波状列点文、鋲頭の諸要素に注目し、月岡古墳から一括で出土した各種金銅製品を横断的に分析した点に特徴がある。分析の結果、国産の可能性が最も高い眉庇付冑の彫金技術と密接な関係があるものと、稀薄なものが識別され、前者については眉庇付冑と同じく日本列島で製作された可能性が高いという結論が導き出された。彫金技術の分析は金銅製品の生産を議論するうえで最も基礎的な単位であり、説得的である。諫早も指摘するように、従来の研究では、金銅製品のヨコの繋がりを鍍金や蹴り彫りといった彫金技術や、鋲留技術、あるいは龍文や波状列点文といった文様の共有関係に求めてきた。だが、実測図では議論できない彫金技術の個性に注目したこの分析からは、文様が共通する月岡古墳出土の各種金銅製品が複数の工房で製作された可能性が指摘されており、金銅製品生産

がより複雑であることが示されている。

このような研究状況から、倭の金工品生産では、それぞれの金工品が異なる工房で製作されていたのではなく、特定工房で複数の金工品が作られていたという状況が推測される。古川匠は、服装と武装が一体となって横断的に金工品が製作されていた段階（5世紀代）から、各金工品の生産が装飾馬具、装飾付大刀、服飾品といった大まかな範囲で縦割り化され専業的に製作する工人集団が出現する段階（6世紀代）への変化を想定している（古川2013）。このような変化を検証するためにも、金工品を横断的に検討する視点は、古墳時代を通した金工品生産を考えるうえで有効な方法であると考えられる。

第3節　本研究の構成

第1項　分析方法

金工品生産を検討するにあたり、まずは個々の金工品の変化、地域性といった基礎的情報を整理する。金工品で地域間交流を論じる際、金工品間にみられる「類似性」が注目されることが多い。ただ、類似性は類例が増加することで解釈が変わることもあり得る。現状の資料でできる限りの類似の内容を明確にしたうえで、より厳密な比較研究を進める必要がある。幸いなことに、金工品は金、銀、銅という劣化しにくい素材から製作されているため、1500年もの時を経た現在であっても状態は良好であり、金工品の調査をおこなうことができれば、製作技術や各属性の情報を得ることは可能である。

このように、金工品の調査を通して得た製作技術や各属性の情報が金工品の変化、地域性とどのように対応するかを見極め、金工品生産を検討するための基礎としたい。そのうえで、金工品同士で共通する属性や製作技術がみられるものを抽出し、横断的視野で金工品生産の様相を考えることとする。

上記のような検討を長期間一貫しておこない得たのは胡籙金具である。胡籙金具は、金工品出現の初期からみられ、広い階層に所有されることから、日朝の各地域で多く確認することができる。そのため、各時期の金工品生産の情報を得ることが可能である。一方、冠や飾履は出土する時期や古墳の階層が限られるため、出土数が少ない。ただし、様々な製作技法やモチーフを駆使して精巧に製作されているため、特定時期における金工品生産にかんする情報を多く引き出すことができる。本書では胡籙金具、冠、飾履の情報を総合的に解釈しながら、金工品の分析をおこなうこととする。

第2項　検討地域・検討時期

本書での主な検討地域は、朝鮮半島南部と日本列島であり、必要に応じて朝鮮半島北部にも言及する。なお、本書では地域名称として、朝鮮半島、日本列島といった地理的単位に基づく地域区分と、「高句麗」、「新羅」、「百済」、「大加耶」、「阿羅伽耶」、「倭」といった文献資料にあらわれる当時の国の単位に基づく地域区分を併用して用いる。

前者では、朝鮮半島の特定地域に注目する際は、南東部（現在の慶尚道）、中西部（現在の京畿道、忠清道）、南西部（現在の全羅道）の名称を用い、さらに詳細な地域に注目する際は、洛東江以東地方、洛東江以西地方、洛東江下流域、栄山江流域、漢江流域、錦江流域というように河川域の名称を用いる。

後者では、研究者によって領域の認識が異なることもあるため、その場合は必要に応じて筆者の見解を示しながら用いる。

検討時期は、古墳副葬品として金工品が盛行した5、6世紀が中心であり、必要に応じてその前後の4世紀、7世紀にも言及する。朝鮮史においては三国時代、日本史においては古墳時代に相当する。なお、日本列島における時期区分としては主に陶邑編年の表記を用いる。詳細は次章以降で言及するが、各型式の実年代については諸説あり、共有されるにいたっていないが、本書ではTK73：5世紀初頭、TK216：5世紀前葉、TK208：5世紀中葉、TK23〜47：5世紀後葉、MT15：6世紀初頭、TK10：6世紀前葉、MT85：6世紀中葉、TK43：6世紀後葉、TK209：7世紀前葉と捉えておきたい。

第3項　本書の流れ

第Ⅰ部は、朝鮮半島の胡籙金具に注目する。第1章では、胡籙金具の分類と編年をおこない、胡籙金具の分布状況を検討することで、その地域性を百済、新羅、大加耶、阿羅伽耶という政治領域と関連付けて解釈する。第1章の成果を基礎とし、第2〜5章では百済、新羅、大加耶、阿羅伽耶における胡籙金具の変化と地域性を明らかにし、その結果を他の金工品と比較することで、各地域における金工品生産の特徴について考える。

第Ⅱ部は、日本列島の盛矢具に注目する。第Ⅰ部で検討した朝鮮半島における胡籙金具の変化・地域性をもとに、第6章では、倭における胡籙金具の変化、系譜、分布状況を検討する。そのうえで、各時期における日朝交流の様相について考える。第7章では、有機質部分を含めた胡籙構造にも注目し、胡籙の復元形態について検討する。第8章では、平胡籙に装着されたと考えられる金具の特徴を検討し、古墳時代に平胡籙が出現したということを示す。第9章では、倭独自の盛矢具である靫に注目し、靫金具の変遷について検討する。第10章では盛矢具の有機質構造、とくに織物加工技術の特徴について検討し、第9章までの成果をふまえて、倭における盛矢具生産について考える。

第Ⅲ部では、金銅製装身具に注目する。第11章では、百済、新羅、倭における飾履の製作技法と文様の変化を検討することで、倭の飾履がどの地域の影響を受け、どのように変化していったのかを示す。第12章では、広帯二山式冠の原型の候補となる朝鮮半島の冠と比較し、また蝶形金具、ガラス玉接合技法、文様の変化に注目することで、広帯二山式冠の出現とその変化の過程を示す。第13章では、倭の飾履、広帯二山式冠をはじめとした金工品に共通してみられるモチーフに注目し、倭の金工品生産について考える。

これらの分析で明らかになったことをもとにして、終章では倭における金工品生産について検討する。そして、その金工品生産にみられる渡来系工人集団の関与を手がかりに、古墳時代

における日朝交流について論じる。

[註]
(1) 王権の定義を下垣仁志の見解を参考として、「その規範が成員の面識圏を超える範域を被覆する、単一ないし複数の身体（＝王）を核として、求心的に構成された有力集団構造」と理解する（下垣2011）。
(2) 「威勢品」は「prestige good（s）」の韓国語訳である。
(3) 広辞苑（新村編1983）によると、「製作」とは「ものをつくること。また、つくったもの。」である。一方、「生産」とは「生活の資を作りだす仕事。なりわい。生業。」である。生産には仕事という意味合いが含まれるという点、作り出す対象に「もの」以外も含まれるという点で違いがあり、製作と比べて広い概念である。古墳時代研究では金工品生産という用語がよく用いられているが、これは複数の金工品の製作工程を包括した意味で用いられることが多い。本書でも、生産をこのような意味で使用し、製作をより限定された金工品を指すときに使用する。
(4) 古墳時代中期後半から後期末にかけての金工品生産体制の研究状況については古川匠による整理があり、参考になる（古川2013）。

第Ⅰ部

朝鮮半島における胡籙金具の展開

第1章　胡籙金具の分類・編年・地域性

はじめに

　奈良時代の『東大寺献物帳』には矢をいれる器として靫と胡籙が併記されており、これを参考にして日本では矢筒式の容器が靫、矢立式の容器が胡籙と呼び慣わされてきた。靫と胡籙は古代・中世の主要な武具として文献史料に登場するが、その起源は古く古墳時代に遡る。武人埴輪に表現されるように、靫は背中に負い、矢の鏃身を上にして入れるものであるのに対して、胡籙は右腰に吊り、矢の鏃身を下にしておさめられており、両者は構造も使用法も異なっていたようである[1]（小林 1959）。古墳時代の胡籙の大半は皮革や平織物をはじめとした有機質から構成されているため、1500 年もの時を経た現在では完存する事例はない。しかし、朝鮮半島南部と日本列島の古墳から、胡籙の装具である「胡籙金具」の出土例が増加したことにより、出土状況を通した胡籙構造の復元が可能となり、古墳副葬品研究の一環として議論の俎上にのぼってきた。近年の研究によって、胡籙は古墳時代に中国東北部から朝鮮半島を経由して日本列島に伝播したものであることが明らかにされつつあり、騎馬文化に由来するものとして特徴付けられている。

　研究史上、胡籙金具は胡籙の形態をさぐるうえでの手段として扱われてきた側面があるが、胡籙金具はそれ自身、金や銀をあしらった金工品の一種である。近年、朝鮮半島での出土例の増加が顕著であり、現在までに日本列島とあわせて約 300 点以上の出土が確認されている。また、古墳副葬品として出現する金工品の中で最も古い器物の一つに数えられ、その後も長期間にわたって副葬されるため、古墳時代を通しての分析が可能である。5、6 世紀における古墳副葬品の主流となる金工品がどのようにして受容されたのかをさぐるうえで資するところの大きい器物であるだろう。しかし、従来の胡籙金具の研究では、出土数が少なかったということもあって各地域で個別に研究が展開しており、朝鮮半島南部全域および日本列島を対象とした通時的視座が欠落していたといえる。本章では、各地域で個別に展開してきた研究を総合し、それらの有機的関連性を広い視野で捉えることで、各地域研究を横断した議論を試みる。とくに、朝鮮半島南部と日本列島を横断した、胡籙金具の分類、編年、地域性を示すことを目標とする。

第1節　胡籙金具の研究史と本書の位置づけ

第1項　研究史

　胡籙金具の研究史を、概ね時間軸に沿いながら、論点別に整理する。

　胡籙金具の認識　胡籙の大部分は有機質からなるが、長年の劣化によって現存せず、古墳出土品の大半は胡籙金具のみが残存する。このような資料的特徴から、原位置を保つ良好な出

土資料の増加とともに研究が進展してきた。古墳出土品がほとんどない時代、末永雅雄は正倉院宝物を中心とした奈良時代の資料との比較を通して、古墳時代の盛矢具の検討をおこなった（末永1936, 1941）。末永は、古墳時代の盛矢具として埴輪や石人に描かれる靫とは別に、『東大寺献物帳』に描かれる「胡籙」の祖形にあたるものの存在を想定した。そして岡山県天狗山古墳出土の金銅板の裏面に鉄鏃が銹着していることを根拠に、その金銅板を盛矢具の金具であるとみなし、想定される復元形態と正倉院の「胡籙」との類似性から古墳時代の胡籙の存在を証明した。以後、良好な出土事例の報告とともに研究が進められた。とくに胡籙金具が装着される部位の検討や、胡籙金具の時期的な位置づけが主な論点となり、報告書の中で出土資料の解釈がおこなわれた（村井1972、野上1977、千家1980、北郷1980, 1981、八賀1982）。

胡籙金具の集成　こういった個別研究の蓄積のもと、早乙女雅博、田中新史による体系的な研究がおこなわれ、研究は一層の進展をみせる（早乙女1988、田中新1988）。早乙女は主な論点を系譜の解明とし、日本、朝鮮半島、中国大陸の盛矢具を集成した。まず先行研究をもとに、個々の金具の装着部位を定め、共伴関係の検討から盛矢具を5つの型に大別した。そのうえで、東アジアから出土している盛矢具を比較することで、日本列島の盛矢具の系譜を朝鮮半島、中国大陸に求めた。一方、田中は個々の胡籙金具の分析に主眼をおき、日本列島を中心に胡籙金具を集成した。出土状況からの胡籙構造の復元や胡籙金具の変遷、靫金具との関連性、加耶・新羅の胡籙金具との比較検討など田中の論点は多岐にわたる。この両者の研究によって、資料的状況が明確となり、従来漠然と把握されてきた胡籙の系譜が議論の俎上にのぼるようになったという点でその後の研究に大きな影響を与えている。

胡籙構造の検討　早乙女、田中の研究を基礎とし、良好な事例の発掘を契機として、その後は有機質の復元を含めた胡籙構造の検討がおこなわれた（坂1990, 1992、松井1991）。特に坂靖は、奈良県寺口千塚3号墳出土の事例を足がかりにし、胡籙金具のセット関係と有機質構造の復元を通して、日本列島の胡籙をA、B、C1、C2の大きく4つに分類し、古墳の年代をもとに時間的位置づけを示したうえで、系列の整理をおこなった（坂1992）。

また、朝鮮半島においても釜山福泉洞21・22号墳主槨出土の胡籙を中心とした復元形態の議論が盛んにおこなわれた（鄭澄元ほか1983、全玉年1985, 1992、崔鍾圭1987、金昌鎬1988, 1997）。胡籙の復元形態は現在も共通見解がなく、研究者によって異なっているが、近年、新しい試みとして金具に付着した有機質情報に基づいた議論がなされている。切畑健と沢田むつ代は、胡籙金具の裏面に付着した織物の分析をおこない、よりミクロなレベルで胡籙の有機質構造を復元した（切畑2002、沢田2006a, 2009）。また杉本和江を中心とした研究グループは、胡籙金具裏面に付着した有機質を電子顕微鏡によって観察し、革、獣毛、漆などを確認したうえで胡籙構造を復元した（福山ほか2009）。これらの研究は、胡籙の復元研究の新しい方向性として注目される。

胡籙金具の変遷　このように、胡籙構造の復元を基準とした系列の整理が進められ、胡籙の全体像が把握されるにいたり、研究の方向性はより詳細な金具の分析へと向かう。胡籙金具の分析は田中新史によって詳細におこなわれており、金具の組み合わせの違いや、個々の金具の

素材、外部形態、鋲配置、文様構成の違いなどから、変化の方向性の抽出がおこなわれ、古墳編年から時間的な位置づけがなされた（田中新1988）。その後は、特定の金具に対する詳細な検討が増加する。例えば、「W字形金具」の形態に注目して三燕地域、中国東北部出土の金具との比較検討をおこなった論稿（児玉2007）や、「三葉形立飾り付帯状金具」にみられる波状列点文の単位間隔や施文パターン、鋲配置をもとに変化の方向性を検討した論稿がみられる（高久1993、菊池2007）。

胡籙金具の地域性　日本列島と朝鮮半島南部において胡籙金具の出土数が増加し始めた当初、その系譜を探るうえで注目されたのは高句麗と三燕の古墳壁画に描かれた胡籙であった。日本列島と朝鮮半島南部に多く見られる胡籙の収納部前面に装着される金具（本書：W字形金具）の表現が、高句麗や三燕でも確認されたのである。これによって、胡籙が中国東北部から朝鮮半島を経由して日本列島に展開したことが推測された（崔鐘圭1987、早乙女1988、全玉年1992）。

　その後、胡籙金具が各地域で増加したことにより、今度は胡籙金具の分析から、系譜にかんするより詳細な検討が試みられた。田中新史は、日本列島と朝鮮半島の胡籙金具を集成したうえで装着部位や属性の定型性をもとに分類し、日朝両地域に見られるものと、どちらか片方の地域のみに見られるものを把握した（田中新1988）。その上で、日本列島の胡籙金具は5世紀代には主に加耶の影響をうけており、6世紀以降に日本列島独自の胡籙金具が生み出されたと想定した。当時、朝鮮半島で出土資料が少なかったために、日本列島出土資料を中心とした検討になっているが、個々の属性に注目した精度の高い分析である。

　これ以降、朝鮮半島を中心に資料が増加する中で、田中の分析方法を発展させる形で研究がおこなわれた。全玉年は、加耶を中心とした胡籙金具を整理し、「本體附装飾、懸垂飾、革帯飾」という各部位に装着される金具の組成を根拠に2つの系統に区分した（全玉年1992）。そして分布状況から、それぞれ「親新羅系伽耶圏域」と「大伽耶圏域」の特徴として位置づけた。田中の分析が個々の金具の比較であったのに対して、全玉年の分析は金具組成による比較であり、分析の新しい道筋を示した研究であるといえる。

　その後、天安龍院里古墳群出土資料を中心とした百済の胡籙金具（李賢淑1999）や、高句麗の盛矢具（イ・グァンヒ2004）が整理され、朝鮮半島出土資料が充実する中で、西岡千絵によって朝鮮半島南部の資料の集成がなされた（西岡2006）。西岡は、朝鮮半島南部の胡籙金具を「吊手金具、勾玉形金具、収納部を構成する金具」に区分し、それぞれを形態的特徴にもとづいて分類した。そして、個々の金具の分布と地域ごとの金具組成の特徴を確認することで、新羅、百済、加耶の特徴を整理した。田中と全玉年の視点を発展的に継承しており、朝鮮半島南部での胡籙金具の資料状況が明確となったといえる。

　これらの研究によって、朝鮮半島南部と日本列島から出土する胡籙金具の関連性が徐々に明らかとなっており、当該期における日朝交渉を示す一資料として取り上げられている（朴天秀1998，2007、高田2004）。

第2項　問題点の所在

　研究史を振り返ると、従来、研究の主な論点は胡籙の復元にあったといえる。良好な出土事例の報告を契機に胡籙が復元され、胡籙の全体像が認識されるとともに、胡籙金具のセット関係や時間的位置づけが明らかにされてきた。そして集成研究が進むにつれて、朝鮮半島との関連性も指摘され、日朝交渉を示す一資料として注目されるにいたる。個別研究が蓄積し、着実に研究は進展しているが、いくつか問題点も抽出される。以下、研究史上の問題点を指摘し、必要となる作業を述べる。

　まず、胡籙研究全体に共通する問題として挙げられるのが、時間軸の整理ができていないという点である。従来、変化の方向性や系列差について様々な見解が示されてきたが、時期的な裏づけが曖昧であり、説得力に欠けている。型式学にもとづく手続きをふんだ分析がおこなわれているとは言えず、古墳編年に依存した検討に留まっている印象をうける。近年増加した資料も含めて改めて整理し直す必要があるであろう。

　次に、朝鮮半島南部全域を視野に入れた検討が不十分であるという点が挙げられる。近年、朝鮮半島では発掘の増加にともない、胡籙の出土例が増加している。西岡千絵をはじめ、新しい資料を加えた従来の研究の再検討が進められているが、加耶、百済など地域を限定した検討にとどまっている。本格的な研究が未だない新羅の資料を対象に加え、朝鮮半島南部という枠組みの中で捉える必要がある。この作業を通して、朝鮮半島南部・日本列島における胡籙金具の有機的なつながりがより明らかなものとなるであろう。また、胡籙が朝鮮半島を経由して日本列島に伝播したと想定できる以上、源流となる朝鮮半島出土資料の検討は日本列島出土資料を解釈するうえでも必要となる作業である。

第3項　分析の視点

　以上の問題点を解決するために行うべき作業は、朝鮮半島南部と日本列島を包括した時間軸および地域的特徴の整理であろう。近年の西岡や菊池の研究にみられるように、各部位の胡籙金具には細かな時間差や地域差が想定される（西岡2006、菊池2007）。研究を精緻なものとするためには、個々の金具の変化の方向性と分布傾向を捉える必要があるだろう。

　また、従来の胡籙金具の研究では、吊手金具と収納部金具に注目した研究が中心であり、勾玉状金具や帯金具は、胡籙金具を構成する金具であるにもかかわらず、研究対象として挙げられることが少なかったといえる。例えば、早乙女や坂は吊手金具と収納部金具の組成をもとに「型」の設定を試みた（早乙女1988,　2010、坂1992）。また、西岡は吊手金具、収納部金具、勾玉状金具の組成をもとに胡籙金具の類型化をおこなっている（西岡2006）。胡籙金具を全体として扱うのであれば、西岡の視点をさらに発展させ、帯金具も含めて検討をおこなう必要があるだろう。

　そこで本書では、胡籙金具を全体として捉えることを重視し、吊手金具、収納部金具、勾玉状金具、帯金具を研究対象とする。まず、吊手金具・収納部金具・勾玉状金具・帯金具の中で

それぞれ分類し、それらの共伴関係を根拠として、胡籙金具のまとまりとしての「型」を設定する。なお、「型」の名称としては、複数の金具からなる胡籙金具の組成であるということを明確にするために、「群」という名称を代わりに用いることとする。個々の金具の時間的変化と分布傾向をもとに、胡籙金具群の時間的変化と地域的特徴を解明する。

　本章の構成であるが、第1に金具を属性レベルに分解し、諸属性の組成をもとに分類する。第2に金具の共伴関係から、胡籙金具の組成を明確にし、胡籙金具群を抽出する。第3に金具の属性分析をおこない、共伴遺物の編年との関連性を確認することで胡籙金具群の変遷過程をさぐる。第4に胡籙金具群の併行関係をさぐり、新しい型式の出現を重視して段階設定をおこなう。第5に朝鮮半島南部における胡籙金具の分布状況を検討することで、胡籙金具の地域性を探る。

第2節　胡籙金具の分類

第1項　各部名称と金具の分類

　胡籙の復元形態は研究史上、主要な論点となってきた。詳しくは第2章で述べるが、胡籙には断面長方形の収納部をもつ例と、断面半円形の収納部をもつ例が存在する（田中新1988、坂1992）。

　吊手金具、収納部金具、勾玉状金具、帯金具を形態的な特徴にもとづいて分類する（図1）。分類に際しては、形に喩えることができるものにかんしては「〜形」という名称を用いるが、難しい場合はA類、B類とアルファベットで表記する。また、これらを細分したものについては数字を用いて表記する（例：双方中円形1類、短冊形A1類）。

（1）吊手金具の分類（図2）

　形態的な特徴に基づき、双方中円形、短冊形A類、短冊形B類、短冊形C類、方形A類、

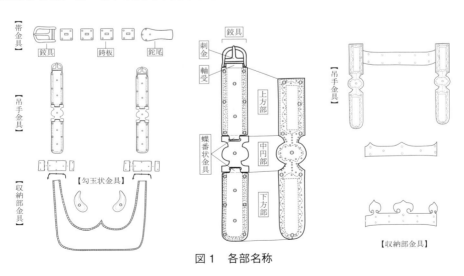

図1　各部名称

第1章　胡籙金具の分類・編年・地域性

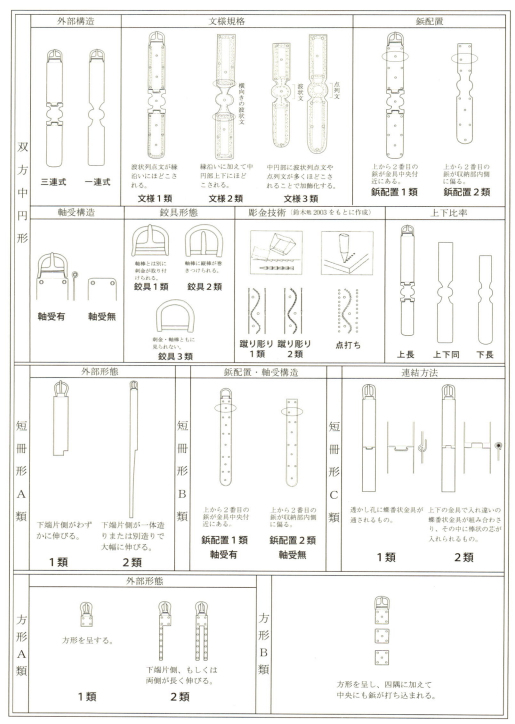

図2　吊手金具の諸属性

方形B類の6つに分類をおこなう[2]。

① 双方中円形

　中央が円形、上下が方形を呈する細長い板状の金具である[3]。金銅、鉄地金銅張、鉄地銀張、鉄など多様な素材で製作され、表面には波状列点文の彫金をほどこすものが多く確認できる。双方中円形は最も数多く出土している形態であると同時に、属性の変化も激しい。ここではまず双方中円形吊手金具の諸属性を確認する。属性として抽出した特徴は外部構造、文様規格、鋲配置、軸受構造、鉸具形態、彫金技術、上下比率である。

　外部構造　上・下方部と中円部の三枚の板を蝶番状の金具で接合する三連式と、板が一枚からなる一連式にわけられる。

　文様規格　西岡が想定する文様の変遷過程を考慮し（西岡2006）、波状列点文が金具縁沿いの縦方向に施されるもの（1類）、波状列点文が縁沿いに加えて中円部上下の横方向にほどこされるもの（2類）、中円部に波状列点文や点列文がめぐることで加飾化されるもの[4]（3類）に分類する。

　鋲配置　上から2つ目の鋲が金具中央付近にあるもの（1類）と、収納部内側に偏るもの（2類）にわけられる。収納部内側に偏る鋲は、帯形金具B類を接合するためのものであり、帯形金具B類をともなうものであるかに直結する。

　軸受構造　鉸具を装着する軸受が金具上端に造り出されるものと、ないものにわけられる。

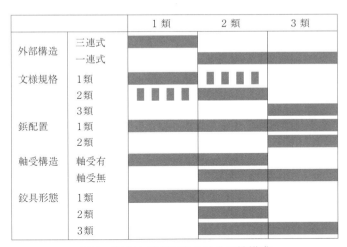

図3　双方中円形吊手金具の属性構成

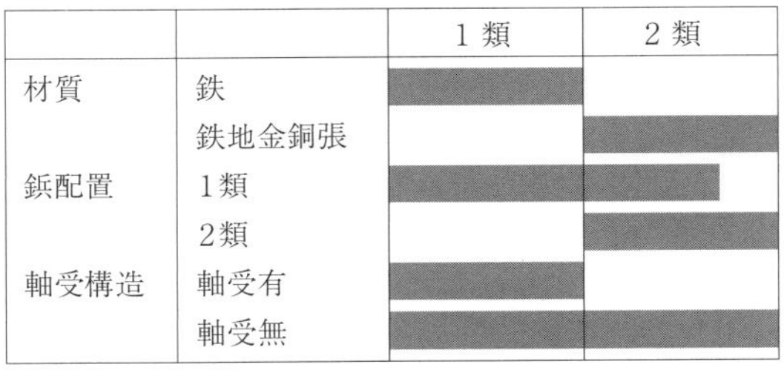

図4　短冊形B類吊手金具の属性構成

鉸具形態　上端に装着される鉸具に刺金が造り出されるもの（1類）、軸棒に縦棒が巻きつけられるもの（2類）、刺金・縦棒ともにないもの（3類）にわけられる。

彫金技術　波状列点文の彫金方法として、蹴り彫り、点打ちの2つの彫金技術がみられる（鈴木勉2003）。蹴り彫りは、三角形の鏨の打撃痕同士が離れるかあるいは連続的であるもの（1類）と、重複するもの（2類）に区分できる（前稿では後者をなめくり打ちと判断していたが、三角形の打撃痕がみられることから、蹴り彫りの範疇で捉える見解に改めた。）。

上下比率　上方部が長くなるもの、上下方形部の長さがほぼ同じになるもの、下方部が長くなるものにわけられる。

属性の相関　以上の属性が一個体内でどのように共伴するのかを、表1に示した。表では機能と関連すると考えられる属性を上位に据えて配列している。配列は外部構造、文様規格、鋲配置、軸受構造、鉸具形態、彫金技術、上下比率の順におこなった。その結果、上位5つの属性から3つのまとまりを抽出することができた（図3）。すなわち、「1. 外部構造：三連式」、「2. 外部構造：一連式、文様規格：2類」、「3. 外部構造：一連式、文様規格：3類、鋲配置：2類、軸受構造：無、鉸具形態：3類」である。これらのまと

表1　双方中円形吊手金具

古墳名	構造	文様	鋲配置	軸受	鉸具	彫金	上下比	分類
鳥山 水清洞 4-14号	三連式	×	1類	○	―	×	上下同	
鳥山 水清洞 4-5号	三連式	×	1類	○	1類	×	上下同	
天安 龍院里 9号	三連式	×	1類	○	1類	―	上長	
天安 道林里 1号	三連式	×	1類	―	―	×	―	
慶州 月城路カ 13号	三連式	×	1類	×	1類	×	上長	
金泉 陽川洞	三連式	1類	―	―	―	蹴り1類	―	
釜山 福泉洞 21・22号（主）	三連式	1類	1類	○	1類	蹴り1類	上長	
釜山 福泉洞 39号（主）	三連式		1類	○	1類	×	上長	
釜山 福泉洞 111号	三連式	―	1類	○	1類		上長	
釜山 蓮山洞 M10号	三連式	×	1類	○	1類		上長	
昌原 道渓洞 19号	三連式	×	1類	○			上下同	
陝川 玉田 M1号（A群）	三連式	×	1類	○			上下同	
高霊 池山洞（啓）34.35号連結	三連式	×	1類	○			上長	
群馬 山名	三連式	1類	―	―	―	蹴り1類	―	1類
千葉 内裏塚乙石室	三連式	1類	1類	○	1類	蹴り1類	上長	
東京 御嶽山	三連式		1類	○			上長	
福井 天神山7号第1主体	三連式	×	1類	×	1類		上長	
愛知 おつくり山	三連式	×	1類	○				
京都 私市円山第1主体	三連式	1類	1類	○		蹴り1類	上長	
奈良 高山1号墳	三連式	1類	1類	○	1類		上下同	
兵庫 カンス塚	三連式	―	1類	○	―		上下同	
福岡 月岡①	三連式	1類	1類	○	1類	蹴り1類		
福岡 月岡②	三連式	1類	1類	○	1類	蹴り1類		
福岡 月岡③	三連式	1類	―	―	―	蹴り1類		
福岡 月岡④	三連式	1類	―	―	―	蹴り2類		
鹿児 島神領10号	三連式	1類	―	―	―	蹴り1類		
慶州 皇南大塚南①	三連式	2類	1類	○	1類	蹴り1類	上下同	
慶州 皇南大塚南②	三連式	2類	―	―	―	蹴り1類		
福岡 堤当正寺	三連式		1類	○	1類	蹴り1類	上長	
華城 白谷里1号	一連式	×	―	―	1類	×	―	
高霊 池山洞（嶺文）30号①	一連式	1類	1類	○	1類	蹴り1類	上長	
高霊 池山洞（嶺文）30号②	一連式	1類	1類	○	1類	蹴り1類	上長	
高霊 池山洞 34SE-3号	一連式	2類	1類	○	1類	蹴り1類	上下同	
陝川 玉田 8号	一連式	2類	1類	○	1類	蹴り1類	上長	
陝川 玉田 31号	一連式	2類	1類	○	1類		下長	
陝川 玉田 M1号（EFGa群）	一連式	2類	1類	○	1類	×	上長	
陝川 玉田 M1号（EFGc群）	一連式	2類	1類	○	1類	×	上長	
千葉 北の内古墳	一連式	2類	1類	○	1類	×	下長	
兵庫 宮山第2主体②	一連式	2類	1類	○	1類	×	―	
岡山 天狗山	一連式	×	1類	○	1類		上長	
福岡 竹並 H-26横穴	一連式	2類	1類	○	1類	蹴り1類		
高霊 池山洞（嶺文）I-55号	一連式	2類	1類	○	2類	蹴り1類	上長	
陝川 玉田 M3号（I群）	一連式	2類	1類	○	3類	×	上長	
伝朝鮮東博所蔵	一連式	2類	1類	○	3類	蹴り1類	上長	2類
京都 幡枝2号墳東棺	一連式	―	1類	○	3類	蹴り1類	―	
和歌山 大谷①	一連式	2類	1類	○	3類	点打ち	上下同	
和歌山 大谷②	一連式	2類	1類	○	―	点打ち	上下同	
和歌山 大谷③	一連式	2類	1類	○	―	点打ち	上下同	
和歌山 大谷④	一連式	2類			―	点打ち		
岡山 勝負砂	一連式	2類	1類	○	3類	蹴り1類	上下同	
福岡 山の神A	一連式	×	1類	○	×		下長	
福岡 山の神B	一連式	×	1類	○	3類		上下同	
慶州 徳泉里1号副槨	一連式	2類	1類	○	―	蹴り1類	上下同	
慶山 造永EI-1号（主）	一連式	2類	―	―	―	蹴り1類	―	
陝川 玉田 28号	一連式	2類	1類	×	2類	点打ち	上長	
千葉 浅間山1号	一連式	2類	1類	○	×	×	―	
兵庫 宮山第2主体①	一連式	2類	1類	○	1類	×	上長	
高敞 鳳徳里1号墳4号石室	一連式	2類	1類	×	3類	×	下長	
釜山 福泉洞 47号	一連式	×	1類	○	3類	×	上長	
和歌山 椒浜	一連式	2類	1類	○	3類	蹴り1類	―	
岡山 一国山1号	一連式	×	1類	×	3類	×	上下同	
岡山 長畝山北5号第1	一連式	2類	1類	×	3類	蹴り1類	―	
陝川 玉田 5号	一連式	2類	1類	×	×	蹴り1類	上下同	

第2節　胡籙金具の分類

の属性相関

古墳名	構造	文様	鋲配置	軸受	鉸具	彫金	上下比	分類
陝川 玉田35号	一連式	×	1類	×	×	×	上下同	
羅州 大安里9号己棺	一連式	2類	1類	×	×	蹴り1類	上下同	2類
福岡 塚堂第2	一連式	一	2類	一	一	一	一	
宮崎 石舟塚	一連式	一	一	一	一	一	一	
公州 宋山里4号	一連式	3類	2類	×	×	蹴り1類	下長	
咸平 新徳1号	一連式	3類	2類	×	×	一	下長	
釜山 福泉洞23号	一連式	一	一	×	×	蹴り2類	一	
陝川 玉田M4号①	一連式	3類	2類	×	×	蹴り2類	一	
陝川 玉田M4号②	一連式	3類	一	×	×	蹴り2類	一	
群馬 井出二子山	一連式	3類	一	×	×	蹴り1類	一	
東京 芝公園4号	一連式	×	2類	×	×	×	下長	
千葉 富士見塚	一連式	3類	1類	×	3類	蹴り1類	一	
富山 朝日長山①	一連式	3類	2類	×	×	蹴り2類	下長	
富山 朝日長山②	一連式	3類	2類	×	×	蹴り2類	下長	
富山 朝日長山③	一連式	3類	2類	×	×	一	下長	
富山 朝日長山④	一連式	3類	一	×	×	一	一	
静岡 平沢1号	一連式	×	1類	×	×	×	一	
愛知 豊田大塚	一連式	3類	1類	×	×	蹴り1類	一	
三重 天保1号	一連式	一	2類	×	×	蹴り1類	下長	
滋賀 円山	一連式	×	一	一	一	×	一	3類
京都 白山	一連式	3類	2類	×	×	蹴り2類	下長	
奈良 珠城山1号①	一連式	3類	1類	×	×	蹴り1類	上下同	
奈良 珠城山1号②	一連式	3類	1類	×	3類	蹴り1類	下長	
奈良 寺口千塚3号	一連式	3類	2類	×	3類	蹴り1類	下長	
奈良 小山2号	一連式	3類	一	×	×	一	下長	
奈良 新沢千塚50号	一連式	×	1類	×	3類	×	下長	
奈良 市尾墓山①	一連式	3類	2類	×	×	蹴り2類	下長	
奈良 市尾墓山②	一連式	3類	1類	×	×	一	下長	
奈良 市尾墓山③	一連式	一	2類	×	×	蹴り2類	一	
大阪 長原七ノ坪	一連式	3類	2類	×	×	蹴り1類	一	
大阪 峯ヶ塚(後)①	一連式	3類	一	×	×	蹴り2類	一	
大阪 峯ヶ塚(後)②	一連式	3類	一	×	×	蹴り2類	一	
兵庫 西宮山①	一連式	3類	1類	×	×	蹴り2類	下長	
兵庫 西宮山②	一連式	1類	2類	×	×	蹴り2類	一	
福岡 山の神C	一連式	×	1類	×	×	×	下長	
福岡 山の神D	一連式	3類	1類	×	3類	蹴り2類	下長	
福岡 山の神E	一連式	3類	1類	×	3類	蹴り2類	下長	
福岡 西堂古賀崎	一連式	3類	2類	×	×	蹴り2類	下長	
福岡 沖ノ島7号①	一連式	×	1類	×	×	×	一	
福岡 沖ノ島7号②	一連式	×	一	×	×	×	一	
福岡 田野瀬戸③	一連式	3類	一	×	×	蹴り1類	一	
佐賀 庚申堂塚	一連式	3類	一	×	×	蹴り1類	一	
佐賀 龍王崎1号①	一連式	3類	一	×	×	蹴り1類	下長	
佐賀 龍王崎1号②	一連式	3類	一	×	×	蹴り2類	下長	
宮崎 島内10号	一連式	3類	1類	×	×	蹴り1類	下長	

［凡例］（主）：主槨、（後）後円部、軸受：軸受構造、鉸具：鉸具形態、文様：文様規格、彫金：彫金技術、蹴り：蹴り彫り、○×は有無を示し、一は検討不可能であることを示す。

まりをそれぞれ双方中円形1，2，3類とする。

② 短冊形A類

短冊形を呈し、下端の片側が伸びる金具である。上端には軸受構造が造り出され、鉸具が装着される。鉄もしくは鉄地銀張で製作され、表面に鋲を多く打ち込まれる点が特徴である。彫金は認められない。

外部形態　金具下端の片側がわずかに伸びるもの（1類）、金具下端の片側が10cm～15cmほど伸びるもの（2類）にわけられる。なお、2類には、金具の下端が一体造りとなって長く伸びるものの他に、金具の下端に別造りで長い板を鋲留するものがみられる[5]。後者は補修の可能性も残るが、一定数まとまって出土例が確認できるため、ここでは当初から別造りで製作したものと考えたい。属性の組み合わせを検討するまでもなく、外部形態の特徴をもって短冊形A1，2類とする。

③ 短冊形B類

短冊形を呈し、下端が丸くなる金具である。鉄地金銅張や鉄で製作され、鉄地金銅張の表面には彫金によって波状列点文や同心円状の点列文がほどこされる。

材質　本体が鉄製のものと鉄地金銅張製のものにわけられる。

鋲配置　上から2つ目の鋲が金具中央付近にあるもの（1類）と、収納部内側に偏るもの（2類）にわけられる。収納部内側に偏る鋲は、帯形金具B類を接合するためのものである。

軸受構造　鉸具を装着する軸受が金具上端に造り出されるものと、ないものにわけられる。

属性の相関　属性の相関関係をみると、「材質：1類、鋲配置：1類、軸受構造：有・無」と「材質：2類、鋲配置：2類、軸受構造：無」のものにまとめられる（図4）。前者を短冊形B1類、後者

をB2類とする。

④ 短冊形C類

短冊形を呈する2枚から3枚の金具が連結されたものである。上端には軸受が造り出され、鉸具が装着される。鉄地銀張、鉄地金銅張、鉄などで製作される。

連結方法 透かし孔に蝶番状金具が通されることで、上下の金具が連結されるもの（1類）、上下の金具で入れ違いの蝶番状金具が組み合わさり、その中に棒状の芯が入れられて連結されるもの（現在の抜き差し蝶番に類似した連結方法）（2類）である。連結方法の特徴をもって短冊形C1，2類とする。

⑤ 方形A類

方形を呈する金具である。上端には軸受が造り出され、鉸具が装着される。金具の四隅に鋲が打ち込まれる点が特徴である。鉄、鉄地銀張、金銅で製作される。

外部形態 外形が方形を呈するもの（1類）と、下端の片側もしくは両側が長く伸びるもの（2類）に分けられる。なお、金具の下端が一体造りとなって長く伸びるものと金具の下端に別造りで長い板を鋲留するものが確認できる。外部形態の特徴をもって方形A1，2類とする。

⑥ 方形B類

方形を呈する金具である。鉸具が装着された方形の金具が上端となり、下部には1〜2枚の方形板が並ぶ。金具の四隅に加えて、中央付近にも1点もしくは複数の鋲が打ち込まれる点が特徴である。大部分は鉄地金銅張や鉄地銀張で製作される。

（2）収納部金具の分類（図5）

収納部に装着する金具を形態的な特徴に基づいてW字形金具、コ字形金具、帯形金具A・B・C・D類、山形突起付帯形金具、三葉形立飾付帯形金具の8つに分類をおこなった[6]。

W字形金具 W字形を呈する金具である[7]。金具と縁金を鋲留して、収納部正面に装着される。鉄もしくは金銅で製作され、彫金によって波状列点文がめぐるものや、龍文透かし彫りがほどこされるものがある。

コ字形金具 断面コ字形を呈する左右2枚の金具である。両側が直角に曲がるものや、鈍角を描いて緩く曲がるものがある。出土状況からみて、収納部上端の両側面に装着された金具であろう。鉄、鉄地金銅張、金銅で製作され、正面、側面、背面のそれぞれに、彫金によって波状列点文がめぐるものや、龍文透彫りがほどこされるものがある。

帯形金具A類 上下幅が1cmほどの帯形であり、断面半円形を呈する金具である。中央付近の上側に小さな山形突起がつくことが多い。中央一列に鋲が打ち込まれ、収納部下端に装着される。鉄地金銅張製が多く、彫金によって波状列点文がほどこされる。

帯形金具B類 上下幅が1〜2cmほどの帯形である。断面形態がΩ形に近く、金具の両端が外側に反っている。反って平坦になった部分に吊手金具の上部が重なり、鋲で直接接合される。鉄地金銅張で製作されるものが多く、表面上下縁には彫金によって波状列点文がほどこされる。

帯形金具Ｃ類　上下幅が１cm未満の帯形であり、断面半円形を呈する。多数の鋲が間隔を空けずに一列となって打ち込まれ、収納部下端に装着される。鉄や鉄地銀張で製作され、彫金は認められない。

帯形金具Ｄ類　上下幅が２cmほどの帯形であり、断面半円形を呈する金具である。中央付近の上縁に小さな山形突起がつくものもある。鋲は、２列または３列千鳥状に打ち込まれる。多くは鉄地銀張もしくは鉄地金銅張製であり彫金は認められないが、高霊池山洞39号墳例のように金銅製のもので、彫金によって波状文がほどこされるものもある。

山形突起付帯形金具　金具上縁の２から４箇所に山形突起をもち、断面半円形を呈する帯形の金具である。突起部には縦２つの鋲が、帯部には一つの鋲が交互に打ち込まれる。大半は鉄地金銅張製であり、表面上下縁には彫金によって波状列点文がほどこされる。

三葉形立飾付帯形金具　金具上縁の３から５箇所に三葉形の立飾をもち、断面半円形を呈する帯形の金具である[8]。鉄地金銅張や鉄で製作され、鉄地金銅張のものには表面の上下縁に彫金によって波状列点文がほどこされる。施文状況や鋲配列には複数のパターンが認められる[9]。

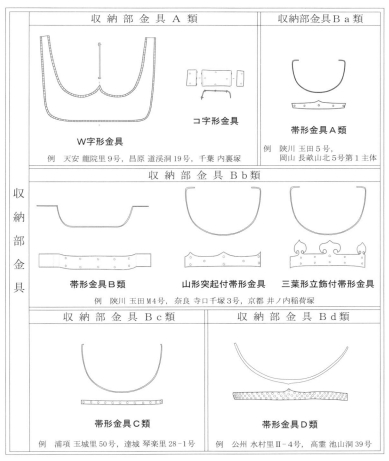

図５　収納部金具の分類

第1章　胡籙金具の分類・編年・地域性

表2　収納部金具の共伴関係

古墳名	W字形	コ字形		古墳名	帯形B	山形	三葉形
烏山 水清堂4-14号	×	○		公州 宋山里4号	○	×	×
烏山 水清堂4-5号	×	○		咸平 新徳1号	×	○	×
天安 龍院里9号	○	○		海南 龍頭里	×	○	×
清州 新鳳洞2号	×	○		釜山 福泉洞23号	×	○	×
清州 新鳳洞92-66号	×	○		陝川 玉田M4号①	×	○	×
清州 新鳳洞92-94号	×	○		陝川 玉田M4号②	×	×	○
安東 太華洞7号	○	×		陝川 玉田M4号③	×	○	×
慶州 月城路カ13号	×	○		群馬 井出二子山	○	×	○
慶州 仁旺洞3-B号	×	○		群馬 田尻8-I区2号	×	×	○
慶山 造永EI-1号（主）	○	×		千葉 富士見塚	○	×	○
慶山 造永CII-2号（主）	○	×		千葉 大道筋箱式石棺	×	×	○
慶山 林堂7B号（主）	○	○		富山 朝日長山	○	×	○
尚州 新興里39号	○	×		長野 畦地1号	×	×	○
釜山 福泉洞11号	○	×		長野 落洞	○	×	×
釜山 福泉洞21・22号（主槨）	○	○		静岡 平沢1号	×	×	○
釜山 福泉洞39号	○	○		静岡 高田観音前2号	×	×	○
釜山 福泉洞47号	×	○		愛知 豊田大塚	○	×	○
釜山 蓮山洞4号	○	×		岐阜 虎渓山1号	○	×	×
昌原 道渓洞19号	○	○		三重 天保1号	×	×	○
高霊 池山洞（嶺文）30号	○	○		滋賀 円山	×	×	○
高霊 池山洞（啓）34SE-3号	○	×		京都 井ノ内稲荷塚	○	○	×
陝川 玉田23号	○	×		京都 白山	○	○	×
陝川 玉田28号	×	○		京都 坊主山1号	○	○	×
陝川 玉田M1号（A群）	○	×		奈良 珠城山1号①	○	○	×
陝川 玉田M1号（EFG群b）	○	○		奈良 珠城山1号②	×	○	○
陝川 玉田M1号（EFG群c）	×	○		奈良 ミノヤマ2号東棺	○	×	○
陝川 玉田M1号（H群）	○	×		奈良 寺口千塚3号	○	×	○
咸安 道項里8号	○	○		奈良 新沢千塚50号	○	×	○
咸安 道項里39号	×	○		奈良 市尾墓山	○	×	○
咸安 道項里40号	×	○		奈良 小山2号墳	×	×	○
咸安 道項里54号	○	×		奈良 星塚2号墳	×	○	×
群馬 山名	○	×		和歌山 大谷	○	○	○
千葉 内裏塚乙石室	○	○		大阪 長原七ノ坪	○	○	×
愛知 おつくり山	○	×		大阪 峯ヶ塚（後）	×	○	×
石川 永禅寺1号	○	×		大阪 芝山①	○	○	×
福井 天神山7号	×	○		大阪 芝山②	○	○	×
京都 私市円山第1主体	×	○		兵庫 西宮山	×	○	○
兵庫 カンス塚	×	○		岡山 法蓮40号	×	○	×
岡山 天狗山	○	×		岡山 持坂20号	×	○	×
福岡 月岡	○	○		岡山 四ツ塚1号	×	○	×
福岡 塚堂第1主体	○	×		岡山 四ツ塚13号	×	○	×
福岡 山の神	○	×		島根 北長迫横穴	×	×	○
福岡 堤当正寺	×	○		香川 王墓山①	○	○	×
				香川 王墓山②	○	○	×
				香川 王墓山③	○	○	×
				香川 王墓山④	×	○	○
				愛媛 経ヶ岡	×	○	○
				福岡 番塚	×	×	○
				福岡 沖ノ島7号	×	○	×
				福岡 箕田丸山	×	○	×
				福岡 山の神C	○	×	○
				福岡 山の神D	○	×	×
				福岡 田野瀬戸4号①	○	○	×
				福岡 田野瀬戸4号②	○	○	×
				佐賀 龍王崎1号	×	○	○
				熊本 物見櫓	×	×	○
				大分 飛山第23号	○	○	×

〔凡例〕（主）：主槨、（後）：後円部、W字形：W字形金具、コ字形：
　　　コ字形金具、帯形B：帯形金具B類、山形：山形突起付帯形
　　　金具、三葉形：三葉形立飾付帯形金具

組み合わせの検討（表2）　出土状況からみて同じ胡籙にともなったと判断できる金具は、収納部の異なる部位に装着された金具であると判断し、グループ化をおこなった。収納部金具は形態的特徴からみて、収納部断面が長方形を呈するものと、断面が半円形を呈するものに大きく区分することができる。そのため、以上で分類した収納部金具を全て同列に扱うのではなく、前者をA類、後者をB類と大別した上で小文字のアルファベットで細分するという手法をとった。

① 　収納部金具A類

W字形金具とコ字形金具から構成される。形態的特徴からみて、これらは収納部断面形態が長方形を呈する収納部に装着される金具であったと考えられる。表2にはW字形金具とコ字形金具の出土事例を示しており、両者が多く共伴することがわかる。

② 　収納部金具B類

帯形金具A，B，C，D類、山形突起付帯形金具、三葉形立飾付帯形金具から構成される。これらの金具は断面半円形を呈しており、断面形態が半円形を呈する収納部に装着される金具であった可能性が高い。中でも帯形金具B類と山形突起付帯形金具、帯形金具B類と三葉形立飾付帯形金具は表2にみられるように共伴率が高く、かつ他の収納部金具とは組み合わないため、セットで用いられた金具であると考えられる。

これを考慮し、帯形金具A類を収納部金具Ba類、帯形金具B類・山形突起付帯形金具・三葉形立飾付帯形金具を収納部金具Bb類、帯形金具C類を収納部金具Bc類、帯形金具D類を収納部金具Bd類[10]と呼ぶこととする。

（3）勾玉状金具の分類（図6）

勾玉形を呈する左右2枚の金具である。裏面には獣毛が付着していることが多く、出土状況からみて収納部中央を飾る金具であると考えられる。金具の中央付近に鋲が打ち込まれ、収納部に固定されている。金銅、鉄地金銅張、鉄地銀張、鉄で製作される。全体的に勾玉形を呈するが、形態的な特徴に基づき、円頭形と鳥形に分類をおこなう[11]。

円頭形　頭部の丸い、いわゆる勾玉形を呈する金具である。金銅、鉄地金銅張、鉄地銀張で

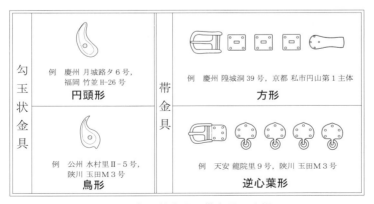

図6　勾玉状金具と帯金具の分類

製作される。彫金によって表面縁沿いに波状列点文がほどこされるものもある。

　鳥形　頭部の先端に嘴状の突起がつき、鋲を眼になぞらえて鳥をデフォルメしたような形を呈する金具である。鉄地銀張製が多く、表面縁沿いに刻み目がほどこされるものもある。

（4）帯金具の分類（図6）

　帯部に装着される金具であり、鉸具、鉈尾、銙板の3つの部位からなる。金銅、鉄地金銅張、鉄地銀張、鉄で製作される。銙板の形態的特徴から、方形と逆心葉形の2つに分類をおこなう。

　方形　外形が方形を呈し、中央に方形の透孔をもつ金具である。角に鋲が打ち込まれ、帯に装着される。表面縁には彫金によって波状列点文がほどこされるものがある。

　逆心葉形　外形が逆心葉形を呈し、下端に遊環が取り付けられる金具である。縁沿いに鋲が打ち込まれ、帯に装着される。一部には彫金によって波状列点文が描かれる。

第2項　胡籙金具の組み合わせ（表3，図7）

　ここでは各部位の金具の共伴事例をもとに対応関係を検討し、胡籙金具の組み合わせ（これを胡籙金具群と呼ぶ）を検討する。表3では、吊手金具、収納部金具、勾玉状金具、帯金具のそれぞれの対応関係を示している。各部位の金具は常にフルセットで出土する訳ではないため、出土数の多い吊手金具を基準とし、吊手金具と異なる部位の金具の間接的な対応関係を示している。つまり吊手金具と収納部金具・勾玉状金具・帯金具の共伴関係を個別に検討し、吊手金具を介することで対応関係を示した結果となっている。そして、吊手金具の出土数が最も多く、胡籙金具の中核であることから、胡籙金具群の名称としては吊手金具の名称を用いた。双方中円形1類吊手金具は、円頭形勾玉状金具・方形帯金具と対応するものと鳥形勾玉状金

表3　胡籙金具群の設定

		収納部金具					勾玉状金具		帯金具		胡籙金具群
		A類	Ba類	Bb類	Bc類	Bd類	円頭形	鳥形	方形	逆心葉形	
吊手金具	双方中円形1類	◎	○	×	×	×	◎	×	◎	×	双方中円形Ⅰa群
							×	○	×	○	双方中円形Ⅰb群
	双方中円形2類	◎	◎	×	×	×	◎	×	○	×	双方中円形Ⅱ群
	双方中円形3類	×	○	◎	×	×	○	×	×	×	双方中円形Ⅲ群
	短冊形A1類	○	×	×	×	×	?	×	?	×	短冊形AⅠ群
	短冊形A2類	×	×	×	◎	×	◎	×	◎	×	短冊形AⅡ群
	短冊形B1類	×	○	×	×	×	○	×	○	×	短冊形BⅠ群
	短冊形B2類	×	×	◎	×	×	○	×	○	×	短冊形BⅡ群
	短冊形C1類	○	×	×	×	×	×	◎	×	◎	短冊形CⅠ群
	短冊形C2類	×	×	×	◎	×	×	◎	×	◎	短冊形CⅡ群
	方形A1類	○	×	×	×	×	○	×	○	×	方形AⅠ群
	方形A2類	×	×	×	○	×	○	×	○	×	方形AⅡ群
	方形B類	×	×	×	×	◎	×	◎	×	◎	方形B群

〔凡例〕○：存在、◎：特に多く存在　×：存在しない、?：不確実なもの

第2節 胡籙金具の分類

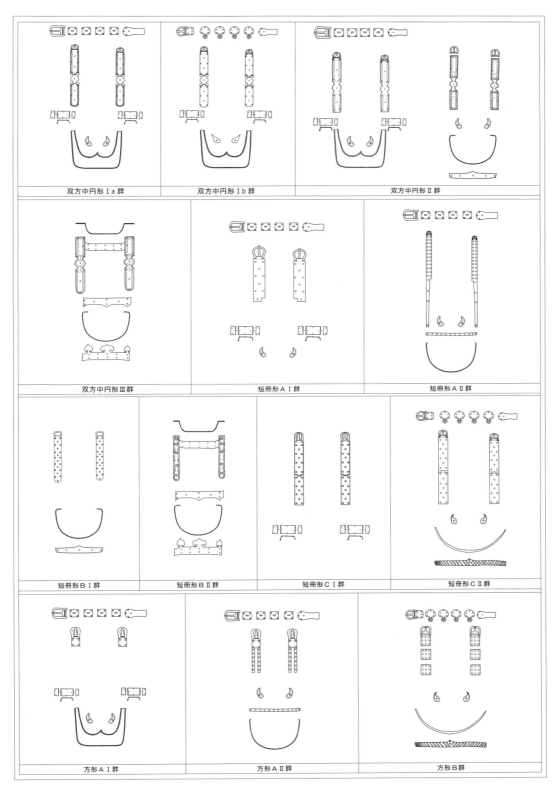

図7 胡籙金具群の模式図

25

具・逆心葉形帯金具と対応するものに区分される。しかし、両者に共通して収納部金具A類をともなうことから、他群と同様に分類するのではなく双方中円形Ⅰ群の中でⅠa群とⅠb群に細分した。なお、双方中円形Ⅰ群には勾玉状金具と帯金具が出土しない場合があり、Ⅰa群とⅠb群を判断することができない個体が存在する。しかし、金具に波状列点文がほどこされるのは双方中円形Ⅰa群にのみみられる特徴であり、勾玉状金具もしくは帯金具が出土していない事例であっても、波状列点文による装飾を確認することができれば、双方中円形Ⅰa群として判断する。

　先行研究では上記のような金具の間接的関係に加えて、吊手金具・収納部金具・勾玉状金具・帯金具という各部位の金具の有無も分類の基準としているものがある。例えば坂は双方中円形Ⅲ群の中でも、山形突起付帯形金具と三葉形立飾付帯形金具からなる群（坂分類C1類）と山形突起付帯形金具2つからなる群（坂分類C2類）に細分している[12]（坂1992）。これは、胡籙形態の復元を目的とする際は有効な視点である。本章では金具間の関係性を明確にする点に重きを置いているため、このような視点はとらないが、第10章ではこのような視点も取り入れて改めて検討する。

　このように胡籙金具を計13群に分類した[13]（図7）。

第3節　胡籙金具の変化

　胡籙金具の中で時間的変化を想定できる部位は吊手金具と収納部金具である。これらはその他の部位と比べて出土数が多く、胡籙金具の核となった部位であると考えられる。属性に多様性があることから、おそらく時間的変化を反映していると想定することが可能である。そこで吊手金具と収納部金具の時間的変化の検討をおこなう。なかでも双方中円形吊手金具は朝鮮半島南部と日本列島の広域に分布しており、出土数も多いため胡籙金具の変化を探る際の基準となりうる。よって、双方中円形吊手金具の検討を他に先だっておこなうこととする。検証に際しては、属性の関連性から変化の方向性を推測した後に、共伴遺物の編年を用いて検証するという手段をとる。

第1項　双方中円形吊手金具の分析

双方中円形吊手金具の変化の方向性　表1に示した双方中円形吊手金具を構成する諸属性の対応関係を考慮すると、1類→2類→3類、もしくは3類→2類→1類という順で属性の連続性が認められる。ここで注目したい属性が外部構造である。三連式と一連式が確認できる。三連式は中円部を別造りにし、蝶番状金具を介して上・下方部と連結する。おそらく背板に可動性をもたせるための工夫である。また、一連式の場合は中円部が上下方形部と一体造りとなるため、可動性がなくなる。一連式では双方中円形であることに対する機能的説明がつかないため、これは三連式であった頃の名残であると考えられる。背景には、背板の構造・材質が変化したということもあったかもしれない。すなわち外部構造は、三連式から一連式に変化したも

のと考えられる。外部構造の新古からみて、変化の方向性は1類→2類→3類の順序を考えるのが妥当であろう。

このような見通しのもと、他属性について検討する。軸受構造は出現当初は確認できるが、徐々にみられなくなる。そもそも吊手金具は、収納部を帯に吊すという目的のために生まれた可能性が高い。その機能の前提となる鉸具を装着するための軸受構造の消滅は、吊手金具の機能的退化を示すと考える。また、軸受構造の消滅とともに、鉸具の形態も刺金の有るものから無いものへと変化する。後述するが、これは吊手金具の連結方法が変化したためと考えられる。なお、波状列点文の装飾が中円部に増えるのは、中円部が単なる装飾の場へと変化したためと解釈することができる。

共伴遺物編年との関連性（表4）　双方中円形吊手金具は朝鮮半島と日本列島の広域で出土している。本来であれば各地域における共伴遺物編年との関連性を詳細に示すことで、時間的変化が妥当であることを示すべきであるが、詳細は後の章でみることとして、ここでは朝鮮半島各地域の代表例で共伴遺物編年との関連性を示すこととする。

朝鮮半島出土の胡籙金具は、基本的に竪穴系の埋葬施設から出土しているため、副葬時の共伴遺物との一括性が保障される。双方中円形吊手金具は広域に分布しているため、ここでは広域編年に適している馬具に注目して検証をおこなう。表4では、双方中円形1類・2類・3類吊手金具の順に配列し、共伴する馬具の編年的位置づけとの対応関係を示した（諫早2012a）。

表4　双方中円形吊手金具の変化と馬具編年の相関（朝鮮半島）

古墳名	吊手金具 双方中円形			収納部金具			馬具編年
	1類	2類	3類	A類	Ba類	Bb類	
慶州 月城路カ13号	○			○			慶州I段階後半（4世紀中～後葉）
天安 龍院里9号	○			○			百済II段階（4世紀末～5世紀初）
烏山 水清洞4-14号	○			○			百済II段階（4世紀末～5世紀初）
釜山 福泉洞21・22号（主）	○			○			釜山II段階（4世紀末～5世紀初）
昌原 道渓洞19号	○			○			三国II段階（4世紀末～5世紀初）
釜山 福泉洞39号（主）	○			○			釜山III段階（5世紀前葉～中葉）
陜川 玉田M1号（A群）	○			○			大加耶II段階（5世紀前葉～中葉）
烏山 水清洞4-5号	○			○			百済III段階（5世紀前葉～475）
慶州 皇南大塚南	○						慶州III段階後半（5世紀中葉）
高霊 池山洞（啓）34, 35号連結	○					○	大加耶II段階（5世紀前葉～中葉）
高霊 池山洞（嶺文）30号①		○		○			大加耶II段階（5世紀前葉～中葉）
陜川 玉田M1号（EFGc群）		○		○			大加耶II段階（5世紀前葉～中葉）
陜川 玉田28号		○		○			大加耶II段階（5世紀前葉～中葉）
慶山 造永EI-1号（主）		○		○			慶山III段階後半（5世紀中葉）
釜山 福泉洞47号		○		○			釜山IV段階（5世紀後葉～末）
高霊 池山洞（嶺文）I-55号		○				○	大加耶II段階（5世紀前葉～中葉）
陜川 玉田5号		○		○			大加耶II段階（5世紀前葉～中葉）
釜山 福泉洞23号			○			○	釜山IV段階（5世紀後葉～末）
陜川 玉田M4号			○			○	大加耶IV段階（6世紀初～前葉）
咸平 新徳1号			○			○	百済V段階（6世紀初頭～前葉）

〔凡例〕馬具編年：（諫早2012a）による。（主）：主槨。○：存在をしめす。—：出土していないため、検討不可能をしめす。

その結果、双方中円形1類→2類→3類という変化に対応して、馬具編年も矛盾なく変化していることがわかる[14]。馬具編年と良好な対応関係をみせており、双方中円形1類→2類→3類という変化の方向の妥当性は馬具編年からも裏付けられる[15]。双方中円形吊手金具の時間的変化は朝鮮半島の各地域で妥当であるといえる。

収納部金具の変化（表4）　収納部金具は、吊手金具に次いで出土数の多い部位である。胡籙の主要な部位である収納部に装着される金具であるということもあり、胡籙構造の変化を反映すると考えられる。収納部金具をA類とB類に大別し、B類をBa，Bb，Bc，Bd類に細分した。A類とB類の違いは、収納部形態の違いを反映したものであると考えられる。ここでは、時間的変化が想定できる双方中円形吊手金具と収納部金具の共伴例に注目し、A類とB類の時間的位置づけの検討をおこなう。双方中円形吊手金具の検証をおこなった表4では、共伴する収納部金具をあわせて記している。双方中円形吊手金具は収納部金具A類、Ba類、Bb類と共伴している。表をみると、双方中円形1類→2類→3類という出現順序に対応して、収納部金具はA類→Ba類→Bb類の順に出現していることがわかる。収納部金具Ba類とBb類の出現以降、A類はあまりみられなくなることから、収納部金具はA類からB類に取って代わったとみてよいであろう。つまり胡籙の収納部形態が、断面長方形のものから断面半円形のものへと変化したと考えられるのである。

なお、収納部金具Ba類も双方中円形吊手金具の変化と対応して、Bb類へと変化していることがわかる。つまり、収納部金具Ba類→Bb類という変化の方向性が考えられる。金具を比較すると、収納部金具Ba類を構成する帯形金具A類は、収納部金具Bb類を構成する帯形金具B類、山形突起付帯形金具、三葉文立飾付帯形金具と材質、彫金による波状列点文が共通しており、類似性が高い。また、帯形金具A類の中には、中央付近の上側に小さな山形突起がみられるものがあるが（例：千葉県浅間山1号墳、宮崎県島内10号横穴墓）、これは山形突起付帯形金具への変化過程の資料であると考えることができるであろう。収納部金具Ba類はBb類の祖形であったと考えられる。

双方中円形群の変化の方向性（図8）　双方中円形吊手金具と収納部金具の変化の方向性を考慮すると、胡籙は断面長方形の収納部をもつものから、断面半円形の収納部をもつものへと変化したことがわかる。吊手金具は、双方中円形という形態は保ちつつも、外部構造、軸受構造、鋲配置、鉸具形態を変化させ、機能性を変質させた。また、収納部金具は収納部形態の変化に対応して、金具の形態自体が大きく変化した。収納部金具Ba類の出現と同時に帯金具が伴わなくなることから、胡籙の垂下方法も変化したようである。早乙女は双方中円形吊手金具の連結方法として、①背板に接着した吊手金具の鉸具から垂直に伸びた2本の帯が、腰帯に連結する方法と、②D形環（本稿の鉸具3類）から帯が延びて、直接腰に連結する方法を想定しているが（早乙女1988）、収納部金具Ba類の出現とともに帯金具が消失するのは、①から②へ垂下方法が変化したためと考えられる。これらの変化が一連となってあらわれるが、矢を入れるという胡籙の機能を考慮すると、おそらく収納部形態の変化がまずおこり、それにあわせて収納部金具の形態を変化させ、帯との連結方法を調節したものと考える。

第3節　胡籙金具の変化

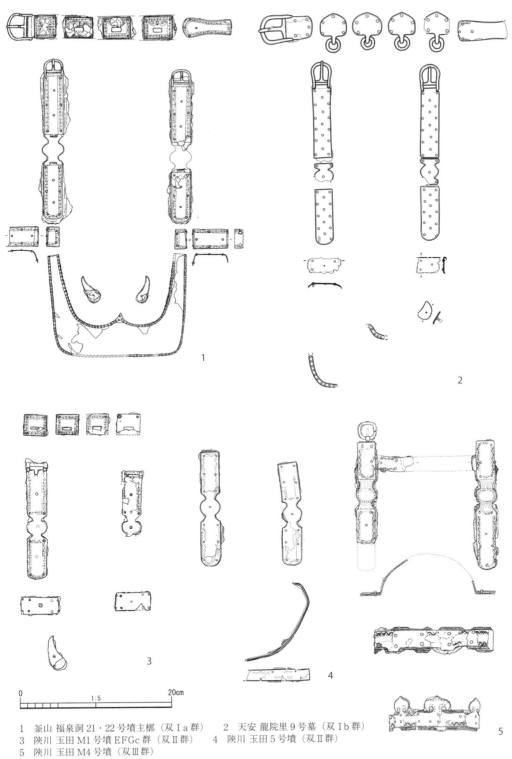

1　釜山 福泉洞21・22号墳主槨（双Ⅰa群）　2　天安 龍院里9号墓（双Ⅰb群）
3　陝川 玉田M1号墳 EFGc群（双Ⅱ群）　4　陝川 玉田5号墳（双Ⅱ群）
5　陝川 玉田M4号墳（双Ⅲ群）

図8　双方中円形群の類例 (s=1/5)

29

第1章　胡籙金具の分類・編年・地域性

段階設定　以上のように、双方中円形吊手金具と収納部金具の変化から３つの段階に区分することができる。Ⅰ段階は、双方中円形１類と収納部金具Ａ類がみられる段階、Ⅱ段階は双方中円形２類吊手金具と収納部金具Ba類が出現する段階、Ⅲ段階は双方中円形３類吊手金具と収納部金具Bb類が出現する段階である。なお、双方中円形１類吊手金具と収納部金具Ａ類はⅡ段階にもみられるが、個々の要素の消滅時期は段階区分の上では考慮していない。

第２項　短冊形Ｂ類吊手金具の分析

短冊形Ｂ類吊手金具の変化　短冊形B1類吊手金具は収納部金具Ba類と組み合い[16]、短冊形B2類吊手金具は収納部金具Bb類と組み合う（図9-3, 4）。先述した通り、収納部金具Ba類は双方中円形群のⅡ段階、収納部金具Bb類は双方中円形群のⅢ段階にみられる金具である。よって、短冊形B1類→短冊形B2類という変化が想定できる。朝鮮半島では出土数が少ないため共伴遺物での検証をおこなうのは難しいが、多くの事例が出土している日本列島で検証をおこなったところ、変化の方向性に矛盾はなかった（詳細は第６章で述べる）。

段階設定　ここでは双方中円形吊手金具で定めた段階設定に基づき、併行関係を確認する。短冊形B1類吊手金具には収納部金具Ba類が組み合うことから、Ⅱ段階に位置づけられる。また、短冊形B2類吊手金具には収納部金具Bb類が組み合うことから、Ⅲ段階に位置づけられる。これは陝川玉田４号墳において、双方中円形３類吊手金具、収納部金具Bb類と短冊形B2類吊手金具が共伴していることからも裏付けられる。

第３項　短冊形Ａ類吊手金具、方形Ａ類吊手金具の分析（図9, 10、表5, 6）

短冊形Ａ類吊手金具の変化　短冊形A1類吊手金具は収納部金具Ａ類と、短冊形A2類吊手金具は収納部金具Bc類と組み合う。先の分析において示したように、収納部金具Ａ類は古い時期にみられる収納部金具であることから、収納部金具Bc類、そしてそれと組み合う短冊形A2類吊手金具は相対的に新しい特徴であると想定される。表5では、短冊形A1類、A2類吊手金具と共伴する土器を編年順に並べ、吊手金具と収納部金具の対応関係を示している（白井2003b）。その結果、短冊形Ａ類は１類→２類の順に、そして収納部金具はＡ類→Bc類の順に出現したことがわかる。つまり、共伴する土器の編年的位置づけから考えると短冊形Ａ類は１類から２類へと変化し、収納部金具はＡ類からBc類に変化したことがわかる。

　収納部金具の変化は、収納部形態の変化へ対応した結果である。吊手金具はというと、金具下端が長く伸びる傾向にあるようである。図9-2は、達城琴楽里28-1号墳から出土した事例であるが、短冊形A2類吊手金具と収納部金具Bc類が良好な状態で遺存している。吊手金具下端が収納部金具の端に直接鋲留されている。おそらく吊手金具下端は、収納部の両側を支える骨格のような役割を果したのであろう。断面長方形の収納部金具に装着される吊手金具にはみられない特徴であり、これも収納部形態の変化に対応した結果であろう。

方形Ａ類吊手金具の変化　方形A1類吊手金具は収納部金具Ａ類、方形A2類吊手金具は収納部金具Bc類と組み合う。方形Ａ類吊手金具と組み合う収納部金具は、短冊形Ａ類吊手

第3節 胡籙金具の変化

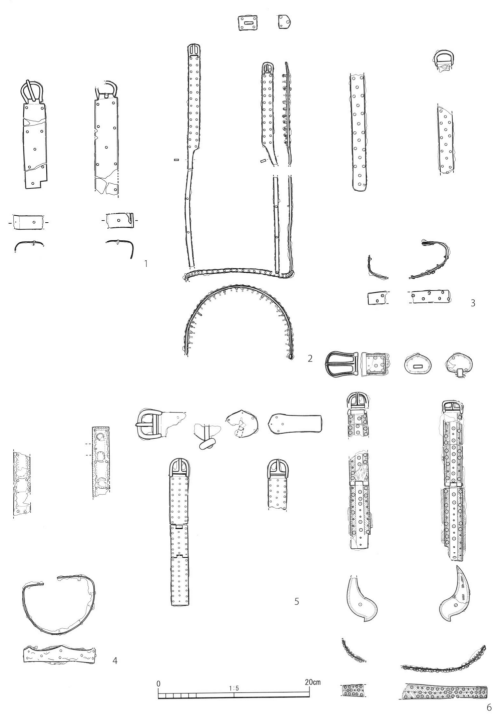

1 慶州 仁旺洞 3-B 号墳（短冊形 AⅠ群）　2 達城 琴楽里 28-1 号墳（短冊形 AⅡ群）
3 兵庫 芝花 14 号墳 SX1401（短冊形 BⅠ群）　4 陜川 玉田 M4 号墳（短冊形 BⅡ群）
5 公州 水村里Ⅱ-1 号墓（短冊形 CⅠ群）　6 陜川 玉田 M3 号墳 J 群（短冊形 CⅡ群）

図9　短冊形群の類例 (s=1/5)

第1章 胡籙金具の分類・編年・地域性

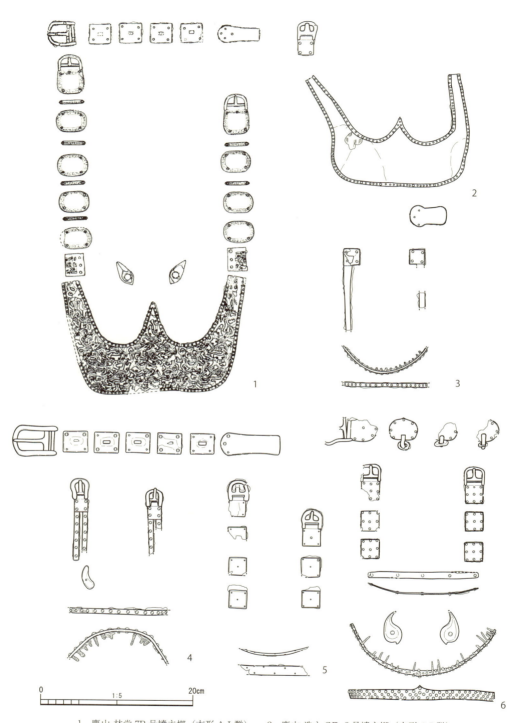

1 慶山 林堂7B号墳主槨（方形AⅠ群）　2 慶山 造永CⅡ-2号墳主槨（方形AⅠ群）
3 慶山 造永CⅠ-1号墳主槨（方形AⅡ群）　4 慶山 造永EⅠ-1号墳主槨（方形AⅡ群）
5 陝川 磻渓堤カA号墳（方形B群）　6 咸陽 白川里Ⅰ-3号墳（方形B群）

図10　方形群の類例 (s=1/5)

金具と同様であり、収納部金具の変化からみて、方形A1類→A2類という変化が想定される。ここでは、共伴する馬具編年をもとに検証をおこなった（諫早2012a）。表6では、吊手金具と収納部金具を想定する変化と整合するように配置し、共伴する馬具の編年的位置づけとの対応関係を示している。その結果、吊手金具の方形A1類→A2類という変化、そして収納部金具のA類→Bc類という変化に対応して、馬具編年も三国II段階→慶山III段階後半と変化していることがわかる。

方形A類吊手金具の変化は、短冊形A類吊手金具と同様に吊手金具の下端が長く伸びるというものである。そして収納部金具も共通している。おそらく、両者の胡籙構造は類似したものであったのだろう。

段階設定　ここでは、先に示した双方中円形吊手金具の段階設定との併行関係を確認する。ここまでの分析で収納部金具A類はI段階にみられるものであることがわかる。このことから、短冊形A1類と方形A1類吊手金具はI段階に位置づけられる。

また、短冊形A2類、方形A2類吊手金具には収納部金具Bc類が組み合う。陜川玉田M1号墳では、短冊形

表5　短冊形A類吊手金具の変化と土器編年の相関

古墳名	吊手金具		収納部金具		土器編年
	短冊形A		A類	Bc類	
	1類	2類			
慶州 仁旺洞 3-B号	○		○		新羅IIA期古段階
浦項 玉城里 50号		○		○	新羅IIA期中段階
浦項 鶴川里 5号		○		○	新羅IIA期中段階
慶州 隍城洞 39号		○			新羅IIA期中段階
浦項 鶴川里 6号		○			新羅IIB期
慶州 月城路タ6号		○			新羅IIB期
大邱 造塔里 2-1号		○			新羅IIC期古段階
大邱 旭水洞 IC19号		○			新羅IIC期古〜新段階

〔凡例〕土器編年：〔白井2003b〕による。○：存在を示す。

表6　方形A類吊手金具の変化と馬具編年の相関

古墳名	吊手金具		収納部金具		馬具編年
	方形A		A類	Bc類	
	1類	2類			
尚州 新興里ナ39号	○		○		三国II段階
慶山 造永CII-2号（主）	○		○		慶山II段階
慶山 林堂7B号（主）	○				慶山II段階前半
慶山 造永CI-1号（主）		○			慶山III段階後半
慶山 造永EI-1号（主）		○			慶山III段階後半
義城 大里里3号墳2槨		○			—

〔凡例〕馬具編年：〔諫早2012a〕による。（主）：主槨。○：存在を示す。—：検討不可能を示す。

表7　短冊形C類吊手金具の変化と馬具編年の相関

古墳名	吊手金具		収納部金具		馬具編年
	短冊形C類		A類	Bd類	
	1類	2類			
清州 新鳳洞 92-66号	○		○		百済III段階
公州 水村里 II-10号	○		○		百済III段階
公州 水村里 II-1号	○				百済III段階前半
天安 龍院里 1号		○			百済III段階
陜川 玉田M3号（J群）		○		○	大加耶III段階前半
陜川 磻渓堤カ号		○			大加耶III段階

〔凡例〕馬具編年：〔諫早2012a〕による。

A2類吊手金具、収納部金具Bc類が、II段階の双方中円形2類吊手金具、収納部金具Ba類と共伴している（図33）。このことから、短冊形A2類吊手金具、方形A2類吊手金具、収納部金具Bc類の出現は、II段階にあたると考えられる。

第4項　短冊形C類吊手金具、方形B類吊手金具の分析（表7）

短冊形C類吊手金具の変化　短冊形C1類吊手金具は収納部金具A類、短冊形C2類吊手金具は収納部金具Bd類と組み合う。先と同様に収納部金具A類は古い時期にみられる特徴で

第1章　胡籙金具の分類・編年・地域性

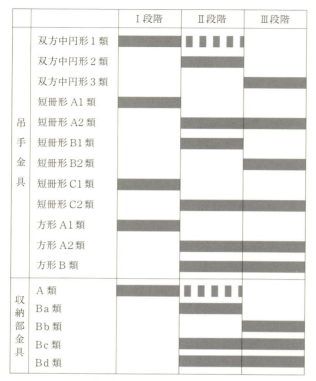

図11　胡籙金具を構成する諸属性の消長

あることから、短冊形C1類→C2類という変化が想定できる。ここでは、共伴する馬具編年をもとに検証をおこなった（諫早2012a）。その結果、吊手金具の短冊形C1類→C2類という変化、そして収納部金具のA類→Bd類という変化に対応して、馬具編年も百済Ⅲ段階（5世紀前葉～中葉）→大加耶Ⅲ段階（5世紀後葉～末）と変化していることがわかる。

方形B類の変化　方形B類吊手金具は収納部金具Bd類と組み合う。収納部金具Bd類は短冊形C2類吊手金具とも組み合うことから、方形B類吊手金具は短冊形C2類と併行することがわかる。

段階設定　先に示した双方中円形吊手金具の段階設定との併行関係を

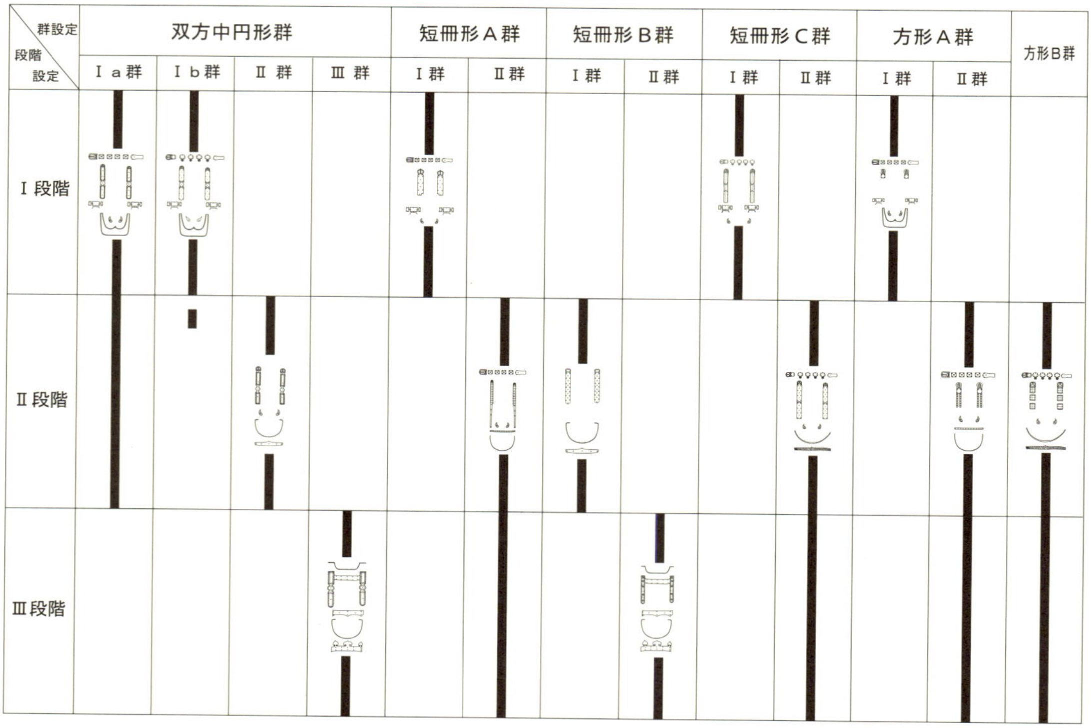

図12　胡籙金具群の併行関係と段階設定

確認する。収納部金具 A 類は I 段階にみられるものであることから、短冊形 C1 類吊手金具は I 段階に位置づけられる。

また、短冊形 C2 類、方形 B 類吊手金具には収納部金具 Bd 類が組み合う。これらの出現時期については、組み合う収納部金具が双方中円形吊手金具とは異なることから、判断が難しい。だが、陜川玉田 M 3 号墳では、短冊形 C2 類吊手金具、収納部金具 Bd 類が、Ⅱ段階の双方中円形 2 類吊手金具と共伴している(17)（図35）。このことから、短冊形 C2 類吊手金具、方形 B 類吊手金具、収納部金具 Bd 類の出現は、Ⅱ段階にあたると考えられる。

以上の結果を踏まえて整理したものが、図 11 である。存続幅にかんしては、共伴遺物の編年的位置づけをもとにしている。また、胡籙金具の変化を踏まえて、胡籙金具群の変化を示したものが図 12 である。

第 4 節　胡籙金具の変遷と実年代

第 1 項　変遷の特質

Ⅰ段階　Ⅰ段階の特徴は、収納部金具 A 類が形態の異なる吊手金具、勾玉状金具、帯金具に共通する点にある。おそらく金具の形態が収納部の形態に規制されていたからであろう。朝鮮半島南部と日本列島において胡籙の収納部形態が共通していた証拠と考えることができる。崔鐘圭、早乙女、全玉年らは、高句麗・三燕の古墳壁画の検討を通して、朝鮮半島南部における出現期の胡籙金具の系譜を高句麗・三燕に求めており（崔鐘圭1983、早乙女1988、全玉年1992）、さらに東潮や児玉真一が、朝鮮半島南部で出土しているＷ字形金具と北票喇嘛洞村古墓例と朝陽十二台郷磚廠88M1号墓例の類似性の高さを指摘しているように（東1997、児玉2007）、朝鮮半島南部の胡籙金具は、朝鮮半島北部に系譜を遡れる可能性が高い。三燕地域の北票喇嘛洞村古墓、朝陽三合成墓、朝陽十二台郷磚廠88M1号墓からはＷ字形金具に類似した収納部金具が出土している（図13）。児玉真一によって指摘されているように、特に外形と鋲配置が類似している（児玉2007）。朝陽三合成墓出土馬具と朝陽十二台郷磚廠88 M 1 号墓出土

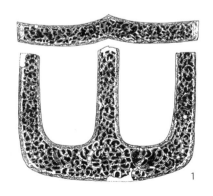
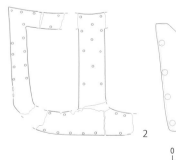

1　北票 喇嘛洞村古墓　　2　朝陽 三合成墓　　3　朝陽 十二台郷磚廠 88M1 号墓

図13　三燕における胡籙金具の類例（s=1/6）

馬具は、諫早編年三燕Ⅰ段階（4世紀中葉）にそれぞれ位置づけられ（諫早2012a）、共伴している収納部金具も、やはり4世紀中葉頃に製作されたと想定される。朝鮮半島南部において、最初に出現する収納部金具の一つがW字形金具であり、それよりも少し古い時期に三燕地域において類似した金具が製作されていることを考えると、やはり胡籙金具は朝鮮半島北部に系譜をたどれる可能性が高いといえる[18]。また、収納部形態も朝鮮半島北部と共通していたと考えることができるだろう。

　　Ⅱ段階　Ⅱ段階で前段階までと大きく異なる点は、収納部金具Ba類、Bc類、Bd類が新しく出現する点である。これらは共通して断面半円形を呈しているため、胡籙形態自体に大幅な変化があったと考えられる。分布状況を考慮すると、特定地域のみにみられる現象でなく、朝鮮半島の広域に共通してみられる変化であったようである[19]。

　　Ⅲ段階　Ⅲ段階には、収納部金具A類は消滅し、収納部金具B類のみがみられるようになる。基本的にⅡ段階の様相を継承したものと考えられる。そして、朝鮮半島における胡籙金具は6世紀中葉以降になると姿を消し、墳墓副葬品として終焉を迎えた。

　このように、朝鮮半島南部と日本列島における胡籙金具の変遷過程を検討した結果、形態の変化には一定の規則性を確認することができた。朝鮮半島南部と日本列島の両地域において、出現期の胡籙金具は断面長方形の収納部金具をもつ。朝鮮半島北部にも同様の収納部金具がみられるため、出現期の胡籙構造は、朝鮮半島と日本列島で共通していたといえる。また、Ⅱ段階には、朝鮮半島南部と日本列島において断面半円形の収納部金具が出現する。以後、断面長方形を呈する収納部金具は減少するため、この時点で胡籙構造が大きく変化したと考えられる。この変化は、従来、日本列島と加耶地域で顕著にみられる変化として認識されてきたが（早乙女1988、田中新1988、坂1992、全玉年1992）、これらの地域に限らず、朝鮮半島南部と日本列島の胡籙金具全体でほぼ同時期にみられる共通の変化であったことを確認した。このような胡籙構造の変化に、胡籙金具は吊手金具と収納部金具の形態を変化させることで対応したのである。全ての胡籙金具群にみられる変化原理であり、ここに変化の規則性を見出すことができるだろう。

第2項　各段階の実年代

　第3節では、双方中円形吊手金具の1類、2類、3類の変化と、収納部金具A類、Ba類、Bb類の変化を基準に、3つの段階に区分した。そして、他の吊手金具と収納部金具が、この3つの段階のどこにあてはまるかを検討し、併行関係を定めた。次に各段階の実年代について検討する。Ⅰ段階の出現時期は地域によって異なるため、Ⅱ段階、Ⅲ段階の上限年代がいつ頃になるかを検討する。

　白井克也によると、実年代の推定には3つの方法がある（白井2003a、2011）。第1の方法は紀年資料による史料対比年代、第2の方法は遷都・領域変化による史料対比年代、第3の方法は大勢論による史料対比年代である。これらの内、第1・第2の方法が推奨されている。

　まず、第1の方法は、六朝紀年墓、安岳郡安岳3号墳（357年？）、江西郡徳興里古墳（408

年）、北燕馮素弗墓（415年）、公州武寧王陵（523年）が挙げられるが、これらの古墳からは確実に胡籙金具とわかるものは確認されていない。このような方法で積極的に議論が展開されている器物が馬具である。馮素弗墓出土馬具は朝鮮半島と日本列島の初期馬具の年代を比定する手掛かりとされている。馬具は広域に分布していることから、実年代を探るうえで最も有効な資料であろう。ここでは第1の方法として、馬具編年の成果（諫早2012a）をもとに、同じ古墳から共伴して出土する胡籙金具の実年代を決めるという方法を採ることとする。

　次に第2の方法であるが、百済の漢城陥落と熊津遷都（475年）は胡籙金具の年代を考えるうえで重要である。白井によれば、「高句麗長寿王が百済の王都漢城（ソウル）を陥れ、百済の蓋鹵王（在位455〜475年）が殺害されるに至って百済は一時滅亡、王都を漢城から熊津（公州）に移したことは、『三国史記』と『日本書紀』に記事があり、475年の事実と認めてよい（白井2011-236頁）」とある。熊津遷都直後の王陵である宋山里4号墳から、Ⅲ段階の基準となる胡籙金具が出土しており、遷都論から実年代に迫ることができる。以下、詳細にみてみよう。

（1）Ⅱ段階の上限年代——収納部金具 Ba 類、Bc 類、Bd 類の出現時期

　断面半円形をなす胡籙形態の変化は、広域でみられた変化であったと考えられる。ここでは馬具の編年的位置づけをもとに、収納部金具 Ba 類、Bc 類、Bd 類の出現時期について検討する。表8では、収納部金具 Ba 類、Bc 類、Bd 類が出土した古墳の中で、馬具が共伴する事例を抽出し、馬具編年との対応関係を示した。大加耶Ⅱ段階は前半、後半の細分は難しいとされるため、厳密な年代の検討ができないが、その他は5世紀中葉以降に位置づけられるものである。馬具編年を根拠にすると、収納部金具 Ba 類、Bc 類、Bd 類の出現、すなわちⅡ段階の上限年代は5世紀中葉頃になると考えられる。広域でみられる変化であることから、各地域における胡籙金具の編年的位置づけを考えるうえで、指標となるであろう。

表8　収納部金具 Ba 類、Bc 類、Bd 類の出現年代

遺跡名	吊手	収納	群	馬具編年
高霊 池山洞（嶺文）I-55 号墳	双2類	Ba 類	双Ⅱ群	大加耶Ⅱ段階（5世紀前〜中葉）
高霊 池山洞（啓）34, 35 号墳連結石槨	双1類	Ba 類	双Ⅱ群	大加耶Ⅱ段階（5世紀前〜中葉）
陜川 玉田5号墳	双2類	Ba 類	双Ⅱ群	大加耶Ⅱ段階（5世紀前〜中葉）
陜川 玉田 M1 号墳（EFGd群）	双1類	Ba 類	双Ⅱ群	大加耶Ⅱ段階後半（5世紀中葉）
陜川 玉田 70 号墳	—	Ba 類	双Ⅱ群	大加耶Ⅲ段階（5世紀後葉〜末）
慶山 造永 EI-1 号墳主槨①	方A2類	Bc 類	方AⅡ群	慶山Ⅲ段階後半（5世紀中葉）
慶山 造永 CI-1 号墳主槨	方A2類	Bc 類	方AⅡ群	慶山Ⅲ段階後半（5世紀中葉）
陜川 玉田 M1 号墳（B群）	短A2類	Bc 類	短AⅡ群	大加耶Ⅱ段階後半（5世紀中葉）
公州 水村里Ⅱ-4 号	方B類	Bd 類	方B群	百済Ⅲ段階後半（5世紀中葉）
陜川 玉田 20 号	方B類	Bd 類	方B群	大加耶Ⅲ段階（5世紀後葉〜末）
陜川 磻渓堤カA号	方B類	Bd 類	方B群	大加耶Ⅲ段階（5世紀後葉〜末）
咸陽 白川里 1-3 号	方B類	Bd 類	方B群	大加耶Ⅲ段階（5世紀後葉〜末）
南原 月山里 M5 号	方B類	Bd 類	方B群	大加耶Ⅲ段階（5世紀後葉〜末）
陜川 玉田 M3 号（J群）	短C2類	Bd 類	短CⅡ群	大加耶Ⅲ段階前半（5世紀後葉）
陜川 磻渓堤カA号	短C2類	Bd 類	短CⅡ群	大加耶Ⅲ段階（5世紀後葉〜末）

〔凡例〕吊手—吊手金具、収納—収納部金具、群—胡籙金具群、双—双方中円形、短—短冊形、方—方形、馬具編年は諫早2012a に基づく。

第1章　胡籙金具の分類・編年・地域性

表9　双方中円形3類吊手金具、収納部金具 Bb 類の出現年代

遺跡名	吊手	収納	群	馬具編年
釜山 福泉洞23号墳	双3類	Bb 類	双Ⅲ群	釜山Ⅳ段階（5世紀後葉～末）
陜川 玉田 M4号墳	短 B2 類	Bb 類	短BⅡ群	大加耶Ⅳ段階（6世紀初～前葉）
咸平 新徳1号	双3類	Bb 類	双Ⅲ群	百済Ⅴ段階（6世紀初頭～前葉）

〔凡例〕吊手─吊手金具、収納─収納部金具、群─胡籙金具群、双─双方中円形、短─短冊形、馬具編年は諫早2012aに基づく。

(2) Ⅲ段階の上限年代──双方中円形3類吊手金具、収納部金具 Bb 類の出現時期

　双方中円形3類吊手金具、収納部金具 Bb 類の出現時期を考えるうえで指標となる事例は、公州宋山里4号墳（旧1号墳）である（図24）。宋山里4号墳の横穴式石室は吉井秀夫による編年で宋山里Ⅰ段階とされている（吉井1991）。宋山里Ⅱ段階の武寧王陵や宋山里6号墳の年代を6世紀前葉としたうえで、宋山里Ⅰ段階には熊津遷都の475年以降から宋山里Ⅱ段階よりも前の5世紀後葉という年代が与えられている。双方中円形3類吊手金具、収納部金具 Bb 類がみられる時期の一点に5世紀後葉頃の年代があったことがわかる。

　また、表9では（1）と同様に、馬具が共伴する事例を抽出し、馬具編年との対応関係を示した。釜山福泉洞23号墳例が古く位置づけられており、5世紀後葉～末に位置づけられる。宋山里4号墳例とほぼ同時期の事例である。

　以上のように、Ⅰ段階は～5世紀前葉、Ⅱ段階は5世紀中葉、Ⅲ段階は5世紀後葉～であると考えられる。これは朝鮮半島南部における胡籙金具の広域的な編年（三国時代編年）である。広域で基本的な出現順序は同じであるが、地域によって出現時期や存続期間が異なることがあるため、地域ごとの編年は次章以降で改めて検討することとする。

第5節　朝鮮半島南部における胡籙金具の分布状況

第1項　勾玉状金具と帯金具の分布状況

　吊手金具と収納部金具は時間的変化を遂げる金具であるが、勾玉状金具と帯金具の形態には、大きな時間的変化が見られない[20]。おそらく胡籙の機能と直接的にかかわる部位ではなかったためであろう。その一方で、勾玉状金具と帯金具は分布状況に明確な傾向が抽出できる。

　図14では朝鮮半島南部における勾玉状金具と帯金具の分布状況を示している。勾玉状金具には円頭形と鳥形の二種がある。その分布状況をみると、円頭形は東側に、そして鳥形は西側に分布している。帯金具には方形と逆心葉形の二種があり、その分布状況をみると、方形は東側に、逆心葉形は西側に多く分布している[21]。両金具の分布状況に共通するのは、おおむね洛東江が東西の境になっているという点である。とくに鳥形勾玉状金具と逆心葉形帯金具は、洛東江以東地方[22]への広がりはあまり確認できない。洛東江は新羅と加耶の政治領域の境目として認識できる。勾玉状金具と帯金具の分布状況には、新羅・加耶・百済という政治勢力が関連していると解釈することができる。以下の検討では新羅、加耶、百済の各領域における分布状況をみることとし、それぞれの政治的影響を踏まえながら分布をみることにする。

38

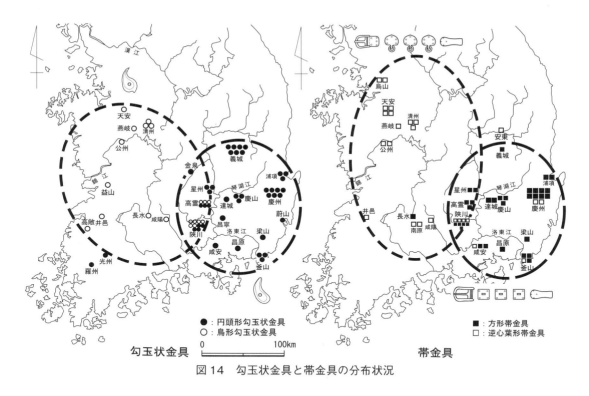

図 14　勾玉状金具と帯金具の分布状況

第 2 項　胡籙金具群の分布状況

　ここでは胡籙金具の分布状況を検討する。本来であれば、吊手金具、収納部金具、勾玉状金具、帯金具のそれぞれの分布状況を確認するべきであるが、情報が多くなりすぎて煩雑になってしまうため、ここでは胡籙金具の組み合わせである胡籙金具群という単位で分布状況を検討した。

　13 群の胡籙金具群は、分布状況からみて親和性の強い 4 つの類型が認められる（図15）。「類型 1. 新羅にまとまるもの」、「類型 2. 百済にまとまるもの」、「類型 3. 広域にみられ、とくに大加耶・阿羅伽耶に集中するもの」、「類型 4. 大加耶・百済にまとまるもの」の 4 類型である。

　類型 1　双方中円形 I a 群、短冊形 A I・II 群、方形 A I・II 群がこれに相当する。短冊形 A I・II 群、方形 A I・II 群は洛東江以東地方に集中しており、新羅に特徴な形態であるといえる[23]。

　また、双方中円形 I a 群は、洛東江以東下流域の釜山福泉洞古墳群からある程度まとまって出土していることから、金官加耶の特徴とみる見解もある（田中新1988）。釜山福泉洞 21・22 号墳主槨段階の釜山を政治的にどのように解釈するのかにかんしては、見解がわかれている。新羅土器が本格的に副葬され始める洛東江以東地方を「親新羅系加耶」と把握し、釜山地域は 6 世紀前葉まで金官加耶の中心的位置にあったとする見解（申敬澈1995）、新羅土器が本格的に副葬される福泉洞 21・22 号墳段階までには新羅の一地方に入ったとする見解（李煕濬1998）、福泉洞 21・22 号墳段階までに加耶から新羅勢力圏へと離脱したとみる見解（金泰植1993、洪潽植1998）などが存在する。どの見解に立つかによって、解釈が異なってくるが、高田貫太が

第1章 胡籙金具の分類・編年・地域性

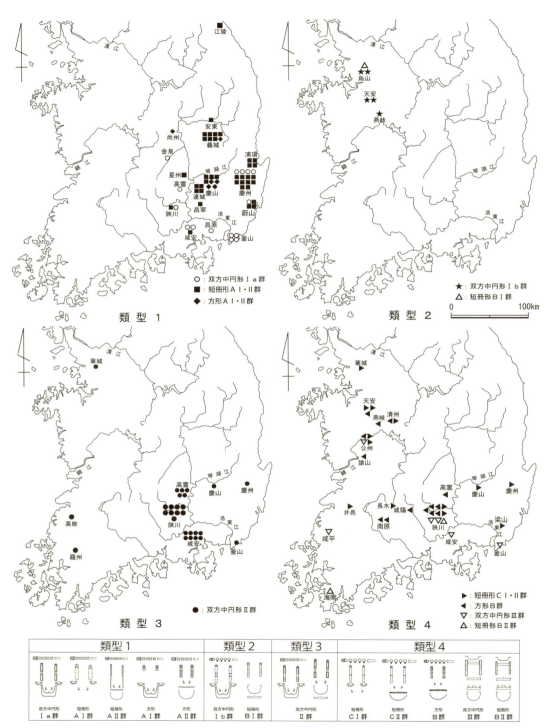

図15 朝鮮半島南部における胡籙金具群の分布状況

指摘するように、福泉洞21・22号墳段階以降の釜山地域が、程度の差こそあれ少なからず新羅の政治的干渉をうけていたと考えるならば（高田2004）、新羅地域の中枢域である慶州において一定数が確認される双方中円形Ⅰa群は、釜山福泉洞古墳群出土品を根拠に金官加耶の特徴と考えるよりも、むしろ新羅の特徴として考えることが無難であると考える。

　類型2　双方中円形Ⅰb群、短冊形BⅠ群に相当する。双方中円形Ⅰb群は忠清北道、京畿道をはじめとした中西部地域から出土しており、いずれも漢城期に見られる資料であることから、百済に特徴的な形態である。また短冊形BⅠ群は、朝鮮半島南部では現状中西部地域で1例しか出土していない。短冊形BⅠ群の収納部金具Ba類は、後述する双方中円形Ⅱ群と共通のものであるから、将来的に広域で出土する可能性があるが、ここでは類型2に含めておきたい。

　類型3　双方中円形Ⅱ群が相当する。双方中円形Ⅱ群は東南部の洛東江以東地方、以西地方、中西部地域、南西部地域と広域的にみられる。とくに洛東江以西地方の高霊・陜川を中心とする大加耶[24]と阿羅伽耶に集中して分布する。

　類型4　短冊形CⅠ・CⅡ群、方形B群、双方中円形Ⅲ群、短冊形BⅡ群が相当する。分布状況からみて、中西部地域と東南部の洛東江以西地方の高霊・陜川にまとまって分布しており、これらは百済・大加耶の特徴であると考えられる。

　これら4つの類型は、製作集団のまとまりを反映したものであると想定される。地域ごとの詳細は次章以降で詳しく検討する。

結　語

　本章では、まず吊手金具・収納部金具・勾玉状金具・帯金具を諸属性に分解し、属性のまとまりから分類をおこなった。次に、吊手金具の属性相関と収納部金具の共伴関係を根拠に変化の方向性を見極め、共伴遺物の編年から想定した変化の妥当性を検証した。こうして得られた情報をもとに、それぞれの各金具の併行関係を定め、胡籙金具の変遷過程を3つの段階をもって把握した。

　最後に、朝鮮半島南部における胡籙金具の分布状況を検討し、その地域性を政治領域と関連づけて解釈した。その結果、百済、新羅、大加耶、阿羅伽耶でそれぞれ地域性がみられることを確認した。本章では、朝鮮半島南部における分布状況を横断的に検討することに主眼を置いた。第2章からは百済、新羅、大加耶、阿羅伽耶で胡籙金具がどのように受容され、展開したのかを詳しく検討することとする。

[註]
(1)「胡籙」という言葉は、日本では「矢立式」の容器を指すが、中国では「矢筒式」の革袋を指しており、同じ用語であっても異なる形態を意味している。東アジア規模で論じる場合、混乱をまねきかねないとして崔鍾圭や早乙女雅博は「矢を盛る道具」を意味する盛矢具という言葉を用いる（崔鍾圭1987、早乙女1988）。一方、『東大寺献物帳』に記載される胡籙と靫の区別

が、古墳時代にも概ね有効であることから、田中新史は「右腰に携帯し、矢を下向きに収納するもの」として「胡籙」という言葉を用いる（田中新1988）。前者の見解も理解できるが、古墳時代において胡籙と靫という異なる容器が用いられたことは確かであり、盛矢具として一括するのも適当ではないと考える。よってここでは、田中が指摘するように「右腰に携帯し、矢を下向きにして収納する」という使用方法と、装具の定型性を判断材料として「胡籙」という言葉を用いることとする。

(2) 西岡も朝鮮半島南部全域を視野に入れた吊手金具の詳細な分類をおこなっている。ここでは西岡分類との対応関係を整理する。双方中円形1・2・3類は西岡A類、短冊形A1・2類は西岡B1b・B1c類、短冊形B1・2類は西岡B2類、短冊形C類は西岡B1a類、方形A1・2類と方形B類は西岡C類に相当する（西岡2006）。

(3) 一対式中円部造り出し形（田中新1988）、中円板帯状金具（早乙女1988）、中円板状金具（坂1992、菊池2007）など様々な名称が用いられているが、ここでは他の吊手金具との差異を外部形態の違いによって示しているので、一貫性を重視して双方中円形吊手金具と呼ぶこととする。

(4) 田中は文様3類をさらに細かく分類するが（田中新1988）、本稿では中円部の加飾化が進むか否かという区分に留めた。

(5) 西岡は前者を吊手B1c類、後者をB1b類として区分する（西岡2006）。

(6) 西岡分類との対応関係を整理する。収納部金具A類：西岡分類A類、収納部金具Ba類とBc類：西岡分類B2類、収納部金具Bd類：西岡分類B1類に相当する。収納部金具Bb類に相当する分類はない（西岡2006）。

(7) 研究史上、日本では「U字形金具」という用語が使用され、（早乙女1988、田中新1988、坂1992、西岡2006，2007）、韓国では山形金具と表現されてきたが、中央が若干盛り上がり、平面W字形と表現するほうが現状に近い。後述するが、三燕や高句麗出土例は、中央の盛り上がりがより大きく、両地域を視野に入れて検討をおこなう場合、U字形金具という表現は適当ではない。よって、ここでは「W字形金具」と表現しておく。

　　また、中央の盛り上がり度合いや、外形の彎曲度合いを根拠に細分がなされているが（田中新1988、全玉年1992、児玉2007）、現状では有意な分類とは考えられないため、細分はおこなわない。

(8) ただし福岡県番塚古墳からは、断面長方形を呈する三葉形立飾付帯形金具が出土している。現状、他には確認できないため、例外的資料として考えておきたい。

(9) 田中や菊池は、施文や鋲配置をもとに分類し、編年をおこなった（田中新1988、菊池2007）。各型式の存続幅の大部分は重複しており、現状では時間差を明確に抽出することは難しいと考えるが、鉄製で彫金装飾がなく、鋲が一対の配置になるものがTK43型式期以降にみられるという点は傾向が出ている。ここでは細分はおこなわないが、三葉形立飾付帯形金具の材質、施文、鋲配置から時期別に細分できる可能性はある。

(10) 陜川磻渓堤カA号墳と咸陽白川里I-3号墳では、帯形金具D類とともに上下幅1cm未満の細い帯形金具が出土している（図10-6）。高霊池山洞47号墳（旧主山39号墳）出土の収納部金具にも、帯形金具D類の上側に同様の金具が確認できるため、帯形金具D類とともに収納部Bd類を構成する金具であった可能性がある。しかし、現状では類例はこの3例に限られているうえに、白川里I-3号墳出土例は、収納部の裏側に装着されていた金具である。さらに、帯形金具D類の全てにともなうわけでもないので、ここでは収納部金具の一つとして分類に加えることはしない。出土数が増加し、様相が明らかになった場合は、収納部金具の1つとして分類に加えることとする。

(11) 西岡は勾玉状金具を、「半円形、円頭形、鳥形、方頭形」の4つに分類するが（西岡2006）、本書では半円形を円頭形に含め、さらに方頭形を鳥形に含めた概念として、「円頭形」と「鳥形」の2分類とする。

(12) 西岡は金具の組成を検討する際、吊手金具を伴うもの（I類）と吊手金具を伴わないもの（II

類）に大別した後に、収納部金具・勾玉状金具との対応関係を検討している（西岡 2006）。

(13) 西岡は収納部の形態を基準として方立形、半円形、円筒形、方形・五角形に群別し、そのうえで金具の組成を検討する（西岡 2006）。本書ではあらかじめ収納部形態で区分するという方法はとらず、吊手金具を中心とした金具の組成を基準として群設定をおこなう。なお、収納部金具の分類に際しては、収納部の形態を考慮してＡ類とＢ類に区分したが、断面長方形を呈する個体（方立形）と断面半円形を呈する個体（半円形）の２つの形態の区分にとどめた。円筒形、方形、五角形はいずれも半円形と大きな違いがなく、半円形に含めても問題ないと考えるためである。

(14) 表４では、慶州Ⅰ段階後半→三国Ⅱ段階，釜山Ⅱ段階，百済Ⅱ段階→大加耶Ⅱ段階，慶州Ⅲ段階後半，慶山Ⅲ段階後半→大加耶Ⅲ段階，釜山Ⅳ段階→大加耶Ⅳ段階の順に新しく位置づけられる。

(15) 慶州鶏林路 14 号墳からは、「外部構造：三連式、軸受構造：有、鉸具：１類」の双方中円形吊・馬具手金具が出土している。鶏林路 14 号墳は６世紀代の古墳であると位置づけられており（穴沢・馬目 1980、諫早 2012a、李在烈ほか 2010）、ここで想定する変化の方向性とは矛盾するが、金具下端に短冊形Ａ類吊手金具と同様の突起をもち、ハート形の透穴に玉虫翅を埋め込むなど、他の双方中円形吊手金具にはない様相を呈している。さらに収納部金具は断面半円形を呈しており、想定する収納部の変化の方向性と矛盾しない。そこで本書では、鶏林路 14 号墳出土例は、例外的に古い属性の吊手金具をもったものであると考える。

(16) 朝鮮半島においては出土例は少ないが、日本列島においては共伴する例が多く、妥当性は高い。

(17) 第４章で後述するが双方中円形２類吊手と組み合う収納部金具は類例のないものであり、位置づけが難しい。

(18) 慶州月城路カ 13 号墓、天安龍院里９号墓からは、それぞれ嶺南地方、中西部地方における出現期の胡籙金具が出土している。この両墳墓に共通して、高句麗系鐔付鉄鉾が出土しており（高田 2004）、また前者からは高句麗系の可能性がある垂飾付耳飾が出土している（三木 1996）。胡籙金具以外にも北部地域との関連が指摘される副葬品が出土している点は興味深い。

(19) 全玉年は大加耶地域において開発された可能性を指摘しているが（全玉年 1992）、大加耶以外の地域においてもほぼ同時期に同様の現象がみられるため、源流を大加耶に限定することは困難であると考える。また、靫との関連性を指摘する見解もあるが、日本列島に特有の靫が、朝鮮半島南部全域にまで影響を及ぼしたとは考えにくい。なお、イ・グァンヒは、高句麗の盛矢具の一つとして円筒形を呈する矢筒状の個体を挙げている（イ・グァンヒ 2004）。朝鮮半島南部の収納部金具Ｂ類と断面形態が類似しており、系譜をさぐる手がかりとなる可能性はある。しかし、類例は吉林省楡樹老河深 56 号墓、集安下活龍８号墳例など紀元前後または１～２世紀頃に位置づけられる資料であり、朝鮮半島南部で収納部金具Ｂ類が出現する５世紀中葉と時間差が大きいため、直接的な関連性を証明する資料とはならない。ここでは、外的影響によって朝鮮半島南部の広域でほぼ同時期に出現した可能性を指摘するにとどめる。

(20) 全玉年は、円頭形勾玉状金具から鳥形勾玉状金具への時間的変化を想定しているが（全玉年 1992）、円頭形勾玉状金具は鳥形勾玉状金具が出現して以後も存続し続けるうえに、セットとなる吊手金具・収納部金具・帯金具も異なるため、時間的変化ではなく、製作集団の違いであると考える。

(21) 逆心葉形の錺板は、６世紀以降の新羅・百済でみられる「樓岩里型」帯金具にもみられるが（李漢祥 1996）、ここでは出土状況からみて胡籙金具として用いられたと考えられるもののみを対象としている。そのように検討した場合、東西地域で明確な分布差が形成されるため、これを有意なものとして判断した。

(22) 「洛東江以東地方」の定義にかんしては、李熙濬に倣って「琴湖江以北では以西地域も包含する概念」として用いる（李熙濬 1996）。

(23) 方形ＡⅠ・Ⅱ群は出土数が少ないが、吊手金具片側が長く伸びるという形態的変化が短冊形Ａ

第1章　胡籙金具の分類・編年・地域性

　　Ⅰ・Ⅱ群と共通しており、さらに両者とも収納部金具Bc類を構成要素とすることから、新羅
　　で製作されていたと考え得る。
(24)　大加耶は、『三国遺事』五伽耶条に「大伽耶」、『三国史記』地理誌に「大加耶」と示された政
　　治勢力である。高霊を中心としており、高霊池山洞古墳群が中心古墳群として想定されている。
　　高霊土器の広がりが大加耶勢力圏と結び付けて議論されており、その範囲は「大加耶連盟」と
　　も関連付けて考えられている（田中俊1992）。陜川は、文献上、「多羅」として表記されてお
　　り、大加耶とは異なる政治勢力である。しかし、陜川に高霊土器が多数出土している点をみる
　　と、陜川が大加耶の強い影響をうけた地域であったことは間違いない。ここでは陜川も「大加
　　耶」の中に含めて考えたい。同様の理由で、咸陽も大加耶に含めて考える。

第2章　百済における胡籙金具の展開

はじめに

　従来、朝鮮半島中西部では胡籙金具があまり出土していなかったが、近年新出事例が急激に増加したことで、百済における胡籙金具の様相が明らかになってきた。本章では百済における胡籙金具の基礎資料を検討し、各時期の特徴について検討する。

　なお、百済の領域は中西部から南西部に相当するが、時期によってその範囲は異なっている。本来であれば各時期における百済の領域をふまえて議論するべきであるが、百済の領域拡大過程にも諸説がある。とくに南西部は馬韓の領域として捉えられることも多く、百済の領域との境目や百済に編入される時期の解釈には、まだ定説がない。そこで、ここでは百済の地域を領域としての百済の範囲ではなく、中西部と南西部をあわせた地域名（京畿道、忠清道、全羅道）として用いることとする。

第1節　先行研究

　百済から出土した胡籙金具の研究事例としては、李賢淑の成果が挙げられる（李賢淑1999）。李賢淑は天安龍院里古墳群出土例の位置づけを示すという目的のもと、百済における吊手金具、収納部金具、勾玉状金具、帯金具の類例をいくつか挙げ、それらの金具の特徴について述べた。当時の百済における胡籙金具は出土数が限定されていたため今日とは資料状況が異なるが、実態がよくわかっていなかった百済における胡籙金具が認識される契機となった。

　また、西岡千絵は朝鮮半島南部出土の胡籙金具を集成し分類するうえで、百済から出土する胡籙金具の特徴について言及した（西岡2006）。具体的には、吊手金具B類（本書でいう短冊形A・B・C類吊手金具）・吊手金具C類（本書でいう方形B類）が並存する点、鳥形勾玉状金具が集中して分布する点、鉄製の金具に金・銀装鋲を配するものが多く無文である点、収納部金具B1類（本書でいう収納部金具Bd類）がある点、吊手金具C1類（方形B類）・鳥形勾玉状金具・収納部金具B1類（収納部金具Bd類）のセットが特徴的である点が指摘された。また、大加耶の池山洞古墳群、玉田古墳群には鳥形勾玉状金具がみられることから、百済の影響が強いとされた。百済の胡籙金具に主眼をおいた論稿ではなかったため、百済の胡籙金具に対する言及は少ないが、この研究によって百済にどのような金具が特徴的に分布するのかがより明らかになった。

　その他に報告書で類例の指摘などはおこなわれているが、百済の胡籙金具について本格的に検討した論稿はみられない。百済の胡籙金具がどのような変遷を遂げたのか、他地域からどのような影響をうけ、他地域にどのような影響を与えていたのかはよくわかっていない。また、百済では近年ますます多くの胡籙金具が出土しており、現時点での状況を整理する必要が

あった。

　そこで筆者は、百済をはじめとした朝鮮半島南部における胡籙金具の新出事例を集成し、過去に報告された資料の図化作業を多数おこなった。この成果をもとに、第1章の検討結果もふまえながら、百済における胡籙金具の特徴をついてみていくこととする。

第2節　Ⅰ段階

　第1章で検討した通り、胡籙金具の地域性は帯金具と勾玉状金具の分布状況によく反映されており、朝鮮半島南部では概ね洛東江を境に東西に区分される（図14）。百済は、西側の逆心葉形帯金具と鳥形勾玉状金具が多くみられる地域である。また、胡籙金具群の分布類型の中で、百済にまとまるもの（双方中円形Ⅰb群、短冊形BⅠ群）、大加耶・百済にまとまるもの（短冊形CⅠ・Ⅱ群、方形B群、双方中円形Ⅲ群、短冊形BⅡ群）、広域にみられとくに大加耶・阿羅伽耶に集中するもの（双方中円形Ⅱ群）の3つがみられる。これらの胡籙金具は3つの時期に区分される。ここでは各時期ごとの特徴について検討する。

　なお、胡籙の名称を挙げる際、各部位の名称をそれぞれ挙げると煩雑になるため、各部位の組み合わせである胡籙金具群の名称を用いることとする。また、胡籙金具群の名称の都合、吊手金具が出土していない場合は名称が示せないため、その場合は群不明とする。

（1）出現時期

　双方中円形Ⅰb群、短冊形CⅠ群がみられる。まずは、これらの出現時期について検討する。百済考古学の実年代は、新羅・加耶考古学の実年代と比べて古く考えられる傾向が強い。これは、実年代の根拠を何に求めるかに起因する。百済考古学の場合、中国陶磁器が実年代の根拠とされることが多い。中国の紀年墓から出土した中国陶磁器と、百済で出土した中国陶磁器を比較することで、実年代を算出するという方法である[1]。ただし、中国陶磁器は他の遺物と比べて長期保有される傾向があることも指摘されており（諫早2012a）、この扱いをめぐって多くの議論がなされてきた。中国陶磁器にいわゆる伝世は認められず、実年代推定の際、積極的に活用することができるという見解も提示されているが（土田2017）、研究者によって中国陶磁器の編年的位置づけ自体が異なる事例も多く[2]、現状では中国陶磁器の研究者以外がこれらを実年代の根拠とするのは難しい。また、中国陶磁器は葬送用と生活用で形態が異なっており、その弁別が不可欠であるという見解もある（白井2011）。

　ここでは第1章と同様に、紀年墓の資料から実年代論が展開されている馬具編年（諫早2012a）を、実年代の根拠とする。表10では、Ⅰ段階の胡籙金具の事例と馬具編年をあわせて示した。百済Ⅱ段階（4世紀末〜5世紀初頭）と百済Ⅲ段階（5世紀前葉〜中葉）の馬具が共伴しており、Ⅰ段階の出現年代は4世紀末〜5世紀初頭頃であったと考えられる[3]。

(2) 双方中円形Ⅰb群の特徴

① 地域性

　天安龍院里9号墓例（図16-1）は、残存状態が良好であり、百済の胡籙金具の代表的な事例として注目されてきた（李賢淑1999）。双方中円形1類吊手金具は金銅製であり、彫金はみられない。新羅や倭にみられる双方中円形1類吊手金具には、彫金で波状列点文がほどこされているものが多く、異なる特徴をもつ。逆心葉形金具や鳥形勾玉状金具はⅠ段階からみられ、新羅と異なる百済の地域性を特徴づける。なお、W字形金具とコ字形金具は新羅とも共通している

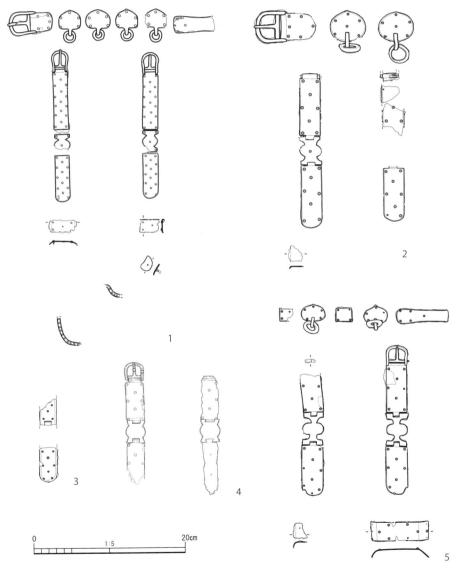

双方中円形Ⅰb群：1　天安 龍院里9号墓　　2　烏山 水清洞4地点14号木槨　　3　天安 道林里1号墳
双方中円形Ⅰb群：4　燕岐 羅城里KM004墓　　5　烏山 水清洞4地点5号周溝附木棺

図16　百済におけるⅠ段階の胡籙金具群1（s=1/5）

第2章　百済における胡籙金具の展開

ことから、これらの金具に地域性はみられないようである。

② 系　譜

水清洞4地点5号周溝附木棺例（図16-5）は、どの金具も本体はすべて鉄製であり、鋲は金銅製である。この事例は、吊手金具の下端外側が少し抉れている点に特徴がある。双方中円形吊手金具で同様の事例は、慶州月城路カ13号墓、慶州鶏林路14号墳例にもみられ（図17）、吊手金具下端外側が抉れる[4]（右の吊手金具の場合、右側が抉れる）。鶏林路14号墳例と共伴する馬具は諫早編年新羅Ⅵ段階（6世紀前葉〜中葉）のものであり（諫早2012a）、他の2例とは時期差が大きいため直接的な関係性を論じるのは難しい。だが、月城路カ13号墓例は収納部金具A類（コ字形金具）をも

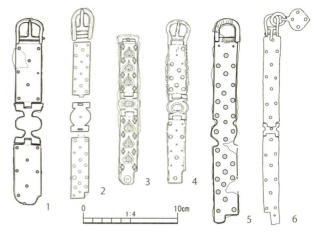

1　烏山 水清洞4地点5号周附木棺（右側）　　2　慶州 月城路カ13号墓（右側）
3　慶州 鶏林路14号墳①（右側）　　　　　　4　慶州 鶏林路14号墳②（右側）
5　陝川 玉田M3号墳（Ⅰ群）（左側）　　　　6　集安 麻線溝1号墳（左右不明）

図17　吊手金具下端片側に抉りをもつ事例（s=1/4）

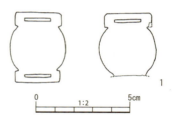

1　高句麗出土（国立中央博物館所蔵）

図18　高句麗における双方中円形吊手金具（s=1/2）

ち、共伴する馬具は諫早編年慶州Ⅰ段階後半（4世紀中葉〜後葉）に位置づけられることから、朝鮮半島南部で最も古い胡籙金具の一つである。水清洞4地点5号周溝附木棺例とも比較的近い時期のものであろう。これらは材質や帯金具形態が異なることから同じ製作地とは考えられないが、朝鮮半島南部における初期の吊手金具にみられる共通の特徴である可能性が考えられる。というのも、百済と新羅の胡籙金具の祖形があると想定される高句麗の集安麻線溝1号墳例（諫早編年高句麗Ⅳ段階（4世紀後葉〜5世紀初頭））（図17-6）の吊手金具下端にも抉りがみられる。この吊手金具は左右どちらの個体であるかわからないため、内側と外側のどちらが抉れているかわからないが、この抉れをもつ吊手金具の祖形が高句麗にある可能性がある。さらに麻線溝1号墳例には、百済に特徴的な逆心葉形帯金具が装着されており、百済の胡籙金具との関連性を考えるうえでも興味深い[5]。

また、燕岐羅城里KM004号墓例（図16-4）にみられる双方中円形1類吊手金具の中円部には、くびれが小さいという特徴がある。同様の特徴は、国立中央博物館で所蔵される伝高句麗出土胡籙金具の中円部にもみられる（図18）。

これらは金具の細かな特徴の類似点であるが、百済における出現期の胡籙金具を考えるうえ

で重要な事例である。百済Ⅱ段階（4世末～5世紀初頭）にみられる馬具の2條線引手B2類も、高句麗の影響を受けている（李尚律1998、桃崎2006）。中国遼寧省集安の広開土王碑[6]には、396年に王の親征により、百済から漢江北岸とみられる「開弥城」など58城を奪ったとする記事がある。これと対応する記事が『三国史記』392年7月、10月の記事にあり、広開土王代に高句麗が百済の北部領土を奪取したのは事実と考えられている（白井2011）。このような外的刺激がきっかけとなり、一時的に百済と高句麗の間で交流が活発化していたという状況が推測されている（諌早2012a）。馬具だけでなく胡籙金具にも想定される状況であり、百済の金工品の系譜を考えるうえで示唆的である。

(3) 短冊形CⅠ群の特徴

双方中円形Ⅰb群との共通点　公州水村里Ⅱ-1号墓例（図19-2）には短冊形C1類吊手金具がみられる。この吊手金具には、方形部が3つある。蝶番状金具は上部方形部と下部方形部の中央につき、中部方形部には蝶番状金具はなく連結用の透かし孔があるのみである。三連式構

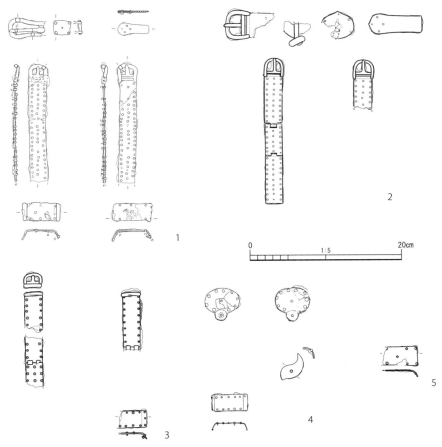

短冊形CⅠ群：1　公州 水村里Ⅱ-10号墓　2　公州 水村里Ⅱ-1号墓　3　清州 新鳳洞92-66号墓
群不明：4　清州 新鳳洞2号石室　5　清州 新鳳洞92-94号墓

図19　百済におけるⅠ段階の胡籙金具群2 (s=1/5)

造であり、金具形態は異なるが、構造自体は双方中円形１類吊手金具と共通したものである。

水村里Ⅱ-10号墳例（図19-1）は、短冊形C1類吊手金具と収納部金具Ａ類（コ字形金具）からなる[7]。実見できていないが、写真をみると吊手金具の中央に蝶番状金具を確認することができ、三連式構造であると考えられる。さらに、収納部金具Ａ類（コ字形金具）も確認することができる。これは双方中円形Ⅰb群にもみられる収納部金具である。このように吊手金具の形態は異なるものの、吊手金具の構造や収納部金具には双方中円形Ⅰb群との共通点がみられ、Ⅰ段階の特徴として認識することができる。

なお、新鳳洞92-66号墓例（図19-3）は、吊手金具の上下方形部が２つの小さな帯状の鉄板によって連結されている。錆によって細かく観察できないが、おそらくこの２つの鉄板は吊手金具本体に鍛接されている。水村里Ⅱ-10号墳、Ⅱ-1号墳例とは異なる連結方法であるが、これも現状では短冊形C1類吊手金具として認識しておきたい。収納部金具Ａ類をもつことから、Ⅰ段階に位置づけられる。

（4）装身具賜与体系の成立と胡籙金具

胡籙金具の分布域は漢江以南、錦江以北に限定されている。錦江中流の燕岐、公州、美湖川中流の清州、曲橋川上流の天安という、百済の「強い間接支配（土田2017）」に置かれた地域から出土している点が特徴である。

この時期、百済では中国陶磁器に代わる新たな威信材として冠・飾履・耳飾が使用され、地方有力者に賜与する装身具賜与体系が成立する（李漢祥2009）。百済の支配層が、自らの威勢を可視的に示すために製作された着装用装身具や、葬送儀礼の共有を象徴する飾履を地方へ賜

表10　百済におけるⅠ段階の胡籙金具群

| 遺跡名 | 吊手 | 収納 | 勾玉 | 帯 | 金具材質・鋲材質 | | | | 群 | 胡籙編年 | 馬具編年 |
					吊手	収納	勾玉	帯			
烏山 水清洞4-14号	双1類	Ａ類（コ字）	×	逆心葉	中円部-金銅方形部-鉄鋲-金銅	鉄・不明	—	鉄・金銅	双Ⅰb群		百済Ⅱ
烏山 水清洞4-5号	双1類	Ａ類（コ字）	×	逆心葉	鉄・金銅	鉄・金銅	—	鉄・金銅	双Ⅰb群		百済Ⅲ
燕岐 羅城里KM004号	双1類	×	×	×	金銅・金銅	—	—	—	双Ⅰb群		
天安 龍院里9号	双1類	Ａ類（W字、コ字）	鳥	逆心葉	金銅・金銅	金銅・金銅	金銅・金銅	金銅・金銅	双Ⅰb群		百済Ⅱ
天安 道林里1号	双1類	×	×	×	方形部上-金銅方形部下-鉄鋲-不明	—	—	—	双Ⅰb群	Ⅰ	百済Ⅲ
清州 新鳳洞92-66号	短C1類	Ａ類（コ字）	×	×	鉄・鉄銀	鉄・鉄銀	—	—	短CⅠ群		百済Ⅲ
公州 水村里Ⅱ-10号	短C1類	Ａ類（コ字）	×	×	鉄・鉄	鉄・鉄	—	—	短CⅠ群		
公州 水村里Ⅱ-1号	短C1類	×	×	逆心葉	本体-鉄鋲中央-鉄金鋲端-鉄銀	—	—	鉄・鉄銀	短CⅠ群		百済Ⅲ前半
清州 新鳳洞2号石室	×	Ａ類（コ字）	鳥	逆心葉	鉄金・鉄銀	鉄金・鉄銀	鉄金・鉄銀	群不明		
清州 新鳳洞92-94号	×	Ａ類（コ字）	×	×	鉄・金銅	—	—	群不明		

〔凡例〕×：無を示す。―：検討不可能であることを示す。吊手―吊手金具、収納―収納部金具、勾玉―勾玉状金具、帯―帯金具、双―双方中円形、短―短冊形、W字―W字形金具、コ字―コ字形金具、鉄金―鉄地金銅張、鉄銀―鉄地銀張、馬具編年は諫早2012aに基づく。

与する目的は、彼らと上下関係を結び、地方支配の一端を担わせるためであると指摘されている。龍院里9号墓からは冠帽、燕岐羅城里KM004号墓からは金銅製飾履が、胡籙金具とともに出土している。これらの胡籙金具は、地板・鋲ともに金銅製である。また、水村里Ⅱ-1号墓では金銅製の冠帽と飾履が胡籙金具とともに出土しており、胡籙金具は鉄地金銅張製と鉄地銀張製の鋲が3列に配置された装飾性の高いものである。このように、胡籙金具は百済の威信材とともに出土する傾向があり、胡籙金具にも金、銀の材質が採用されている。装身具賜与体系の成立を契機に金工品生産が開始され、武具である胡籙の金具も出現したという状況が推測される。

　なお、胡籙金具には本体と鋲が金銅製のもの、本体が鉄製で鋲が金銅製・鉄地銀張であるもの、本体と鋲がともに鉄製であるものがある（表10）。前二者は、龍院里9号墓、羅城里KM004号墓、水村里Ⅱ-1号墓のように金銅製冠帽や飾履と共伴しており、後一者と比べて明らかに格付けの高い有力集団に与えられている。胡籙金具の中にも、材質に応じた格差付けが存在していた可能性があるだろう。

第3節　Ⅱ段階

　Ⅱ段階の双方中円形Ⅱ群、短冊形BⅠ群、方形B群が出土した古墳からは諫早編年百済Ⅲ段階（5世紀前葉～中葉）あるいは百済Ⅲ段階後半（5世紀中葉）の馬具が出土している（諫早2012a）（表11）。第1章で検討した通り、Ⅱ段階の指標となる収納部金具B類の出現は、広域的に5世紀中葉頃におこっていることを考慮し、ここではⅡ段階の上限を百済Ⅲ段階の中でも後半の5世紀中葉頃と考えておきたい。

（1）双方中円形Ⅱ群の特徴

　高敞鳳徳里1号墳4号石室出土遺物の報告書が刊行され、胡籙金具の検討が可能となった。ここからは、双方中円形2類吊手金具、収納部金具Ba類、円頭形勾玉状金具が出土している（図20-1）。概報時の写真からは鳥形勾玉状金具であるかと思われたため、百済に特徴的な胡籙金具の組み合わせとして双方中円形Ⅱb群を想定していたが、円頭形勾玉状金具であることが明らかとなったので、双方中円形Ⅱ群に修正する。

　第1章で検討した通り、双方中円形Ⅱ群は広域にみられ、とくに大加耶・阿羅伽耶に集中する。円頭形勾玉状金具の分布が朝鮮半島南部の東側にまとまることを考慮すると、外部からの移入品である可能性があるが、確定はできない。興味深い点は、吊手金具の裏に織物と皮革が付着しており、両縁に縁飾がみられる点である。李恩碩は馬具の繋について検討する中で、この胡籙金具の有機質にも注目した（李恩碩2016）。これは革を中心線に向かって折り、中央部をとじて両端に織物製の紐をつけて補強したもの（F型式）であり、島根県上塩冶築山古墳出土雲珠の繋にも同様の特徴が確認されるという。李恩碩の模式図をみると、皮革の両端に斜行する糸が直接縫い付けられている。詳細は第10章で改めて検討するが、百済には他にみら

第2章 百済における胡籙金具の展開

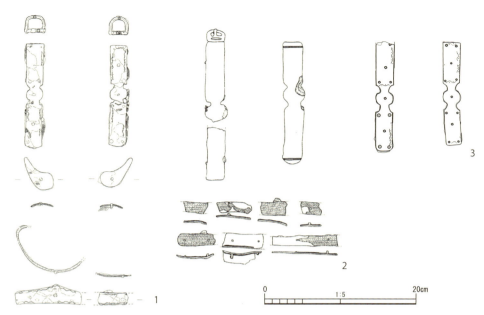

1 高敞 鳳徳里1号墳4号石室   2 華城 白谷里1号墓   3 羅州 大安里9号墳乙棺

図20 百済におけるⅡ段階の胡籙金具群（双方中円形Ⅱ群）（s=1/5）

れない特徴であり、類例は大加耶や阿羅伽耶で確認できる。これらの地域からの移入品である可能性も考えられる。華城白谷里1号墓例、羅州大安里9号墳乙棺例にも、百済にしかない特徴はみられず、他地域からの移入品である可能性がある。

(2) 短冊形CⅡ群の特徴

新しい連結技法　Ⅰ段階と比べて、上下方形部の連結方法に違いがみられるようになる。道林里3号石室例（図21-1）の吊手金具の連結部に注目したい。上部方形部下端には中央に蝶番状金具がつき、下部方形部上端には左右両端に2つの蝶番状金具がつく。また中央の蝶番状金具は表側に彎曲するが、左右両端の蝶番状金具は裏側に彎曲する。これら上下の蝶番状金具が組み合わされ、蝶番状金具の中に芯の金具が入れられて連結されている。現在の「抜き差し蝶番」に類似した連結方法である。

　また、雲鶴里C号墓例（図21-3）は、すべて金銅製である。連結部の蝶番状金具は、中央と左右両端につくものが残存している。欠損しているため組み合った状態ではないが、新しい連結方法がよくわかる。

　このように、Ⅰ段階にみられた短冊形C1類吊手金具にみられた三連式構造とは異なる連結方法が現れる。

(3) 方形B群の特徴

特徴的な有機質痕跡　方形B群はⅡ段階から出現する（図22）。吊手金具は、方形の金具3

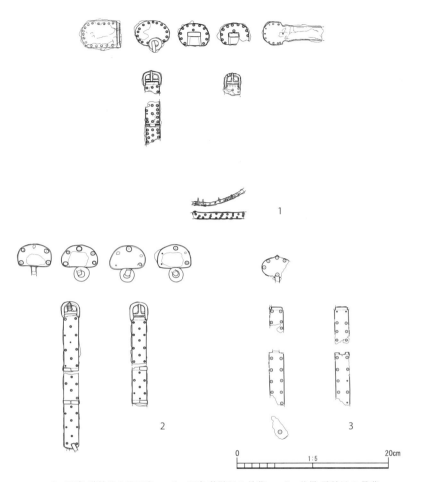

1　天安 道林里3号石室　　2　天安 龍院里1号墓　　3　井邑 雲鶴里C号墓
図21　百済におけるⅡ段階の胡籙金具群（短冊形CⅡ群）(s=1/5)

枚から構成され、収納部には、短冊形C2類吊手金具と共通した収納部金具Bd類が用いられている。方形B類吊手金具は、一見すると用途がわからないが、出土状況からみて胡籙金具の吊手金具として用いられていたことが推測される。吊手金具の裏面をみると、黒漆が付着しており、斜格子状の痕跡が確認できることが多い（図22-2）。これは、胡籙本体の背板の文様が転写されたものである可能性が考えられる。金具自体は地味であるが、胡籙本体の有機質部分を装飾的に仕上げていたと考えられる。

(4) 短冊形BⅠ群の特徴
① 双方中円形2類吊手金具との共通性

烏山水清洞4地点25号木棺からは、短冊形B1類吊手金具が出土した（図23-1）。同様の事例は朝鮮半島では他にみられないが、日本列島に数例確認できる[8]。吊手金具の軸受は2つに分かれている。鉸具は軸棒に縦棒が巻きつけられたもの（筆者の分類でいう鉸具2類）であり、

第2章　百済における胡籙金具の展開

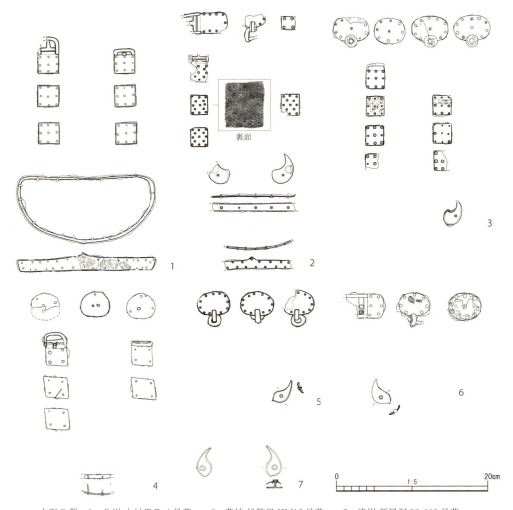

方形B群：1　公州 水村里Ⅱ-4号墓　2　燕岐 松院里 KM16 号墓　3　清州 新鳳洞 92-109 号墓
　　　　4　天安 龍院里 C 地区石室
群不明：5　公州 水村里Ⅱ-5号墓　6　清州 新鳳洞 92-83 号墓　7　益山 笠店里 86-1 号墳
図22　百済におけるⅡ段階の胡籙金具群（方形B群、群不明）(s=1/5)

縦棒が2つの軸受の間から出る構造となっている。日本列島の短冊形B1類吊手金具には、双方中円形2類吊手金具と同じ収納部金具Ba類が組み合って出土する。短冊形B1類吊手金具と双方中円形2類吊手金具は、近い環境で製作されていた可能性が高いと考えられる。

② 三燕地域出土例との共通性

短冊形B1類吊手金具と共通した特徴をもつ金具は、中国東北部の三燕地域にも確認することができる。図23-2, 3は、北票喇嘛洞村古墓から出土したものであり、2は「銅帯鉤」、3は「鎏金銅帯鉤」と報告されている。文様からみて別個体のものであろう。これらは短冊形B1類吊手金具と形態、軸受・鉸具の特徴が共通している。さらに、2には筆者の分類でいう逆心葉形帯金具が、3にはW字形金具が組み合う可能性がある。図23-4は、北票馮素弗墓から出

第 3 節　Ⅱ段階

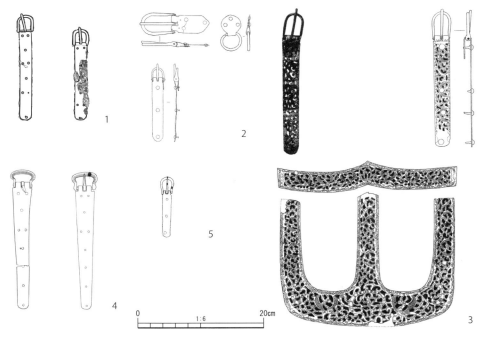

1　烏山 水清洞 4 地点 25 号木棺　2, 3　北票 喇嘛洞村古墓　4　北票 馮素弗墓　5　朝陽 袁台子東晋壁画墓
図23　短冊形 BⅠ群の出現と三燕の関連資料 (s=1/6)

土した「A 型鎏金銅帯卡」と報告された金具である（遼寧省博物館 2015）。材質は異なるものの、短冊形 B1 類吊手金具と形態、軸受・鉸具の特徴が共通している。さらに右の金具が短くなるという胡籙の垂下方法に起因する特徴も確認できる。図 23-5 は、朝陽袁台子東晋壁画墓から出土した「銅帯卡」と報告された金具である。他の金具と比べて小さいが、形態、軸受・鉸具の特徴は共通している（遼寧省博物館文物隊ほか 1984）。

このように、これらは三燕の吊手金具であった可能性が考えられる。袁台子壁画墓は壁画に墨書された紀年の検討から、354 年の可能性が最も高く 366 年の可能性も排除できない（田立坤 2002）。馮素弗墓は「笵陽公印」金印、「大司馬章」金銅印、「車騎大将軍章」金銅印、「遼西公章笵」金銅印が出土したことにより、北燕の王族である馮素弗であるとされる。『晋書』によると馮素弗は 415 年に没しており、馮素弗墓も 415 年頃に比定される。これらの年代から考えると、このような胡籙金具は 4 世紀中葉～5 世紀前葉頃にみられたものであろう。これが短冊形 B1 類吊手金具の祖形となる可能性も考えられるが、現状の資料数では判断が難しいため、朝鮮半島における資料の増加に期待したい。

小　結

Ⅱ段階は漢城期の終わり頃であり、短い時間幅であるものの、胡籙金具群の数、出土数ともに最も多い時期である。広域に流通する双方中円形 2 類吊手金具がみられると同時に、この時期から百済系胡籙金具が大加耶でも多数出土するようになる（詳細は第 4 章で検討する）。胡籙

第2章　百済における胡籙金具の展開

金具からみて、大加耶をはじめとした他地域との交流が密になる時期であるということを読み取ることができる。

第4節　Ⅲ段階

　双方中円形Ⅲ群、短冊形BⅡ群、方形B群が挙げられる（表11）。Ⅲ段階の双方中円形Ⅲ群が出土した新徳1号墳からは、百済Ⅴ段階（6世紀初頭～前葉）の馬具が出土した。Ⅲ段階は、先述した通り宋山里4号墳例が5世紀後葉に位置づけられるものであることから、新徳1号墳例はこれよりもやや下る時期のものであるようである。Ⅲ段階の上限は、5世紀後葉頃に求められるだろう。

（1）双方中円形Ⅲ群の特徴

　これまでにも述べてきたように、宋山里4号墳（旧、宋山里1号墳）例は胡籙金具編年の実年代を考えるうえで基準となる事例であり、熊津遷都後の5世紀後葉頃の事例である。双方中円形3類吊手金具、収納部金具Bb類（山形突起付帯形金具）からなる（図24-1）。吊手金具の

表11　百済におけるⅡ・Ⅲ段階の胡籙金具群

| 遺跡名 | 吊手 | 収納 | 勾玉 | 帯 | 金具材質・鋲材質 | | | | 群 | 胡籙編年 | 馬具編年 |
					吊手	収納	勾玉	帯			
華城 白谷里1号	双2類	?	×	×	鉄・鉄	?	—	—	双Ⅱ群	Ⅱ	百済Ⅲ
高敞 鳳徳里1号墳4号	双2類	Ba類	鳥	×	鉄金・鉄金	鉄金・鉄金	鉄金・鉄金	—	双Ⅱ群		百済Ⅳ
羅州 大安里9号墳己棺	双2類	×	×	×	鉄金・鉄金	—	—	—	双Ⅱ群		
華城 白谷里5号	短C2類	Bd類?	×	×	鉄・鉄	鉄・鉄	—	—	短CⅡ群		
天安 龍院里1号	短C2類	×	×	逆心葉	鉄・銀銀	—	—	鉄・鉄銀	短CⅡ群		百済Ⅲ
天安 道林里3号	短C2類	Bd類	×	逆心葉	鉄・鉄銀	鉄・鉄銀	—	鉄・鉄銀	短CⅡ群		
井邑 雲鶴里C号	短C2類	×	鳥	逆心葉	金銅・金銅	—	金銅・金銅	金銅・金銅	短CⅡ群		
烏山 水清洞4-25号	短B1類	×	×	×	鉄・鉄	—	—	—	短BⅠ群		百済Ⅲ
燕岐 松院里KM16号	方B類	Bd類	鳥	逆心葉	鉄・銀銅	鉄・銅銀	銅銀・銅銀	鉄・銅銀	方B群		
清州 新鳳洞92-109号	方B類	×	鳥	逆心葉	鉄金・鉄銀	—	鉄金・鉄銀	鉄金・鉄銀	方B群		
天安 龍院里C地区石室	方B類	×	×	逆心葉	鉄・鉄銀	—	—	鉄・鉄銀	方B群		百済Ⅲ
公州 水村里Ⅱ-4号	方B類	Bd類	×	×	鉄・鉄銀	鉄・鉄銀	—	—	方B群		百済Ⅲ後半
清州 新鳳洞92-83号	×	×	鳥	逆心葉	—	—	鉄金・鉄銀	鉄金・鉄銀	群不明		
公州 水村里Ⅱ-5号	×	×	鳥	逆心葉	—	—	鉄銀・鉄金	鉄・鉄銀	群不明		
益山 笠店里86-1号	×	×	鳥	×	—	—	鉄銀・鉄金	—	群不明		
公州 宋山里4号	双3類	Bb類(山形)	×	×	鉄金・鉄銀	金金・鉄銀	—	—	双Ⅲ群	Ⅲ	
咸平 新徳1号	双3類	Bb類(山形)	×	×	鉄金・不明	鉄金・不明	—	—	双Ⅲ群		百済Ⅴ
海南 龍頭里	短B2類	Bb類(山形)	×	×	鉄金・鉄銀	鉄金・鉄銀	—	—	短BⅡ群		
論山 茅村里93-5号	方B類	Bd類	×	×	鉄・鉄銀	鉄・鉄銀	—	—	方B群		百済Ⅳ～Ⅴ
光州 明花洞	×	×	円頭?	×	—	—	不明・不明	—	群不明		

〔凡例〕×：無を示す。—：検討不可能であることを示す。吊手―吊手金具、収納―収納部金具、勾玉―勾玉状金具、帯―帯金具、双―双方中円形、短―短冊形、方―方形、W字―W字形金具、コ字―コ字形金具、山形―山形突起付帯形金具、鉄金―鉄地金銅張、鉄銀―鉄地銀張、銅銀―銅地銀張、馬具編年は諫早2012aに基づく。

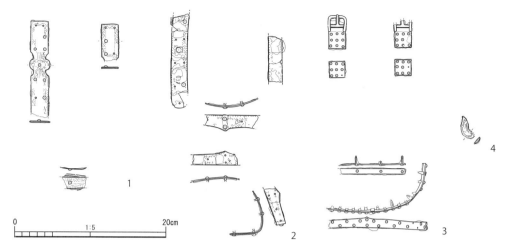

双方中円形Ⅲ群：1　公州 宋山里4号墳　　短冊形BⅡ群：2　海南 龍頭里古墳
方形B群：3　論山 茅村里93-5号墳　　群不明：4　光州 明花洞古墳
図24　百済におけるⅢ段階の胡籙金具群（s=1/5）

上端から2つ目の鋲は内側に偏っており、これは帯形金具B類を装着するための鋲であったと考えられる。また、山形突起付帯形金具には縁かがりという縁飾が確認できる。同様の縁飾は百済と倭でのみ確認されている。双方中円形Ⅲ群は大加耶をはじめ他地域でも確認できるが、本例は縁飾の特徴からみて、百済で製作されたものと考えられる。

咸平新徳1号墳例は未報告でありよくわからないが、双方中円形3類吊手金具、収納部金具Bb類（山形突起付帯形金具）と思われる金具が出土している。南西部の前方後円墳であり、捩り環頭大刀などの倭系遺物も出土していることから、倭から移入されたものであった可能性も考えられる。

(2) 短冊形BⅡ群の特徴

現状、海南龍頭里古墳例のみがみられる。短冊形B2類吊手金具と収納部金具Bb類（山形突起付帯形金具）からなる（図24-2）。多くは日本列島で出土しており、本例も南西部で出土したものであることから、倭から移入されたものである可能性も考えられる。

小　結

Ⅲ段階は百済の熊津期に相当する。漢江周辺では胡籙金具が確認されなくなり、錦江以南での出土に限定されるようになる。これは熊津遷都と関連した現象であろう。そして出土数自体がⅡ段階と比べて減少する。この時期の百済の金工品に共通してみられる現象であり胡籙金具に限ったものではないが、やがて泗沘期になると胡籙金具の出土例は確認できなくなる。漢城期と比べて胡籙金具の副葬は低調であった。

ところで、双方中円形Ⅲ群・短冊形BⅡ群は、大加耶でも同じ時期に出現することから、両地域の技術的な相互作用の中で生まれたと考えられる。また、この時期、新羅でもわずかに

第 2 章　百済における胡籙金具の展開

百済系の短冊形CⅡ群が確認される。垂飾付耳飾と装飾付大刀の検討においても 5 世紀後葉以降に新羅と百済・大加耶で技術的な交流がなされるようになることが指摘されており（金宇大 2011a，2013）、これらと連動する現象であろう。大加耶以外の外部地域と交流を重ねていたことが、胡籙金具からも窺える。

結　語

本章では百済における胡籙金具の展開を整理し、胡籙金具の特徴を中心としながら百済の地域性について詳しく検討した。これまで注目されてこなかった器物であるが、高句麗、大加耶などの他地域との関係性を見て取ることができた。

胡籙金具は数ある金工品の一種であり、百済社会において特別重要視されていたとはいえないが、百済の地域性が色濃く反映されていた。後述するように、百済の胡籙金具は、大加耶や倭を始めとした地域の胡籙金具にも影響を与えており、東北アジアにおける金工品生産の展開を考えるうえで興味深い情報を得ることができた。

[註]
(1) 白井克也のいう暦年代推定方法の 1 に相当する（白井 2003a）。
(2) 例えば、高敞鳳徳里 1 号墳 4 号（Ⅱ段階の双方中円形Ⅱ群が出土）からは青磁盤口壺が出土しており、5 世紀初～中葉とする見解（馬韓・百済文化研究所 2016）と、5 世紀第 3 四半期とする見解（土田 2017）がある。また、公州水村里Ⅱ-4 号墳（Ⅱ段階の方形B群が出土）からは、黒釉磁鶏首壺、青磁高台碗、黒釉磁盤口壺が出土しており、これらを 5 世紀初頭とする見解（朴淳發 2005、成正鏞 2006）と、5 世紀第 2 四半期とする見解（土田 2017）がある。さらに烏山水清洞 4-25 号墳（Ⅱ段階の短冊形BⅠ群が出土）からは青磁盤口壺が出土しており、4 世紀初頭頃とする見解（李昶燁 2012）と、5 世紀第 2 四半期とする見解（土田 2017）にわかれている。
(3) 公州龍院里 9 号墓（双方中円形Ⅰb群が出土）からは、黒釉磁鶏首壺が出土している。これは 4 世紀末～5 世紀初頭（成正鏞 2003、土田 2017）に位置づけられており、異論はないようである。中国陶磁器の編年的位置づけが定まっている場合は、古墳の上限年代を把握する際に有用である。
(4) 陜川玉田M 3 号墳（Ⅰ群）例も吊手金具下端が抉れるが、外側でなく内側が抉れるという違いがある（右の吊手金具の場合、左側が抉れる）。これは短冊形AⅠ群、そして短冊形AⅡ群の吊手金具に多くみられる特徴である。多鋲である特徴もふまえると、玉田M 3 号墳（Ⅰ群）例は新羅に多く分布する短冊形AⅠ・Ⅱ群の影響をうけたものであり、前三者（図 17-1，2，3，4）とは区分される。
(5) 平安南道大同郡の植物園区域 15 号墳でも、逆心葉形帯金具が短冊形の吊手金具とともに出土している（金日成綜合大学考古学及民俗学講座 1973）。
(6) 高句麗広開土王の陵墓にともなうものとして、子の長寿王（在位 413～491 年）が 414 年に建立したものとされる（白井 2011）。
(7) 胡籙金具の特徴からみて、Ⅰ段階に位置づけられると考えられるが、この古墳は報告書では 5 世紀後葉に位置づけられている（忠清南道歴史文化研究院 2013）。この年代の根拠について検討する。報告書では埋葬施設は横穴式石室であるとされている。水村里Ⅱ-5 号墳の横穴式石室と比べて平面構造が方形に近くなり、被葬者の頭位が北側を向くことから、水村里Ⅱ-5 号墳よ

りも新しい段階に位置づけられるとされる。だが、この埋葬施設は羨道の大部分が毀損しており、正確な年代を把握することはできないともされている。横穴式石室であるかどうかも議論の余地があるだろう。また、出土した轡は、無捩り技法の銜と1條線a2類引手からなり、遊環もみられる。百済Ⅲ段階以降のものとであると考えられるが、時期を絞ることはできない。現状では水村里Ⅱ-10号墳は5世紀後葉に位置づけられるだけの積極的な根拠はないと考えられる。ここでは胡籙金具の特徴を考慮してⅠ段階に位置づけておきたい。

（8）兵庫県芝花14号墳、岡山県法蓮40号墳、宮崎県島内地下式横穴77号、鹿児島県祓川29号地下式横穴例が挙げられる。

第3章　新羅における胡籙金具の展開

はじめに

　新羅の胡籙金具は、胡籙金具群の分布からみて、百済と対をなして強い地域性がみられる。出土数も多く多様な胡籙金具が確認できるが、これまでに新羅の胡籙金具に注目した研究はほとんどみられない。そこで本章では、新羅における胡籙金具の基礎資料を検討し、展開の様相を整理する。

第1節　先行研究

　新羅の古墳からは、4世紀後葉頃から6世紀中葉頃にかけて、非常に多くの胡籙金具が出土している。だが、胡籙金具が出土した報告書では事実記載と共に類例の指摘などはあるものの、新羅の胡籙金具が取り上げられた研究は非常に少ない。そのような状況の中で注目されるのが、西岡千絵による研究である（西岡2006）。西岡は朝鮮半島南部出土の胡籙金具を集成し分類するうえで、新羅から出土する胡籙金具の特徴について言及した。吊手金具がB類（本書でいう短冊形A類吊手金具）主体である点、吊手金具は基本的に無文で鋲を多用する点、収納部はB2類（本書でいう収納部金具Bc類）主体である点、勾玉状金具は円頭形のものが多い点が指摘されている。新羅の胡籙金具に主眼をおいた論稿ではなかったため、新羅の胡籙金具に対する言及は少ないが、西岡による集成と分類によって、新羅にどのような胡籙金具が特徴的に分布するのかが明らかとなった。

　この西岡による研究以外で、新羅の胡籙金具に注目した研究は確認できない。新羅の胡籙金具がどのように変化したのか、他地域からどのような影響をうけ、他地域にどのような影響を与えていたのかはよくわかっていない。まだほとんど研究が進められていない対象であろう。そこで、新羅地域における新出事例を改めて集成し、さらに過去に報告された資料についても重要な資料を中心に調査をおこなった。その成果をもとに、本章では新羅の胡籙金具の展開の様相を整理する。

第2節　I段階

　第1章で検討した通り、胡籙金具の地域性は帯金具と勾玉状金具の分布状況によく反映されており、朝鮮半島南部では概ね洛東江を境に東西に区分される（図14）。新羅は、東側の方形帯金具と円頭形勾玉状金具が多くみられる地域である。また、胡籙金具群の分布類型の中で、新羅にまとまるもの（双方中円形Ia群、短冊形AI・AII群、方形AI・AII群）、広域にみられとくに大加耶・阿羅伽耶に集中するもの（双方中円形II群）の2つがみられる。これらの胡籙

第3章　新羅における胡籙金具の展開

金具は3つの時期に区分される。ここでは各時期ごとの特徴について検討する。

　Ⅰ階段には、双方中円形Ⅰa群、短冊形AⅠ群、方形AⅠ群が確認できる。Ⅰ段階（表12）の特徴は、断面形態が長方形の収納部をもつという点であり、朝鮮半島南部全体で共通する。現状最も古く位置づけられるものは、慶州月城路カ13号墓出土の双方中円形Ⅰa群であり（図25-1）、双方中円形1類吊手金具、収納部金具A類（コ字形金具）、方形帯金具、円頭形勾玉状金具からなる[1]。共伴する馬具の編年的位置づけを考慮すると、4世紀中～後葉頃まで遡り得る（諫早2012a）。この事例を新羅における胡籙金具の初例と捉え、Ⅰ段階の開始年代であると考える。

（1）双方中円形Ⅰa群の特徴

①　新羅と金官加耶

　双方中円形Ⅰa群は、洛東江以東下流域の釜山福泉洞古墳群からある程度まとまって出土していることから、金官加耶の特徴とみる見解もある（田中新1988）。たしかに、釜山福泉洞21・22号墳主槨例、福泉洞39号墳例、福泉洞111号墳例、蓮山洞M10号墳例が確認され、

表12　新羅におけるⅠ段階の胡籙金具群

遺跡名	吊手	収納	勾玉	帯	金具材質・鋲材質				群	胡籙編年	馬具・土器編年
					吊手	収納	勾玉	帯			
慶州 月城路カ13号墓	双1類	A類(コ字)	円頭	方	中円部：金？上下方形部：鉄？鋲：金銅、鉄銀	金・金	？	鉄・鉄	双Ⅰa群		慶州Ⅰ後半
釜山 福泉洞21・22号墳主槨	双1類	A類(W字、コ字)	円頭	方	金銅・金銅	金銅・金銅	金銅・金銅	金銅・金銅	双Ⅰa群		釜山Ⅱ
釜山 福泉洞39号墳主槨	双1類	A類(W字、コ字)	円頭	逆心葉	中円部：金銅上下方形部：鉄金鋲：金銅、鉄銀	金銅・金銅	金銅・金銅	金銅・金銅	双Ⅰa群？		釜山Ⅲ
釜山 蓮山洞M10号墳	双1類	—	—	—	鉄金？・鉄？	—	—	—	双Ⅰ群		新羅ⅡA期古
蔚山 下三亭115号石槨墓	双1類	—	—	—	金銅・金銅	—	—	—	双Ⅰa群		新羅ⅡA期古
金泉 陽川洞古墳	双1類	—	円頭	—	金銅・銅	—	金銅・銅	—	双Ⅰa群	Ⅰ	新羅ⅡA期古
慶州 仁旺洞3-B号墓	短A1類	A類(コ字)	—	—	鉄・鉄	鉄・鉄	—	—	短AⅠ群		新羅ⅡA期古
尚州 新興里ナ39号墓	方A1類	A類(W字)	—	—	鉄・鉄金	金銅・金銅	—	—	方AⅠ群		三国Ⅱ
慶山 造永CⅡ-2号墳主槨	方A1類	A類(W字)	—	—	鉄・鉄銀	金銅・金銅	—	—	方AⅠ群		慶山Ⅱ
慶山 林堂7B号墳主槨	方A1類	A類(W字、コ字)	円頭？	方	鉄金・金銅	金銅・金銅	鉄銀・鉄	鉄・鉄銀	方AⅠ群		慶山Ⅲ前半
釜山 福泉洞10・11号墳主槨	短冊形	A類(W字)	—	—	鉄・鉄	鉄・鉄	—	—	？		釜山Ⅲ前半
慶州 仁旺洞採集遺物	—	A類(W字)	—	—	—	—	—	—	？		
安東 太華洞7号墳	—	A類(W字)	—	逆心葉？	—	金銅・金銅	—	白銅・白銅	？		新羅ⅡA期古

〔凡例〕—：無を示す。吊手—吊手金具、収納—収納部金具、勾玉－勾玉状金具、帯－帯金具、双—双方中円形、短—短冊形、方—方形、W字—W字形金具、コ字—コ字形金具、馬具編年は諫早2012a、土器編年は白井2003bに基づく。

第 2 節　Ⅰ段階

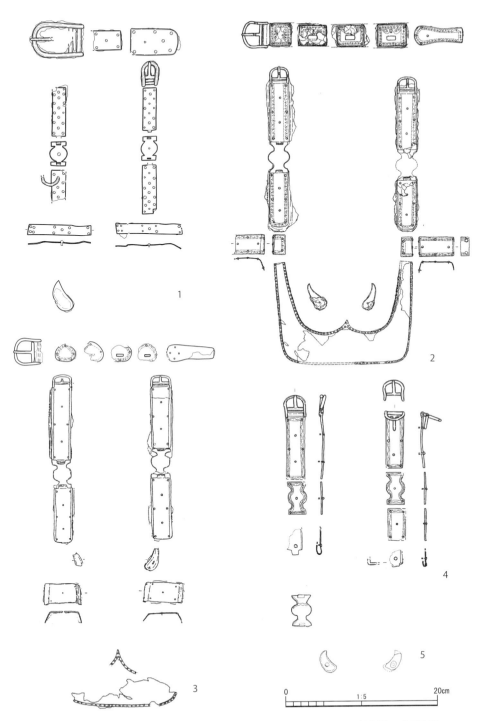

1　慶州 月城路カ13号墓　　2　釜山 福泉洞21・22号墳主槨　　3　釜山 福泉洞39号墳主槨
4　蔚山 下三亭115号石槨　　5　金泉 陽川洞古墳
図25　新羅におけるⅠ段階の胡籙金具群（双方中円形Ⅰa群）(s=1/5)

集中した状況をみせている。釜山福泉洞21・22号墳段階の釜山を政治的にどのように解釈するのかにかんしては、見解がわかれている（高田2004）。新羅土器が本格的に副葬され始める洛東江以東地方を「親新羅系加耶」と把握し、釜山地域は6世紀前葉まで金官加耶の中心的位置にあったとする見解（申敬澈1995）、新羅土器が本格的に副葬される福泉洞21・22号墳段階までには新羅の一地方に入ったとする見解（李熙濬1998）、福泉洞21・22号墳段階までに加耶から新羅勢力圏へと離脱したとみる見解（金泰植1993、洪潽植1998）などが存在する。どの見解にも共通する点であるが、福泉洞21・22号墳段階以降の釜山地域は、程度の差こそあれ少なからず新羅の政治的干渉をうけていた可能性が高い（高田2004）。

　胡籙金具の状況をみると、新羅地域の中枢域である慶州においても双方中円形Ｉａ群は確認されており、釜山福泉洞古墳群例と大きな違いはみられない。これらをふまえると、釜山福泉洞古墳群例を根拠に金官加耶の特徴として捉えるよりも、新羅の特徴に含めて考えるほうが現状では無難であると考える。

②　他地域との関係性

　先述した月城路カ13号墓例で注目したいのは、吊手金具の下端外側が四角く抉れるという点である（例えば、右の吊手金具だとすれば、右側が抉れる）。百済の水清洞4地点5号周溝附木棺例で述べたように、高句麗の胡籙金具と共通する点である。

　また、釜山福泉洞39号墳からは、双方中円形1類吊手金具、収納部金具Ａ類（Ｗ字形金具、コ字形金具）、円頭形勾玉状金具、逆心葉形帯金具が出土している（図25-3）。円頭形勾玉状金具は新羅に多くみられ、逆心葉形帯金具は百済に多くみられる特徴である。また、新羅の双方中円形Ｉａ群には彫金による波状列点文が描かれることが多いが、本例には確認できない。これは百済の双方中円形Ｉｂ群に通じる特徴である。福泉洞39号墳例には、新羅と百済の特徴が両方確認でき、どちらかというと百済の特徴が多くみられる。他に同様の事例はなく位置づけが難しい。

　このように、Ｉ段階には他地域と共通する特徴もみられる。これらが新羅における胡籙金具の出現経緯を反映している可能性があるが、現状の資料数ではまだよくわからない。

③　龍文透彫帯金具との共通点

　福泉洞21・22号墳主槨例は吊手金具、収納部金具、勾玉状金具、帯金具が全て揃っており、双方中円形Ｉａ群の代表例である（図25-2）。この帯金具は大阪府七観古墳出土の龍文透彫帯金具との共通点の多さが指摘されている。鉸板が同形同大の方形である点、周縁に波状列点文がほどこされる点、蛇尾の形態が酷似する点が挙げられ、器種を越えて共通する新羅の「飾帯」の「かたち」が見出せると指摘されている（上野2014）。胡籙金具と龍文透彫帯金具の生産体制の一面を示しており、これらが新羅の中の近い環境で製作されていたことが窺える。

（2）短冊形ＡＩ群の出現

　短冊形ＡＩ群は慶州仁旺洞3-B号墓でのみ確認できる（図26-1）。Ⅱ段階以降に主流となる短冊形ＡⅡ群の祖形にあたるものであろう。本体、鋲ともに鉄製であり、金銅装を基本とす

第 2 節　Ⅰ段階

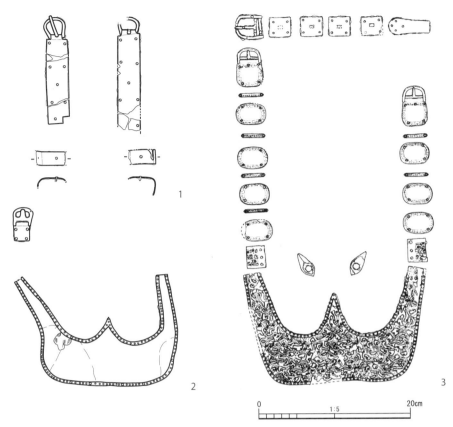

1　慶州 仁旺洞 3-B 号墓　　2　慶山 造永 CⅡ-2 号墳主槨　　3　慶山 林堂 7B 号墳主槨
図26　新羅におけるⅠ段階の胡籙金具群（短冊形AⅠ群、方形AⅠ群）(s=1/5)

る双方中円形Ⅰa群や方形AⅠ群の材質とは異なっている。

(3) 方形AⅠ群の出現

　方形AⅠ群は、尚州新興里ナ39号墓、慶山造永CⅡ-2号墳主槨、慶山林堂7B号墳主槨例が確認できる。吊手金具は鉄地金銅張製、鉄製があるが、収納部金具はすべて金銅製である。特徴的な事例は慶山林堂7B号墳主槨例である（図26-3）。W字形金具には、透彫りと蹴り彫り彫金によって龍が精緻に描かれている。勾玉状金具は、円頭形と鳥形の混じったような形態である。W字形金具、勾玉状金具ともに、他に類例がない。方形A1類吊手金具や方形帯金具がみられることから、新羅の特徴があることは確かであるが、W字形金具や勾玉状金具の特徴からは、他の地域（例えば三燕や高句麗）の影響を考慮する必要があるかもしれない。

65

第3章　新羅における胡籙金具の展開

第3節　Ⅱ段階

　双方中円形Ⅱ群、短冊形AⅡ群、方形AⅡ群が新しく出現し、双方中円形Ⅰa群も継続して確認できる。第1章で検討したとおり、共伴馬具の編年的位置づけからみて、断面半円形の収納部金具は5世紀中葉頃に出現しており、Ⅱ段階の開始時期となる。

(1) 双方中円形Ⅰa群と双方中円形Ⅱ群

　Ⅱ段階になると双方中円形Ⅱ群が出現するが、双方中円形Ⅰa群も依然として確認できる。双方中円形Ⅰa群は、慶州皇南大塚南墳①②（図27-1、2）、釜山蓮山洞M10号墳、釜山福泉洞111号墳例が挙げられる。金銅製と鉄地金銅張製がみられ、形態的特徴としてはⅠ段階のものと大きな違いはない。

　また、双方中円形Ⅱ群は、慶州徳泉里1号墳副槨（図27-5）、慶山造永EⅠ-1号墳主槨（図27-4）、釜山福泉洞47号墳（図27-3）例が確認できる。双方中円形Ⅱ群は広域で確認されており、新羅においても金具に大きな属性の違いはない。吊手金具の型式変化や円頭形勾玉状金具の共通点からみて、双方中円形Ⅰa群が祖形であったと考えられる。双方中円形Ⅰa群が新羅で出

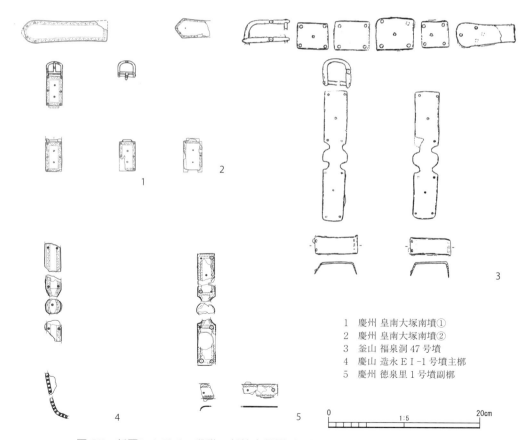

1　慶州　皇南大塚南墳①
2　慶州　皇南大塚南墳②
3　釜山　福泉洞47号墳
4　慶山　造永EⅠ-1号墳主槨
5　慶州　徳泉里1号墳副槨

図27　新羅におけるⅡ段階の胡籙金具群（双方中円形Ⅰa群、Ⅱ群）（s=1/5）

第3節　Ⅱ段階

現したことをふまえると、双方中円形Ⅱ群の製作にも新羅系工人集団が関与していただろう。だが、新羅では双方中円形Ⅱ群は上記のわずかな事例しか確認されておらず、対照的に大加耶からはまとって出土している。技術系譜と分布状況があまり繋がらないため解釈が難しいが、新羅系工人集団の関与のもと、主に大加耶で製作されたものと考えておきたい。

（2）短冊形AⅡ群と方形AⅡ群の出現

　短冊形AⅡ群は、短冊形AⅠ群が型式変化したものである。表13で挙げたとおり、他の胡簶金具群と比べて非常に多くみられる。北は江陵から南は蔚山まで広範囲に分布しており、積石木槨墓だけでなく石槨墓からも出土している。出土数が多いのは、新羅の幅広い階層の古墳に副葬されたことに起因するようである。材質は鉄地銀張製か鉄製からなる。

　方形AⅡ群は、慶山造永CⅠ-1号墳主槨（図28-3）、造永EⅠ-1号墳主槨（図28-4）例がみられる。短冊形AⅡ群と比べて出土数が少ない。また、Ⅰ段階と同様に慶山地域に多くみられる。短冊形AⅡ群と収納部金具が共通しており、吊手金具の下端外側に突起がつくという点、鉄地銀張製である点も共通している。短冊形AⅡ群と近い環境で製作されていたものであったと考えられる。

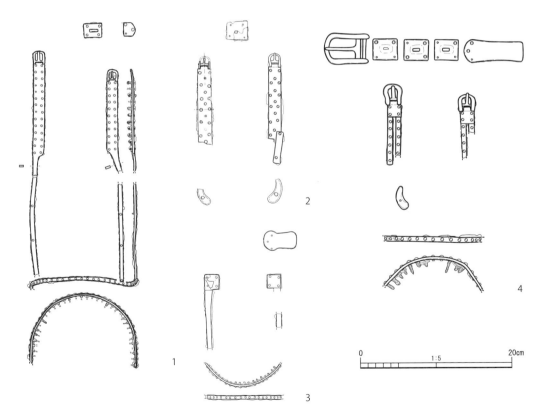

1　達城 琴楽里28-1号墳　　2　慶州 月城路タ6号墓　　3　慶山 造永CⅠ-1号墳主槨　　4　慶山 造永EⅠ-1号墳主槨

図28　新羅におけるⅡ段階の胡簶金具群（短冊形AⅡ群、方形AⅡ群）（s=1/5）

表13 新羅におけるⅡ段階の胡籙金具群

遺跡名	吊手	収納	勾玉	帯	金具材質・鋲材質 吊手	収納	勾玉	帯	群	胡籙編年	馬具編年
慶州 皇南大塚南墳①	双1類	—	—	—	金銅・金銅	—	金銅・金銅	金銅・金銅	双Ⅰa群		慶州Ⅲ後半
慶州 皇南大塚南墳②	双1類	—	—	—	金銅・金銅	—	—	—	双Ⅰa群		慶州Ⅲ後半
慶州 皇南大塚	双1類	A類(W字形)	—	—	金銅・金銅	金銅・金銅	—	—	双Ⅰa群		
釜山 福泉洞111号墳	双1類	—	—	方	鉄金・金銅	—	—	鉄金・金銅	双Ⅰa群		釜山Ⅳ
慶州 徳泉里1号墳副槨	双2類	—	—	—	鉄金・鉄銀	—	—	—	双Ⅱ群		
慶州 金冠塚	双2類?	—	—	—	金銅?・鉄	—	—	—	双Ⅱ群		慶州Ⅳ
慶州 造永EⅠ-1号墳主槨②	双2類	A類(W字形)	—	—	鉄金・金銅	金銅・金銅	—	—	双Ⅱ群		慶山Ⅲ後半
釜山 福泉洞47号墳	双2類	A類(コ字形)	—	方					双Ⅱ群		釜山Ⅳ
釜山 蓮山洞4号墳	—	A類(W字形)	—	—			金銅・金銅		?		釜山Ⅳ
慶州 月城路タ6号墓	短A2類	—	円頭	—	鉄	—	鉄銀	—	短AⅡ群		慶州Ⅳ
慶州 陶城洞39号墳	短A2類	—	円頭	方	鉄銀・鉄銀	—	鉄銀・鉄銀	—	短AⅡ群	Ⅱ	
慶州 仁旺洞149号墳	短A2類	—	—	方	鉄銀	—	—	鉄銀	短AⅡ群		
慶州 チョクセンB1号墓主槨	短A2類	—	—	方	鉄銀	—	—	—	短AⅡ群		
慶州 チョクセンB2号墓①	短A2類	—	円頭?	—	鉄銀・鉄銀	—	鉄銀・鉄銀	—	短AⅡ群		
慶州 チョクセンB2号墓②	短A2類	—	—	—	鉄・鉄	—	—	—	短AⅡ群		
慶山 造永EⅠ-2号墳主槨	短A2類	—	—	—	鉄銀・鉄銀	—	—	—	短AⅡ群		慶山Ⅳ
慶山 旭水洞IC19号墳	短A2類	Bc類	円頭	方	鉄銀・鉄銀	鉄銀・鉄銀	鉄銀・鉄銀	鉄銀・鉄銀	短AⅡ群		
江陵 草堂洞A-1号墳(主)	短A2類	Bc類	—	—	鉄銀・鉄銀	鉄銀・鉄銀	—	—	短AⅡ群		
安東 造塔里2-1号石室	短A2類	—	—	—	鉄・鉄	—	—	—	短AⅡ群		
達城 汶山里Ⅰ地区3号第2槨	短A2類	—	—	方	鉄銀	—	—	—	短AⅡ群		
達城 汶山里Ⅰ地区2-1号	短A2類?	Bc類	円頭	—				—	短AⅡ群?		
達城 琴楽里28-1号墳	短A2類	Bc類	—	方	鉄・鉄	鉄・鉄	—	鉄・鉄	短AⅡ群		
達城 飛山洞37号墳第2槨	短A2類	—	—	—	鉄・鉄	—	—	—	短AⅡ群		
義城 塔里古墳Ⅱ槨	短A2類	—	—	—	鉄銀	—	—	—	短AⅡ群		
義城 大里里M45号墳副槨	短A2類	Bc類	円頭	—	鉄・鉄	鉄・鉄	鉄銀・鉄銀	—	短AⅡ群		
義城 大里里3号墓	短A2類	Bc類	円頭	—	鉄・鉄	—	—	—	短AⅡ群		
義城 大里里M46-2号墳主槨	短A2類	—	円頭	—	鉄・鉄	—	鉄・鉄	—	短AⅡ群		
義城 大里里M48-1号墓主槨	短A2類	Bc類	円頭	—	鉄・鉄	鉄銀	鉄銀・鉄銀	—	短AⅡ群		
義城 大里里M49-1号墓主槨	短A2類	—	—	—	鉄・鉄	鉄銀	—	—	短AⅡ群		
星州 星山洞59号墳	短A2類	—	円頭	—	鉄・鉄銀	—	—	—	短AⅡ群		
浦項 玉城里50号墳	短A2類	Bc類	円頭	方	鉄・鉄	鉄・鉄	鉄・鉄	鉄・鉄	短AⅡ群		
浦項 鶴川里5号	短A2類	Bc類	円頭	—	鉄・鉄	鉄・鉄	鉄・鉄	—	短AⅡ群		
浦項 鶴川里6号	短A2類	—	—	—	鉄・鉄	—	—	鉄・鉄	短AⅡ群		
蔚山 下三亭95号石槨墓	短A2類	—	—	—	鉄・鉄	—	—	—	短AⅡ群		
蔚山 下三亭361号石槨墓	短A2類	—	—	—	鉄・鉄	—	—	—	短AⅡ群		
昌寧 桂南1号墳	短A2類?	Bc類	円頭	—				—	短AⅡ群		
慶州 月城路カ15号墓	短A類?	—	—	—	鉄銀	—	—	—	?		
慶州 路東里4号墳副槨	短A類?	—	円頭	方	鉄銀・鉄銀	—	鉄銀・鉄銀	鉄銀・鉄銀	?		慶州Ⅳ
慶州 皇南大塚北墳	短C類?	—	—	—	金銅・金銅	—	—	—	短C群?		慶州Ⅲ後半
慶山 造永EⅠ-1号墳主槨①	方A2類	Bc類	円頭	方	鉄銀・鉄銀	鉄銀・鉄銀	鉄銀・鉄銀	鉄銀・鉄銀	方AⅡ群		慶山Ⅲ後半
慶山 造永CⅠ-1号墳主槨	方A2類	Bc類	—	—	鉄銀・鉄銀	鉄銀	—	—	方AⅡ群		慶山Ⅲ後半

〔凡例〕 —：無を示す。吊手—吊手金具、収納—収納部金具、勾玉－勾玉状金具、帯－帯金具、双—双方中円形、短—短冊形、方—方形、W字—W字形金具、コ字—コ字形金具、
馬具編年は諫早2012aに基づく。

第1章でも述べたが、達城琴楽里 28-1 号墳例（図 28-1）は、短冊形 A2 類吊手金具と収納部金具 Bc 類が良好な状態で残存しており、吊手金具下端が収納部金具の端に直接鋲留されている。おそらく吊手金具下端は、収納部の両側を支える骨格のような役割を果したのであろう。方形 AⅡ群の本体も同様の構造であったと考えられる。

(3) 材質と階層性

　双方中円形Ⅰa群、Ⅱ群は金銅製か鉄地金銅張製の金銅装であり、短冊形 AⅡ群、方形 AⅡ群は鉄地銀張製か鉄製である。材質という点でこの両者は区分される。金銅装からなる双方中円形Ⅰa群と双方中円形Ⅱ群は、慶州の積石木槨墓、慶山の岩壙木槨墓、釜山の石槨墓から出土する。中でも慶州皇南大塚南墳のような王陵と考えられる古墳からも出土しており、上位層の古墳にみられる傾向がある。双方中円形Ⅰa群は倭に、双方中円形Ⅱ群は大加耶、阿羅伽耶、百済、倭にも分布する。一方、鉄地銀張製からなる短冊形 AⅡ群と方形 AⅡ群は慶州の積石木槨墓からも出土するが、新羅領域内で広く確認され、石槨墓などからも多く出土する。ただし、新羅領域外ではあまり確認されない。

　この状況を考えるうえで、新羅の帯金具は参考になる（上野 2014）。皇南大塚南墳（5 世紀中葉頃）を画期として出現した新羅第二様式（葉文透彫帯金具）になると、金製品と銀製品という材質の違いに、王権中枢である慶州と他を区分する機能（序列）が確認されるようになるという。これは冠などの「着装型威勢品」にもみられる傾向であり、新羅の金工品生産が変化したことが窺える（李熙濬 2002）。

　双方中円形Ⅰa群・双方中円形Ⅱ群と短冊形 AⅡ群・方形 AⅡ群に材質の違いがある点、材質の違いに対応した分布・出土古墳の階層の違いがみられる点は帯金具と共通する。材質の異なる金工品を作り分けるという金工品生産の変化には、胡籙金具も含まれていたようである[2]。

第 4 節　Ⅲ段階 （表 14）

　短冊形 AⅡ群はまだ多く確認されるが、双方中円形Ⅲ群、短冊形 CⅡ群、そして類例のない新しい胡籙金具が出現する。

(1) 双方中円形Ⅲ群の特徴

　確実な事例としては、釜山福泉洞 23 号墳例が確認できる（図 29-1）。残存状態が悪いが、おそらく双方中円形 3 類吊手金具、円頭形勾玉状金具であろう。双方中円形Ⅲ群は百済・大加耶にも分布しており、これらの地域でみられるものと金具の属性に違いはない。福泉洞 23 号墳から共伴して出土した f 字形鏡板轡は、大加耶を中心とする洛東江以西地方に主として分布しており（李尚律 1990、諫早 2012a）、胡籙金具も大加耶からの移入品である可能性が高い。

　この馬具は釜山Ⅳ段階（5 世紀後葉〜末）に位置づけられていることから（諫早 2012a）、新羅におけるⅢ段階の開始時期も 5 世紀後葉〜末であったと考えられる。ただ、福泉洞 23 号墳例

第3章　新羅における胡籙金具の展開

表14　新羅におけるⅢ段階の胡籙金具群

遺跡名	吊手	収納	勾玉	帯	金具材質・鋲材質				群	胡籙編年	馬具編年
					吊手	収納	勾玉	帯			
釜山 福泉洞23号墳	双3類	Bb類(山形)	円頭	—	鉄金・?	鉄金・?	鉄金・?	—	双Ⅲ群		釜山Ⅳ
慶山 皇吾里第16号墳11槨	短A2類	—	—	—	—	—	—	—	短AⅡ群		慶州Ⅳ
慶山 林堂2号北墳副槨	短A2類	—	—	—	鉄・鉄銀	—	—	—	短AⅡ群		慶山Ⅴ
慶山 林堂5C号墳副槨	短A2類	—	—	—	鉄銀・鉄銀	—	—	—	短AⅡ群		慶山Ⅴ
義城 大里里M2号墳B-1号主槨	短A2類	—	円頭	—	鉄銀・鉄銀	—	鉄銀・鉄銀	—	短AⅡ群		
義城 大里里M3号墳2槨副槨	方A2類	—	円頭	方	鉄銀・鉄銀	—	鉄銀・鉄銀	鉄銀・鉄銀	方AⅡ群		
浦項 冷水里古墳	短A2類?	—	—	—	鉄	—	—	—	短AⅡ群?		
蔚山 中山洞547-1遺跡3号主槨	短A2類?	—	—	—	—	—	—	—	短AⅡ群		
蔚山 蓮岩Ⅴ地区15号石槨墓主槨	短A2類?	Bc類	円頭	—	—	—	—	—	短AⅡ群	Ⅲ	
慶山 天馬塚	短A類?	—	—	—	金銅?	—	—	—	?		慶州Ⅴ
慶山 林堂2号北墳副槨	短C2類	—	—	—	鉄金・鉄銀	—	—	—	短CⅡ群		慶山Ⅴ
梁山 夫婦塚	短C1類?	—	—	—	金銅(鉄金)・銅	—	—	—	短C群?		
慶山 林堂C-Ⅰ-35号墳	平胡籙?	—	—	—	鉄金・鉄銀	—	—	—	平胡籙?		
慶州 鶏林路14号墳①	双	未設定	—	方	中円部:銅地金装 上下方形部:銅地銀装・銅地金装	銅地銀装・銅地金装	—	蛇尾:銅地銀装・銅地金装 鉻板:鉄銀・鉄銀	群不明		慶州Ⅵ
慶州 鶏林路14号墳②	双	未設定	—	方	中円部:鉄地金装・鉄銀 上下方形部:鉄銀・鉄地金装	鉄銀・鉄金	—	蛇尾:鉄銀・鉄金	群不明		慶州Ⅵ
慶州 壺杅塚	蓮華唐草文付短冊形	漆器鬼面帯形金具	目玉状	—	鉄(金象嵌)・鉄金	鉄・鋏金	金・ガラス	—	群不明		慶州Ⅵ

〔凡例〕—：無を示す。吊手—吊手金具、収納—収納部金具、勾玉－勾玉状金具、帯－帯金具、双—双方中円形、短—短冊形、方—方形、W字—W字形金具、コ字—コ字形金具、馬具編年は諫早2012aに基づく。

は移入品である可能性が高く、新羅で双方中円形Ⅲ群が製作されていたとは考えにくい状況である。双方中円形吊手金具を軸とした編年で、この時期の新羅の胡籙金具を捉えることは難しいことから、馬具編年（諫早2012a）と新羅土器編年（白井2003b）も参考にしながら、5世紀後葉以降の可能性が高いものをⅢ段階とする。

(2) 短冊形CⅡ群の特徴

　慶山林堂2号北墳副槨（図29-2）、梁山夫婦塚例[3]（図74-2、巻頭口絵5参照）が確認できる。金銅製あるいは鉄地金銅張製である。短冊形CⅡ群は百済・大加耶に多く分布している。ただ、百済・大加耶の短冊形CⅡ群は1例を除いて鉄製、もしくは鉄地銀張製であり、材質に違いがある。垂飾付耳飾と装飾付大刀の検討においても5世紀後葉以降に新羅と百済・大加耶で技術的な交流がなされるようになることが指摘されており（金宇大2011a，2013）、これらと連動する現象であろう。百済・大加耶系工人集団の影響のもと、新羅で製作されていた可能性が考えられる。

(3) 新しい胡籙金具の出現

　Ⅲ段階の新羅では、他の地域にはない特徴的な胡籙金具が確認されるようになる。他に類例

第4節 Ⅲ段階（表14）

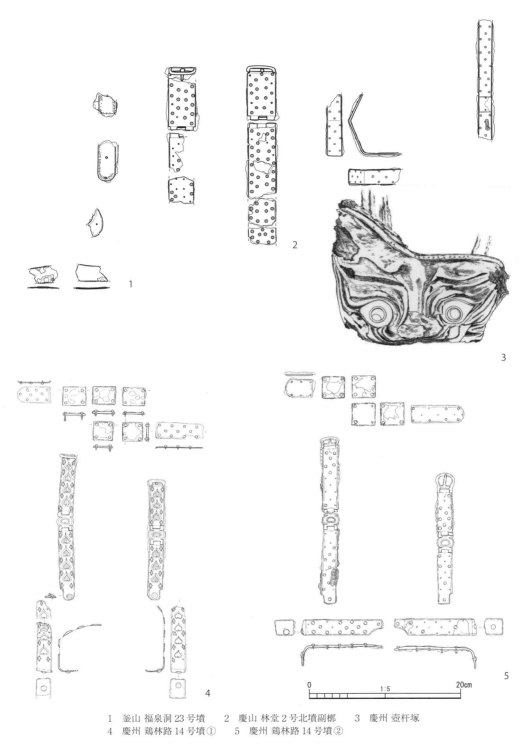

1　釜山 福泉洞23号墳　　2　慶山 林堂2号北墳副槨　　3　慶州 壺杆塚
4　慶州 鶏林路14号墳①　　5　慶州 鶏林路14号墳②

図29　新羅におけるⅢ段階の胡籙金具群 (s=1/5)

第3章　新羅における胡籙金具の展開

がないものであるため第1章の分類に加えることができていないが、その特徴について詳しく
検討する。

①　鶏林路14号墳①・②例

慶州鶏林路14号墳例（図29-4, 5）には、同じ特徴をもつものが2個体確認される。

ともに吊手金具は双方中円形に近い形態であり、上下方形部と中円部にわかれた三連式である。双方中円形1類吊手金具に分類されるだろう。これはⅠ段階に多く、Ⅱ段階になると減少する特徴である。また、吊手金具下端の外側が抉れるという特徴がみられるが、これは第2章でも述べた通り、百済、新羅の初期の事例にみられた特徴である。

①の吊手金具は地板と枠板からなる構造であり、枠板に逆心葉形の透かしがほどこされている。透かしの中には玉虫装飾が確認できる。

収納部金具は、断面が弧を描いて屈曲するもの①と、直角に近く屈曲するもの②がある。①は断面半円形、②は断面長方形の収納部であったと考えられる。①には吊手金具と同様の逆心葉形透かしがほどこされる。5世紀中葉以降、朝鮮半島の胡籙は断面半円形の収納部が主流となるが、②では依然として断面長方形の収納部が用いられており、古い要素であるといえる。

このように、慶州鶏林路14号墳①②例には、双方中円形1類吊手金具と断面長方形の収納部金具A類に通じる古い特徴がみられる。これらは、Ⅰ段階に主にみられる特徴であり、他地域ではⅡ段階に減少し、遅くとも5世紀後葉には確認できなくなる。新羅では、他地域では消えてしまうこれらの特徴をもつ胡籙が長く残存するようである。

なお、鶏林路14号墳から出土した馬具は慶州Ⅵ段階（6世紀中葉）に位置づけられている（諫早 2012a）。

②　壺杆塚例

漆器鬼面が特徴的な胡籙である（図29-3）。國立慶州博物館で復元品が製作された際の報告書が刊行されており、参考になる（國立中央博物館 2006）。まず漆器鬼面の収納部であるが、上端には収納部金具Bc類と類似した金具が装着されている。劣化が激しくよくわからないが、収納部の断面形は半円形に近いものであったと考えられる。収納部下側の左右には、勾玉状金具が鬼の目のように装着されている。勾玉状金具の中心にはガラス玉が装着される。

この他にも帯形の鉄製金具がみられる。漆器鬼面の収納部とセットになるかはわからないが、復元品ではセットとして扱われている。扁平な帯形の金具と、鈍角に屈曲する金具の2つがみられる。復元品では前者は吊手金具、後者は矢留めの金具とされている。また目視できないが、X線透過撮影写真から金具に金象嵌で蓮華唐草文が描かれていることがわかる。

壺杆塚例には、収納部の上端に収納部金具Bc類である可能性のある金具が確認できることから、短冊形AⅡ群、方形AⅡ群と近い環境で製作されていたと考えられる。類例はないが、新羅で製作された可能性を考えることができるだろう。漆を用いた新たな装飾が生み出されたようである。壺杆塚出土馬具は、慶州Ⅵ段階（6世紀中葉）に位置づけられている。

結　語

（4）小　結

　Ⅲ段階になると、短冊形AⅡ群、方形AⅡ群のようなⅡ段階からみられたものに加えて、百済・大加耶に多く分布する短冊形CⅡ群が確認できるようになる。また、大加耶からもたらされたと考えられる双方中円形Ⅲ群が出土するなど、朝鮮半島南部の外部地域との多様な交流がみられるようになる。

　さらに、鶏林路14号墳、壺杅塚のような上位層の古墳からは、玉虫装飾、ガラス玉装飾、金象嵌のような装飾性の高い胡籙金具がみられるようになる。新羅Ⅳ段階（5世紀後葉～末）からの装飾馬具には、貝製飾金具、金銅装玉虫装飾馬具に加えて、鉢部にガラス材を用いた飾金具が副葬されるようになるなど、特殊な素材による序列化が存在していたことが指摘されている（諫早2012a）。胡籙金具にみられた新たな装飾は、この時期の新羅の金工品生産に共通してみられた様相であったようである。

　共伴遺物編年からみて、鶏林路14号墳例、壺杅塚例が最も新しい事例であり、6世紀中葉以降は胡籙金具の副葬がみられなくなる。これは装飾馬具にもみられる様相であり、十七等からなる官位制やそれにともなう衣冠制の導入との関係が想定されている（諫早2012a）。

結　語

　本章では新羅における胡籙金具の展開を整理し、各段階における胡籙金具の特徴を検討した。新羅の胡籙金具は、双方中円形Ⅲ群、短冊形CⅡ群のように他地域から影響を受けたものもみられるが、大多数は新羅の地域性をもつものである。Ⅰ段階からⅢ段階まで独自性の強い胡籙金具の生産が継続して確認された。

　また、新羅の胡籙金具には、各時期における帯金具、馬具、装飾大刀などと装飾的要素や技術的要素の点で共通性がみられた。これは、胡籙金具がこれらの金工品と近い環境で生産されていたことに起因するであろう。他地域の胡籙金具と比べると新羅の胡籙金具の独自性は際立っているが、これは新羅の胡籙金具特有というよりも新羅の金工品生産の特徴として捉えることができる。

［註］
（1）西岡はコ字形金具でなく、円筒形の収納部（西岡分類収納部B2類）をもつと指摘するが（西岡2006）、西岡が収納部B2類に分類する個体は、報告書を見る限り胡籙金具と認定できる根拠が見当たらない（國立慶州博物館・慶北大學校博物館1990）。多少変形しているもののコ字形金具が出土しているため、断面長方形の収納部を持つ個体と認識するのが妥当であろう。
（2）双方中円形Ⅱ群は出土数が少なく、新羅ではあまり定着しなかったようである。双方中円形Ⅱ群が変化した双方中円形Ⅲ群も、Ⅲ段階の新羅ではあまり確認されていない。材質の異なる金工品の作り分けの傾向はみられるが、これは金工品生産の全体的な流れであり、胡籙金具自体は上位層の古墳に副葬される器物ではなくなっていったようである。
（3）蝶番状金具の特徴からみると、短冊形CⅠ群に位置づけられる。ただ出土状況がよくわからないため、胡籙金具ではない可能性も考えられる。ここでは、報告書（馬場・小川編1927）の図

版 32 と同じレイアウトにして実測図を掲載した。

第4章　大加耶における胡籙金具の展開

はじめに

　大加耶は、百済・新羅という異なる地域の胡籙金具が入り混じる地域である。百済と新羅の胡籙金具が大加耶へどのようにもたらされたかを検討することで、百済・新羅と大加耶の交流様相に迫ることができよう。また、倭で出土する胡籙金具は大加耶の胡籙金具の強い影響を受けていると考えられるが、その祖形となる大加耶の胡籙金具がどのような経緯で生まれたのかを検討することで、倭の胡籙に対するより深い理解が可能になるだろう。本章では大加耶の胡籙金具の展開について整理することとする。

　なお、大加耶の領域は時期によって変化することが指摘されているため、墳墓の特徴や副葬品をもとに地域を適宜判断して用いる。

第1節　先行研究と問題の所在

　加耶、とくに大加耶における胡籙金具は、高霊池山洞古墳群、陝川玉田古墳群などから多く胡籙金具が出土しているため、他の地域の胡籙金具と比べると注目されてきた。

　全玉年は、加耶を中心とした胡籙金具を整理し、主前面飾金具（本書でいう収納部金具）を山形のⅠ類（本書でいうW字形金具）と、帯輪形のⅡ類（本書でいう断面半円形の収納部）に区分した（全玉年1992）。そして前者は親新羅系伽耶圏域の特徴、後者は前者の影響を受けつつ、5世紀後葉に大加耶を中心にして開発された新しい系譜であると指摘した。とくに後者は、5世紀後葉以後に金官伽耶の勢力圏が新羅勢力圏の強大化によって萎縮し、大加耶に中心圏が移動したことと関連して、既往の新羅または親新羅系伽耶圏の文物が大加耶圏域に移植される過程で生まれた可能性が高いという[1]。これまでの章でみてきたように、断面半円形の収納部金具は百済、新羅でもほぼ同時期に出現する形態であり、必ずしも大加耶で出現したとは言い切れない。だが、大加耶における胡籙金具の出現過程に対する解釈は示唆に富み、大加耶の胡籙金具の特徴が始めて指摘された研究である。

　また、朴天秀は5世紀後半に倭で新しく出現する胡籙金具を大加耶と倭の交流を示す一材料として位置づけた（朴天秀1998）。とくに、断面半円形の収納部金具を、山形（本書で言う山形突起付帯形金具）、三葉形立飾、帯輪形（本書でいう帯形B類）に分類し、それぞれ大加耶に系譜が求められることを指摘した。倭における5世紀後半以降の胡籙金具の系譜について言及された初めての研究である。

　さらに、西岡千絵は朝鮮半島南部における胡籙金具を集成し、分類したうえで加耶の胡籙金具について言及した（西岡2006）。西岡は、昌原道渓洞19号土壙墓、東萊福泉洞古墳群、高霊池山洞古墳群、咸安道項里古墳群、陝川玉田古墳群出土胡籙金具の特徴、変遷、他型式・他地

第4章　大加耶における胡籙金具の展開

域からの影響について概観する中で、高霊池山洞古墳群出土胡籙金具には5世紀後葉から百済（馬韓）地域の影響がみられること、陜川玉田古墳群出土胡籙金具には玉田M1号墳段階から百済（馬韓）地域の影響が強くみられること、玉田M3号墳段階には新羅地域の影響も受けて玉田古墳群独自の胡籙金具が生み出されたことを指摘した。朝鮮半島南部全体の胡籙金具を視野に入れ、その横断的繋がりについて指摘した研究であり、画期的な研究成果である。大加耶の胡籙金具が百済、新羅の影響を受けていたことが明確に示された。

本章の視点

大加耶の胡籙金具の中で他地域からの影響とされたものは、いつどのような脈絡のもとに他地域からもたらされたものであったのか、具体的な解釈はなされていない。第3、4章では大加耶に大きな影響を与えたとされる百済、新羅の胡籙金具の展開をみてきた。本章ではこれらの成果をもとに、大加耶の胡籙金具の展開をみていくこととしたい。

第2節　大加耶における胡籙金具の展開

帯金具と勾玉状金具の分布状況は概ね洛東江を境に東西に区分される。大加耶は、方形・逆心葉形帯金具、円頭形・鳥形勾玉状金具の両方が確認できる地域である。また、胡籙金具群の分布類型の中で、「広域にみられ、とくに大加耶・阿羅伽耶に集中するもの（双方中円形Ⅱ群）」、「大加耶・百済にまとまるもの（短冊形CⅠ、Ⅱ群、方形B群、双方中円形Ⅲ群、短冊形BⅡ群）」の2つがみられる。これらの胡籙金具は3つの時期に区分される。ここでは各時期の特徴について検討する。

なお、池山洞古墳群出土例には同じ号数の古墳が複数存在するため、紛らわしいものについては号数の前に調査機関の略称をつけることとする。嶺南埋蔵文化財研究院・嶺南文化財研究院：（嶺文）、啓明大學校博物館：（啓）、大東文化財研究院（大東）。

第1項　Ⅰ段階

Ⅰ段階の事例とし得るのは陜川玉田23号墳例である（図30）。ここからは、収納部金具A類（W字形金具）のみが出土している。吊手金具がみられないため厳密な編年的位置づけを決めるのは難しいが、収納部金具A類はⅠ、Ⅱ段階に確認できるものである。共伴する馬具は大加耶Ⅰ段階（4世紀末～5世紀前葉）（諫早2012a）、土器は高霊ⅠA期（白井2003c）に位置づけられていることから、Ⅰ段階の事例であろう。

W字形金具の横幅が狭く、縦長である点が特徴であり、同様の事例は釜山福泉洞10・11号墳主槨例にもみられる。個体同士の比較に過ぎないが、新羅に由来するものである可能

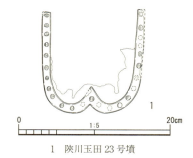

1　陜川玉田23号墳

図30　大加耶におけるⅠ段階の胡籙金具群（s=1/5）

性が考えられる。

第2項　Ⅱ段階（表15）

この時期になると大加耶で胡籙金具の出土が急増する。双方中円形Ⅰa群、双方中円形Ⅱ群、短冊形AⅡ群、方形B群が確認できる。

（1）双方中円形Ⅱ群の特徴（図31、32）

Ⅱ段階の中で最も多く確認することができる胡籙金具が双方中円形Ⅱ群である。朝鮮半島南部の広域で確認されており、編年上の指標にもなる。これらの多くは鉄地金銅張製であり、わずかに鉄製の例もある。

出現の経緯　現状では高霊と陜川でのみ確認され、大加耶領域の他の地域からは出土していない。第3章でも述べたが、双方中円形Ⅱ群は帯金具と勾玉状金具の特徴からみて新羅の双方中円形Ⅰa群を祖形にしていたと考えられる。双方中円形Ⅰa群が新羅で出現したことをふまえると、双方中円形Ⅱ群の製作にも新羅系工人集団が関与していた可能性が考えられるが、双方中円形Ⅱ群は新羅であまり確認されず、分布状況からは新羅で出現したとは考えにくい。一方、大加耶では双方中円形Ⅱ群がまとまって出土している。技術系譜と分布状況にあまり関連性がみられないため解釈が難しいが、新羅系工人集団の関与のもと、大加耶で製作されたものであると考える。

なお、高霊池山洞（啓）34SE-3号墳例の吊手金具（図31-3）の中円部上下付近には膨んだ部分がみられる。これは現状では何の機能的意味もないが、ちょうど蝶番状金具によって上下方形部と中円部が連結されていた部分にあたる。この膨らみは、三連式構造であった頃の痕跡器官として認識できる可能性がある。双方中円形1類と2類の過渡期的資料であり、双方中円形2類吊手金具が大加耶で製作されていたことを傍証する資料である。

金具の構成　収納部金具A類は断面長方形の収納部からなる構造の胡籙（図31-1，3，4）、収納部金具Ba類は断面半円形の収納部からなる構造の胡籙（図31-5，6）であり、両者は収納部構造の異なる胡籙である。だが、これらとセットになる吊手金具はいずれも双方中円形2類であり[2]、Ⅱ段階では収納部構造の異なる胡籙であっても、同じ吊手金具が用いられていた。収納部金具A類からBa類への変化は漸次的であったようで、製作集団の違いを反映するものではなかったと考えられる。

（2）玉田M1号墳例の検討

玉田M1号墳からは複数の胡籙金具が出土しており、Ⅱ段階の基準となる資料である。ここでは玉田M1号墳例の特徴を詳しく検討する。報告書では鉄鏃とのセットと出土状況を重視して、複数の個体に区分されている（「A群」、「B群」、「C群」、「D群」、「EFGa群」、「EFGb群」、「EFGc群」、「EFGd群」、「H群」）（趙榮濟ほか1992）。だが、出土地点が重なっている部分もあるため、各群の中には胡籙金具と認識できるかどうかわからない金具が混じっている。そこで

第4章　大加耶における胡籙金具の展開

表15　大加耶におけるⅠ・Ⅱ段階の胡籙金具群

遺跡名	吊手	収納部	勾玉	帯	金具材質・鋲材質 吊手	収納	勾玉	帯	群	胡籙編年	馬具・土器編年
陜川 玉田23号	×	A類(W字)	×	×	—	金銅・金銅	—	—	群不明	Ⅰ	大加耶Ⅰ
高霊 池山洞(大東)75号墳主石室	双1類	A類(W字、コ字)	円頭	方	金銅・金銅	金銅・金銅	金銅・金銅	金銅・金銅	双Ⅰa群	Ⅱ前半	大加耶Ⅱ後半
高霊 池山洞(大東)73号墳主石槨	双2類?	×	×	×	金銅・—	—	—	—	双Ⅱ群?		大加耶Ⅱ前半
高霊 池山洞(啓)34,35号墳(連)	双1類	Ba類	×	×	鉄・鉄銀	鉄・鉄	—	—	双Ⅱ群		大加耶Ⅱ
高霊 池山洞(嶺文)30号①	双2類	A類(W字、コ字)	円頭	方	鉄金・金銅	金銅・金銅	金銅・鉄金	鉄金・金銅	双Ⅱ群		大加耶Ⅱ後半
高霊 池山洞(嶺文)30号②	双2類	×	円頭	方	鉄金・金銅	—	金銅・鉄金	鉄金・金銅	双Ⅱ群		大加耶Ⅱ後半
高霊 池山洞(啓)34SE-3号	双2類	A類(W字)	×	×	鉄金・鉄金	金銅・金銅	—	—	双Ⅱ群		
高霊 池山洞(嶺文)Ⅰ-55号	双2類	Ba類	×	×	鉄金・金銅	金銅・金銅	—	—	双Ⅱ群		大加耶Ⅱ
陜川 玉田M1号(A群①)	双1類	A類(コ字)	×	方	中円―鉄金 方形―鉄 鋲―金銅	鉄・金銅	—	鉄・金銅	双Ⅰa群		大加耶Ⅱ後半
陜川 玉田M1号(EFGa群)	双2類	×	×	×	鉄金・鉄金	—	—	—	双Ⅱ群		大加耶Ⅱ後半
陜川 玉田M1号(EFGb群)	双2類(変形)	A類(W字)	×	×	金銅・金銅	金銅・金銅	—	—	双Ⅱ群(変形)		大加耶Ⅱ後半
陜川 玉田M1号(EFGc群)	双2類	A類(コ字)	円頭	方	鉄金・金銅	鉄・鉄	鉄金・金銅	鉄金・金銅	双Ⅱ群		大加耶Ⅱ後半
陜川 玉田M1号(EFGd群)	双1類	Ba類	×	×	中円―鉄金 方形―鉄 鋲―金銅	鉄金・金銅	—	—	双Ⅱ群		大加耶Ⅱ後半
陜川 玉田5号	双2類	×	×	×	鉄金・鉄金	鉄金・金銅	—	—	双Ⅱ群		大加耶Ⅱ
陜川 玉田8号	双2類	×	×	×	鉄金・鉄金	—	—	—	双Ⅱ群		大加耶Ⅱ
陜川 玉田28号	双2類	A類(コ字)	×	方	鉄金・鉄金	鉄金・鉄金	—	鉄・鉄	双Ⅱ群		大加耶Ⅱ
陜川 玉田31号	双2類	×	×	方	鉄金・鉄金	—	—	鉄金・鉄金	双Ⅱ群		
陜川 玉田35号	双2類	×	×	×	不明	—	—	—	双Ⅱ群		大加耶Ⅱ
陜川 玉田M1号(B群)	短A2類	Bc類	円頭	方	鉄・鉄銀	鉄・鉄銀	鉄銀・鉄銀	鉄銀・鉄銀	短AⅡ群		大加耶Ⅱ後半
陜川 玉田M1号(A群②)	方B類	×	鳥	逆心葉	鉄・鉄銀	—	鉄銀・鉄銀	—	方B群		大加耶Ⅱ後半
陜川 玉田95号	方B類	×	鳥	×	鉄金・鉄金	—	鉄金・鉄金	鉄金・鉄金	方B群		大加耶Ⅱ
陜川 玉田M1号(H群)	×	A類(W字形)	鳥	逆心葉	—	金銅・金銅	金銅・金銅	金銅・金銅	群不明		大加耶Ⅱ後半
陜川 玉田70号	×	Ba類	円頭	×	—	不明	鉄金・不明	—	群不明		大加耶Ⅲ
陜川 玉田M3号(Ⅰ群)	双2類?	不明	×	×	鉄・鉄銀	鉄・鉄銀	—	—	双Ⅱ群?	Ⅱ後半	大加耶Ⅲ前半
陜川 玉田M3号(J群)	短C2類	Bd類	鳥	逆心葉	鉄銀・鉄銀	鉄銀・鉄銀	鉄銀・鉄銀	鉄銀・鉄銀	短CⅡ群		大加耶Ⅲ前半
陜川 磻渓堤カA号	短C2類	Bd類	鳥	×	鉄・鉄	鉄・鉄	鉄・鉄	—	短CⅡ群		大加耶Ⅲ
高霊 池山洞(嶺文)36号	方B類	×	鳥	×	鉄金・鉄金	—	鉄金・鉄金	—	方B群		高霊ⅡA期
陜川 玉田M3号(F群)	方B類	×	鳥?	×	鉄金・鉄金	—	鉄・鉄銀	—	方B群		大加耶Ⅲ前半
陜川 玉田20号	方B類	Bd類	×	逆心葉	鉄・鉄金	鉄・鉄金	—	鉄・鉄金	方B群		大加耶Ⅲ
陜川 磻渓堤カA号	方B類	Bd類	×	×	鉄金・鉄金	鉄金・鉄金	—	—	方B群		大加耶Ⅲ
咸陽 白川里1-3号	方B類	Bd類	鳥	逆心葉	鉄金・鉄銀	鉄金・鉄銀	鉄金・鉄銀	鉄金・鉄銀	方B群		大加耶Ⅲ
南原 月山里M5号	方B類	Bd類	×	逆心葉	鉄金・鉄金	鉄金・鉄金	—	鉄金・鉄金	方B群		大加耶Ⅲ
南原 月山里M6号	方B類	Bd類	×	逆心葉	鉄銀・鉄銀	鉄銀・鉄銀	—	鉄銀・鉄銀	方B群		
昌原 茶戸里B1号周溝8区	×	Bd類	×	×	—	鉄・鉄銀	—	—	群不明		高霊ⅡB期新
陜川 玉田24号	×	×	鳥	×	—	—	鉄銀・鉄銀	—	群不明		大加耶Ⅲ
高霊 池山洞44号採集	×	×	鳥	×	—	—	鉄銀・鉄銀	—	群不明		大加耶Ⅲ後半

〔凡例〕×：無を示す。―：検討不可能であることを示す。吊手―吊手金具、収納―収納部金具、勾玉―勾玉状金具、帯―帯金具、双―双方中円形、短―短冊形、方―方形、W字―W字形金具、コ字―コ字形金具、鉄金―鉄地金銅張、鉄銀―鉄地銀張、銅銀―銅地銀張、(連)―連結石槨、馬具編年は諌早2012a、土器編年は白井2003cに基づく。

第2節　大加耶における胡籙金具の展開

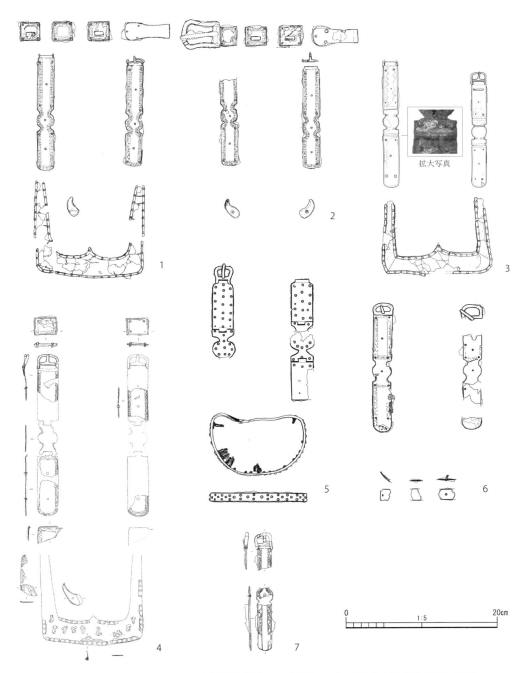

1　高霊 池山洞（嶺文）30号墳①　　2　高霊 池山洞（嶺文）30号墳②　　3　高霊 池山洞（啓）34SE-3号墳
4　高霊 池山洞（大東）75号墳主石室　5　高霊 池山洞（啓）34, 35号墳連結石槨　6　高霊 池山洞（文）Ⅰ-55号墳
7　高霊 池山洞（大東）73号墳主石槨

図31　池山洞古墳群におけるⅡ段階の新羅系胡籙金具群 (s=1/5)

79

第4章　大加耶における胡籙金具の展開

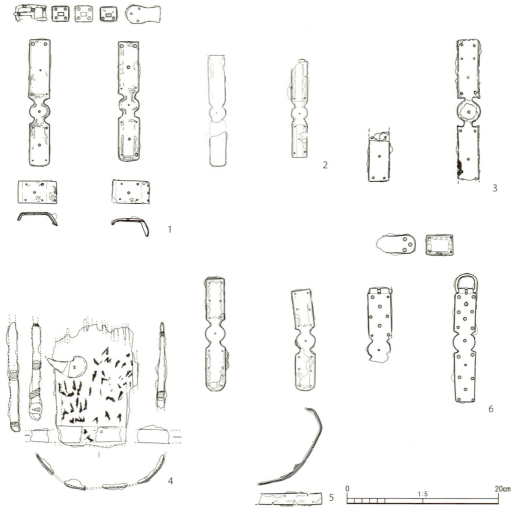

1　陜川 玉田 28 号墳　　2　陜川 玉田 8 号墳　　3　陜川 玉田 35 号墳
4　陜川 玉田 31 号墳　5　陜川 玉田 5 号墳　6　陜川 玉田 70 号墳

図 32　玉田古墳群におけるⅡ段階の新羅系胡籙金具群（s=1/5）

まず、「A群」〜「H群」の各群の中で確実に胡籙金具と認識できるものを抽出した（図33）。さらに各群の胡籙金具の構成からみて細分できるものは細分した。例えば「A群」には吊手金具が2個体分みられることから、「A群①」と「A群②」に区分できる。その結果、玉田M1号墳からは少なくとも8個体が確認できることがわかった。一つの古墳からの出土数としては朝鮮半島南部で最多である。出土地点が重なっている部分もあるため、各群の中のセット関係が確実かどうかわからないところもあるが、双方中円形Ⅰa群（1点）、双方中円形Ⅱ群（3点）、短冊形AⅡ群（1点）、方形B群（1点）、群不明（2点）を抽出することができた。これらは大きく新羅系と百済系にわけられる。なお、玉田M1号墳からは、大加耶Ⅱ段階後半（5世紀中葉）の馬具（諫早 2012a）と高霊ⅡA期の土器（白井 2003c）が出土している。

第 2 節　大加耶における胡籙金具の展開

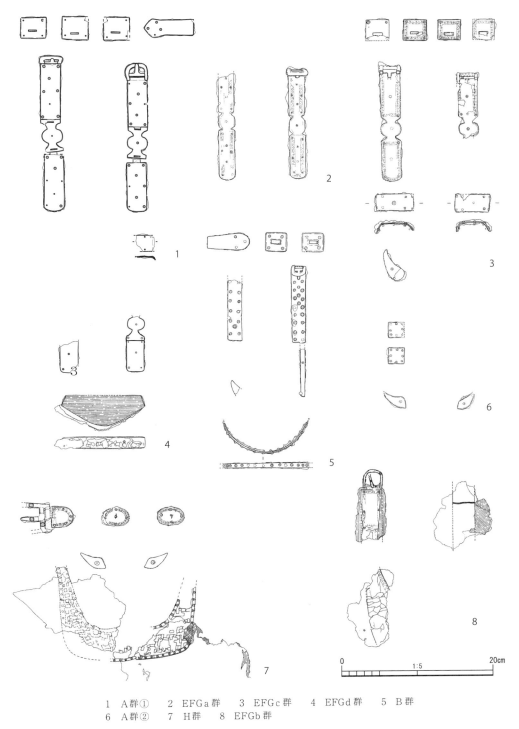

1　A群①　　2　EFGa群　　3　EFGc群　　4　EFGd群　　5　B群
6　A群②　　7　H群　　8　EFGb群

図 33　玉田M 1 号墳例 (s=1/5)

81

① 新羅系

　双方中円形Ⅰa群（図33-1）、双方中円形Ⅱ群（図33-2, 3, 4）、短冊形AⅡ群（図33-5）は新羅系であると考えられる。双方中円形Ⅰa群はⅠ段階からⅡ段階にかけての新羅で多く出土するものであり、大加耶では他に高霊池山洞（大東）75号墳主石室例が確認できる（図31-4）。また、短冊形AⅡ群は大加耶では唯一の事例である。金具・鋲ともに鉄地銀張製であり、新羅で出土するものと共通の属性がみられる。これらは新羅から移入されたものであろう。玉田M1号墳からは昌寧系土器が出土していることから（趙榮濟ほか1992）、昌寧との交流の中でこれが移入された可能性が考えられる。

　双方中円形Ⅱ群は、先述したとおり大加耶でみられる胡籙金具の過半数を占める形式である。本例は新羅系工人集団の関与のもと、大加耶で製作されたものと考えられる。

② 百済系

　方形B群は、百済に多く分布する。本例は、金具が鉄製、鋲が鉄地銀張製であり、材質も百済に通有のものである（図33-6）。形態や材質に違いがみられないことから、本例は百済から移入された可能性があるだろう。なお、Ⅱ段階の方形B群としては他に玉田95号例が挙げられる（図34-1）。これは、金具・鋲ともに鉄地金銅張製であり、百済では1例を除いて確認できない材質である。後述するが、この材質の違いは百済と大加耶の製作地の違いに由来するものである可能性が考えられる。

　また、図33-7は、鳥形勾玉状金具と逆心葉形帯金具がみられることから、百済系である。収納部金具A類（W字形金具）には格子目の透彫がみられ、胡籙金具としては他に類例がない。欠損しているためよくわからないが、公州水村里Ⅱ-1号墓出土飾履の側板（図81-2）にみられるようなT字文透かしと関連するものである可能性がある。

③ 阿羅伽耶例との関連

　図33-8は、吊手金具が特徴的である。金銅製で、短冊形を呈する。中央近くに、横方向の波状列点文が2列みられる。同様の事例は咸安道項里40号墳例（図39-4）、道項里54号墳例（図39-3）にみられる。これらは、短冊形の吊手金具に双方中円形2類吊手金具を彫金で描き出したものである。第5章でも述べるが、咸安道項里40号墳例、道項里54号墳例は、双方中円形2類吊手金具を模倣しようとして阿羅伽耶で生まれたものであったと考えられる。また、図33-8の吊手金具は金具、鋲ともに金銅製であり、同様の材質はⅡ段階の大加耶にはみられない。このような状況であることから、図33-8は、阿羅伽耶からの移入品である可能性がある。

④ 小結

　新羅、百済、阿羅伽耶という多様な地域からもたらされた胡籙金具がみられる点が玉田M1号墳例の特徴である。

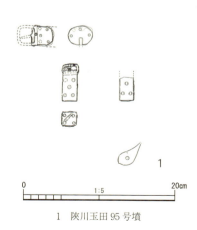

1　陜川玉田95号墳

図34　大加耶Ⅱ段階前半における百済系胡籙金具群（s=1/5）

双方中円形Ⅱ群については大加耶で製作が開始されていたと考えられるが、百済系の方形B群については玉田M1号墳段階にどの程度製作されていたかまだよくわからない。多様な地域の影響がみられるが、相対的に新羅の影響が最も大きい時期と考えられる。

（3）玉田 M3 号墳例の検討

玉田 M3 号墳例の報告書では、玉田 M1 号墳と同様に、鉄鏃とのセットと出土状況を重視して、「F 群」、「I 群」、「J 群」に区分されている（趙榮濟ほか1990）。これらは新羅系と百済系に区分できる（図35）。

① 新羅系

図 35-1 は、双方中円形吊手金具、収納部金具からなる。吊手金具は金具が鉄製、鋲が鉄地銀張製であり、非常に多くの鋲が打たれている。また、左右吊手金具下端の内側が抉れるという特異な特徴がみられ、これは新羅に多く分布する短冊形 A2 類吊手金具と共通する。形態は双方中円形であり同様の事例が新羅にみられないことから大加耶で製作されたと考えられるが、新羅系工人集団が関与していた可能性を考えることができる。特異な事例であるが、軸受がみられる点は古相の特徴であり、双方中円形 2 類の範疇で捉えられると考える。

収納部金具は欠損している部分が多いためよくわからないが、断面長方形を呈する収納部形態が推測される。断面長方形を呈する金具としては、収納部金具 A 類（コ字形金具）が挙げられるが、玉田 M3 号墳例のような帯形の金具は、大加耶で他に類例がない。他地域では新羅の慶州鶏林路 14 号墳②例（図 29-5）が類似した形態を呈している。出土馬具が慶州Ⅵ段階（6世紀中葉）に位置づけられており（諫早2012a）、玉田 M3 号墳例とは半世紀ほどの時間差があるため、直接的な関係性があったとは考えにくい。ただ、新羅では鶏林路 14 号墳②例のような断面長方形の収納部をもつ個体が長く残存するという特徴があることから、玉田 M3 号墳例の収納部金具も新羅の影響を受けたものである可能性がある。

このように、本例は吊手金具の特徴を考えると Ⅱ段階のものとして捉えられるが、新羅の特徴が多くみられる特異な形態であり、現状では類例がないことから、第 1 章の分類の範疇で把握することが難しい資料である。

② 百済系

図 35-2 は、短冊形 C2 類吊手金具、収納部金具 Bd 類、逆心葉形帯金具、鳥形勾玉状金具からなる短冊形 CⅡ群である。短冊形 CⅡ群は Ⅱ段階の百済に多く分布する胡籙金具であるが、大加耶でも確認されるようになる（図37）。金具・鋲ともに鉄地銀張製であり、吊手金具、収納部金具、帯金具、勾玉状金具の縁に斜線文と綾杉文がみられる点が特徴である。このような文様は、玉田 M3 号墳出土の装飾大刀・馬具、池山洞 44 号墳出土の馬具にもみられることが指摘されている（金斗喆2001、諫早2012a）。同様の文様は百済にはみられず、大加耶の金工品に共通してみられることから、大加耶の金工品の特徴であると考えられる。

また、吊手金具と帯金具の鉸具には、銀象嵌（蹴り彫り象嵌）による装飾がみられる（図の太線部分）。銀象嵌は装飾大刀で多く確認されており（金宇大分類でいう素環Ⅰ群）、百済と加耶

第4章　大加耶における胡籙金具の展開

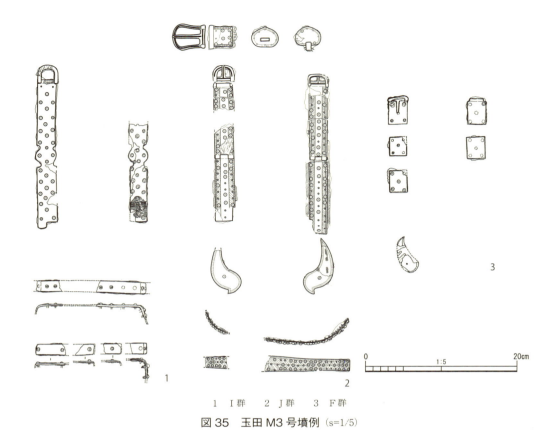

1　I群　2　J群　3　F群
図35　玉田M3号墳例（s=1/5）

に分布するという（金宇大2017）。石上神宮に伝えられる七支刀の存在から、象嵌装飾は百済から加耶に技術伝播したものと捉えられることが多いようである。本例にみられる銀象嵌も同様であろう。このように、短冊形CⅡ群は、百済系工人集団の関与のもと、大加耶で製作されたものであると考えられる。

　図35-3は、方形B類吊手金具、勾玉状金具からなる方形B群であり、百済系である。方形B群はこの頃から大加耶で急激に増加し、高霊、陝川を中心に咸陽、南原のような百済領域との境周辺からも出土している（図15）。百済では金具が鉄製、鋲が鉄地銀張製であるものが多いが、大加耶では金具、鋲ともに鉄地金銅張製のものが多い点が特徴である。鉄地金銅張製は双方中円形Ⅱ群、Ⅲ群をはじめ大加耶で多くみられる材質である。このような材質の違いを積極的に評価すれば、百済系工人集団の関与のもと、大加耶で製作されていた可能性が考えられる。

③　小　結

　このように玉田M3号墳からは、玉田M1号墳例と同じく新羅系と百済系の胡籙金具が確認できる。ただし、玉田M1号墳例には移入品が多かったのに対して、玉田M3号墳例には材質や文様などに大加耶独自の特徴がみられるようになり、製作地としては大加耶が想定されるという点で違いがある。

なお、玉田M3号墳からは、大加耶Ⅲ段階（5世紀後葉～末）の馬具（諫早2012a）と高霊Ⅱ B期古段階の土器（白井2003c）が出土しており、共伴遺物からみても、玉田M1号墳よりも新しく位置づけられる。胡籙金具の特徴の違いは、時期差によるものである可能性があるだろう。そこで、玉田M1号墳併行期をⅡ段階前半（5世紀中葉）、玉田M3号墳併行期をⅡ段階後半（5世紀後葉）として捉えることとしたい。

5世紀後葉には、百済でⅢ段階の胡籙金具が出現しているが、大加耶でⅢ段階の胡籙金具が出現するのはもう少し後の時期になる。

（4）Ⅱ段階後半の百済系胡籙金具

Ⅱ段階後半から百済系の方形B群が増加し（図36）、短冊形CⅡ群が出現するなど（図37）、Ⅱ段階前半と比べて百済系の胡籙金具の比率が高くなる。月山里M6号墳例の逆心葉形帯金具にみられる斜線文は大加耶の金工品に特有の文様であり（図36-6）、大加耶製である可能性が

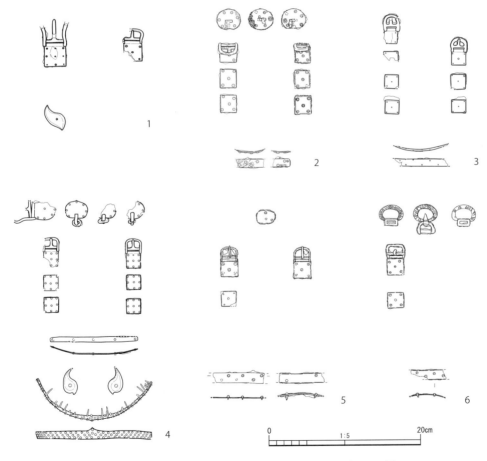

1　高霊 池山洞36号墳　　2　陜川 玉田20号墳　　3　陜川 磻渓堤カA号墳
4　咸陽 白川里1-3号墳　　5　南原 月山里M5号墳　　6　南原 月山里M6号墳

図36　大加耶におけるⅡ段階後半の百済系胡籙金具群 (s=1/5)

第4章 大加耶における胡籙金具の展開

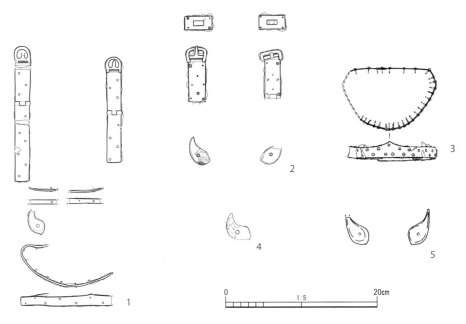

短冊形CⅡ群：1　陝川 磻渓堤カA号墳　　2　長水 三顧里13号墳
群不明：3　昌原 茶戸里B1号墳周溝8地区　4　高霊 池山洞44号採集　5　陝川 玉田24号墳
図37　大加耶におけるⅡ段階後半からⅢ段階の百済系胡籙金具群（s=1/5）

高い。玉田M3号墳例と同様に、大加耶で製作されたものが多くなってくる。Ⅱ段階後半から、百済系工人集団が多く大加耶に入ってきたと考えられる。

第3項　Ⅲ段階

(1) 双方中円形Ⅲ群、短冊形BⅡ群の特徴

　Ⅲ段階の指標となる双方中円形Ⅲ群、短冊形BⅡ群が出現する（図38）。双方中円形Ⅲ群は玉田M4号墳①②例がみられるのみである。玉田M4号墳①は双方中円形3類吊手金具、収納部金具Bb類（山形突起付帯形金具）からなり、金具が鉄地金銅張、鋲は鉄地銀張製である。双方中円形Ⅲ群は百済でも出土しており、大きな違いはない。玉田M4号墳②は双方中円形3類吊手金具、収納部金具Bb類（三葉形立飾付帯形金具）からなる。金具は鉄製、鋲は鉄地銀張製であり、多鋲である。玉田M4号墳①とは、材質と鋲配置が大きく異なっている。このような材質と鋲配置は、玉田M3号墳（Ⅰ群）の双方中円形吊手金具に確認することができる。

　短冊形BⅡ群は、玉田M4号墳③例に限られる。短冊形B2類吊手金具、収納部金具Bb類（山形突起付帯形金具）からなる。金具は鉄地金銅張製、鋲は鉄地銀張製である。双方中円形Ⅲ群と収納部金具が共通することから、近い環境で製作されていたと考えられる。短冊形BⅡ群は朝鮮半島南西部の海南龍頭里古墳からも出土しており、属性に大きな違いはない。

　このように、双方中円形Ⅲ群と短冊形BⅡ群は玉田M4号墳でのみ確認される。玉田M4号墳からは大加耶Ⅳ段階（6世紀初〜前葉）の馬具（諫早2012a）と高霊ⅡC期の土器（白井2003c）

第 2 節　大加耶における胡籙金具の展開

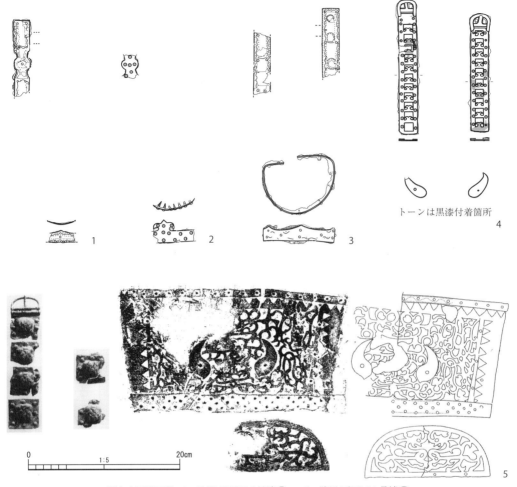

双方中円形Ⅲ群：1　陝川 玉田M 4 号墳①　2　陝川 玉田M 4 号墳②
短冊形 B Ⅱ群：3　陝川 玉田M 4 号墳③
群不明：4　陝川 玉田 75 号墳　5　高霊 池山洞 47 号墳

図 38　大加耶におけるⅢ段階の胡籙金具群（s=1/5）

表 16　大加耶におけるⅢ段階の胡籙金具群

| 遺跡名 | 吊手 | 収納部 | 勾玉 | 帯 | 金具材質・鋲材質 ||||群 | 胡籙編年 | 馬具・土器編年 |
					吊手	収納	勾玉	帯			
陝川玉田M 4 号①	双 3 類	Bb 類（山形）	×	×	鉄金・鉄銀	鉄金・鉄銀	―	―	双Ⅲ群	Ⅲ	大加耶Ⅳ
陝川玉田M 4 号②	双 3 類	Bb 類（三葉形）	×	×	鉄・鉄銀	鉄金・鉄銀	―	―	双Ⅲ群	Ⅲ	大加耶Ⅳ
陝川玉田M 4 号③	短 B2 類	Bb 類（山形）	×	×	鉄金・鉄銀	鉄金・鉄銀	―	―	短 B Ⅱ群	Ⅲ	大加耶Ⅳ
長水三顧里 13 号	短 C2 類	×	鳥	方	鉄・鉄	―	鉄・鉄	鉄・鉄	短 C Ⅱ群	Ⅲ	高霊ⅡC期
陝川玉田 75 号	短冊形	×	円頭	×	鉄・鉄銀	―	鉄銀・鉄銀	―	未設定	Ⅲ	大加耶Ⅳ
高霊池山洞 47 号	方 B 類？	Bd 類	鳥	×	―	金銅・金銅	金銅・金銅	―	方 B 群	Ⅲ	高霊ⅢA 期

〔凡例〕×：無を示す。―：検討不可能であることを示す。吊手―吊手金具、収納―収納部金具、勾玉―勾玉状金具、帯―帯金具、双―双方中円形、短―短冊形、方―方形、山形―山形突起付帯形金具、三葉形―三葉形立飾付帯形金具、鉄金―鉄地金銅張、鉄銀―鉄地銀張、銅銀―銅地銀張、馬具編年は諫早 2012a、土器編年は白井 2003c に基づく。

第4章 大加耶における胡籙金具の展開

が出土している。

（2）出現経緯

　双方中円形Ⅲ群と短冊形BⅡ群は百済と大加耶から出土しているが、ともに出土数が少なく、分布状況からはどちらかからの一方的な影響とは言い切れない状況である。技術系譜という点から考えると、双方中円形Ⅲ群の祖形が双方中円形Ⅱ群であることから、双方中円形Ⅱ群が多く製作されていた大加耶で出現した可能性が考えられる[3]。一方、出現時期という点から考えると現状で最も古い双方中円形Ⅲ群は百済の公州宋山里4号墳例であり、5世紀後葉～末頃の製作年代が考えられる。大加耶の玉田M4号墳は出土馬具の編年的位置づけから考えると6世紀初頭～前葉頃であり、宋山里4号墳よりも遅くなる。Ⅲ段階の開始時期は現状では百済よりも遅い[4]。このように、技術系譜と出現時期のどちらを重視するかによって解釈が異なるため、どちらで出現したかを判断することは難しい。現状では、双方中円形Ⅲ群と短冊形BⅡ群は、百済と大加耶の相互の技術交流の中で出現し、それぞれの地域で製作されていたものであると考える[5]。

（3）新しい胡籙金具の出現

　新羅系　陝川玉田75号墳からは、短冊形を呈する吊手金具と円頭形勾玉状金具が出土している（図38-4）。この吊手金具は金具が鉄製、鋲が鉄地銀張製であり、多鋲である。地板の上に透かしのある枠板が組み合わされた構造である。金具中央付近の方形の透かしの中で二葉文が浮き出るようになっており、これが縦方向に連続して並ぶ。類例は他にないが、地板に透かしのある枠板が組み合わされた構造のものは、慶州鶏林路14号墳①例（図29-4）にみられる。また、多鋲で短冊形を呈する形態は、新羅に多くみられる短冊形A2類吊手金具に通じる特徴であり、円頭形勾玉状態金具も新羅地域に多くみられる形態である。全く同じ属性のものが新羅にみられるわけではないが、玉田75号墳例は新羅の影響を受けたものであろう。製作地は確定できない。玉田75号墳から出土する馬具は大加耶Ⅳ段階（6世紀初～前葉）とされている（諫早2012a）。

　百済系　高霊池山洞47号墳例（旧主山39号墳）からは、収納部金具Bd類と鳥形勾玉状金具が確認できる（図38-5）。すべて金銅製であり、収納部金具の中間部分と底板にはそれぞれ龍文透彫りがほどこされる。収納部金具Bd類と鳥形勾玉状金具は百済と大加耶で確認される特徴であるが、金銅製で龍文透彫りがほどこされた胡籙金具は同地域で確認できない。強いていえば新羅の慶山林堂7B号墳主槨例（方形AⅠ群）（図26-3）にみられるが、これはW字形金具（収納部金具A類）であり、形態が大きく異なるため関連性は考えにくい。胡籙金具以外で類例を探してみると、このような龍文透彫りはLeeumサムソン美術館所蔵の冠帽にみられる龍文透彫りに最も近い（図103-1）（國立公州博物館編2011）。これは百済で製作されたと考えられる冠帽である。金具の形態と文様を考慮すると、本例は百済製である可能性が高いと考えられる。

また、共伴遺物の中に金銅製鬼面紋帯金具があるが、これは鬼面が鉸具の装着方向に頭を向けるように描かれている。銙板を鬼面の向きにあわせると、縦方向に銙板が並ぶ金具に復元される。これは通常の帯金具とは異なっており、胡籙金具の方形B類吊手金具と同じ構造となる。これが吊手金具であるとすれば、収納部金具とあわせて方形B群のセットとなるが、残念ながら出土状況はよくわからない。収納部金具と同じ金銅製であることも考慮して、その可能性を指摘しておきたい。

大加耶王陵の一つと考えられる池山洞47号墳（旧主山39号墳）からこのような金銅製の胡籙金具が出土していることは興味深く、胡籙金具の材質が、被葬者の階層と関連していた可能性が考えられる。白井編年の高霊ⅢA期に相当する（白井2003c）。

（4）小　結

Ⅱ段階と同様に百済、新羅からの移入品も確認できるが、この時期からは百済と大加耶の相互の技術交流の中で生まれたと考えられる胡籙金具も確認できるようになる。大加耶では独自の胡籙金具が創出されることはなかったが、製作における大加耶の主体性が徐々に強くなっていったようである。

結　語

本章では、大加耶における胡籙金具の展開を整理し、大加耶の地域性を検討した。大加耶で胡籙金具が急増するのはⅡ段階前半からであり、新羅・百済からの移入品や新羅系工人集団の関与のもと、大加耶で製作されたものが確認された。またⅡ段階後半になると、百済系工人集団の関与のもと大加耶で製作されたものが多く認められるようになり、Ⅲ段階には百済と大加耶の相互の技術交流の中で生まれたと考えられる胡籙金具もみられた。大加耶では定型性の高い独自の胡籙金具が創出されることはなかったが、製作における大加耶の主体性が徐々に強くなっていったことが読み取れた。

Ⅱ段階前半の胡籙金具には、新羅系のものと百済系のものが入り混じる様相がみられたが、これと似た様相は馬具でも指摘されている。大加耶Ⅱ段階（5世紀前葉～中葉）には、①新羅に系譜を求められる馬具、②百済との共通性の高い馬具、③新羅や百済には類例のない、あるいは百済と新羅の要素が融合した馬具という3つの系統がみられる（諫早2012a）。胡籙金具には③はみられないが、新羅系と百済系の胡籙金具が大加耶で確認されるという点では、①、②と様相は類似している。

また、大加耶における装飾大刀の研究成果をみてみると、玉田M3号墳の段階（本章でいうⅡ段階後半）に、百済からの技術伝播によって龍鳳文環頭大刀の製作が開始されるという現象が指摘されている（金宇大2017）。胡籙金具からも百済系工人集団の関与のもと、大加耶で製作されたと考えられるものが多く確認されるようになり、装飾大刀にみられる工人集団の動向と整合的である。

第 4 章　大加耶における胡籙金具の展開

　玉田 M3 号墳段階の馬具では、無秩序な馬装に一定の規範が生まれ、華麗な飾馬の所有者が一部の階層に制限されるようになるという馬具生産の画期が指摘されている（諫早 2012a）。このような装飾大刀と馬具の様相は、玉田 M3 号墳の被葬者の代にあったと想定され、百済の熊津遷都にともなう工人の流出が契機になったと指摘されている（千賀 2004、金宇大 2017）。Ⅱ段階後半には胡籙金具の生産体制に変化があったと考えたが、これは金工品に共通してみられる現象であった。斜線文と綾杉文というモチーフが胡籙金具・装飾大刀・馬具で共通しており、主に装飾大刀に用いられる象嵌技術が胡籙金具にも共通してみられることから、胡籙金具と装飾大刀・馬具が技術系譜を同じくする工人集団によって、大加耶の中の近い環境で製作されていたことが窺える。

［註］
(1)　第 2 章でも述べたが本書では、福泉洞 21・22 号墳段階以降の釜山福泉洞古墳群の勢力は少なからず新羅の政治的干渉をうけていたという見解を踏まえ（高田 2004）、親新羅系伽耶圏を新羅圏と考えている。
(2)　高霊池山洞（啓）34、35 号墳連結石槨例のみは、双方中円形 1 類吊手金具、収納部金具 Ba 類という組み合わせである。
(3)　短冊形 BⅡ群の祖形である短冊形 BⅠ群は現状百済で 1 例出土しているのみであり、技術系譜を判断するのは難しい。
(4)　釜山福泉洞 23 号墳からは双方中円形Ⅲ群が出土している。ここからは、大加耶を中心とする洛東江以西地方に分布する f 字形鏡板付轡も出土しており、双方中円形Ⅲ群とあわせて大加耶から移入されてきた可能性がある。福泉洞 23 号墳出土馬具は釜山Ⅳ段階（5 世紀後葉〜末）に位置づけられていることをふまえると（諫早 2012a）、大加耶における胡籙金具Ⅲ段階の開始時期も 5 世紀後葉〜末頃になる可能性はある。
(5)　朴天秀は、双方中円形Ⅲ群・短冊形 BⅡ群を構成する収納部金具 Bb 類の一つである山形突起付帯形金具が収納部金具 Bd 類から型式変化したものであると指摘している（朴天秀 1998）。収納部金具 Bd 類は百済系の短冊形 CⅡ群・方形 B 群を構成する収納部金具であり、Ⅱ段階からⅢ段階にかけてみられるものである。双方中円形Ⅲ群・短冊形 BⅡ群の出現経緯を考慮するとあり得ることではあるが、双方中円形Ⅱ群を構成する収納部金具 Ba 類にも中央に一つの山形の突起が入るものが認められる（高敞鳳徳里 1 号墳 4 号石室、千葉県浅間山 1 号墳、和歌山県椒浜古墳、宮崎県島内地下式横穴 10 号）（図 20、42）。双方中円形Ⅲ群が双方中円形Ⅱ群から変化したものであることを考慮すると、山形突起付帯形金具は収納部金具 Ba 類が変化したものであった可能性のほうが高いと考える。

第5章 阿羅伽耶における胡籙金具の展開

はじめに

　阿羅伽耶[1]の中心地であったと考えられる咸安からは胡籙金具が出土している。その胡籙金具は他地域と比べるとあまり多くはないが、他地域の胡籙金具にはない特徴がみられ、阿羅伽耶における金工品を考えるうえで興味深い事例である。ここでは阿羅伽耶の胡籙金具を時期ごとに整理し、他地域と比べて特徴的なものに注目しながらその展開をみていくこととする。

　なお、道項里・末山里古墳群の番号は、号数の前に調査時期や調査機関などの略称がつくことが多い。（旧）は1917年に朝鮮総督府が付与した番号[2]、（現）は1980年初めに咸安郡が付与した番号である。（文）は国立昌原文化財研究所（現、国立加耶文化財研究所）が調査した古墳、（慶）は慶南考古学研究所、（昌）は昌原大学校博物館、（東）は東亜細亜文化財研究院、（ウリ）はウリ文化財研究院が調査した古墳であることを示す。

第1節　先行研究

　阿羅伽耶の胡籙金具に言及した研究は、今までのところ西岡千絵の研究が挙げられるのみである。西岡千絵は朝鮮半島南部における胡籙金具を集成、分類するうえで、加耶の胡籙金具の特徴について述べている（西岡2006）。その中で、咸安道項里古墳群出土胡籙金具についての言及があり、基本的に吊手金具A類＋収納部A類（本書でいう双方中円形吊手金具＋収納部金具A類）で金装であること、そして高霊池山洞古墳群や倭で出土する胡籙金具と類似していることが指摘されている。

　阿羅伽耶の胡籙金具に言及した研究は他にはみられず、これまであまり注目されてこなった対象である。阿羅伽耶の胡籙金具を多数調査したところ、報告書に掲載されている図面とは異なる情報を多数得ることができた。ここでは、前章までで定めた編年をもとに、他地域における胡籙金具の展開様相と比較しながら、阿羅伽耶における胡籙金具の展開をみていく。

第2節　阿羅伽耶における胡籙金具の展開

　帯金具と勾玉状金具の分布状況は概ね洛東江を境に東西に区分される。阿羅伽耶では、方形帯金具、円頭形勾玉状金具が多く確認されており、洛東江以東地方に近い特徴がみられる。また、胡籙金具群の分布類型の中で、「広域にみられ、とくに大加耶・阿羅伽耶に集中するもの（双方中円形II群）」、「大加耶・百済にまとまるもの（双方中円形III群）」の2つがみられる。ここでは各時期の特徴について検討する。

第5章　阿羅伽耶における胡籙金具の展開

第1項　Ⅰ段階

　明確な事例はない。近隣の大加耶においても、この時期には1例しか確認できない。阿羅伽耶での胡籙金具の副葬はまだ始まっていなかったようである。

第2項　Ⅱ段階

　Ⅱ段階になって胡籙金具が多く確認されるようになる。その多くは双方中円形Ⅱ群である。第4章で述べたとおり双方中円形Ⅱ群は、技術系譜は新羅に求められるものの、大加耶でまとまって出土していることから、新羅系工人集団の関与のもと、大加耶で製作されたものであると考えられる。

　阿羅伽耶で出土する胡籙金具は、大加耶出土例と基本的には共通する特徴がみられる。例えば、道項里（現）15号墳例の吊手金具では、双方中円形の形に沿って中円部にも波状列点文がほどこされており（図39-8）、これは高霊池山洞（嶺文）30号墳例（図31-1，2）にもみられる特徴的な文様である。阿羅伽耶で出土する双方中円形Ⅱ群の多くは、大加耶から移入されたものであろう。その一方で大加耶とは異なる特徴も確認される。以下、重要な事例について個別に検討する。

(1) 道項里（文）54号墳例

　ここからは2個体が出土している。1個体は、欠損しているがおそらく双方中円形2類吊手金具である（図39-5）。そしてもう1個体が特殊な事例である（図39-3）。この吊手金具は短冊形B1・2類吊手金具と同様の外部形態であるが、その中には蹴り彫り彫金によって双方中円形2類吊手金具が描かれている。双方中円形という形態は、元々上下方形部と中円部の三連構造からなる形態に由来しており、一連式となった双方中円形2類吊手金具では双方中円形という形態自体に機能的意味はない。そうであるにもかかわらず双方中円形が彫金で描かれているのは、双方中円形2類吊手金具を模倣しようとしたためであると考えらえる。同様の事例は道項里（文）40号墳（図39-4）、陜川玉田M1号墳（EFGb群）（図33-8）でも確認できる。双方中円形2類吊手金具が実際に製作されていた大加耶で、このような吊手金具が生まれたとは考えにくい。この吊手金具は、阿羅伽耶の工人が大加耶の吊手金具を模倣しようとしたものではないだろうか。ただ、共伴するもう1個体は通有の双方中円形2類吊手金具である。これは大加耶からの移入品であろう。

　また、道項里（文）54号墳例からは収納部金具A類（W字形金具）も確認できる。通有のW字形金具であれば縁金があり、そこに多くの鋲が打ち込まれるが、道項里（文）54号墳例には縁金がなく、鋲もまばらである。そして縁には、縁金の代わりに兵庫鎖状の金銅線がめぐる。このような例は他にはみられない。縁金を模倣しようとしたものであろうか。このように、道項里（文）54号墳例には他地域にはない特殊な特徴が確認できる。

第 2 節　阿羅伽耶における胡籙金具の展開

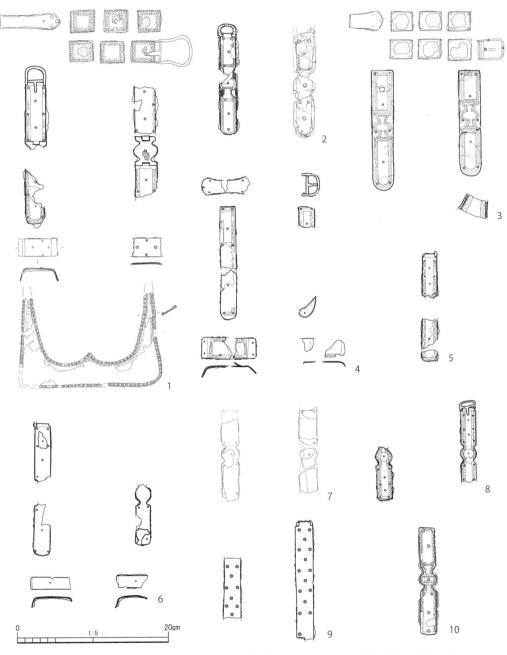

1.2　咸安 道項里（現）8 号　　3.5　咸安 道項里（文）54 号　　4.　咸安 道項里（文）40 号
6　咸安 道項里（文）39 号墳　　7　咸安 道項里（慶）11 号　　8　咸安 道項里（現）15 号
9　咸安 道項里（現）22 号　　10　咸安 道項里（東）6-1 号

図 39　阿羅伽耶における胡籙金具群 (s=1/5)

第5章　阿羅伽耶における胡籙金具の展開

(2) 道項里（現）8号墳例

① 時期差のある2個体

　道項里（現）8号墳例からは、双方中円形1類吊手金具、収納部金具A類（コ字形金具、W字形金具）、方形帯金具からなる双方中円形Ⅰa群（図39-1）と、双方中円形2類吊手金具からなる双方中円形Ⅱ群（図39-2）の2個体が確認できる。この2個体は同時期に一括で副葬されたと考えられるものであるが、双方中円形Ⅰa群はⅠ段階、双方中円形Ⅱ群はⅡ段階に多くみられる胡籙金具であり、後者は前者よりも新しい特徴を有している。例えば吊手金具の鉸具は、刺金が取り付けられる1類→軸棒に縦棒が巻きつけられる2類→刺金・軸棒ともに見られない3類の順に出現するが、前者には1類、後者には3類の鉸具がみられ、属性として開きがやや大きい。大加耶の陝川玉田M1号墳においても双方中円形Ⅰa群とⅡ群が共伴しており、類例がなくはないが、珍しい事例である。

② 共伴馬具の編年的位置づけ

　表17では、共伴して出土した馬具の編年的位置づけを示した。多くの胡籙金具に柳昌煥編年Ⅳ段階（諫早編年大加耶Ⅲ段階併行）が共伴しており（柳昌煥2002）、大加耶における双方中円形Ⅱ群の盛行時期と比べて、やや新しい時期にみられることがわかる。

　これは、先述した時期差のある2個体が共伴して出土していることとも整合的である。阿羅伽耶では、古い特徴が新しい時期にみられる傾向がある。このような時期差は、阿羅伽耶の胡籙金具の多くが他地域からの移入品、あるいは他地域の胡籙金具を模倣しようとしたものであったことに起因すると考えられる。胡籙金具の製作が本格化しなかった阿羅伽耶ならではの

表17　阿羅伽耶における胡籙金具群

| 遺跡名 | 吊手 | 収納部 | 勾玉 | 帯 | 金具材質・鋲材質 | | | | 群 | 胡籙編年 | 馬具編年 |
					吊手	収納	勾玉	帯			
咸安 道項里（現）8号①	双1類	A類（W字、コ字）	×	方	中円‐鉄金 方形‐鉄金 鋲‐鉄‐金	W字：金銅・金銅 コ字：鉄金・鉄金	—	鉄金・鉄金	双Ⅰa群		Ⅳ段階
咸安 道項里（現）8号②	双2類	×	×	×	鉄金・鉄金	—	—	—	双Ⅱ群		Ⅳ段階
咸安 道項里（慶）11号	双2類	×	×	×	鉄金・鉄金	—	—	—	双Ⅱ群		Ⅳ段階
咸安 道項里（現）15号	双2類	×	×	×	鉄金・金銅	—	—	—	双Ⅱ群		Ⅳ段階
咸安 道項里（文）39号	双2類	A類（コ字）	×	×	鉄金・金銅	鉄金・金銅	—	—	双Ⅱ群		Ⅲ段階
咸安 道項里（文）40号	双2類（模倣）	A類（コ字）	円頭	×	鉄金・金銅	鉄金・鉄金	金銅・鉄金	—	双Ⅱ群（模倣）	Ⅱ	
咸安 道項里（文）54号①	双2類（模倣）	A類（W字）	×	方	鉄金・鉄金	金銅・金銅	—	鉄金・鉄金	双Ⅱ群（模倣）		Ⅳ段階
咸安 道項里（文）54号②	双2類	×	×	×	鉄金・鉄金	—	—	—	双Ⅱ群		Ⅳ段階
咸安 道項里（現）22号	短A2類	×	×	×	鉄‐鉄銀	—	—	—	短AⅡ群		Ⅳ段階
咸安 末伊山（現）4号墳	双2類？	×	×	×	鉄金・不明	—	—	—	双Ⅱ群？		Ⅲ段階
咸安 末伊山（ウリ）25号①	双1類	A類（W字、コ字）	×	×	鉄金・金銅	W字：金銅・金銅 コ字：鉄金・金銅	—	—	双Ⅰa群		
咸安 末伊山（ウリ）25号②	双2類	Ba類	×	逆心葉	鉄金・金銅	鉄金・金銅	—	鉄金・金銅	双Ⅱ群		
咸安 道項里（東）6-1号	双3類	×	×	×	鉄金・鉄金	—	—	—	双Ⅲ群	Ⅲ	

〔凡例〕×：無を示す。—は検討不可能であることを示す。吊手―吊手金具、収納―収納部金具、勾玉―勾玉状金具、帯―帯金具、双―双方中円形、短―短冊形、W字―W字形金具、コ字―コ字形金具、鉄金―鉄地金銅張、鉄銀―鉄地銀張、馬具編年は柳昌煥2002に基づく。

94

特徴であろう。

（3）道項里（現）22号墳例

道項里（現）22号墳からは短冊形AⅡ群が出土している（図39-9）。Ⅱ段階からⅢ段階の新羅に集中して見られる胡籙金具であり、新羅から移入されたものであると考えられる。ここからは新羅系の扁円魚尾形杏葉と無脚小半球形雲珠も出土しており、胡籙金具とともに移入されてきたものであると考えられる。

第3項　Ⅲ段階

道項里（東）6-1号墳からは、双方中円形Ⅲ群を構成する双方中円形3類吊手金具が出土している（図39-10）。上から2つの目の鋲が収納部内側に偏るという鋲配置は、双方中円形3類吊手金具に通有の特徴である。双方中円形Ⅲ群は、大加耶と百済の技術的交流の中で生まれたものであると考えられ、このどちらかから移入されたものであろう。

なお、Ⅲ段階の道項里（東）6-1号墳の報告書では道項里（現）8号墳と同時期の古墳であると指摘されているが（東亜細亜文化財研究院2008）、胡籙金具の特徴は（現）8号墳例よりも明らかに新しく位置づけられる。

結　語

阿羅伽耶から出土する胡籙金具の多くは大加耶からの移入品と考えられるものであり、一部に新羅からの移入品もみられた。一方、大加耶で多く確認される方形B群、短冊形CⅡ群のような百済系胡籙金具は確認できなかった。これには阿羅伽耶の交流の様相が反映されており、大加耶との交流が最も盛んで、百済との交流は低調であったことがわかる。

他の金工品をみてみると、柳編年Ⅲ・Ⅳ段階における阿羅伽耶の馬具には、大加耶と新羅の影響がみられるとされる（柳昌煥2002）。とくに玉田古墳群と道項里・末山里古墳群の首長墓には共通して異形有刺利器が副葬されており、玉田古墳群との関係性が強くみられるという。Ⅲ・Ⅳ段階の馬具には百済の影響は想定されていないようである。馬具の技術系譜は胡籙金具と共通しており、胡籙金具から想定した交流関係と整合的である。

また、大加耶の双方中円形2類吊手金具を模倣しようとした阿羅伽耶独自の胡籙金具がみられた。阿羅伽耶でもある程度は胡籙金具が製作されていたようである。これと類似した様相は耳飾でも確認されている。道項里（慶）11号墳、道項里（昌）4号墳出土の金銅製耳飾は大加耶の耳飾と類似しているが、異なる製作技法がみられ、これを阿羅伽耶の耳飾の特徴とみる見解もある（李漢祥2011b）。まだ出土数は少ないが、阿羅伽耶においても金工品の製作がある程度おこなわれていたと考えられる。阿羅伽耶の胡籙金具は、当地域の金工品生産をさぐるうえで興味深い事例である。

第5章　阿羅伽耶における胡籙金具の展開

[註]
(1) 阿羅伽耶は、『日本書紀』欽明紀では「安羅」、『三国史記』地理誌では「阿那加耶」、『三国遺事』五伽耶条では「阿羅伽耶」「阿羅」などの表記がなされる政治勢力である。咸安末山里古墳群、道項里古墳群が中心古墳群として考えられている。ここでは咸安に分布する胡籙金具を「阿羅伽耶」のものとして認識する。
(2) 朝鮮総督府による大正6年度古蹟調査の結果、保存の必要があるとされた咸安郡の古墳には、以下のように番号が振られた（朝鮮総督府 1920）。末伊山邱群第1〜39号、道項邱群第40〜45号、伽耶邱群第46〜49号、新音邱群第50〜60号、蓬山々城下群である。

第Ⅱ部

日本列島における盛矢具の展開

第6章　倭における胡籙金具の展開

はじめに

　日本列島では、胡籙は古墳時代中期と後期に出土が確認される。飛鳥時代には胡籙の良好な出土事例がないものの、奈良時代には正倉院宝物に数多くの胡籙が確認できる。そして奈良時代以降にも日本列島の主要な盛矢具として文献に数多く登場し、日本の代表的な盛矢具となる。長い歴史をもつ胡籙であるが、装具である胡籙金具からみる限り、出現当時の胡籙は朝鮮半島南部地域の影響を大きく受けていたと考えられる。当時の日朝間の政治情勢にも左右されながら、胡籙金具には様々な地域の技術が取り入れられ、変遷を遂げてきた。本章では、これまでに議論してきた朝鮮半島南部における展開様相をもとにして、倭における胡籙金具の受容と展開の様相について検討する。

　日朝における胡籙金具の研究史については第1章で詳しくまとめたため、ここで改めて先行研究の節を設けることはせず、必要に応じて個別に言及することとする。また、第1章では朝鮮半島の胡籙金具の編年について検討したが、日本列島の胡籙金具については個別に言及しただけで、体系的な検討にもとづくものではなかった。そこで本章では、日本列島における胡籙金具の編年をおこない、時期ごとに朝鮮半島各地の胡籙金具と比較することで、技術系譜について検討する。その上で胡籙金具の分布状況を検討し、倭において胡籙金具がいかに展開したかを探ることとする。

第1節　倭における胡籙金具の編年

　倭で出土する胡籙金具は、双方中円形Ⅰa群、Ⅱ群、Ⅲ群、短冊形BⅠ、Ⅱ群、平胡籙である。朝鮮半島南部における胡籙金具の編年を組む際に軸とした双方中円形吊手金具が多く出土していることから、同様の基準で編年をおこなう。朝鮮半島における胡籙金具の編年では、双方中円形1、2、3類吊手金具の変化をもとに、それぞれⅠ、Ⅱ、Ⅲ段階と定めた。この変化が日本列島でも妥当なものであるのかを確認するために、まずは共伴遺物編年との関連性を示すこととする。

①　双方中円形吊手金具の変化

　日本列島で胡籙金具が出現し始める古墳時代中期においては、竪穴系の埋葬施設が採用されるため、副葬時の共伴遺物との一括性が保障される。一方、古墳時代後期になると、追葬が可能な横穴系の埋葬施設が採用されるため、共伴遺物の一括性は保障されなくなる。そこで、検証方法として鉄鏃編年に注目する。鉄鏃は本来胡籙に収納される武器であり、副葬に際しても鉄鏃が収納される場合、または胡籙の近くに配置される場合が多い。いずれの場合にせよ、鉄鏃は胡籙と同時に副葬された可能性が高く、副葬時における一括性は他の遺物よりも高い。

第6章　倭における胡籙金具の展開

表18　双方中円形吊手金具の変化と鉄鏃編年の相関

古墳名	吊手金具			収納部金具			鉄鏃編年
	双方中円形			A類	Ba類	Bb類	
	1類	2類	3類				
京都 私市円山第1主体	○			○			中期3段階
福岡 月岡	○			○			中期3段階
鹿児島 神領10号	○						中期3～4段階
福井 天神山7号第1主体	○			○			中期3段階
千葉 内裏塚乙棺	○			○			中期4段階
東京 御嶽山	○						中期4段階
兵庫 カンス塚	○			○			中期4段階
岡山 天狗山		○		○			中期4段階
福岡 竹並H26号		○			○		中期4段階
兵庫 宮山第2主体		○			○		中期4段階
岡山 勝負砂		○			○		中期4段階
岡山 長畝山北5号第1主体		○			○		中期4～5段階
福岡 塚堂第2主体		○					中期4～5段階
千葉 浅間山1号		○			○		中期5段階
和歌山 大谷		○				○	中期5段階
宮崎 島内10号横穴			○		○		中期5～後期1段階
大阪 長原七ノ坪			○			○	中期5段階
群馬 井出二子山			○			○	中期5～後期1段階
大阪 峯ヶ塚（後）			○			○	後期1段階
奈良 市尾墓山			○			○	後期1段階
富山 朝日長山			○			○	後期1段階
愛知 豊田大塚			○			○	後期1段階
奈良 新沢千塚50号			○			○	後期1段階
奈良 寺口千塚3号墳			○			○	後期1段階
奈良 小山2号			○			○	後期1段階
奈良 珠城山1号			○			○	後期1段階

〔凡例〕鉄鏃編年：（水野2009）による。（後）：後円部、○：存在を示す。

　この一括性は、横穴系の埋葬施設であったとしても高い妥当性をもつ。よって、時間的変化の検証手段として、鉄鏃編年を用いることとする[1]（水野2009）。表18では、双方中円形吊手金具1類・2類・3類の順に配列し、共伴する鉄鏃の編年的位置づけとの対応関係を示した。双方中円形1類→2類→3類という変化に対応して、鉄鏃編年は中期3段階→後期1段階へ変化していることがわかる。鉄鏃編年と良好な対応関係をみせており、日本列島においても双方中円形吊手金具の時間的変化の方向性は妥当であるといえる。

②　収納部金具の変化

　表18では、共伴する収納部金具をあわせて記した。双方中円形吊手金具は収納部金具A類、Ba類、Bb類と共伴している。

　表をみると、双方中円形1類→2類→3類という出現順序に対応して、収納部金具はA類→Ba類→Bb類の順に出現しており、収納部金具の時間的変化も朝鮮半島例と同様であることがわかる。

③　短冊形B類吊手金具の変化

第1章では、短冊形B類吊手金具と組み合う収納部金具が、双方中円形吊手金具に組み合うものと同じであることから、短冊形B1類→B2類という変化を想定した。これらの多くは日本列島で出土しており、共伴する鉄鏃編年で検証をおこなった。表19では、吊手金具と収納部金具を想定する変化と整合するように配置し、共伴する鉄鏃の編年的位置づけとの対応関係を示した。吊手金具の短冊形B1類→B2類という変化、そして収納部金具

表19　短冊形B類吊手金具の変化と鉄鏃編年の相関

| 古墳名 | 吊手金具 短冊形B類 | | 収納部金具 | | 鉄鏃編年 |
	1類	2類	Ba類	Bb類	
千葉 花野井大塚1号	○		○		中期4〜5段階
長野 宮垣外遺跡 SK18土壙	○				中期4〜5段階
長野 月の木1号墳第2	○				中期4〜5段階
兵庫 芝花14号 SX1401	○		○		中期4〜5段階
岡山 法蓮40号	○		○		中期4〜5段階
京都 井ノ内稲荷塚		○		○	後期1段階
京都 坊主山1号		○		○	後期1段階
大阪 芝山		○			後期1段階
香川 王墓山		○			後期1段階
愛媛 経ヶ岡		○			後期1段階
福岡 田野瀬戸4号		○			後期1段階
大分 飛山23号横穴		○		○	後期1段階

〔凡例〕鉄鏃編年：（水野2009）による。○：存在を示す。

Ba類→Bb類という変化に対応して、鉄鏃編年も中期4〜5段階→後期1段階へと変化しており、想定した変化は妥当であるといえる。短冊形B1類吊手金具と組み合う収納部金具Ba類は、双方中円形2類吊手金具とも組み合うものであることから、Ⅱ段階に位置づけられる。同様に、短冊形B2類吊手金具はⅢ段階に位置づけられる。

このように、日本列島の胡籙金具は朝鮮半島と同様にⅠ・Ⅱ・Ⅲ段階に区分される。

第2節　倭における胡籙金具の系譜

第1節の検討結果にもとづきながら、各段階における胡籙金具の特徴を、主として技術系譜に注目しながら検討する。さらに、共伴遺物の編年的位置づけも考慮しながら、各段階の実年代を考える。

第1項　Ⅰ段階

倭でみられる最も古い胡籙金具は、双方中円形Ⅰa群である。双方中円形Ⅰa群は、朝鮮半島における分布類型では「新羅にまとまるもの」にあたることから、新羅に由来するものであると考えられる。新羅では双方中円形Ⅰa群はⅠ段階〜Ⅱ段階にかけて出土する。Ⅰ・Ⅱ段階のものに属性の違いはなく、胡籙金具の特徴だけではどちらの段階に相当するものか区別することができない。ここでは共伴遺物の編年的位置づけを考慮しながら、時期を判断する。

共伴遺物の編年的位置づけからみて、Ⅰ段階に相当すると考えられる事例は、京都府私市円山古墳第1主体部（図40-6）、福岡県月岡古墳①②③④（図40-1，2，3，4）、鹿児島県神領10号墳、福岡県堤当正寺古墳（図40-7）例、福井県天神山7号墳第1主体例（図40-8）、奈良県高山1号墳例である。水野鉄鏃編年の中期3段階頃（水野2009）、鈴木鉄鏃編年の中Ⅱb〜中Ⅲ

期（鈴木−2014，2017a，2017b）にあたり、陶邑編年（田辺1981）でいうとTK216型式期に相当する事例である[2]。

① 双方中円形Ⅰa群の特徴

日本列島における双方中円形Ⅰa群の特徴として、勾玉状金具があまり出土しないという点が挙げられる。朝鮮半島南部では多くの事例で勾玉状金具がともなうが、日本列島ではそうではないため、組み合わせから胡籙金具群を判断することが困難な場合がある。帯金具との組み合わせからみて月岡古墳例は双方中円形Ⅰa群と判断できるが、その他の事例については帯金具も勾玉状金具も出土していないため、組み合わせからは胡籙金具群が判断できない。ただ、朝鮮半島南部の事例をみると、双方中円形Ⅰa群には彫金による装飾がみられるが、双方中円形Ⅰb群にはみられないという特徴があり、彫金の有無で区分することができる。私市円山古墳第1主体部例と鹿児島県神領10号墳例は双方中円形Ⅰa群であろう。

② 月岡古墳例

報告者である児玉真一も指摘するように、吊手金具の材質や彫金からみて最低3個体は確認できる（児玉編2005）。金具の材質、端面仕上げ、蹴り彫りのあらさ、蹴り彫りたがねの種類、波状文比、鋲頭直径、鋲頭高さという詳細な金工技術の分析からは、4個体に区分されている（諫早・鈴木勉2015）。図40ではその成果を参考にし、筆者の所見も反映させて個体別に示した。鈴木勉によると、1の彫金には三角文と三角文を繋ぐ細線がみられ、これが金銅装甲冑群や馬具（杏葉）にもみられることから、両者は同一工房で施文がなされた可能性があるという。金銅装甲冑群の眉庇付冑は日本列島製とする見解が主流であることをふまえると（橋本1995など）、1は日本列島製ということになるだろう。諫早も指摘するように、三角文と三角文を繋ぐ細線は新羅にも一定数が確認されており、1が新羅からの移入品である可能性は否定できないものの、胡籙金具の出現期から、日本列島内で胡籙金具が製作されていた可能性が提示されたことは重要である。系譜にかんしては、新羅で確認される双方中円形Ⅰa群と明確な属性の違いはみられないことから、日本列島で製作されていたとしても、それは新羅系工人集団によるものであろう。

③ 天神山7号墳第1主体例

福井県天神山7号墳第1主体例は、収納されていた鉄鏃とともに本来の状態を保って検出された稀有な事例である。背板の漆痕跡が残存しており、金具の出土地点の情報とあわせて、出現期の胡籙形態を復元するうえで基準となる（図48・巻頭口絵6参照）。胡籙金具は、吊手金具[3]と収納部金具A類（コ字形金具）が確認される（図40-8）。勾玉状金具と帯金具がなく、彫金装飾も確認できないため、系譜を絞り込むことが難しい。特徴的であるのは、本例の材質には銀が用いられている点である。他の事例は金銅製もしくは鉄地金銅張製であり、材質が異なっている。このような材質で製作された双方中円形Ⅰa群・Ⅰb群は朝鮮半島南部でも確認できない。

この吊手金具が類例の少ない銀装の金具であることを根拠に、銀装鋲を鉄製の地板に施す天安龍院里1号石槨墓出土の吊手金具（図21-2）との関連性を想定する見解もある（西岡2007）。

第 2 節　倭における胡籙金具の系譜

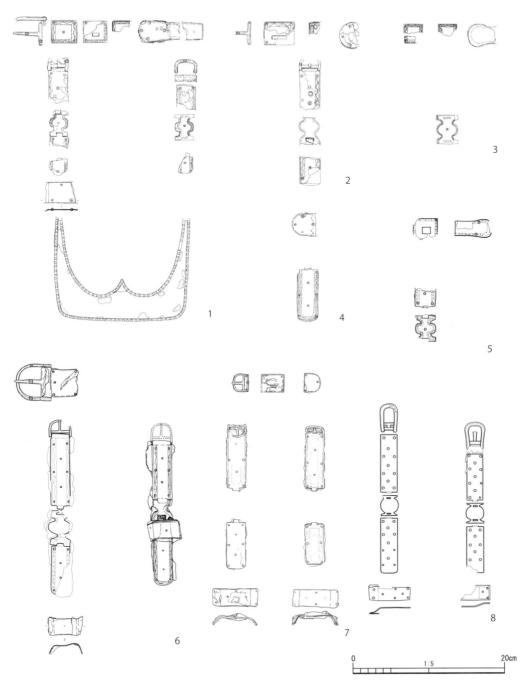

1　福岡 月岡古墳①　　2　福岡 月岡古墳②　　3　福岡 月岡古墳③　　4　福岡 月岡古墳④　　5　群馬 山名古墳
6　京都 私市円山古墳第1主体部　　7　福岡 堤当正寺古墳　　8　福井 天神山7号墳第1主体

図 40　倭におけるⅠ段階の胡籙金具群（s=1/5）

103

第 6 章　倭における胡籙金具の展開

だが、天神山 7 号墳例は双方中円形 1 類吊手金具、龍院里 1 号石槨墓出土例は短冊形 C2 類吊
手金具に相当し、両者は系譜が大きく異なる胡籙金具であることから、直接的な比較は困難で
あると考える。

　この時期、朝鮮半島南部で双方中円形 1 類吊手金具が製作されていたと考えられるのは新羅
と百済であり、このどちらかからの移入品である可能性が高いが、現状では本例の系譜を絞り
込むことは難しい。

④　新羅との交流

　Ⅰ段階の胡籙金具の多くは双方中円形Ⅰa群である。双方中円形Ⅰa群は新羅でまとまって
出土しており、4 世紀末〜5 世紀初頭頃から確認されている。倭での出現時期は陶邑編年でい
うと TK216 型式期頃にあたる。実年代観は研究者によって違いがあるが、朝鮮半島の胡籙金
具編年の際にも参考とした、紀年資料にもとづく馬具編年では、5 世紀第 2 四半期頃（諫早
2012a）と捉えられている[4]。倭における胡籙金具の出現は新羅と比べると四半世紀ほど遅い。
これは、新羅と倭の交流が開始された時期ともかかわるだろう。双方中円形Ⅰa群は釜山東萊
からとくに多く出土しており（福泉洞 21・22 号墳主槨例、福泉洞 111 号墳例、蓮山洞 M10 号墳例
など）、福泉洞 21・22 号墳主槨出土の胡籙金具は、倭で出土する胡籙金具と最も共通点が多い。

　釜山東萊は、福泉洞 21・22 号墳段階では墓制の伝統性が固守されており、高塚の造営が他
地域よりも遅れる。このことから釜山東萊は、新羅の強い統制下にあったというよりはある
程度の自律性を保持していたという指摘がある（高田 2014）。また、福岡県堤蓮町 1 号墳、香
川県原間 6 号墳出土の三累環頭大刀は、新羅、とくに福泉洞古墳群に集中していることから、
福泉洞勢力から日本列島へ搬入されたものである可能性が指摘されている（高田 2014、金宇大
2017）。とくに、原間 6 号墳の木槨は日本列島では定着しない埋葬施設で、釜山・金海地域に
系譜が求められるという。

　このように、倭の遺物・遺構には、洛東江下流域の釜山東萊に直接的に系譜を求め得る資料
が多く確認されている。5 世紀前半の新羅と倭の交渉は、以前から大成洞勢力とともに日本列
島との交渉の一軸を形成した福泉洞勢力などを媒介とした可能性が高いことが指摘されてきた
（朴天秀 2007）。福泉洞勢力は、新羅王権主導の対倭外交に実質的に従事する一方で、倭王権や
諸地域社会と多元的な交渉もおこなっていたとする見解もある（高田 2014）。

　朴や高田の見解をふまえると、双方中円形Ⅰa群は福泉洞古墳群の勢力を経由して、倭にも
たらされた可能性を考えることができるだろう。福泉洞勢力は、もともと 4 世紀代には大成洞
勢力とともに金官加耶と倭の交流を担っていた。金官加耶が衰退した後、新羅に取り込まれた
が、倭との交流ルートは維持していたと考えられ、それが 5 世紀代における交流に繋がったよ
うである。

　ところで先述したとおり、月岡古墳例の一部（図 40-1）は、彫金の特徴から日本列島製の可
能性が指摘されている（諫早・鈴木勉 2015）。また諫早は、日本列島の初期の装飾馬具生産は、
新羅、加耶、百済、三燕などの広範な地域から渡来した馬具工人が、倭王権の掌握する同一工
房内に再編成されることによって始まったと想定している（諫早 2012a）。このような研究成果

をふまえると、胡籙金具にも新羅からの移入品だけでなく、新羅系工人集団が渡来して製作されたものがあった可能性が考えられる。これらを見分けるためには、諌早と鈴木がおこなったような彫金や鋲の詳細な分析が有効であろうが、現状ではそこまでのデータを有していない。

第2項　Ⅱ段階

　双方中円形Ⅱ群、短冊形BⅠ群の出現がⅡ段階の指標となる。また共伴遺物の編年的位置づけからみて双方中円形Ⅰa群も残存する。水野鉄鏃編年の中期4段階以降（水野2009）、鈴木鉄鏃編年の中Ⅳa期以降（鈴木－2014、2017a、2017b）にあたり、陶邑編年（田辺1981）でいうとTK208型式期以降に相当する事例である。

（1）双方中円形Ⅰa群の特徴

　円頭形勾玉状金具、方形帯金具、彫金装飾のいずれかがみられるものとして、千葉県内裏塚古墳乙石室（図41-1）、愛知県おつくり山古墳[5]（図41-2）が挙げられる。

　内裏塚古墳乙石室　双方中円形1類吊手金具、収納部金具A類（W字形金具、コ字形金具）からなる。帯金具と勾玉状金具がないが、吊手金具に彫金装飾がみられることから、新羅系であると考えられる。なお、田中新史は、福泉洞21・22号墳主槨例、本例、月岡古墳例について、同一の製作者集団（伽耶系）の作品の可能性が高いとしつつも、前一者と後二者では吊手金具の鋲の使い方や施文法に微妙な違いがあることから、後二者は伽耶からの渡来工人一世によって、倭で製作されたものと指摘している（田中新1988）。本書では第3章で示したとおり、福泉洞21・22号墳段階以降の釜山地域は、程度の差こそあれ少なからず新羅の政治的干渉をうけていた可能性が高いと判断して、福泉洞21・22号墳主槨例を新羅の特徴と捉えた。解釈の枠組みは異なるが、田中が指摘するとおり、本例と福泉洞21・22号墳主槨例はともに金銅製である点など共通点が多く、新羅系であると考えられる。ただ、吊手金具の鋲の使い方や施文法に微妙な違いは新羅の中でもみられることから、これを倭で製作されたものの根拠とするのは難しいと考える。

　内裏塚古墳乙石室からは、短頸柳葉鏃、長頸柳葉鏃、長頸腸抉鏃、長頸片刃鏃が出土している（白石・白井・山口編2002）。本例にはⅠ段階の事例と属性の違いはないが、鉄鏃は新しい要素で捉えると水野鉄鏃編年の中期4段階（水野2009）、鈴木鉄鏃編年の中Ⅳa期のものであることから、Ⅱ段階に位置づけられる。

　共伴遺物の編年的位置づけからみて、双方中円形Ⅰa群と双方中円形Ⅱ群は同時期に存在していたようである。双方中円形Ⅰa群の故地とみられる新羅で、双方中円形Ⅰa群がⅡ段階にまで残存していたことに起因するであろう。

（2）双方中円形Ⅰ群──百済系の可能性があるもの

　御嶽山古墳例（図41-4）　本例は双方中円形1類吊手金具であり、中円部が金銅製、上下方形部が鉄製、鋲が金銅製である。新羅にみられる双方中円形1類吊手金具は基本的に金銅製や

第6章 倭における胡籙金具の展開

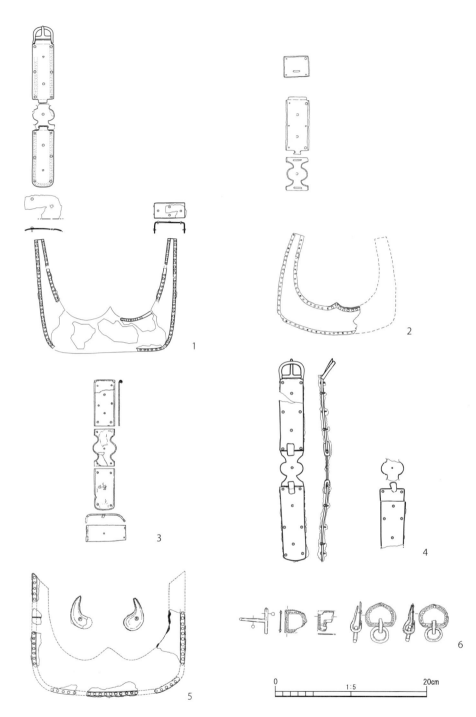

1 千葉 内裏塚古墳乙石室　2 愛知 おつくり山古墳　3 兵庫 カンス塚古墳
4 東京 御嶽山古墳　5 福岡 塚堂古墳第1主体　6 滋賀 伝車塚古墳

図41　倭におけるⅡ段階の胡籙金具群1（s=1/5）

第 2 節　倭における胡籙金具の系譜

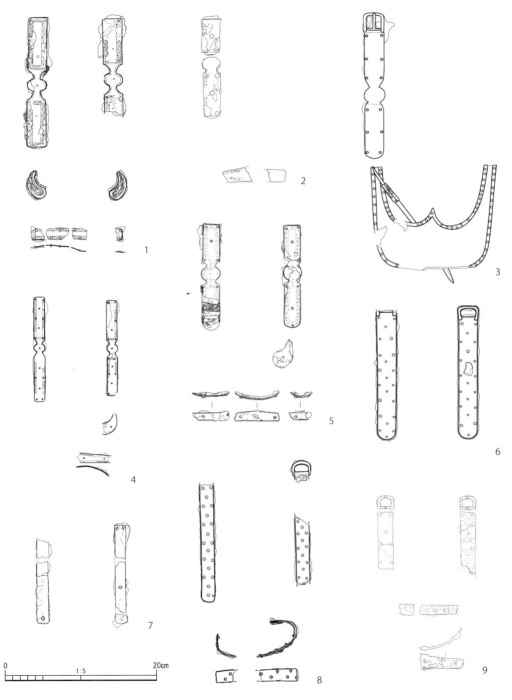

1　兵庫 宮山古墳第 2 主体部①　　2　和歌山 椒浜古墳　　3　岡山 天狗山古墳
4　千葉 浅間山 1 号墳（主体部外）　5　宮崎 島内地下式横穴 10 号　6　長野 宮垣外遺跡 SK18 土壙墓
7　長野 月の木 1 号墳第 2 埋葬施設　8　兵庫 芝花 14 号墳 SX1401　9　岡山 法蓮 40 号墳

図 42　倭における II 段階の胡籙金具群 2（s=1/5）

107

第6章　倭における胡籙金具の展開

表20　倭におけるⅠ・Ⅱ段階の胡籙金具

遺跡名	吊手	収納	勾玉	帯	金具材質・鋲素材				群
					吊手	収納	勾玉	帯	
京都 私市円山第1主体	双1類	A類(コ字)	—	方	鉄金・金銅	鉄金・金銅	—	金銅・金銅	双Ⅰa群
福岡 月岡①	双1類	A類(W字、コ字)	—	方	金銅・金銅	金銅・金銅	—	金銅・金銅	双Ⅰa群
福岡 月岡②	双1類	—	—	方	鉄金・金銅	—	—	金銅・金銅	双Ⅰa群
福岡 月岡③	双1類	—	—	方	金銅・金銅	—	—	金銅・金銅	双Ⅰa群
福岡 月岡④	双1類	—	—	—	金銅・金銅	—	—	—	双Ⅰa群
鹿児島 神領10号	双1類				鉄金・?				双Ⅰa群
福岡 堤当正寺	双1類	A類(コ字)	—	方	鉄金・金銅	鉄金・金銅	—	鉄金・金銅	双Ⅰa群
群馬 山名	双1類	A類(W字)	—	方	中円部−金銅 方形部−金銅 鋲−金銅	金銅・金銅	—	金銅・金銅	双Ⅰa群
福井 天神山7号第1主体	双1類	A類(コ字)	—	—	中円部−銅銀 方形部−鉄銀 鋲−銅銀	銀・銀	—	—	双Ⅰ群
奈良 高山1号	双1類	—			鉄・鉄				双Ⅰ群
千葉 内裏塚乙石室	双1類	A類(W字、コ字)	—	—	金銅・金銅	金銅・金銅	—	—	双Ⅰa群
愛知 おつくり山	双1類	A類(W字)	—	方	金銅・金銅	金銅・金銅	—	金銅・金銅	双Ⅰa群
東京 御嶽山	双1類				中円部−金銅 方形部−鉄 鋲−金銅				双Ⅰb群
兵庫 カンス塚	双1類	A類(コ字)	—	—	金銅装・?	金銅装・?	—	—	双Ⅰ群
千葉 浅間山1号(主体部外)	双2類	Ba類	円頭		鉄金・鉄銀	鉄金・鉄銀	鉄金・—		双Ⅱ群
千葉 北の内	双2類	—			鉄・銅				双Ⅱ群
京都 幡枝2号	双2類	—			鉄金・?				双Ⅱ群
和歌山 椒浜	双2類	Ba類			鉄金・?	鉄金・?			双Ⅱ群
兵庫 宮山第2主体部①	双2類	—			鉄・鉄				双Ⅱ群
兵庫 宮山第2主体部②	双2類	Ba類	円頭		鉄金・金銅	金銅・金銅	鉄金・金銅		双Ⅱ群
岡山 天狗山	双2類	A類(W字、コ字)	円頭		鉄・鉄	金銅・金銅			双Ⅱ群
岡山 勝負砂	双2類	Ba類	円頭		鉄金・金銅	鉄金・金銅	鉄金・金銅		双Ⅱ群
岡山 一国山1号石棺2	双2類	Ba類	円頭?		?	?	?		双Ⅱ群
岡山 長畝山北5号第1主体	双2類	Ba類			鉄金・鉄銀	鉄金・鉄銀	鉄金・鉄銀		双Ⅱ群
福岡 塚堂第2主体	双2類	—			鉄金・鉄金				双Ⅱ群
福岡 山の神A	双2類	A類(W字)			鉄・鉄銀	金銅・金銅			双Ⅱ群
福岡 山の神B	双2類	—			鉄・鉄銀				双Ⅱ群
福岡 竹並H-26横穴	双2類	Ba類	円頭		鉄金・鉄金	鉄金・鉄金	鉄金・鉄金		双Ⅱ群
宮崎 石舟塚古墳	双2類	Ba類			鉄金・?	鉄金・?			双Ⅱ群
山梨 三珠大塚(前)	双2類	Ba類							双Ⅱ群
千葉 稲荷台1号北施設	双2類 or 短B1類	Ba類	円頭		鉄・鉄	鉄・鉄	鉄・鉄		双Ⅱ群 or 短BⅠ群
千葉 花野井大塚1号	短B1類	Ba類	円頭		鉄・鉄	?	鉄・鉄		短BⅠ群
長野 宮垣外遺跡SK18土壙	短B1類	—			鉄・鉄				短BⅠ群
長野 月の木1号第2埋葬	短B1類	—			鉄・鉄				短BⅠ群
兵庫 芝花14号SX1401	短B1類	Ba類			鉄・鉄	鉄・鉄			短BⅠ群
岡山 法蓮40号	短B1類	Ba類			鉄・鉄	金銅・鉄銀			短BⅠ群
鹿児島 祓川29号地下式横穴	短B1類?	Ba類			鉄・鉄	鉄・鉄			短BⅠ群
宮崎 島内77号地下式横穴	短B1類	Ba類			鉄・鉄	鉄・鉄			短BⅠ群
石川 永禅寺1号	—	A類(W字)	—	—	—	金銅・金銅	—	—	群不明
福岡 塚堂第1主体	—	A類(W字)	円頭	—	—	金銅・金銅	鉄金・鉄金	—	群不明
福井 西塚	—	Ba類	—	—	—	鉄金	—	—	群不明
山梨 甲斐茶塚	—	—	—	方	—	—	—	鉄金・?	群不明
滋賀 伝車塚	—	—	逆心葉	—	—	—	金銅・金銅	—	群不明

〔凡例〕×：無を示す。—は検討不可能であることを示す。吊手—吊手金具、収納—収納部金具、勾玉—勾玉状金具、帯—帯金具、双—双方中円形、短—短冊形、W字頭形、方—方形、逆心葉—逆心葉形、鉄金—鉄地金銅張、鉄銀—鉄地銀張、銅銀—銅地銀張、前方—前方後円墳、帆立—帆立貝式前方後円墳、地横—地下式横穴墓、

胡籙編年	墳形規模	鈴木編年
	円墳70m	中4期
	前方80m	中4期
		中4期
		中4期
		中4期
	前方54m	中4期
I	前方70m	中4期（古）
		—
	円墳53m	中4期
	方墳23m	中4期
	前方144m	中5期
	円墳25.45m	
	帆立57m	中5期（古）
	円墳約30m	中5期
	円墳約26m	中6期
	方墳20×14m	中6期
	円墳12m	中6期
	帆立21m	
	円墳30m	中5期
		中5期
	帆立60.5m	中7期
	帆立43m	中6期
	方墳9m+	中7期
	円墳14.5m	中7期
	前方墳91m	中6期
II	前方80m	中7期
		中7期
	横穴	中6期
	前方65.4m	
	円墳28m	中6期
	円墳25m	中6期
	土壙墓	中6期〜中7期
	円墳22m	中5期
	円墳10m	中7期
	地横	中6期
	地横	中6期〜後1期
	円墳約20m	中5期
	前方91m	中5期
	前方74m	中6期
	前方	中5期

—W字形金具、コ字—コ字形金具、円頭—円
鈴木編年—鈴木一2014，2017a，bに基づく。

鉄地金銅張製の金具を組み合わせて製作されており、鉄製は採用されない。同様の材質が用いられるものとしては、烏山水清洞4地点14号木槨墓例（双方中円形1類吊手金具）が挙げられ（図16-2）、現状百済のみにみられる特徴である。材質としての特徴や彫金装飾がない点が、百済の双方中円形1類吊手金具と共通することから、百済に由来するものである可能性が考えられる。

また、吊手金具は、中円部と上下方形部の連結方法が特徴的である。通常は上下方形部に蝶番状金具が造り出されて、中円部が連結される。しかし本例は、鉄製の「舌状金具」が中円部の透し孔に通され、コ字形に折り曲げられて、上下方形部に鍛接されることで連結される（松崎1997）。上下方形部が鉄製であるため、蝶番状金具が作り出せなかったためであろう。帯状の鉄板を鍛接することで上下の金具を連結する技法は、百済の清州新鳳洞92-66号墓例（図19-3）の短冊形C1類吊手金具にもみられる。これが御嶽山古墳例のように透孔の中に通されているかは錆でよくわからないが、このような連結方法は材質に規定された百済の特徴である可能性があるだろう。

カンス塚古墳例　双方中円形1類吊手金具と収納部金具A類（コ字形金具）が1点ずつ報告されている（野上1977）（図41-3）。これらはともに金銅装であるという。帯金具と勾玉状金具は報告されていない。現在所蔵先が不明であるため調査をおこなうことができていないが、実測図によると、吊手金具の上下方形部と中円部に蝶番状金具はなく、彫金装飾もみられない。同様の特徴は、天安龍院里9号墓例に確認できる（図16-1）。金具の細部の特徴からみると、本例も百済系である可能性が考えられる。

（3）双方中円形II群の系譜

第4章で述べたとおり、双方中円形II群の技術系譜は新羅に求められるものの、大加耶でまとまって出土していることから、新羅系工人集団の関与のもと、大加耶で製作されたものであったと考えられる。新羅では双方中円形II群は定着しなかったようであり、阿羅伽耶の事例の多くは大加耶からもたらされたものであったと推定した。倭で出土する双方中円形II群には朝鮮半島南部で出土するものと同じ属性がみられ、朝鮮半島南部における展開の様相を考慮すると、大加耶に由来するものである可能性が高い。

浅間山1号墳（主体部外）例　双方中円形2類吊手金具、収納部

金具 Ba 類、円頭形勾玉状金具からなる（図 42-4）。金具の属性自体は双方中円形 II 群の中で通有のものであるが、特徴的であるのは金具が極端に小さいという点である。吊手金具の長さは通有のものの約 3 分の 2 ほど、吊手金具と収納部金具の幅は約 2 分の 1 である。朝鮮半島南部における事例をみても、これほど小さいものはない。

　古墳時代中期の農工具にはミニチュア鉄製品があることが知られており、近年も滋賀県真野遺蹟第 3 調査区 1 号墳から甲冑のミニチュア鉄製品が報告されている（阪口 2016）。本例はデフォルメはされておらず、属性としては通有のものと変わらないため、ミニチュアというよりは小型品と理解できるという点で違いはある。ただ、朝鮮半島にはない特徴であることから、将来的に同様の事例が倭で増加すれば、儀器化した倭の特徴として認識できる可能性があるだろう。

（4）短冊形 BI 群の特徴

　短冊形 BI 群としては、千葉県花野井大塚 1 号墳、長野県宮垣外遺跡 SK18 土壙墓（図 42-6）、長野県月の木 1 号墳第 2 埋葬施設（図 42-7）、兵庫県芝花 14 号墳 SX1401（図 42-8）、岡山県法蓮 40 号墳、鹿児島県祓川 29 号地下式横穴、宮崎県島内地下式横穴 77 号例が挙げられる。これらの大部分は鉄製で、法蓮 40 号墳例の収納部金具のみが鉄地金銅張製である（図 42-9）。朝鮮半島南部における類例は、百済の烏山水清洞 4 地点 25 号木棺例（図 23-1）のみであるが、日本列島では比較的多く確認される。

　倭でみられる短冊形 B1 類吊手金具は、収納部金具 Ba 類がセットとなる。これは、大加耶に多くみられる双方中円形 II 群の収納部金具と同じである。短冊形 BI 群の金具の大部分は鉄製であるという点で違いはあるが、技術系譜としては大加耶が想定されるだろう。ただ、現状大加耶で出土例はなく、百済で 1 例のみ確認される。このように技術系譜と分布状況に接点がなく、朝鮮半島南部における出土数も少ないため、系譜の解釈が難しい。現状の分布を重視すると百済系となるが、出土数の増加を待って改めて検討したい。

（5）逆心葉形金具の出土例

　滋賀県伝車塚古墳とされる逆心葉形帯金具は金銅製であり、銙板には彫金で波状列点文がほどこされている（才木 2011）。材質からみて、6 世紀以降の新羅と百済で多くみられる「楼岩里型（李漢祥 1996）」の帯金具とは区別されるため、胡籙金具にともなうものである可能性がある。朝鮮半島南部では中西部を中心に分布し、東は洛東江以西地域にまで広がっている（図 14）。百済系と認識できる資料であるが、金銅製の事例はどの地域にもみられない。また、伝車塚古墳例の彫金装飾は、百済にはない特徴である。彫金装飾が多くみられるのは大加耶の特徴である。直接的な類例はないが、現状の資料の技術系譜で考えると、百済系工人集団の関与のもとに胡籙金具が製作されていた大加耶が系譜の候補として考えられる。

　なお、この事例は伝資料であるが、近江八幡市の住吉という自治体によって所蔵されており、その周辺にある西車塚古墳か東車塚古墳のどちらかから出土したと考えられる。住吉は西

車塚古墳と同じ自治体であり、東車塚古墳は異なる自治体に属することから、この帯金具は西車塚古墳から出土した可能性が高いという[6]。西車塚古墳からはTK216〜TK208型式とされる須恵器が確認されていることから（辻川2009）、この事例はI、II段階のものであろう。

（6）大加耶との交流

II段階になると新羅系に加えて、百済系のものや大加耶に由来するものも確認できるようになってくる。とくに大加耶に由来する双方中円形II群の増加が著しい。II段階の胡籙金具の多くは、陶邑編年でいうとTK208型式期頃に出土する。TK208型式期は、諫早編年では450年代頃以降（諫早2012a）、白井編年（白井2003a）と鈴木編年（鈴木－2017a, 2017b）では450年〜475年頃とされている。朝鮮半島南部におけるII段階の開始時期とほぼ同時であり、大加耶で胡籙金具が急増する時期とも重なることから、背景には、大加耶との交流開始という状況が想定できる。

日本列島でみられる双方中円形II群は、千葉県浅間山1号墳を除いて、大加耶出土例と属性の違いはない。製作地は大加耶であっただろう。一方、同じ時期に倭で出土する長鎖式耳飾は、大加耶圏で出土する耳飾の特徴を備えているが、厳密にみると大加耶圏出土例との間に様々な相違点を有している。このことから金宇大は、日本列島で出土する長鎖式耳飾を、大加耶工人と同じ技術系統に属する工人が日本列島で製作したものと捉えた（金宇大2017）。このような見解を考慮すると、胡籙金具も日本列島で製作されていた可能性が考えられるが、耳飾で確認されたほどの日朝間での属性の違いが胡籙金具ではみられない。浅間山1号墳例のような特異な事例は倭製である可能性があるが、その他の事例については移入品が主体であったと考える。

短冊形BI群にかんしては、朝鮮半島南部における類例が少ない状況であるため、製作状況が判断しにくい。現状の分布状況としては日本列島での製作も十分想定しうる。

第3項　III段階

（1）双方中円形III群と短冊形BII群の特徴

III段階は、双方中円形III群、短冊形BII群の出現が指標となる。III段階から胡籙金具が非常に多く確認されるようになるが、形式はこのどちらかに限られる。朝鮮半島南部では、双方中円形III群と短冊形BII群は、百済と大加耶の相互の技術交流の中で出現し、それぞれの地域で製作されていたものであると考えた。日本列島においても、双方中円形III群と短冊形BII群にはともに収納部金具Bb類（帯形金具B類、山形突起付帯形金具、三葉形立飾付帯形金具）が組み合っており、基本的な属性に違いはない。百済・大加耶系と認識できるものであろう。残存状態が良好な奈良県寺口千塚3号墳例（図43-2）と京都府坊主山1号墳例（図43-5）は、それぞれ双方中円形III群と短冊系BII群の基準となる事例である。

①　大谷古墳例

和歌山県大谷古墳からは少なくとも4個体が出土している（図43-1）。吊手金具は双方中円

第6章 倭における胡籙金具の展開

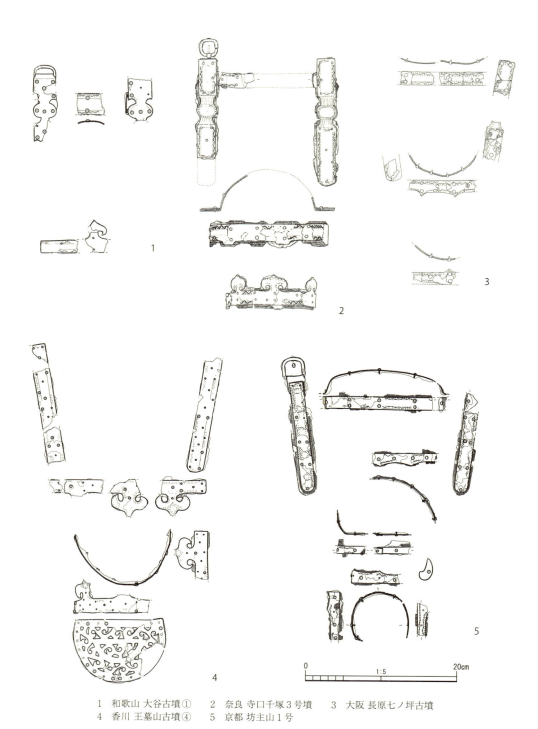

1 和歌山 大谷古墳①　2 奈良 寺口千塚3号墳　3 大阪 長原七ノ坪古墳
4 香川 王墓山古墳④　5 京都 坊主山1号

図43　倭におけるⅢ段階の胡籙金具群 (s=1/5)

形を呈するが極端に短く、下端が波状に括れている。また、軸受がみられるなど属性の構成としては古相を呈しており、双方中円形2類に含められる。ただ、吊手金具の中円部付近で帯形金具B類が接合され、三葉文立飾付帯形金具が組み合うなど、収納部金具はBb類である。さらに、図には示してはいないが、山形突起付帯形金具に三角形の透孔が入るなど、他にない特徴がみられる。収納部金具に新しい特徴がみられることからⅢ段階に含めて考えたが、胡籙金具の特徴だけをみると、Ⅱ段階とⅢ段階の過渡期のものである。

大谷古墳は、共伴遺物からみて鈴木編年中6期（TK23型式併行期）とされており、Ⅲ段階の他の事例よりも古く位置づけられる。胡籙金具の特徴とも整合的に理解できる。

② 山の神古墳例

福岡県山の神古墳例には少なくとも5個体の胡籙金具が確認できる（的野2015）。これらは、まず材質と鋲配置で大きく二つに区分される。図44-1，2，3は鉄製で多鋲であり、日本列島ではあまり類例のない特異な形態である。一方、図44-4，5は鉄地金銅張製で、日本列島のⅢ段階に多くみられる通有の双方中円形Ⅲ群である。

前者について詳しくみてみよう。図44-1は、大加耶の玉田M3号墳例（図35-1）と共通点が多い（的野2015）。吊手金具の長さはやや異なるが、材質、鋲配置、鉸具形態、軸受がつく点に加えて、縦方向に内湾する点、吊手金具下端の内側が抉れるという点など、細部の共通点も確認できる。玉田M3号墳例は、新羅に多く分布する短冊形A2類吊手金具と共通する点が多いことから、新羅系工人集団の関与のもと大加耶で製作されたものであると考えた。玉田M3号墳例は大加耶の中でも特異な事例であり、本例はこれと同じ環境で製作された、大加耶からの移入品である可能性が高いだろう。玉田M3号墳例はⅡ段階後半（5世紀後葉頃）の事例と考えられることから、図44-1も同様の編年的位置づけが想定される。

図44-2は、直接的な類例はみられないが[7]、材質、鋲配置、軸受がつく点は、玉田M3号墳例に通じるものである。吊手金具は双方中円形2類に含められるものだろう。

図44-3は、玉田M4号墳例（図38-2）と類似している（的野2015）。ともに欠損部分が多いため比較箇所は限定されるが、材質、多鋲であるという点、金具の組み合わせが共通している。玉田M4号墳例はⅢ段階（6世紀初頭頃）の事例であり、玉田M3号墳とは時期差がある。

このように、これらはその特異な形態からみて、大加耶からの移入品であると考える[8]。図44-1は玉田M3号墳例、図44-3は玉田M4号墳例と共通の特徴がみられるが、これらには時期差がある。図44-1，2，3の金具にみられる共通性の高さを考慮すると、これらが別々に移入されたというよりは、Ⅲ段階にまとめて移入されてきた可能性が高いと考える。

一方、鉄地金銅張製の2例については、百済・大加耶系のものではあるが、通有のものであることから、その製作地を推定するのは難しい。

山の神古墳出土馬具にはAセット（TK47型式期）とBセット（TK10型式期前後）を呈するものがあり、それぞれ初葬段階と追葬段階のものと捉えられている（辻田編2015）。W字形金具（図44-7）は朝鮮半島と日本列島でⅠ、Ⅱ段階にみられるものであり、初葬にともなうものである可能性が高い。その他の事例についても、基本的には初葬段階のものであると考えられる

第6章　倭における胡籙金具の展開

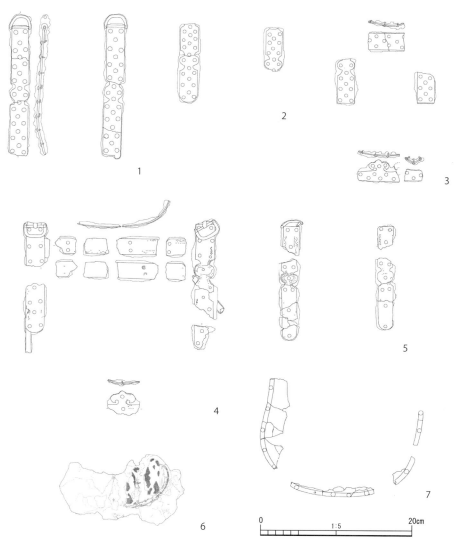

図44　山の神古墳例 (s=1/5)

が、鉄地金銅張製のものには鉄製のものと比べて相対的に新しい属性がみられることから、追葬段階のものとして捉えられる可能性も考えられる。

③　王墓山古墳例

　短冊形BⅡ群が4個体が出土している（土屋2014）。その中でも図43-4に示した個体では底板金具が確認できる。底板金具は、朝鮮半島では高霊池山洞47号墳（旧主山、39号墳）例（図38-5）にみられ、日本列島でも本例、山の神古墳例、愛媛県金子山古墳例でみられるのみである。池山洞47号墳例にみられる底板金具は筆者の分類でいう収納部金具Bd類にともなうものであり、本例とは別形式である。文様も大きく異なっているため、関連性を指摘することは難しい。

　本例の底板金具と類似する透彫り文様としては、「連続波頭文」が挙げられる。連続波頭文

114

の透彫りは、TK23・TK47型式期以降の倭の金工品（広帯二山式冠、立飾式冠、飾履、鞍金具、杏葉）に一定数がみられる。詳細は第13章で述べるが、本例の透彫り文様は連続波頭文が変形されたものであり、上記の広帯二山式冠などの金工品とともに倭で製作されていたと考えられる。また、底板金具にともなう三葉形立飾付帯形金具はサイズをあわせて製作されており、吊手金具は、三葉形立飾付帯形金具と鋲間隔や有機質構造といった特徴が共通する。これらの金具は製作工程の多くを共有していたと考えられ、倭で製作されていたものであろう。

（2）Ⅲ段階の開始時期

　Ⅲ段階の開始時期は、先述した大谷古墳例のような過渡期の資料を評価すると、TK23・47型式期頃と考えられる。ただこの時期、双方中円形Ⅲ群、短冊形BⅡ群の明確な事例は、他にあまりみられない[9]。また、TK23・47型式期には双方中円形Ⅱ群もまだ一定数確認される[10]。双方中円形Ⅲ群と短冊形BⅡ群が増加し、双方中円形Ⅱ群がみられなくなるのは、MT15型式期以降である。

　以上のように、新しい属性の出現という製作面の変化を重視すれば、Ⅲ段階の開始時期はTK23・47型式期[11]となるが、双方中円形Ⅱ群の消滅、双方中円形Ⅲ群の増加という流通面の変化を重視すればMT15型式期が画期となる。このような特徴は広帯二山式冠と飾履にもみられ（第11章、12章）、当時の社会状況を示す一側面であると考えられることから、Ⅲ段階の開始時期をどちらかに限定することはせず、TK23・47型式期を出現期、MT15型式期を定着期であると考える。

　白井編年（白井2003a）では、TK23・47型式期は475年～515年頃、MT15型式期は510年頃以降、532年以前とされる。一方、鈴木編年（鈴木－2017a）では、TK23・47型式期は475年～500年頃、MT15型式期は500年頃以降とされる。両者には、MT15型式期の開始年代の捉え方に違いがあるようである。鈴木は、群馬県の榛名山から噴出した火山灰Hr-FAの降下がMT15型式期の古段階にあたり（藤野2009）、火山灰Hr-FAの降下年代にAD491～500（AD497＋3／−6）という測定値が示されていることをふまえ（早川ほか2015）、MT15型式段階の開始期には490年代に接点があるとみた（鈴木－2017a, 2017b）。この理化学的年代を実年代の根拠とするかによって、MT15型式期の捉え方は変わってくる。現状ではどちらかを判断するのは難しく、結論は出せない[12]。このような研究状況をふまえて本書では、TK23・47型式期を5世紀後葉以降、MT15型式期を上記の両案を含めて6世紀初頭頃と捉えておきたい。

（3）胡籙金具の終焉

　陶邑編年TK43型式期[13]以降になると、双方中円形Ⅲ群と短冊形BⅡ群は急速にその数を減らす。菊池吉修は、TK43～TK209型式期に相当する胡籙金具として、福岡県沖ノ島7号遺跡、奈良県新沢千塚50号墳、奈良県ミノヤマ2号墳[14]、静岡県平沢1号墳例を挙げる（菊池2007）。奈良県新沢千塚50号墳からは、水野編年後期1段階の鉄鏃（水野2009）とTK10型式の須恵器が出土しており、TK43型式期より新しいとは考えにくい。だが、沖ノ島7号遺跡例

第6章　倭における胡籙金具の展開

表21　倭におけるⅢ段階の胡籙金具群（双Ⅲ群）

遺跡名	吊手	収納	勾玉	帯	金具材質・鋲材質				群
					吊手	収納	勾玉	帯	
群馬 井手二子山	双3類	Bb類（帯B、三葉）	—	—	鉄金・鉄銀	鉄金・鉄銀			双Ⅲ群
東京 芝公園第4号	双3類	—	—	—	?	—			双Ⅲ群
千葉 富士見塚	双3類	Bb類（帯B、山形）	—	—	鉄金・鉄銀	鉄金・鉄銀			双Ⅲ群
富山 朝日長山①	双3類	Bb類（帯B、山形）	—	—	鉄金・鉄銀	鉄金・鉄銀			双Ⅲ群
富山 朝日長山②	双3類		—	—	鉄金・鉄銀				双Ⅲ群
富山 朝日長山③	双3類		—	—	鉄金・鉄銀				双Ⅲ群
富山 朝日長山④	双3類		—	—	鉄金・鉄銀				双Ⅲ群
静岡 平沢1号	双3類	Bb類（三葉形）	—	—	鉄・鉄	鉄・鉄			双Ⅲ群
愛知 豊田大塚	双3類	Bb類（帯B、三葉形）	—	—	鉄金・鉄銀	鉄金・鉄銀			双Ⅲ群
三重 天保1号	双3類	Bb類（三葉形）	—	—	鋲金・?	鉄金・?			双Ⅲ群
滋賀 円山	双3類	Bb類（三葉形）	—	—	鉄・鉄銀	鉄・鉄銀			双Ⅲ群
京都 白山	双3類	Bb類（帯B、山形）	—	—	鋲金・?	鉄金・?			双Ⅲ群
奈良 珠城山1号①	双3類	Bb類（帯B、山形）	—	—	鉄金・鉄銀	鉄金・鉄銀			双Ⅲ群
奈良 珠城山1号②	双3類	Bb類（帯B、三葉形）	—	—	鉄金・鉄銀	鉄金・鉄銀			双Ⅲ群
奈良 寺口千塚3号	双3類	Bb類（帯B、山形、三葉形）	—	—	鉄金・鉄銀	鉄金・鉄銀			双Ⅲ群
奈良 小山2号	双3類	Bb類（三葉形）	—	—	鉄金・鉄銀	鉄金・鉄銀			双Ⅲ群
奈良 新沢千塚50号	双3類	Bb類（帯B、三葉形）	—	—	鉄・鉄	鉄・鉄			双Ⅲ群
奈良 市尾墓山①	双3類	Bb類（帯B、三葉形）	円頭	—	鉄金・鉄銀	鉄金・鉄銀	鉄金・鉄銀		双Ⅲ群
奈良 市尾墓山②	双3類		円頭	—	鉄金・鉄銀		鉄金・鉄銀		双Ⅲ群
奈良 市尾墓山③	双3類		円頭	—	鉄金・鉄銀		鉄金・鉄銀		双Ⅲ群
和歌山 大谷①	双2類	Bb類（帯B、山形、三葉形）	—	—	鉄金・鉄金	鉄金・鉄金			双Ⅲ群
和歌山 大谷②	双2類		—	—	鉄金・鉄金				双Ⅲ群
和歌山 大谷③	双2類		—	—	鉄金・鉄金				双Ⅲ群
和歌山 大谷④	双2類		—	—	鉄金・鉄金				双Ⅲ群
大阪 長原七ノ坪	双3類	Bb類（帯B、山形）	—	—	鉄金・鉄金	鉄金・鉄金			双Ⅲ群
大阪 峯ヶ塚後円部①	双3類	Bb類（山形）	—	—	鉄金・鉄銀	鉄金・鉄銀			双Ⅲ群
大阪 峯ヶ塚後円部②	双3類	Bb類（山形）	—	—	鉄金・鉄銀	鉄金・鉄銀			双Ⅲ群
兵庫 西宮山①	双3類	Bb類（山形、三葉形）	—	—	鉄金・鉄銀	鉄金・鉄銀			双Ⅲ群
兵庫 西宮山②	双3類	Bb類（山形、三葉形）	—	—	鉄金・鉄銀	鉄金・鉄銀			双Ⅲ群
福岡 山の神C	双3類	Bb類（帯B、三葉形）	—	—	鉄・鉄銀	鉄・鉄銀			双Ⅲ群
福岡 山の神D	双3類	Bb類（帯B）	—	—	鉄金・鉄銀	鉄金・鉄銀			双Ⅲ群
福岡 山の神E	双3類	—	—	—	鉄金・鉄銀	—			双Ⅲ群
福岡 西堂古賀崎	双3類	—	—	—	鉄金・鉄銀	—			双Ⅲ群
福岡 沖ノ島7号①	双3類	Bb類（三葉形）	—	—	鉄・鉄	鉄・鉄			双Ⅲ群
福岡 沖ノ島7号②	双3類	Bb類（三葉形）	—	—	鉄・鉄	鉄・鉄			双Ⅲ群
福岡 田野瀬戸4号③	双3類	Bb類（山形）	円頭	—	鉄金・鉄銀	鉄金・鉄銀	鉄金・鉄銀		双Ⅲ群
福岡 箕田丸山	双3類?	Bb類（山形）	—	—	?	?			双Ⅲ群?
佐賀 庚申堂塚	双3類?	—	—	—	鉄金・?	—			双Ⅲ群?
佐賀 龍王崎1号①	双3類	Bb類（山形、三葉形）	—	—	?	?			双Ⅲ群
佐賀 龍王崎1号②	双3類		—	—	?	?			双Ⅲ群
宮崎 島内地下式横穴10号	双3類	Ba類（帯A）	円頭	—	鉄金・鉄金	鉄金・鉄金	鉄金・金銅		双Ⅲ群
奈良 星塚2号	双3類 or 短B2類	Bb類（山形）	—	—	鉄金・鉄銀	鉄金・鉄銀		—	双Ⅲ群 or 短BⅡ群
大阪 陶器千塚11号	双3類 or 短B2類	—	—	—	?	—		—	双Ⅲ群
岡山 持坂20号	双3類 or 短B2類	Bb類（三葉形）	—	—	鉄金・鉄銀	鉄金・鉄銀		—	双Ⅲ群 or 短BⅡ群

〔凡例〕　×：無を示す。—は検討不可能であることを示す。吊手―吊手金具、収納―収納部金具、勾玉―勾玉状金具、帯―帯金具、双―双方中円形、短―短冊形、帯B―帯形金具、三葉形立飾付帯形金具、鉄金―鉄地金銅張、鉄銀―鉄地銀張、銅銀―銅地銀張、前方―前方後円墳。鈴木編年―鈴木－2014, 2017a に基づく、陶邑編年は田辺1981に基

胡籙編年	墳形規模	鈴木編年 陶邑編年
	前方111m	中7期
	円墳25×3.5m	中5期～7期
	前方43m	
	円墳38m	中7期～後1期
	円墳15m	
	円墳28m	
	円墳16m	
	前方50m	MT85
		TK43
	円墳30m	MT15～TK10
	前方70m	後1期
		後1期
		後1期
Ⅲ	前方67m	中6期
		中6期
		中6期
		中6期
	前方33m	MT15
	前方96m	後1期（古）
		後1期（古）
	前方34.6m	TK10～TK43
		TK10～TK43
	前方80m	MT85
		MT85
		MT85
	円墳20m	中7期～後1期
	前方38m	中7期～後1期
	前方40m	後1期
	前方60m	
	円墳14～17m	
		中6期～後1期
	前方40m	後1期
	円墳30m	

具B類、山形―山形突起付帯形金具、三葉形―
づく。

第2節　倭における胡籙金具の系譜

と平沢1号墳例については、共伴遺物からみても TK43 型式期頃に位置づけられる可能性がある。これらにともなう三葉形立飾付帯形金具は鉄製で彫金装飾がなく、鋲が対になって2個ずつ打たれるという特徴があり、それまでの鉄地金銅張のものとは区分できる可能性がある（菊池 2007、的野 2013）。菊池も指摘するとおり、これは靫金具の横帯金具と共通する特徴であり、製作上の関連性が考えられる。TK209 型式期になると、確実な事例はみられなくなる。

　TK43 型式期で胡籙金具の数が激減する一方で、「中央1条短冊形吊手飾金具・横長帯飾金具（田中新 1988）」と呼ばれる胡籙金具が増加する。第8章で詳しく述べるが、これは「平胡籙」の金具であると考えられ、それ以前の胡籙金具とは形態的に大きく異なるものであり、同じ系列上では考えることができない。Ⅰ段階以来みられてきた朝鮮半島南部に由来する胡籙金具は、TK209 型式期には古墳副葬品として終焉をむかえた。

（4）小　結

　Ⅲ段階になると新羅系のものは確認されなくなり、百済・大加耶系のものに限定されるようになる。出現期を TK23・47 型式期と捉えたが、朝鮮半島南部では百済の公州宋山里4号墳例（5世紀後葉頃）がⅢ段階の初例であり、ほぼ同時期にあたる。出現してまもなく倭に伝わったと考えられるが、倭で定着するのはMT15 型式期以降になってからであった。

　このように、日本列島では、TK216～TK43 型式期にかけて朝鮮半島南部に由来する多様な系譜の胡籙金具が出土しており、背景として朝鮮半島南部諸勢力との活発な地域間交流を想定することができる。その交流主体には時期ごとに一定の変化がみられる。Ⅰ段階には新羅が主な交流対象であり、Ⅱ段階には大加耶と百済が加わる。さらにⅢ段階には百済・大加耶との交流が考えられる。朴天秀は、日本列島から出土した金工品の系譜の検討を通して4～6世紀代の日朝関係を両地域の政治的脈絡の中に位置づけているが、5世紀前半は新羅、5世紀後半は大加耶、6世紀前半は百済を朝鮮半島の交流の中心であったと指摘している（朴天秀 1998，2007）。胡籙金具の系譜とも共通している部分が多く、系譜の変化には当該期における日朝間の政治的変動が作用したものと考えることができる。

第6章　倭における胡籙金具の展開

表22　倭におけるⅢ段階の胡籙金具群（短BⅡ群）

遺跡名	吊手	収納	勾玉	帯	金具材質・鋲素材 吊手	収納	勾玉	帯	群	胡籙編年
千葉 九条塚	短B2類	—	—	—	鉄金・鉄銀	—	—	—	短BⅡ群	
千葉 大道筋箱式石棺	短B2類	Bb類（三葉形）	—	—	鉄・鉄銀	鉄・鉄銀	—	—	短BⅡ群	
長野 落洞	短B2類	Bb類（帯B）	—	—	鉄金・鉄銀	鉄金・鉄銀	—	—	短BⅡ群	
岐阜 虎渓山1号	短B2類	Bb類（帯B）	—	—	鉄金・鉄銀	鉄金・鉄銀	—	—	短BⅡ群	
京都 井ノ内稲荷塚	短B2類	Bb類（帯B、山形）	—	—	鉄金・鉄銀	鉄金・鉄銀	—	—	短BⅡ群	
京都 荒神塚南榔	短B2類		—	—	鉄金・？	—	—	—	短BⅡ群	
京都 坊主山1号	短B2類	Bb類（帯B、山形）	円頭	—	鉄金・鉄銀	鉄金・鉄銀	鉄金・鉄銀	—	短BⅡ群	
大阪 芝山①	短B2類	Bb類（帯B、山形）	—	—	鉄金・鉄銀	鉄金・鉄銀	—	—	短BⅡ群	
大阪 芝山②	短B2類	Bb類（帯B、山形）	—	—	鉄金・鉄銀	鉄金・鉄銀	—	—	短BⅡ群	
島根 北長迫横穴墓	短B2類	Bb類（三葉形）	—	—	鉄金・？	鉄金・？	—	—	短BⅡ群	
香川 王墓山①	短B2類	Bb類（帯B、山形）	—	—	鉄金・鉄銀	鉄金・鉄銀	—	—	短BⅡ群	
香川 王墓山②	短B2類	Bb類（帯B、山形）	—	—	鉄金・鉄銀	鉄金・鉄銀	—	—	短BⅡ群	
香川 王墓山③	短B2類	Bb類（帯B、山形）	—	—	鉄金・鉄銀	鉄金・鉄銀	—	—	短BⅡ群	Ⅲ
香川 王墓山④	短B2類	Bb類（帯B、三葉形）	—	—	鉄金・鉄銀	鉄金・鉄銀	—	—	短BⅡ群	
愛媛 経ヶ岡①	短B2類	Bb類（帯B、三葉形）	—	—	鉄金・鉄銀	鉄金・鉄銀	—	—	短BⅡ群	
愛媛 経ヶ岡②	短B2類	Bb類（帯B、三葉形）	—	—	鉄金・鉄銀	鉄金・鉄銀	—	—	短BⅡ群	
福岡 田野瀬戸4号①	短B2類	Bb類（帯B、山形）	円頭	—	鉄金・？	鉄金・？	鉄金・？	—	短BⅡ群	
福岡 田野瀬戸4号②	短B2類	Bb類（帯B、山形）	円頭	—	鉄金・？	鉄金・？	鉄金・？	—	短BⅡ群	
熊本 物見櫓①	短B2類		—	—	鉄金・？	鉄金・？	—	—	短BⅡ群	
熊本 物見櫓②		Bb類（三葉形）			鉄金・？	鉄金・？			短BⅡ群	
熊本 物見櫓③	短B2類		—	—	鉄金・？	鉄金・？	—	—	短BⅡ群	
大分 飛山23号横穴	短B2類	Bb類（帯B、山形）	—	—	鉄金・？	鉄金・？	—	—	短BⅡ群	
群馬 田尻8-Ⅰ区2号①	—	Bb類（三葉形）	—	—	—	鉄金・鉄	—	—	群不明	
栃木 西方山6号	—	Bb類（帯B）	—	—	—	鉄金・？	—	—	群不明	
長野 畦地1号	—	Bb類（山形）	—	—	—	鉄金・銀	—	—	群不明	
静岡 高田観音前2号	—	Bb類（三葉形）	—	—	—	鉄金・？	—	—	群不明	
福井 十善の森	—	—	円頭	—	—	—	鉄金・鉄	—	群不明	
奈良 伝柳本町（龍王崎）	—	Bb類（三葉形）	—	—	—	鉄金・？	—	—	群不明	
奈良 鳥ヶ峰	？	Bb類（三葉形）	？	？	—	鉄金・？	—	—	群不明	
兵庫 毘沙門1号	—	Bb類（山形）	—	—	—	鉄金・？	—	—	群不明	
岡山 四ツ塚1号	—	Bb類（山形）	—	—	—	鉄金・鉄	—	—	群不明	
岡山 四ツ塚13号	—	Bb類（山形）	—	—	—	鉄金・鉄	—	—	群不明	
愛媛 金子山	—	底板	—	—	—	？	—	—	群不明	
福岡 番塚	—	Bb類（三葉形）	—	—	—	鉄金・鉄銀	—	—	群不明	

〔凡例〕×：無を示す。―は検討不可能であることを示す。吊手―吊手金具、収納―収納部金具、勾玉―勾玉状金具、帯―帯金具、双―双方中円形、短―短冊形、帯B―帯三葉形―三葉形立飾付帯形金具、鉄金―鉄地金銅張、鉄銀―鉄地銀張、銅銀―銅地銀張、前方―前方後円墳。鈴木編年―鈴木‐2014,2017a に基づく、陶邑編年は田

第3節　倭における胡籙金具の分布状況とその特質

（1）　分布状況

　図45では日本列島における胡籙金具群の分布状況を示した。上にはⅠ・Ⅱ段階に位置づけられる胡籙金具、そして下にはⅢ段階に位置づけられる胡籙金具の分布状況を示した[15]。

　Ⅰ・Ⅱ段階とⅢ段階では、日本列島内部の分布状況に大きな変化が認められる。Ⅰ・Ⅱ段階には出土数が少なく、多くを確認することはできない。Ⅱ段階は朝鮮半島で胡籙金具が最も多

墳形 規模	鈴木編年 陶邑編年
前方103m	TK10～TK43
円墳12.5m	TK10
前方46m	TK10
前方45m	
	後1期
前方30m	後1期
前方46m	
前方30m	MT85～TK43
	MT85～TK43
前方38m	中7期～後1期
	中7期～後1期
前方62m	
前方32.5m	
円墳15×19.8m	
前方32m	
前方67m	
円墳8m	
円墳20m	
円墳24m	TK10
円墳19m	
円墳25m	
前方50m	後1期(古)

形金具B類、山形―山形突起付帯形金具、辺1981に基づく。

い時期であることと対照的である。分布状況として注目すべきは、倭王権の中枢域である畿内地域にほとんど分布していない点である。5世紀前葉～5世紀後葉においては、甲冑に代表されるように鉄製品の多くは畿内地域を中心として分布域が形成される（川畑2015）。倭王権の政治的器物として、積極的に用いられたためであろう。このような状況下において、胡籙金具が畿内地域にほとんどみられない点は注目できる。分布状況をみると、北部九州地域、瀬戸内地域にまとまりをみせ、その他は海沿いの地域に多くみられる点が指摘できる。北部九州地域、瀬戸内地域は朝鮮半島との交流のメインルートに位置しており、渡来系集団の集落が多く発見されている地域である。

　Ⅲ段階になると出土数が急増し、分布地域にも違いが生じる。Ⅰ・Ⅱ段階と比較するとⅢ段階には畿内地域に分布が明確に集中し、日本列島での分布域も拡大する。さらにこの段階から全体の出土数だけでなく、1古墳あたりの出土も、2個体以上の出土が多くなる。Ⅲ段階は日本列島における分布状況の画期として認識できる。

（2）　分布の背景

　では、なぜⅠ・Ⅱ段階において、畿内地域の古墳に胡籙金具が副葬されなかったのか。これには胡籙という器物の性格が関係している可能性が考えられる。古墳時代前期以降、畿内地域の盛矢具といえば靫であった。5世紀になって靫自体の出土数は減少するものの、靫形埴輪の存在が象徴するように、靫は主要な武装として用いられていたと考えられる。埴輪に表現されているところをみると、古墳祭祀においても重要な役割を果たしたものであったのだろう（高橋1988）。また、奈良県五條猫塚古墳（吉澤・川畑・初村編2014）や京都府宇治二子山南墳（杉本編1991、栗林1993）では「靫金具」であると考えられる金銅装金具が出土している（第9章）。このような状況下において、朝鮮半島南部に由来する盛矢具の胡籙は古墳副葬品としては採用されなかった可能性がある。北部九州地域や瀬戸内地域において胡籙金具が副葬されたのは、朝鮮半島の器物を独自に入手しやすい環境であったことに加えて、靫を重要視するような古墳祭祀が畿内地域ほど浸透していなかったためであろう。

　Ⅲ段階（とくにMT15型式期以降）になると、胡籙金具の出土数が畿内地域だけでなく他地域においても増加し、分布域も拡大する。これは、胡籙が広く日本列島に定着した様相を示していると考える。和歌山県大日山35号墳例（図49-5）のような、胡籙形埴輪という従来はなかった埴輪が、この時期に出現することもその証左となろう。古墳副葬品からみて、朝鮮半島南部で胡籙金具が最も多い時期はⅡ段階であり、Ⅲ段階になるとむしろ減少する傾向にある。

第6章 倭における胡籙金具の展開

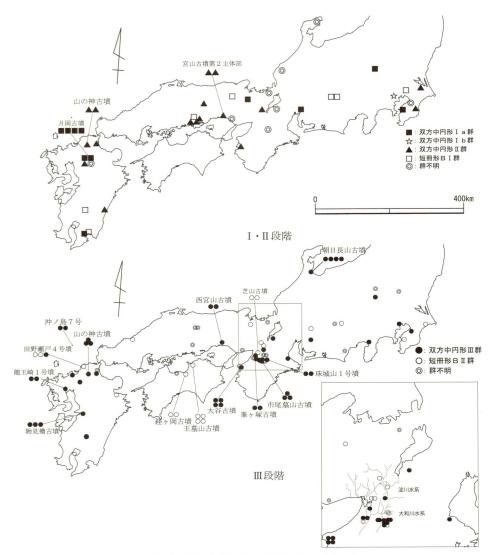

図45 倭における胡籙金具群の分布状況

このⅢ段階に日本列島の広域で多くの胡籙金具が確認される背景には、畿内地域での受容様相が関与しているものと考えられる。すなわち、畿内地域のエリート層が胡籙を積極的に受容したことにより、広く日本列島に拡散し、定着したという状況が想定される。

なお、畿内地域での分布をみると、短冊形BⅡ群がある程度まとまって出土している淀川水系と、双方中円形Ⅲ群が集中している大和川水系とでは異なる様相がみられる。また、収納部金具の分類を基準とした的野文香は、6世紀前半の山城地域では本書でいう山形突起付帯形金具と双方中円形3類吊手金具・短冊形B2類吊手金具のセットがみられるが、6世紀中葉以降の奈良盆地では三葉形立飾付帯形金具と双方中円形3類吊手金具のセットしかみられず、収納部金具と吊手金具のセット関係に強い規制がみられると指摘している（的野2013）。このような分布の違いの背景として、的野は、「継体朝」期の政治的・社会的変化を想定した。f字形

鏡板付轡と剣菱形杏葉、十字文楕円形鏡板付轡と三葉文楕円形杏葉のセットからもそれぞれ大和川水系と淀川水系を中心に分布するという特徴が指摘されており（松浦 2005）、淀川水系と大和川水系を軸とした製作地の違いが反映されている可能性が考えられる。これは、TK10型式期（6世紀前葉）以降、山形突起付帯形金具をともなうセットと三葉形立飾付帯形金具をともなうセットには縁飾に違いがみられること〔第10章〕とも関連しているかもしれない。

Ⅲ段階には、冠や飾履といった金銅製装身具が倭で出現し、逆に古墳時代中期の代表的な副葬品であった短甲の副葬が終焉するなど（橋本 2010）、古墳副葬品が大きく変容する。畿内地域における胡籙の受容は、このような動向と関連するものであろう。

結　語

本章では、朝鮮半島南部における胡籙金具の展開を考慮しながら、倭における胡籙金具の系譜を段階ごとに整理した。その結果、各時期で異なる地域に由来する胡籙金具が確認され、背景に多様な交流関係を読み取ることができた。また、分布状況からは、Ⅲ段階のMT15型式期以降に大きな変化がみられ、これを古墳副葬品の変容と関連するものと捉えた。

倭で確認される胡籙金具は、一部を除いて朝鮮半島南部で分布するものと同じ属性がみられることから、多くは移入品であろう。だが、Ⅲ段階には移入品だけでなく、製作工人集団の渡来によって倭国内で製作されていたと考えられるものも一定数確認した。流通面の変化と考えあわせると、Ⅲ段階に倭での本格的な製作が開始された可能性が高いと考える。

[註]
(1) 朝鮮半島南部における検証の際には、馬具、土器編年を主に利用し、鉄鏃編年は利用しなかった。朝鮮半島南部における鉄鏃編年は、細かな段階設定をおこなうことが困難であり、検証資料として適切でなかったためである。日本列島における鉄鏃は変化が激しく、また短頸鏃と長頸鏃の存続時期により、細かく段階設定をおこなうことができるが（水野 2009）、朝鮮半島南部における鉄鏃は変化に乏しく、短頸鏃は長頸鏃が出現して以降にも残り続ける（禹炳喆 2005）。ここでは、鉄鏃編年を検証資料として適切な日本列島においてのみ用いることとする。
(2) 共伴遺物からみると京都府私市円山古墳第1主体部例が最も古い事例であると考えられる（鈴木一 2014）。鉄鏃は短頸鏃のみからなり、長頸鏃出現前のものであると考えられることから、TK73型式期に相当する事例である可能性があるが、鈴木一有も指摘するとおり最新相を示す共伴遺物を指標とするとTK216型式期に含めて捉えたほうがよいと考えられる（鈴木一 2014）。
(3) 三連式構造であるため双方中円形1類吊手金具である。ただ、軸受がない点が他の双方中円形1類吊手金具と異なっている。
(4) TK216型式期について、白井克也は430年～450年頃（白井 2003a）、鈴木一有は430年代から440年代と捉えている（鈴木一 2017a, 2017b）。
(5) 本例は、他のおつくり山古墳出土品と同様に現在東京国立博物館で所蔵されている。だが、本例は『愛知県史蹟名勝天然記念物調査報告』の報告では言及されていないことから（小栗 1929）、他の古墳遺物が混交している可能性が高いとされている（犬塚 1997）。たしかに小栗の報告をみると、これらの遺物は発掘調査によって出土したものでなく、元々は河北信次朗氏が

第 6 章　倭における胡籙金具の展開

所有していたものである。他の古墳出土品と混じっていた可能性も大いに考えられる。その他の遺物からみて 6 世紀前半の古墳とする見解もあることから（藤井 2008）、本例の扱いには注意が必要である。ただ、胡籙金具の型式学的位置づけからみて Ⅰ・Ⅱ 段階のどちらかに位置づけられる可能性が高いことから、便宜的に Ⅱ 段階に含めておく。

(6) 近江八幡市の才本佳孝氏よりご教示いただいた。

(7) 的野文香は高霊池山洞（啓）34，35 号墳連結石槨例（図 31-5）との共通性を指摘するが（的野 2015）、資料調査をしたところ、これは三連式の双方中円形 1 類吊手金具であることがわかった。鉄製で多鋲であるという点は共通するが、構造的な違いがあることから、直接的な類例とするのは難しいと考える。

(8) 的野は図 44-1，2 を大加耶系胡籙、3 を大加耶—倭折衷胡籙と捉えている（的野 2015）。3 の解釈の違いは、本書でいう三葉形立飾付帯形金具が倭系のものとされているところにある。これは、この金具が朝鮮半島では玉田 M 4 号墳でしか出土しておらず、多くは日本列島から出土していることによる。筆者は、玉田 M 4 号墳例にみられる材質、鋲配置が、玉田 M 3 号墳例に通じるものであることから、これらが近い環境で製作されたものであると考えたため、玉田 M 4 号墳例を大加耶製とみなした。よって、3 を大加耶からの移入品と捉えた。分布状況を重視するか、技術系譜を重視するかの立場の違いであると考える。

(9) TK23・47 型式期頃に相当する可能性のある事例として、他に群馬県井出二子山古墳例が挙げられるが、これは追葬にともなうものである可能性もある（岩本 2015）。

(10) 岡山県天狗山古墳例など。

(11) TK23・47 型式は、TK47 期としてより小型の杯身・蓋を区分することも可能であるが、両者の端部調整は同一であることから細分をおこなわないという見解があることをふまえて（佐藤 2007、中久保 2017 など）、本書では TK23・47 型式期と表記する。

(12) 陶邑窯跡編年の再検討をおこなっている佐藤隆の研究成果をみると、陶邑 Ⅱ 新段階（TK23・47 型式）は 5 世紀末から 6 世紀第 1 四半期、陶邑 Ⅲ 古段階（MT15 型式）は 6 世紀第 2 四半期、陶邑 Ⅲ 中段階（TK10 型式）は 6 世紀中葉とされている（佐藤 2007）。一方、金宇大は TK23・47 型式期を Ⅲ 期（5 世紀後葉～末）、MT15～TK10 型式期を Ⅳ 期（6 世紀初頭～前葉）と捉えており（金宇大 2017）、中久保は TK23・47 型式期を 5 世紀後葉～末、MT15 型式期を 6 世紀初頭と捉えている（中久保 2017）。

(13) 白井編年（白井 2003a）では、TK10 型式期は 530～550 年頃、MT85 型式期は 550～562 年頃、TK43 型式期は 562 年頃～590 年頃とされている。本書では、TK10 型式期を 6 世紀前葉、MT85 型式期を 6 世紀中葉、TK43 型式期を 6 世紀後葉と捉えておきたい。

(14) 報告書が未刊であり共伴遺物の詳細が不明であるため、共伴遺物から編年的位置づけを検証することが難しい。

(15) Ⅰ・Ⅱ 段階の胡籙金具が出土する時期は TK216～TK23・47 型式期、Ⅲ 段階の胡籙金具が出土する時期は TK23・47 型式期～TK43 型式期である。TK23・47 型式期の胡籙金具については、金具の属性からみて段階を定めた。

第7章　胡籙の形態復元

はじめに

　前章までは、胡籙金具の変遷過程、そして地域的展開について検討した。日朝の胡籙金具の検討から、Ⅱ段階への移行の指標として収納部金具の断面形態が長方形から半円形に変化することを挙げたように、胡籙自体の形態が時期によって変化していたことを指摘した。本章では胡籙金具に残る有機質情報をもとにして、胡籙自体の検討を試みる。

　ここでは胡籙金具の中でも、双方中円形群に注目する。朝鮮半島南部と日本列島の広域に分布し変化も明確であることから、胡籙構造を考えるうえで指標としやすいためである。とくに双方中円形群の中でも、倭における出土事例に注目したい。金具のみ

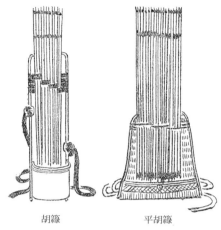

図46　正倉院葛胡籙の模式図

の分析ではどうしても復元に限界があるが、日本では正倉院宝物に奈良時代の胡籙が極めて良好な状態で現存しており、古墳時代の胡籙の復元形態を考えるうえで多くの情報を得ることができるためである。

　正倉院宝物には33具の胡籙が現存しており、細く高い札差のような形の「胡籙[1]」と短くて裾開きになった「平胡籙」に区分されている（帝室博物館1944）（図46）。古墳時代後期にみられる胡籙の多くは前者の形態に近く、系譜的つながりが想定されている（坂1992）。正倉院宝物の「胡籙」に繋がると考えられる古墳時代の盛矢具の復元形態を、金具に残る情報をもとにしながら検討する。

第1節　胡籙の形態復元にかんする先行研究

　前章で確認したとおり、双方中円形Ⅰa群、Ⅱ群、Ⅲ群にはそれぞれ異なる収納部金具がみられることから、胡籙の形態としては大きく3つがあったと考えられる。ここではそれぞれの構造について先行研究をみてみよう。

（1）双方中円形Ⅰa群

　収納部が断面長方形をなす導入期の形態復元案は、吊手金具の装着位置によって見解がわかれている。大きくは、以下の3つにまとめられる（図47）。第1案：吊手金具が収納部側面に取り付けられたとする見解（野上1977、鄭澄元ほか1983）、第2案：帯部と収納部を結ぶ懸垂帯

123

第7章　胡籙の形態復元

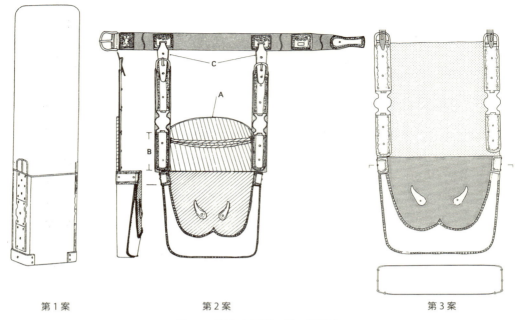

第1案　　　　　　　　第2案　　　　　　　　第3案
図47　双方中円形Ⅰ群の復元案

に正面を向いて取り付けられたとする見解（崔鍾圭1987、全玉年1992）、第3案：収納部直上の背板に正面を向いて取り付けられたとする見解（早乙女1988、坂1992、栗林2009）である。

　現在、韓国においては釜山福泉洞21・22号墳主槨例の出土状況に基づいた第2案が主流であり、日本では第2案もしくは第3案が提示されることが多い。その後、良好な事例は増加しておらず、定説はまだない。ただ、これまでに出土したⅠ群の中でもっとも状態のよい事例の一つである福井県天神山7号墳例では、左右吊手金具の間から背板にともなうとみられる漆が出土した（図48・巻頭口絵6参照）。吊手金具と背板の位置関係から判断すると、現状では第3案が最も妥当な復元案であると考えられる。

（2）双方中円形Ⅱ群
　この復元案についてはこれまでほとんど議論されてこなかった。これは、収納部の断面形態が双方中円形Ⅲ群と共通しているため、復元形態も近いものと推測される。双方中円形Ⅲ群の復元形態がわかれば、自ずと明らかになるであろう。

（3）双方中円形Ⅲ群
　双方中円形Ⅲ群の復元案は、残存状態が良好な事例の報告とともに復元案が提示されてきた。ここでは復元された事例についてまず確認する。なお、双方中円形Ⅲ群と短冊形BⅡ群には共通した収納部金具が用いられるため、同様の復元形態が想定される。ここではこれら両方にかんする先行研究をあわせて検討する。
　第一に、千葉県富士見塚古墳例についてである。金具は、筆者の分類でいうと、双方中円形

第1節　胡籙の形態復元にかんする先行研究

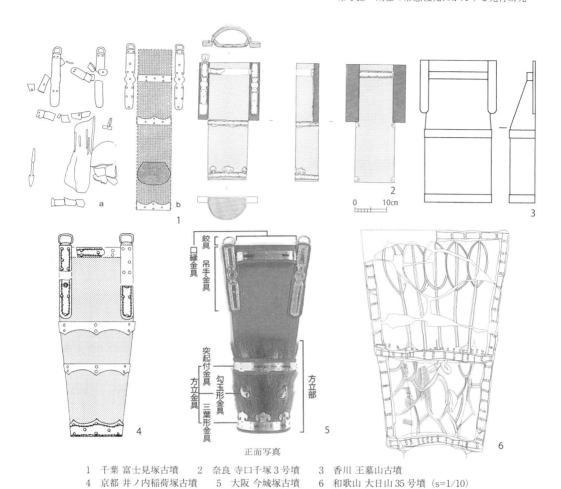

1　千葉　富士見塚古墳　　2　奈良　寺口千塚3号墳　　3　香川　王墓山古墳
4　京都　井ノ内稲荷塚古墳　　5　大阪　今城塚古墳　　6　和歌山　大日山35号墳（s=1/10）

図49　双方中円形Ⅲ群、短冊形BⅡ群の復元形態の諸例

Ⅲ群に相当する個体であり、原位置に近い状態を保って出土している（図49-1）。金具は、双方中円形3類吊手金具と収納部金具（上段：帯形金具B類、中段：山形突起付帯形金具、下段：山形突起付帯形金具）であり、下段には底板がみられる。田中新史は、この事例をもとに縦に長い半筒形の復元形態を示している（田中新1988）。

第二に、奈良県寺口千塚3号墳例についてである。金具と底板がほぼ原位置で出土した。金具は双方中円形Ⅲ群であり、双方中円形3類吊手金具、収納部金具（上段：帯形金具B類、中段：山形突起付帯形金具、下段：三葉形立飾付帯形金具）がみられる。坂靖は、この事例をもとに図49-2のような復元形態を示している（坂1990）。収納部が約38㎝に復元されており、田中が復元するほど長い収納部ではない。また、吊手金具が、収納部とは別の造り出し部分に正面を向いて装着されている点が特徴的である。

第三に、香川県王墓山古墳例についてである。短冊形BⅡ群であり、短冊形B2類吊手金具、収納部金具（帯形金具B類、山形突起付帯形金具、三葉形立飾付帯形金具、底板金具）が4個体分確認される。出土状況はよくわからないが、金具細部の特徴からみて、本体の下段～中段が断

125

面半円形、上端部が扁平な隅丸台形となる復元形態が想定されている（図49-3）。上端部の形態は、胡籙に納められた矢を束ねる機能に起因するという（福山ほか2009）。

　第四に、京都府井ノ内稲荷塚古墳例についてである。ここからは短冊形B2類吊手金具と収納部金具Bb類（帯形金具B類、山形突起付帯形金具）が出土した。山形突起付帯形金具の断面形状の違いから、上半に向かって開くような形状の収納部が推定された（寺前・高橋編2005）。

　第五に、大阪府今城塚古墳例についてである。ここからは金具の破片がわずかに出土した。大阪府高槻市立今城塚古代歴史館には、塚本敏夫らによって作成された今城塚古墳出土胡籙の復元形態が展示されている（高槻市教育委員会2011、塚本ほか2012）。復元されている胡籙の金具は双方中円形III群であり、双方中円形3類吊手金具と収納部金具（帯形金具B類、山形突起付帯形金具、三葉形立飾付帯金具）が装着されている（図49-5）。収納部は獣毛付の皮革からなり、その上から布とともに金具が装着されている。

　注目すべきは以下の3点である。1：帯形金具B類は、従来の復元案で想定されていたように収納部上段に装着されるものではなく、収納部とは別の矢を上側で固定する矢留めの部分に装着されていたものとして解釈されている。2：双方中円形3類吊手金具を、坂は収納部とは別の造り出し部分に装着されていたと想定したが、ここでは収納部から逆台形に伸びる背板で斜め方向に装着されたものと解釈されている。3：胡籙本体の垂下方法について、吊手金具上端に装着された鉸具を介して、帯が直接腰に巻きつけられることで、胡籙本体が垂下されている。帯金具を介して連結されたとする従来の案とは異なっており、注目できる。

　このように先行研究をみてみると、それぞれ良好な事例をもとに様々な復元案が提示されている。これらは事例ごとの微妙な差はあったかもしれないが、基本的な形態はほぼ同じであったと予想される。その基本的な形態を探る必要があるだろう。

第2節　双方中円形III群の復元形態の検討

　双方中円形III群に対する先行研究で示された案の中で、異なる点を整理すると以下のようになる。

　まずは、帯形金具B類の用途にかんしてである。第1案：収納部上端に装着されたとする案（田中新1998、坂1990、福山ほか2009）、第2案：収納部でなく、矢を束ねるための矢留めの部分に装着されたとする案（塚本ほか2012）がある。第1案の場合、矢の大部分が収納部の中に入る矢筒式に復元され、第2案の場合、矢の一部分だけが収納部に入り、矢の他の部分が露出した矢立式に復元される。帯形金具B類の機能についての解釈次第で、大きく復元形態が異なるのである。

　次に吊手金具の装着部位についてである。第1案：収納部とは別の造り出し部分に装着されるという復元案（田中新1998、坂1990、福山ほか2009）と、第2案：収納部から逆台形に伸びた背板で斜め方向に装着されるという復元案（塚本ほか2012）がある。

　主にこれらの2点が論点となっている。そこで、これらを検討するにあたって、金具、有機

質ともに残存状況が良好な、京都府坊主山1号墳例と香川県王墓山古墳例を詳細に検討した（土屋 2012b，2012c，2014）。

（1）坊主山1号墳例（図50・巻頭口絵1参照）

筆者の分類でいう短冊形B2類吊手金具、収納部金具Bb類（帯形金具B類、山形突起付帯形金具）、円頭形勾玉状金具から構成される短冊形BⅡ群である（図51）。

出土状況　棺内北東側、被葬者の足元右側から胡籙金具と鉄鏃約50本が出土している。鉄鏃は胡籙に収められており、束の状態となって出土している（京都府教育委員会1965）。胡籙は、北側を上にして置かれており、底には半円形の底板が残存している。

ふるさとミュージアム山城には胡籙の出土状況写真が保管されている（図50）。図50-1は発掘過程の様子である。上段に帯形金具B類（図51-3）、中段には山形突起付帯形金具（図51-4）、下段には山形突起付帯形金具（図51-6）が確認できる。中段の金具は山形突起を下向きに、下段の金具は山形突起を上向きにしている。上・中・下段の金具はほぼ均等の間隔を置いて出土している。現存している金具との比率からみて、各段の金具間隔は約12cm、上段から下段までの長さは約30cmである。図50-2, 3は完掘後の様子である。図50-2からは、短冊形B2類吊手金具の左側の部位が確認できる。また、図50-3からは、下段の山形突起付帯形金具が半円形の底板に装着された状態で出土したことがわかる。

胡籙金具の特徴　中段の山形突起付帯形金具は、下段のものよりも復元径が大きい。これは井ノ内稲荷塚古墳例でも推定されたとおり、上半に向かって開くような形状の収納部であったことを示すだろう。吊手金具の装着部位第2案の可能性を高める事例である。

また、有機質の残存状態が良好であるため、有機質の特徴に注目する。吊手金具には、金具の裏から順に、筬目の平絹[2]、皮革[3]、平絹が確認できる。筬目の平絹の外側には、「縁飾」がみられ、「縁かがり」に分類されるものである。織物と縁飾の特徴については、第10章で詳しく検討する。皮革は金具とほぼ同じ大きさである。端部が帯状に巻き込まれていたようであり、平絹が皮革の上下にみられることから、皮革が平絹で巻かれた構造であったと考えられる。

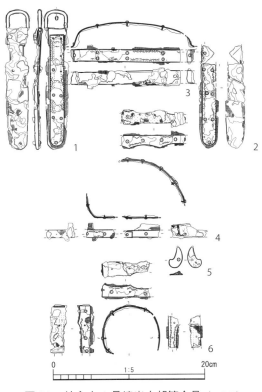

図51　坊主山1号墳出土胡籙金具（s=1/5）

また、山形突起付帯形金具には、筬目の平絹（縁かがり）、黒漆、皮革が確認できる。特に収納部金具の皮革の裏面には獣毛のような痕跡が付着している。これは、胡籙収納部に由来するものであったと考えられる。

このように坊主山1号墳例は、金具・金具裏の有機質の残存率が高く、金具と有機質の本来の構造がよくわかる。そして出土状況写真を検討することで、金具の配置、胡籙の大きさなどの胡籙復元のための情報を得ることができた。

（2）王墓山古墳例

計6個体の盛矢具が出土した。その内、短冊形BⅡ群が計4個体確認できる。短冊形B2類吊手金具、収納部金具Bb類（帯形金具B類、山形突起付帯形金具上・下段）から構成されるものと、短冊形B2類吊手金具、収納部金具Bb類（三葉形立飾付帯形金具上・下段）、そして底板金具から構成されるものがある。

出土状況　武器、武具、馬具とともに玄室奥壁付近から出土した。個体ごとの詳細な出土状況は不明である。

胡籙金具の特徴　この事例でまず注目できるのは、吊手金具と帯形金具B類の接合部である。図52-1, 2は帯形金具B類が吊手金具に装着された状態で遺存しており、吊手金具に対して斜め下向きで接合されている。これは吊手金具が背板形態に沿って斜め下方向に装着されていたことに起因すると考えられ、帯形金具B類を水平に据えた場合が正しい向きを示している。

また金具裏面の有機質の残存状態も良好である。金具裏面には筬目の平絹、皮革がみられる。図52-4の皮革には獣毛がついており、図52-1, 2, 3の皮革には獣毛がついていない。個体ごとに、異なる有機質が用いられていた可能性が考えられるだろう。

（3）復元形態の検討

まずは、帯形金具B類の用途にかんしてである。注目すべきは、帯形金具B類の奥行きが、山形突起付帯形金具と比べて狭い点である（図51-3）。福山博章らは、胡籙に納められた矢を束ねる機能が帯形金具B類にあるためと考える（福山ほか2009）。的を射た指摘であるが、これは、第2案の矢立式の復元形態であったとしても成立可能である。

ここで、埴輪で表現された胡籙をみてみよう。図49-6には、和歌山県岩橋千塚古墳群に所在する大日山35号墳出土胡籙形埴輪を示している。古墳時代後期前半頃の古墳であり、双方中円形Ⅲ群や短冊形BⅡ群が存在していた時期である。この埴輪に表現される収納部は全体に対して短く、矢の大部分が露出する矢立式の範疇に入れられる。また、写真を示しはしなかったが、和歌山県大谷山22号墳出土人物埴輪（和歌山県立紀伊風土記の丘2016）、群馬県世良田出土武人埴輪（東京天理教館1969）、群馬県赤堀出土武人埴輪（三木1956）にみられる胡籙も、矢立式である。これらを考慮すると、当該期の復元形態としてはやはり矢立式が妥当であり、帯形金具B類の用途は、矢を束ねる矢留めの部位に装着されたとする第2案が正しいと

第2節　双方中円形Ⅲ群の復元形態の検討

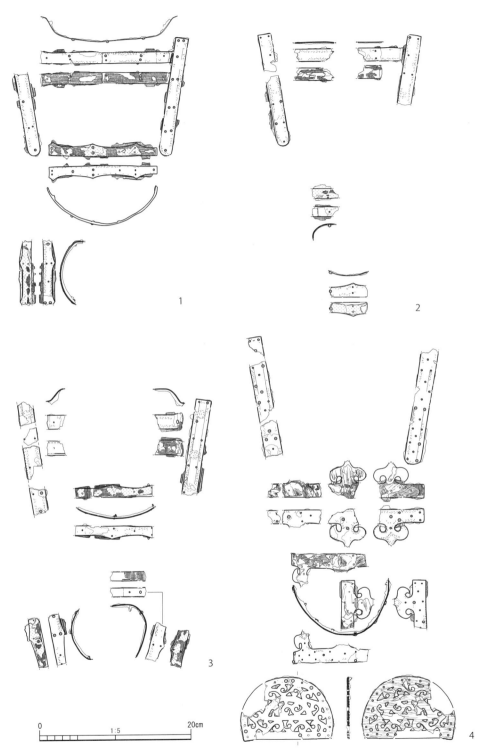

図52　王墓山古墳出土胡籙金具 (s=1/5)

第7章 胡籙の形態復元

考える。
　次に吊手金具の装着部位についてである。坊主山1号墳例の出土状況や金具長を考慮すると、帯形金具B類と上段の山形突起付帯形金具の復元内径はおそらくほぼ同じである。帯形金具B類の外側に装着される短冊形B2類吊手金具の装着位置は、帯形金具B類と一部重複する部分があるとはいえ、山形突起付帯形金具の幅、つまり収納部の幅よりも外側にくるはずであり、背板が収納部と同じ幅であったとは考えられない。とはいえ、第1案のように吊手金具が背板の造り出し部分に装着される（図49-2）というのも、形態的に不自然である。ここで、再び大日山35号墳出土胡籙形埴輪に注目してみると、背板の側面が斜行していることがわかる（図49-6）。これは、胡籙本体の形態を反映している可能性がある。また、吊手金具と帯形金具B類が接合した状態で残存した香川県王墓山古墳出土例（図52-1, 2）も、胡籙本体側面が斜行していたことを示す証左となろう。第2案が妥当であると考える。
　以上を考慮して作成した復元案が図53のⅢ群である。収納部は、上段の山形突起付帯形金具までであると考え、短冊形B2類吊手金具は斜行する背板に装着されると考えた。確定できない点は、背板の大きさである。正倉院宝物の事例を考慮すると、吊手金具よりも上にさらに長い背板がつく可能性もある。だが、背板が良好に残存している事例はないため、背板の長さは分かる部分までに留めた。

（4）双方中円形Ⅱ群の復元形態
　双方中円形Ⅲ群は背板が内側に斜行し、収納部が矢立式の形態であると考えた。さて、では

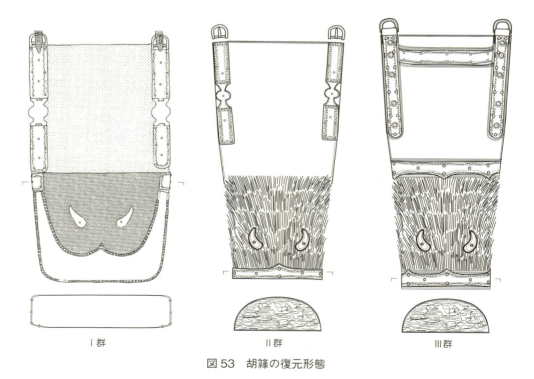

図53　胡籙の復元形態

双方中円形II群はどのような復元形態であっただろうか。I・III群の形態を考慮すると、おそらく収納部は矢立式であったと考えられる。帯形金具B類はまだ出現していないので、矢留があったかどうかについてはよくわからない。また、吊手金具の装着部位についても判断する材料がないが、II群には帯金具がともなわなくなり、吊手金具の鉸具も2類もしくは3類が出現し始めているため、垂下方法としてはIII群に近いものであったと推測される。

　以上の見解から、復元形態を提示すると、図53II群のようになる。背板形態が長方形であり、断面長方形で狭い収納部をもつ形態（I群）から、断面半円形を呈する広い収納部をもつ形態（II群）へと変化し、収納部上下縁や矢留にも金具が装着されたより装飾的なもの（III群）へと変化したと考えられる。

　前章までで検討してきた通り、双方中円形群は広域にみられ、共通の変化がみられる。ここで示した復元案は倭だけでなく、朝鮮半島南部出土品にも当てはまるものであると考える。

（5）その他の胡籙金具群の復元形態

　正倉院宝物にみられる「胡籙」や「平胡籙」の他には比較対象がないため、現状では個々の胡籙金具群の復元形態を全て示すことは難しいが、双方中円形群以外の胡籙金具群についても、収納部金具の断面形態が類似しているものは、復元形態も近かったのではないかと考えられる。

　ただし、現状で特定の胡籙金具群にのみみられる特徴もわずかではあるが確認できる。それが、方形B類吊手金具である。吊手金具の裏面をみると、黒漆が付着しており、斜格子状の痕跡が確認できることが多い（図22-2）。これは、胡籙本体の背板の文様が転写されたものである可能性が考えられる。金具自体は地味であるが、胡籙本体の有機質部分を装飾的に仕上げていたと考えられる。この特徴は双方中円形群にはみられず、方形B群の特徴であった可能性がある。その他の胡籙金具群については、現状では特徴的な有機質情報はみられない。

結　語

　本章では、金具にわずかに残る有機質情報をもとにして、正倉院宝物に残る「胡籙」と比較することで古墳時代における胡籙の復元形態案を示した。とくに古墳時代後期に多くみられる双方中円形III群について、先行研究の論点を整理したうえで、残存状態の良好な事例をもとにしながら復元形態案を示した。そして、その復元案をもとに双方中円形II群の復元形態案も示し、構造の変化を整理した。6世紀後葉以降、胡籙は古墳副葬品としては姿を消すが、本体の形態的特徴からみて、これが正倉院宝物中にみられる奈良時代の「胡籙」へと繋がるものであったと考える。

[註]
(1)「胡籙」という言葉は2つの意味で用いている。一つは、矢を下向きに収納する盛矢具一般を

意味し、古墳時代においては「靫」に対して区別して用いられる言葉である。もう一つは、正倉院宝物の中の札差のような形を呈する盛矢具を意味する言葉である。本書では後者の意味で使うときは最初の一つに「　」をつけることとする。

(2) 沢田むつ代の定義による。詳しくは第10章で検討する。

(3) 杉井健が提案するように、毛が残っているものを「皮」あるいは「毛皮」、毛が除去されたものを「革」として論をすすめる（杉井2012）。区別できない場合は「皮革」と呼ぶ。

第8章　平胡籙の出現過程と形態復元

はじめに

　正倉院宝物の「胡籙」は残存状態が良好であるため、金具のみが残存している古墳時代の胡籙の復元形態を考える際、参考とされてきた。前章で述べた通り、正倉院宝物は細く高い札差のような形の「胡籙」と短くて裾開きになった「平胡籙」に区分されている（帝室博物館1944）（図46）。後者の平胡籙は類似した資料が古墳時代後期に確認されるため系譜的つながりが想定されているが、出土数の少なさもあってよくわかっていない。そこで本章では、近年増加した資料を考慮しつつ、平胡籙の出現過程とその形態復元について論じる。

第1節　先行研究

　平胡籙という用語は有職に基づくものであり、古代・中世では平威儀の武官の腰に背負う胡籙の一種であった。矢並を繕って矢羽をひろげ、筋違いにして指して体裁を整え、腰あたりをよくするために背板の肩を削いで据拡に、方立を細長い箱状にしたものである（鈴木敬編1996）。末永雅雄は、古代の盛矢具を以下の2つの系統に分けて把握した（末永1936）。矢の大部分をその器具の中に収容する方法を「矢筒式」、矢の一部分だけが容器の中で支持されて、矢の他の部分が暴露して収納する方法を「矢立式」とした。平胡籙は矢立式に相当し、胡籙や箙と対をなすものとして捉えられている。なお、正倉院宝物の中にみられる短く裾開きになった盛矢具（図46右）が平胡籙の始源形とされている。

　その後、古墳の発掘事例が増加する中で、平胡籙と関連すると考えられる資料が指摘され始める。千葉県山王山古墳からは、長方帯状を呈する鉄地金銅張の金具が木地に固定され、鉄鏃と直交した状態で出土した（図54-1）。金具長は30cm以上におよび、「胡籙」の幅が15cm前後であるのに対して、約2倍の幅が想定される。このことから、報告者の千家和比古は、正倉院宝物の平胡籙の範疇で考えるべきであることを指摘し、平胡籙の初源に再考を促した（千家1980）。また、早乙女雅博は、山王山古墳例の金具側辺が内側に傾斜している点は、平胡籙の上にいくに従い狭くなる形を反映していると考え、千家のこの見解を支持している（早乙女1988）。

　田中新史は、古墳出土胡籙を体系的に研究する中で、山王山古墳出土の胡籙金具を「横長帯飾金具」と命名し、平胡籙の金具であると捉えた（田中新1988）。類似する資料として、奈良県巨勢山ミノ山支群2号墳東棺例（図55-3）と13号墳例（図56-4）を挙げた。そして、長さ30cmを超える鋲を多用した表飾金具と、幅狭で鋲1列の裏金具が組み合わさった形態であり、6世紀中葉を前後した短期間に盛行した金具と説明した。また、横長帯飾金具と深い関連性をもつ資料として、「中央1条短冊形吊手飾金具」を挙げた。これは、金具の形態的特徴と

第8章　平胡籙の出現過程と形態復元

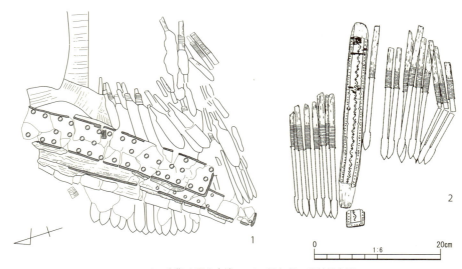

1　千葉 山王山古墳　2　栃木 星の宮神社古墳
図54　平胡籙金具の出土状況図 (s=1/6)

しては横長帯飾金具と区別できないものの、鉄鏃と並行方向（縦位）に出土していることから、異なる機能をもつ金具である解釈しての命名である。類例として栃木県星の宮神社古墳例（図54-2）や奈良県笛吹3号・17号墳例を挙げた。

このように田中は、横長帯飾金具を平胡籙の金具であると捉え、それのもつ共通した特徴を指摘した。さらに、金具としての形態的特徴が共通するものの中でも、鉄鏃に対して出土状況が縦位であるものを中央1条短冊形吊手飾金具とし、平胡籙とは異なる形態の胡籙の金具であると捉えた。

坂靖は、奈良県内出土胡籙を集成する中で、横長帯飾金具（坂の論稿でいう横長帯状金具）に言及している（坂1991）。奈良県内出土例も、幅広の帯状金具と幅の狭い帯状金具が常にセットになることを指摘し、田中の述べる金具の特徴を追認した。

栗林誠治は、出土状況を重視しつつ、山王山古墳例と星の宮神社古墳例の形態復元をおこなっている（栗林2009）。まず、山王山古墳例を浅く幅広い方立部をもち、背中に背負う状態で装着した「矢立背負式胡籙」に復元する。また、田中が中央1条短冊形吊手飾金具として挙げた星の宮神社古墳例を胡籙上端から下端に伸びる背負い紐に装着される金具であると考え、本体を高さ約40〜50cm、幅約20cm程度の細長い形態である「矢筒背負式胡籙」として復元した。田中と同様に、横長帯飾金具を鉄鏃に対して横位であるか縦位であるかによって、別形態の胡籙に復元している。

以上が、平胡籙の出現過程に関連する先行研究である。山王山古墳例が正倉院宝物の平胡籙の源流になるという千家の指摘や、平胡籙に装着されていたと考えられる横長帯飾金具の特徴にかんする田中の指摘がとくに重要であろう。田中や栗林の研究にみられるように、横長帯飾金具は、金具としての特徴は共通していても、出土状況に基づいて異なる2つの胡籙形態が復元されている。妥当な方法論であると考えるが、金具の形態的特徴が共通しているにもかかわ

らず、ここまで大きな復元形態の差が生まれることにはやや疑問が残る。田中自身が指摘しているように、出土状況は木棺の空間や、容器としての空洞のなかで落下による2次的な転位は避けられないために、必ずしも原位置を示すものであるとは限らない。出土状況も重要であるが、まずは現存している金具の特徴をより細かく観察し、その情報から想定される復元形態を考える姿勢がより重要ではないかと考える。結論を先に述べると、筆者は横長帯飾金具、中央1条短冊形吊手飾金具とされる金具は、全て平胡籙の祖形となる盛矢具の金具（このような盛矢具も平胡籙と呼ぶこととする）であったと考える。そこで本章ではまず、基準となる資料の調査結果を報告し、そこから導き出される共通点を整理する。そして、横長帯飾金具、中央1条短冊形吊手飾金具とされる金具が平胡籙の金具であったことを示したうえで、平胡籙の出現過程を考えることとする。

第2節　平胡籙の金具とは

第1項　基準資料の検討

（1）山王山古墳例（図54-1）

　千葉県市原市姉崎に位置する全長69mの前方後円墳である（千家1980）。主体部である粘土槨からは、金銅冠、単龍鳳環頭大刀、変形四獣鏡、腰佩、直刀、刀子、鉄鏃、そして胡籙金具が出土している。胡籙金具はほぼ原位置を保っており、鉄鏃に対して横位に胡籙金具が出土している。金具は3つからなり、帯状を呈する個体が重なった状態で出土している（それぞれ上部、中部、下部金具と呼ぶこととする）。上部金具は鉄製であり、残存長約30cm、最大幅約5cmである。本来の面を保つ右端は内側にやや傾斜しており、3列の鋲が長軸に沿って打ち込まれている。中部金具は鉄地金銅張製であり、残存長約30cm、最大幅3cmである。やはり右端は内側に傾斜しており、2列の鋲が長軸に沿って打ち込まれる。金具の縁際には、蹴り彫り彫金によって波状列点文がほどこされている。下部金具は鉄製であり、残存長約27cm、最大幅1.7cmである。1列の鋲が長軸に沿ってほどこされる。これらの金具の裏面には、織物につけられた縁飾がみられ、さらにその下側からは木材の痕跡が確認できる。

　この資料が、平胡籙の初源に対する再考を促した資料であることは既に述べたところである。鉄鏃はやや右下方向にずれているものの、ほぼ原位置を保っており、平胡籙の形態を推測するうえで重要な資料である。金具は3つからなり、上から順に重なるようにして出土している。これは金具の装着状態を反映している。さらに、これらの金具は右端が内側に傾斜するという共通点をもっている点も特徴的であるといえる。

（2）柿谷古墳第1主体部例（図55-1）

　京都府八幡市美濃山丘陵の北東側縁辺部に位置する一辺約12mの方墳である（引原編2011）。第1主体部には、長さ2.9m、幅1mの組合せ式木棺が安置され、須恵器（壺、高杯）、轡、鉄鏃、そして胡籙金具が出土している。胡籙金具は、須恵器の間に落ち込んでおり、棺上に置か

第 8 章　平胡籙の出現過程と形態復元

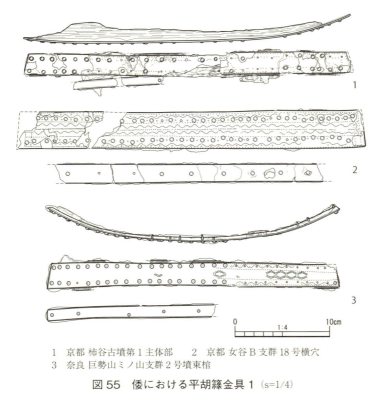

1　京都 柿谷古墳第 1 主体部　　2　京都 女谷 B 支群 18 号横穴
3　奈良 巨勢山ミノ山支群 2 号墳東棺
図 55　倭における平胡籙金具 1（s=1/4）

れたものが棺の腐朽にともなって転落した可能性が指摘されている。

胡籙金具は、残存最大長 34cm、最大幅 2.4cm の鉄地金銅張製の金具と、幅約 1cm の鉄製金具が確認できる。鉄鏃と並行する位置で出土しているが、報告文にあるように、おそらく原位置を保っていないだろう。鉄地金銅張製金具は、やや内湾した帯状を呈する。本来の面を保つ左端の外形は、やや内側に傾斜し、右端も欠損してはいるが金具縁に沿ってほどこされる点列文の並びから見て、やはり内側に傾斜する。2 列の鋲が長軸と並行方向に打ち込まれており、点打ち彫金が鋲の上下に 1 列ずつ、計 4 列ほどこされる。金具の裏面には、平絹＋皮革＋木材の順に有機質が確認できる。布の縁側には、刺繍によって縁飾がほどこされる。木材は厚さ 2cm ほどが残存しており、収納部の材質を反映するものであると考えられる。一方、鉄製金具は、鉄地金銅張製金具の下側に沿うような位置で確認できる。大部分が欠損しているが、帯状を呈しており、鋲が 1 列ほどこされる。

この資料で注目すべきは、有機質部分を介して、鉄地金銅張製金具と鉄製金具の装着位置がわかる点である。これらの金具がセットとなって出土することは指摘されていたが（田中新 1988、坂 1991）、どのような位置関係で装着されていたかはよく分かっていなかった。鉄地金銅張製金具と鉄製金具は上下に沿って胡籙本体に装着され、鉄製金具が収納部のより奥側に装着される。これらの情報は、胡籙の復元形態を考える際に有意なものであるだろう。そこで、本例でいう鉄地金銅張製金具を上部金具、鉄製金具を下部金具と、以下呼ぶこととする。

(3) 女谷 B 支群 18 号横穴例（図 55-2）

京都府八幡市の南側丘陵地に位置する女谷・荒坂横穴墓群の一つである（岩松編 2004）。柿谷古墳から南東方向に約 500m 離れた地点にある。女谷 B 支群 18 号横穴墓からは、須恵器、不明鉄製品、鉄鏃、そして胡籙金具が出土している。これらの金具は、鉄鏃とほぼ並行方向に出土している。ただし、金具は裏面を上に向けて出土している。表面に装飾がほどこされて

いることから、胡籙本体に対しては表面を外側に向けて装着したはずである。奥壁近くから出土しているため、おそらくこの金具は、奥壁に立てかけられた胡籙に対して装着された金具であったと考えられ、有機質の本体が劣化したことで奥壁から入口側に倒れこんだ状態が、出土時の状態であろう。

　胡籙金具は、残存最大長37cm、最大幅4.1cmの鉄地金銅張製上部金具と、残存長28cm、最大幅2.1cmの鉄製下部金具が確認できる。上部金具は扁平な帯状を呈しており、本来の面を保つ右端は内側に傾斜する。左端は欠損しているが、左端の縁にほどこされたであろう蹴り彫り彫金が確認できることから、端に近い部分であると考えられる。彫金の方向からみて、左端も内側に傾斜するであろう。2列の鋲が長軸と並行方向に打ち込まれる。さらに、表面には蹴り彫り彫金による波状列点文が4条、そして点打ち彫金による列点文1条がほどこされる。一方、下部金具は帯状を呈しており、鋲が1列に打たれている。金具の裏面には、平絹、皮革の順で有機質が確認できる。木材は確認できない。この資料は、上部金具の両端が内側に傾斜している点が特徴であろう。

（4）巨勢山ミノ山支群2号墳東棺例 （図55-3）

　奈良県御所市南部の巨勢山山塊に位置する群集墳の一つである（千賀・田中編1984）。2号墳では、東西2棺が検出され、東棺は長さ約3.4m、幅約1.1mの刳抜式木棺である。棺内からは人骨、首飾り、長方形透彫金銅板、金環、鉄鏃そして胡籙金具が出土した。棺外からは須恵器杯と短頸壺が出土しており、6世紀後半の年代が想定されている。正式報告が未刊であり、出土状況はよく分からない。

　胡籙金具は、全長31cm、最大幅2.5cmの鉄地金銅張製上部金具と、残存長18.4cm、最大幅1.4cmの鉄製下部金具が確認できる。上部金具はやや内湾した帯状を呈している。外形は、左右両端ともに内側に傾斜しており、2列の鋲が長軸と並行方向に多数打ち込まれている。さらに、表面には蹴り彫り彫金と点打ち彫金によって文様がほどこされる。金具の縁側には波状列点文、そして金具の中央には連続した菱形文がめぐる。一方、下部金具は帯状を呈しており、鋲が1列ほどこされる。

　この資料は、やや内湾する断面形態をもつ点が特徴であろう。出土状況はわからないが、胡籙本体に対して縦位に装着された場合、このような断面形態をもつとは考えにくい。やはり、横位に装着された可能性が高い。また、上記の資料と同様に、金具の両端は内側に傾斜している。表面に連続した菱形文を描き出す点も特徴的である。

第2項　検討資料の共通点

　ここまでで検討した資料は、残存状態が良好な基準となる資料である。これらの資料にみられる共通点をここでまとめてみよう。

　まずは、上部金具の両端が内側に傾斜する点である。早乙女雅博は、山王山古墳例の金具側辺が内側に傾斜している点は、平胡籙の上にいくに従い狭くなる形を反映するものであると指

表23　平胡籙金具の類例

遺跡名	上部金具						下部金具		鉄鏃編年	陶邑編年
	材質	両端傾斜	鋲列	文様	長さ	木材	有無	材質		
福島 餓鬼堂27号横穴	鉄金	?	2	波状列点文	残存長28.1cm	○	○	鉄	?	?
群馬 田尻8-I区2号	鉄金	○	2	点列	残存長24.5cm	×	×	—	?	?
栃木 星の宮神社	鉄金	○	2	波状列点文	残存長27cm	×	×	鉄	後期2段階	出土せず
千葉 山王山	鉄金	○	2	波状列点文	残存長30.4cm	○	○	鉄	後期1段階	出土せず
岐阜 船来山G29号墳	?	?	2	なし	残存長31.0cm	×	×	—	後期1-2段階	MT15-TK43
京都 女谷B支群18号横穴	鉄金	○	2	波状列点文	残存長37cm	×	○	鉄	後期3段階	飛鳥I新相
京都 柿谷1主体部	鉄金	○	2	点列	全長34cm	○	○	鉄	後期2段階	MT85-TK43
京都 黒土1号	鉄金	○	3	波状列点文	残存長13.2cm	×	○	鉄	後期2段階	TK43
奈良 珠城山1号	鉄金	○	2	波状列点文	残存長41cm	×	○	鉄	後期1段階	MT85
奈良 巨勢山ミノ山2号東棺	鉄金	○	2	菱形文	全長31cm	○	○	鉄	?	TK43-209
奈良 巨勢山ミノ山13号西棺	鉄金	○	2	?	全長33cm	?	○	鉄	?	TK43-209
奈良 寺口忍海H-33号	鉄	?	1	なし	残存長23.3cm	○	○	鉄	後期1段階	TK10
奈良 笛吹3号	鉄金	?	2	?	全長35cm以上	○	○	鉄	?	?
奈良 笛吹17号	鉄金	?	2	?	?	○	○	鉄	?	?
奈良 沼山	鉄金	○	2	なし	残存長33cm	—	○	鉄	後期1段階	MT85
奈良 市尾宮塚	鉄	?	2	なし	残存長10.6cm	×	○	鉄	?	TK10
奈良 ホリノヲ4号	鉄金	○	1	なし	32.4cm	○	○	鉄		
大阪 牛石7号（高塚山）	鉄	—	2	なし	残存長22cm	—	×	鉄	後期1段階	MT85
大阪 檜尾塚原9号第3主体	鉄	?	3	なし	残存長5.8cm	×	×	—	後期1段階	MT85
和歌山 船戸箱山5号石室	?	?	2	なし	残存長3.8cm	?	?	?	?	TK43
兵庫 五ヶ山1号	鉄金	○	2	なし	残存長32.7cm	?	×	—	後期2段階	TK209
岡山 西山3号	鉄	○	2	なし	残存長19.2cm	×	○	鉄	後期1段階	MT85-TK43
岡山 岩田14号	鉄金	○	2	なし	残存長31.9cm	○	○	鉄	後期2段階	TK43-TK209
香川 母神鑵子塚	鉄金	○	2	波状列点文	全長33.5cm	×	×	—	?	TK43-TK209
山口 納蔵原2号	鉄金	○	3	波状列点文	全長36.9cm	○	×	—	?	TK209
福岡 桑原石ヶ元7号	鉄	○	3	波状列点文	残存長13.2cm	○	○	鉄	後期1-2段階	TK43
福岡 善一田18号	なし	なし	なし	なし	なし	なし	○	鉄		TK209
熊本 上高橋堂園遺跡	鉄	鉄	3	なし	残存長33.4cm	×	×	—		TK43-TK209
宮崎 島内139号地下式横穴	銀銅?	?	?	?	?	?	?	?	中期5-後期1段階	出土せず

〔凡例〕?：報告書未刊のため判断不可能。—：欠損のため判断不可能。鉄金＝鉄地金銅張製。鉄鏃編年：（水野2009）。陶邑編年：（田辺1981，西1978）。

摘している（早乙女1988）。平胡籙の形態に規定された特徴であり、平胡籙に装着された金具として考え得る大きな根拠となろう。さらに、ミノ山支群2号東棺例は断面形態から、胡籙本体に対して横位に装着されていた可能性が高いことを示したが、これらも平胡籙に装着された金具であることを傍証する一材料となろう。なお、柿谷古墳例を考慮すると、上部金具と下部金具は上下に沿う形で並び、下部金具が収納部のより奥側に装着されていたようである。これは想定される平胡籙の復元形態と矛盾せず、他の個体にかんしても適用できる特徴であろう。このように、以上で検討した金具の形態的特徴からみて、これらが平胡籙に装着された金具である蓋然性は高いと考える。

第3項　類例の検討

　表23には、類例とその特徴および共伴遺物の編年的位置づけを示している。鋲列や文様

には個体差がみられるが、上部金具の両端が傾斜する点は、すべてに共通してみられる特徴である。これは、平胡籙本体の形に規定される部位であるためであろう。上部金具の長さは、33㎝前後にまとまっており、平胡籙の横幅を示していると考えられる。正倉院の平胡籙は幅25～33㎝程度であることから、妥当な推測であろう。上部金具と下部金具の裏面には織物と皮革の他に、木材が付着するものが多く認められる。古墳時代後期に多くみられる胡籙は、底板を除いて、木材が本体に用いられることはなく、大部分は皮革製である。収納部に木材が用いられる点は、平胡籙の特徴といえるだろう。また、共伴する鉄鏃と須恵器の編年的位置づけをみる限り、MT85～TK209型式期にまとまっており、時期を大きく逸脱するものはみられない。なお近年、宮崎県島内139号地下式横穴墓から平胡籙の金具と考えられるものが出土した（橋本・中野2016）。形態はまだよくわからないが、共伴遺物はMT15～TK10型式期頃とされており、現状の最古の事例である。

　さて、ここで栃木県星の宮神社古墳例に注目する（図56-1）。田中新史はこの資料が鉄鏃と縦位に出土したことから、吊手金具に相当する部位に装着された金具であると判断し、中央1条短冊形吊手飾金具と命名している。さらに栗林も、出土状況を重視してこの金具を胡籙上端から下端に伸びる背負い紐に装着される金具であると考えた。たしかに出土状況を見る限り、この金具は鉄鏃と縦位に出土している（図54-2）。さらに、下部金具を共伴していない。しかし、鉄地金銅張製の金具の右端は内側に傾斜する特徴を有しており、裏面に木材が付着する点、そして断面がやや内湾する点は他の金具と共通する。この資料は鉄鏃に対して縦位で出土しているが、早乙女も指摘しているように、金具が石室側壁の崩落にともなう衝撃で壊されているところからみて90度回転してしまった可能性も考えられる（早乙女1988）。不確定要素の多い出土状況を重視するよりも、金具のもつ諸属性の共通性を重視して、平胡籙の金具の一つとして判断することもできるのではないかと考える。田中が中央1条短冊形吊手飾金具として挙げた奈良県笛吹3号・17号墳出土例は正式報告書が未刊であるため検討をおこなうことができない。この資料の検討も必要ではあろうが、現状では共通した特徴をもつこれらの金具を平胡籙に装着される金具として捉えて差し支えないと考える。

　このように、横長帯飾金具、中央1条短冊形吊手飾金具と呼ばれる金具には、多くの共通点がみられ、かつ平胡籙の形態に規定されたと考えられる形態的特徴もみられることから、これらは正倉院の平胡籙に繋がる盛矢具に装着された金具であったと考える。図57は古墳時代後期における平胡籙の復元試案である。

第3節　平胡籙の源流

第1項　「胡籙」との関連

　前章で検討した通り、古墳時代後期の双方中円形Ⅲ群・短冊形BⅡ群は、正倉院宝物の「胡籙」の祖形であった可能性が高い。これは、日本列島ではTK43型式期になると数が激減し、一部を除いてほぼ姿を消す（早乙女1988、田中新1988）。一方、平胡籙の存続期間はMT15型

第 8 章　平胡籙の出現過程と形態復元

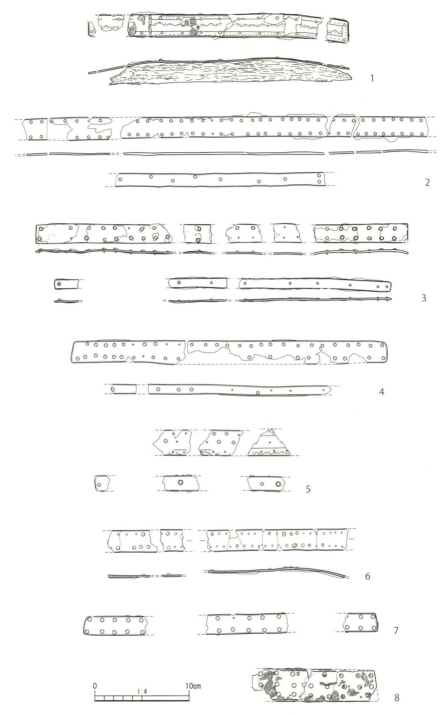

1　栃木 星の宮神社古墳　　2　奈良 珠城山 1 号墳　　3　奈良 沼山古墳
4　奈良 巨勢山ミノ山支群 13 号墳西棺　　5　京都 黒土 1 号墳　　6　大阪 牛石 7 号墳
7　岡山 西山 3 号墳　　8　福岡 桑原石ヶ元 7 号墳

図 56　倭における平胡籙金具 2（s=1/4）

第３節　平胡籙の源流

式〜飛鳥Ⅰ新相であり、存続期間にやや違いがある。勿論、金具が出土していないからといって、胡籙そのものがこの時期に終焉をむかえたわけではないが、平胡籙の金具が出土していることからみて、胡籙が相対的に古墳副葬品として数を減らした可能性が高い。胡籙と平胡籙は、盛矢具としての形態的特徴の差だけでなく、古墳副葬器物としても異なる社会的機能をもっていたことが窺える。

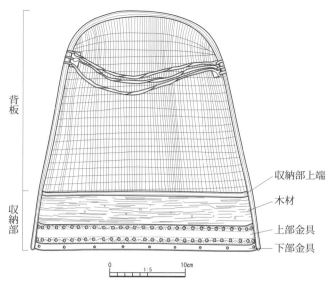

図57　古墳時代後期における平胡籙の復元試案（s=1/5）

このように異なった特徴をもつ両者であるが、金具の技術的特徴をみると共通する点は多い。まず、平胡籙の金具表面には蹴り彫り彫金や点打ち彫金で波状列点文や点列文がほどこされるが、同様の文様は胡籙の金具にも認められる。文様の規格性が異なるものもあるが、技術としてはそのまま踏襲されている。また、平胡籙の金具裏面に付着する織物の縁には伏組繡という縁飾がほどこされるが（第10章）、これは胡籙の金具の一部にも認められる特徴である。装具である金具には大きな技術差は認められないことから、胡籙と平胡籙がそれぞれ別の工房で製作されていたという訳ではなかったようである。

第２項　朝鮮半島出土の関連事例

現状、日本列島における平胡籙の初源はMT15型式期にあるが、この源流はどこに求めることができるか。朝鮮半島に関連資料を探してみよう。盛矢具として用いられた金具の内、関連すると考えられる事例が、朝鮮半島南部の慶尚北道南部に位置する慶山林堂C-Ⅰ-35号墳例に認められる（図58）。横穴式石室からは、新羅土器（２段台脚高杯、蓋、短頸壺、有蓋把手附鉢）、銀製逆心葉形帯金具、鉄鏃、そして胡籙金具が出土している（韓国文化財保護財団編1998）。新羅土器の２段台脚高杯は、白井克也の編年で新羅ⅢC古段階に相当すると考えられ、白井の併行関係によるとTK43型式期に相当する（白井2003b）。胡籙金具の詳細な出土状況はわからないが、鉄鏃のすぐ近くから出土していることからみて、盛矢具であることは確かであろう。金具は鉄地金銅張製であり、残存長23cm、最大幅2.5cmである。扁平な帯状を呈しており、長軸に沿って２列の鋲が打ち込まれている。両端が欠損しているため、短辺の形態はわからず、また彫金による文様もほどこされていない。裏面には、織物、皮革の順に有機質が確認できる。

この資料には日本列島の平胡籙にみられる鉄製の下部金具がなく、また鉄地金銅張製の上部金具の両端も欠損によって分からないため、関連事例として取り上げるだけの情報はやや不足

第8章　平胡籙の出現過程と形態復元

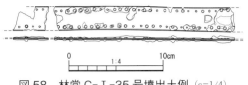

図58　林堂C-Ⅰ-35号墳出土例 (s=1/4)

している。しかし、この金具が盛矢具である可能性が高いこと、そして共伴遺物の編年的位置づけからみて、日本列島で平胡籙が盛行した時期であることを考慮すると、見逃せない資料でもある。この時期の慶山は新羅の一地域であり、地理的にも新羅の中心である慶州から近い場所に位置する。新羅で製作されたか、もしくは新羅の地域間交流の中でもたらされた資料であろう。

　この資料以外は現状、朝鮮半島に類例を求めることはできない[1]。日本列島の平胡籙の金具に見られる技術は、胡籙の金具と通じるところが多く、出土数も圧倒的に日本列島が多いため、製作地としては日本列島が想定される。だが、1例のみとはいえ、新羅地域で関連する事例が出土していることから、今後の資料の増加によっては、朝鮮半島南部に源流を求められるようになる可能性はあるだろう。

結　語

　本章では平胡籙の出現過程について、日本列島の古墳出土品を中心にして検討を加えた。従来、横長帯飾金具や中央1条短冊形吊手飾金具と呼ばれていた金具を、資料間にみられる共通性と形態的特徴を重視して、正倉院宝物の「平胡籙」へと繋がる形態の胡籙に装着された金具である可能性が高いことを指摘した。金具からみる限り、平胡籙はMT15型式期頃には出現していたようである。さらに、古墳時代後期にみられる胡籙や朝鮮半島出土関連資料との比較を通して、古墳時代研究の文脈の中に平胡籙を位置づけた。

　7世紀中葉に入ると、平胡籙の金具もほとんど確認されなくなり、古墳副葬品としては終焉をむかえる。平胡籙としての形態は正倉院宝物に残るように、その後も存続したと考えられるが、正倉院宝物の平胡籙には金具は装着されない。胡籙も同様である。正倉院宝物の多くは、葛をはじめとした蔓で作られ、赤漆などによる彩色の方向へ加飾が進む。金具で胡籙を装飾する風習は、古墳時代の特徴であったようである。これは当時の古墳副葬品として、金銅製冠、飾履、耳飾、装飾付大刀などが数多く採用されていたことと無関係ではあるまい。器物を金や銀で装飾することが、古墳時代の社会において意味あることであったのだろう。

[註]
(1) 田中新史は、高霊池山洞（啓）33号墳例や義城塔里第Ⅱ槨例が候補となる可能性を指摘しているが（田中新1988）、これらは出土状況が明確でないため、盛矢具であるかがはっきりしないうえに、日本列島にみられる類例との時期差が大きい。また、金具の特徴としても共通点は少ないため、類例としては適当ではないと考える。

第9章　靫金具の変遷

はじめに

　古墳時代の盛矢具には、前章までで述べてきた通り胡籙がある。胡籙は、鏃身部が下向きになるように矢が収納される。もう一つの古墳時代の盛矢具が「靫」であり、鏃身部が上向きになるように矢が収納される。靫は、古墳時代を通してみられる倭の伝統的な盛矢具である。

　古墳時代前期には矢筒部に装飾がほどこされた靫が確認できる。この時期、靫は有稜系鏃と組み合わせて葬送儀礼の場で用いられていたと考えられている。そして古墳時代中期になると、有稜系鏃の消滅に合わせるかのように矢筒部に装飾がほどこされた靫が終焉を迎え、装飾がほどこされない靫へと変化した（杉井1996）。以後、靫の出土数は減少するものの、古墳時代後期になるとまた出土数が増加する。良好な残存状態で出土した栃木県七廻り鏡塚古墳例は、漆塗りされた長方形の板と板状の薄い革を、革紐で固縛して作られていた[1]（大和久1974）。中期と同様に、後期の靫にも矢筒部に装飾はみられない。また、後期の靫には断面長方形の鉄製金具が装着される事例が多く確認できるようになる（田中新1988）。胡籙に装着される金具は金銅装のものが多く、これと比べると質素な印象を受ける。

　このように古墳時代の盛矢具は靫、胡籙、平胡籙に区分され、古墳時代後期にはこの3つが並存していた。出土時には有機質からなる本体の多くは失われているが、それぞれに装着される金具の違いから、これらを区分することができる。

第1節　埴輪にみられる靫金具

　武人埴輪がもつ靫や靫形埴輪には、靫金具が装着された事例がある。よく観察すると、埴輪には1箇所もしくは2箇所に靫金具が確認できる。1箇所に靫金具が装着される事例としては、群馬県今井神社2号墳出土の武人埴輪（図59-2）、群馬県伊勢崎市豊城町権現下出土の靫形埴輪（図60-3，4）、神奈川県瀬戸ヶ谷古墳出土の靫形埴輪（図60-6）が挙げられる。これらは、靫の底付近にのみ靫金具が装着される点が特徴である。

　一方、2つの靫金具が装着される事例としては、群馬県太田市飯塚町出土の挂甲武人埴輪（図59-1）、群馬県太田市大字西長岡出土の靫形埴輪（図60-1，2）、群馬県相生富士山古墳出土の靫形埴輪（図60-5）が挙げられる。これらは底付近に加えて、靫の中央付近もしくは収納部上端付近に靫金具が装着される点が特徴である。

　さらに、福島県神谷作101号墳出土の靫形埴輪には、底、中央、収納部上端付近に靫金具が装着されている（図59-3）。

　このように埴輪に描かれた靫をみると、靫金具が1〜3箇所装着される事例がある。基本的には靫の底付近に装着されるが、加えて靫の中央付近もしくは収納部上端付近にも装着されて

143

第 9 章 鞍金具の変遷

1 群馬 太田市飯塚町出土　　2 群馬 今井神社 2 号墳　　3 福島 神谷作 101 号墳
図 59　鞍を模した埴輪の諸例 1（1 と 2 の左は s=1/15、右は s=1/5、3 は s=1/8）

いたことがわかる。ただし、伊勢神宮神宝にみられるような後世に残る鞍は、埴輪に描かれているいわゆる奴凧形の鞍とは形態が大きく異なっており、埴輪が当時の鞍をどの程度正確に描いているかわからないという不安点もある（橋本 2002）。

そこで、実際の鞍の出土状況をみてみると、例えば千葉県経僧塚古墳例は、出土状況から底板付近に金具が装着されていたことがわかる（田中新編 2010）。また、古墳時代中期の事例で

144

第2節　靫金具の分類

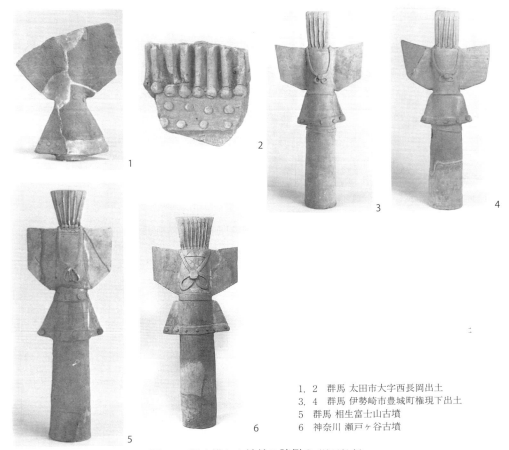

1, 2　群馬　太田市大字西長岡出土
3, 4　群馬　伊勢崎市豊城町権現下出土
5　群馬　相生富士山古墳
6　神奈川　瀬戸ヶ谷古墳

図60　靫を模した埴輪の諸例2（縮尺任意）

あるが、京都府宇治二子山南墳から鉄地金銅張製の靫金具が出土しており（杉本編1991）、これは出土状況からみて収納部下端か中央付近に装着されたものであったと考えられる[2]。これらは靫金具が1箇所に装着された事例である。

一方、大阪府峯ヶ塚古墳出土靫金具は金具幅、鋲配置で2つに分類することができ、靫金具を2点確認することができる（図65-1, 2）。また、奈良県藤ノ木古墳からも2個体分の靫金具が確認されている（図66-5, 6）。三重県井田川茶臼山古墳例にいたっては少なくとも4個体分の靫金具が確認できる（図66-1～4）。これらは、出土状況からの検証は難しいが、1個体に複数の金具が装着されていた可能性を示していると考える。

第2節　靫金具の分類

ここでは靫金具を集成し、装着部位と変化する属性を検討することで、靫金具の分類をおこなう。古墳時代中期から後期の靫金具を集成したものが表24である。現状の筆者の集成では計36例である。

（1）装着部位（図61）

　古墳時代中期～後期にかけての靫で、有機質が良好な状態で出土した例として大阪府土保山古墳第2埋葬施設例（陳1970、原口1973）と栃木県本村2号墳例（富山編2004）が挙げられる。前者からは4個体の靫が出土したようであり、報告書にはその模式図が載せられている。詳細な写真はないが模式図によると、収納部上側には凹形を呈する帯部（以下、凹形帯と呼ぶ）と靫形埴輪でいう飾板があり、収納部中側と下側には横帯がある（図61-1）。また、本村2号墳の石棺上から出土した靫には、上側に凹形帯、下側に横帯がある[3]（図61-2）。これらは時期も近いことから、類似した形態であったと考えられる。

　また、やや時期は下るが、和歌山県大谷山22号墳出土人物埴輪に描かれた靫（和歌山県立紀伊風土記の丘2016）（図62-1）、千葉県殿塚古墳（城倉編2017）（図62-2）、千葉県山田宝馬35号墳（城倉編2017）（図62-3）出土の靫形埴輪にも同様の凹形帯が確認できる。

　靫金具の多くは帯形であり、断面長方形の収納部を形成する。この金具を「横帯の材質を有機質から鉄に置き換えたもの」とする見解があり（杉井2013）、筆者もその可能性が高いと考える[4]。また、奈良県五條猫塚古墳からは帯形を呈する金具に加えて、凹形を呈する飾金具が出土している（図64-1）。この飾金具について、川畑純は靫金具である可能性を指摘しており（川畑2014）、坂靖は靫と外来の胡籙が融合した「D類胡籙（筆者のいう平胡籙）」の嚆矢と解釈している（坂2014b）。筆者は、帯形を呈する金具が靫の横帯、凹形を呈する金具が靫の凹形帯に装着された可能性があることを考慮し、靫金具であった可能性を考えたい。これらの状況をふまえ、靫金具に横帯金具と凹形金具という部位名称をつけた（図61）。なお、五條猫塚古墳例には他にも弧を描く金具がある。これは靫形埴輪でいう円盤部や渦状部に装着されていた可能性があるが、古墳時代中期以降の靫で同様の事例はみられないため、確定はできない。

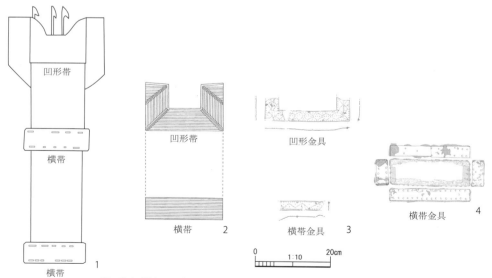

靫の出土事例：1　大阪　土保山第2埋葬施設　2　栃木　本村2号墳
靫に装着された金具：3　奈良　五條猫塚古墳　4　千葉　経僧塚古墳

図61　靫と靫金具の部位名称（s=1/10）

第 2 節　鞘金具の分類

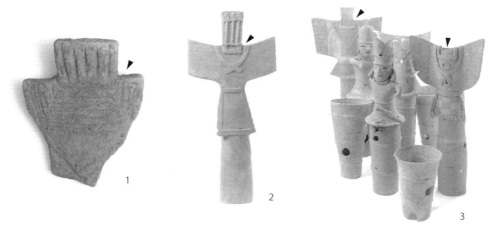

1　和歌山 大谷山 22 号墳　　2　千葉 殿塚古墳　　3　千葉 山田宝馬 35 号墳
図 62　靫形埴輪にみられる凹形帯（縮尺任意）

(2) 横帯金具の属性分析

凹形金具は現状 2 例しかないが、横帯金具は 36 例が確認されており、属性が変化することが指摘されている。ここでは先行研究をふまえながら、その属性を整理する。

鞘金具は、大谷晃二によって編年の検討がなされており、収納部の幅と奥行きの比率や、鋲数・鋲配置が編年の基準として挙げられている（大谷 1999）。傾向が出ており有意な属性である。ただ、例えば金具が破片の状態で出土した場合、収納部幅の情報は得られない。ここでは、近年の新出事例を含めてより多くの資料を位置づけるため、破片でも抽出可能な属性を中心に検討をおこなうこととする。

本書で注目した属性は、材質、鋲配置、収納部奥行き、金具幅、構造である（図 63）。

材質　金銅製、鉄地金銅張製、鉄製がみられる。

鋲配置　1 類（2 つ対にならないもの、例：千鳥配置、2・1・2 配置、2・2・2・1 配置、4・2 配置）と 2 類（2 つ対になるもの）にわけられる。

収納部奥行き　断面長方形を呈する収納部の短軸方向（奥行き）の長さを指す。

金具幅　金具の短軸方向の長さを指す。

構造　分離（断面長方形を呈する横帯金具の端を重ね合わせず、分離させるもの。）、一周（断面長方形を呈する横帯金具を一周させて、端を重ね合わせるもの）にわけられる。

これらの属性を整理し、共伴する須恵器編年・鉄鏃編年とともに整理したものが表 24 である。表 24 では、材質、鋲配置、収納部奥行き、金具幅、構造の順に優先順位をつけて配列した。表をみると、材質は金銅装から、鉄製へと変化する。鋲配置は、例外はあるものの、概ね 1 類から 2 類へと変化する。このような属性の変化は、須恵器編年・鉄鏃編年とも矛盾しない。

次に、これらの属性をもとにして段階設定をおこなった。材質が金銅装と鉄製の使用から、鉄製のみの使用へと変化するのが II 段階、鋲配置が 1 類から 2 類となるのが III 段階である。なお、収納部奥行きは欠損によって計測できないものも多くあるが、大谷が指摘するように小さ

第9章 靫金具の変遷

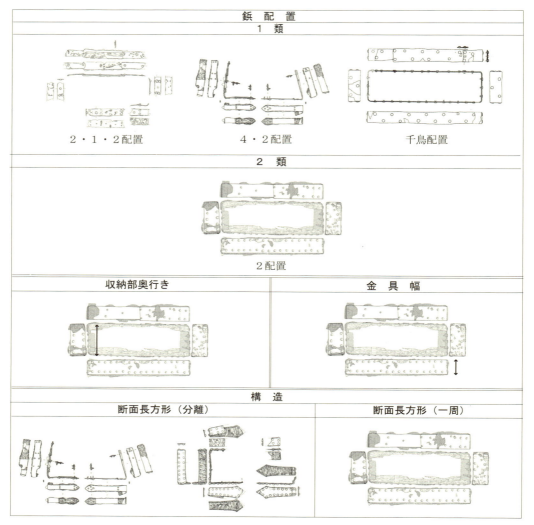

図63 靫金具（横帯金具）の諸属性

くなる傾向がある（大谷1999）。ただ、例外もあり、現状では明確な基準を設けることができなかったため、段階の細分はおこなわない。

　Ⅰ段階の事例は五條猫塚古墳①・②例、京都府宇治二子山南墳例、大阪府長持山古墳例である（図64）。金銅装のものもある点が特徴である。先述した通り、五條猫塚古墳例には凹形金具がともなう。Ⅰ段階の開始時期は、陶邑編年でいうTK73型式期に相当する（胡籙金具の出現よりもやや早い）。

　Ⅱ段階の事例は峯ヶ塚古墳例①・②、奈良県寺口忍海H-1号墳例、寺口忍海H-20号墳例である（図65）。鉄製であり、かつ鋲配置が1類である。陶邑編年のMT15〜MT85型式期に相当する（胡籙金具編年Ⅲ段階に相当する）。

　Ⅲ段階の良好な事例は三重県井田川茶臼山古墳例①〜④、奈良県藤ノ木古墳例①・②、埼玉県柳瀬1号墳例、島根県御崎山古墳例、千葉県経僧塚古墳例、京都府湯舟坂2号墳例、島根

表 24　靫金具の諸属性

都道府県	市町村	古墳名	金具	材質	鋲配置	収納部奥行き	金具幅	構造	靫	鉄鏃編年	陶邑編年
奈良	五條市	五條猫塚①	凹形横帯	金銅	1類	?	2.8cm	?		中期2	—
奈良	五條市	五條猫塚②	凹形横帯	金銅	1類	?	2.7cm	?	Ⅰ	中期2	—
京都	宇治市	宇治二子山南	横帯	鉄金	1類	?	1.7cm	一周		中期4	—
大阪	藤井寺市	長持山古墳	横帯	鉄	1類	4.7cm				中期4	—
大阪	羽曳野市	峯ヶ塚①	横帯	鉄	1類	?	1.5cm	?		後期1	MT15
大阪	羽曳野市	峯ヶ塚②	横帯	鉄	1類	?	1.6cm	?	Ⅱ	後期1	MT15
奈良	葛城市	寺口忍海 H-1 号	横帯	鉄	1類	5.0cm +	1.8cm			後期1	MT15
奈良	葛城市	寺口忍海 H-20 号	横帯	鉄	1類	7.7cm	1.4cm	分離		後期1	TK10
三重	亀山市	井田川茶臼山①（箱式石棺外Ⅰ群）	横帯	鉄	2類	10.3cm	2.0cm	?		後期1	MT15 ～ TK43（追葬）
三重	亀山市	井田川茶臼山②（箱式石棺外Ⅰ群）	横帯	鉄	2類	7.8cm	2.2cm	?			
三重	亀山市	井田川茶臼山③（箱式石棺外Ⅰ群）	横帯	鉄	2類	6.2cm +	2.3cm	?			
三重	亀山市	井田川茶臼山④（箱式石棺外Ⅰ群）	横帯	鉄	2類	7.6cm	2.5cm	?			
静岡	藤枝市	八幡 2 号	横帯	鉄	2類	?	2.1cm	?		—	TK10
香川	善通寺市	王墓山	横帯	鉄	2類	6.2cm +	1.8cm	?		後期1	TK10 ～
福岡	岡垣町	兎ギ坂 1 号	横帯	鉄	2類	?	2.4cm	?		後期1	MT85 ～
大阪	茨木市	青松塚	横帯	鉄	2類	?	1.9cm	?		後期2	TK10～
奈良	斑鳩市	藤ノ木①	横帯	鉄	2類	8.4cm +	2.2cm	分離		後期2	TK43
奈良	斑鳩市	藤ノ木②	横帯	鉄	2類	8.4cm +	2.2cm	分離		後期2	TK43
埼玉	皆野町	柳瀬 1 号	横帯	鉄	2類	7.1cm	3.6cm	?		後期2	—
島根	松江市	御崎山	横帯	鉄	2類	6.6cm	3.4cm	一周		後期2	TK43
島根	出雲市	上塩冶築山	横帯	鉄	2類	4.4cm +	3.4cm		Ⅲ	後期2	TK43
福岡	宇美町	宇美観音浦 KS3 号	横帯	鉄	2類	?	2.2cm			後期2	TK43～
静岡	菊川町	宇藤 A1 号横穴	横帯	鉄	2類	?	3.2cm	?		後期2	TK43
千葉	香取市	城山 1 号墳	横帯	鉄	2類	?	3.2cm	一周		後期2	TK43
静岡	相良町	稲荷山 1 号	横帯	鉄	2類	?	2.2cm	?		後期2	TK43 ～ TK209
福岡	嘉麻市	宮ノ上 4 号横穴	横帯	鉄	2類	?	?	?		後期2	
福岡	壱岐市	双六	横帯	鉄	2類	?	3.2cm	?		後期2	
静岡	富士川町	谷津原 7 号	横帯	鉄	2類	?	2.8cm	?		後期2	
千葉	山武市	経僧塚	横帯	鉄	2類	6.6cm	3.2cm	一周		後期3	
京都	久美浜町	湯舟坂 2 号	横帯	鉄	1類	6.2cm	2.6cm	一周		後期3	TK43 ～ TK217
福岡	大野城市	善一田 18 号①	横帯	鉄	2類	6.0cm	2.8cm	?			TK209
福岡	大野城市	善一田 18 号②	横帯	鉄	2類	?	2.0cm	?			TK209
島根	石見町	下河原横穴	横帯	鉄	2類	6.0cm	2.2cm	一周		—	TK43
千葉	木更津市	金鈴塚古墳	横帯	鉄	2類					後期3	TK209
愛知	岡崎市	車塚09区080SZ石室	横帯	鉄	2類	?	2.9cm	?		—	
静岡	藤枝市	白砂ヶ谷 C1 号	横帯	鉄	2類	?	3.4cm	?		後期2	TK217 新～

〔凡例〕 ?：欠損により不明。—は出土していない。＋は欠損しており、それ以上を示す。鉄金—鉄地金銅張製。鉄鏃編年：（水野 2009）。陶邑編年：（田辺 1981）。

県下河原横穴墓例である（図 66）。この他にも、欠損しているが鋲配置からみてⅢ段階とわかる事例も多くある（図 67）。現状、共伴遺物からみて最も古いと考えられるものは、井田川茶臼山古墳例である。靫金具の出土位置周辺（箱式石棺外Ⅰ群）から出土した鉄鏃や須恵器からみて、追葬にともなうものと考えられる（三重県教育委員会 1988）。鉄鏃の頸部関には棘状関に近い形態がみられ（水野編年の後期 1 と後期 2 の過渡期か）、須恵器には TK43 型式期に相当する蓋杯もみられる。その他の古墳出土例の多くは TK43 型式期以降に位置づけられるものである。Ⅲ段階の開始時期は、須恵器編年の TK43 型式期に相当する（胡簶金具Ⅲ段階以降である）。

第 9 章 鞍金具の変遷

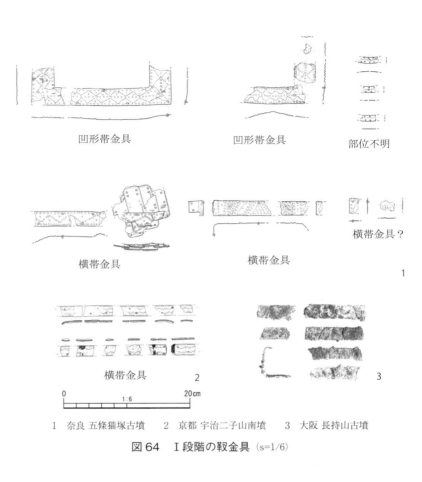

1 奈良 五條猫塚古墳　2 京都 宇治二子山南墳　3 大阪 長持山古墳
図 64　I 段階の鞍金具（s=1/6）

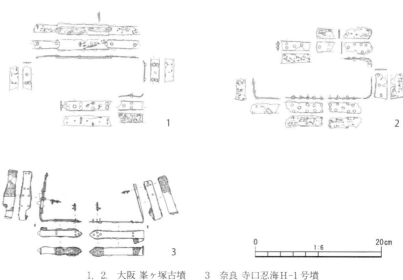

1. 2. 大阪 峯ヶ塚古墳　3 奈良 寺口忍海 H-1 号墳
図 65　II 段階の鞍金具（s=1/6）

第 2 節　鞆金具の分類

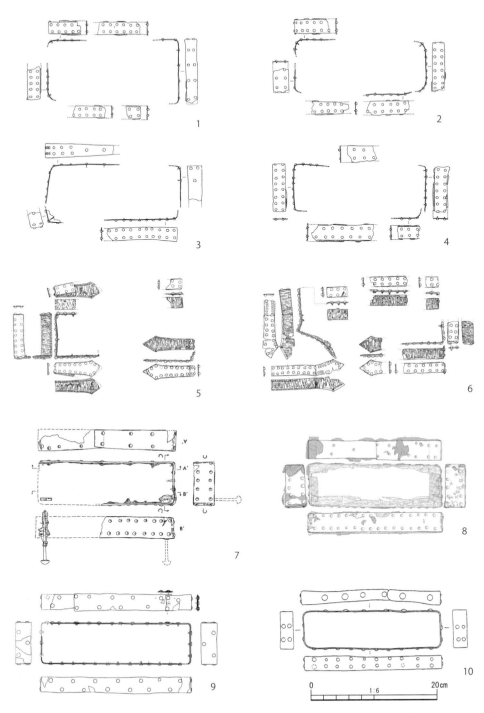

1～4　三重 井田川茶臼山古墳　　5, 6　奈良 藤ノ木古墳　　7　島根 御崎山古墳
8　千葉 経僧塚古墳　　9　京都 湯舟坂2号墳　　10　島根 下河原横穴墓

図66　Ⅲ段階の鞆金具1 (s=1/6)

第9章 軑金具の変遷

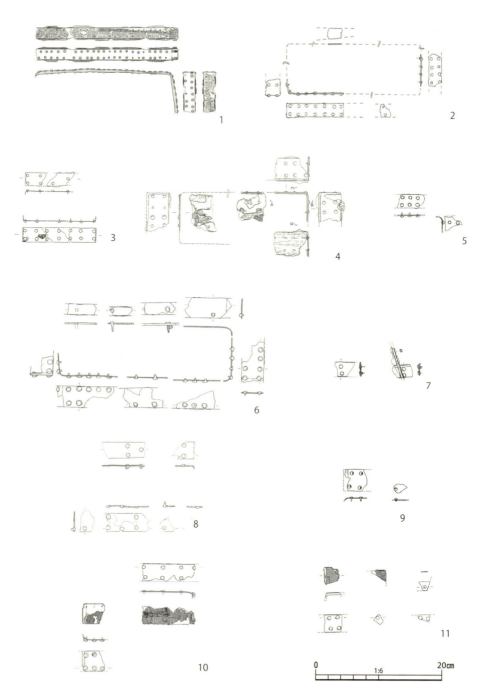

1 香川 王墓山古墳　 2 静岡 八幡2号墳　 3 福岡 兎ギ坂1号墳　 4 島根 上塩冶築山古墳
5 福岡 宇美観音浦KS3号　 6 静岡 宇藤A1号横穴墓　 7 静岡 稲荷山1号墳　 8 愛知 車塚遺跡080SZ石室
9 静岡 白砂ヶ谷C1号墳　 10 福岡 双六古墳　 11 静岡 谷津原7号墳

図67　Ⅲ段階の軑金具2 (s=1/6)

（3）胡籙金具と靫金具の折衷形態

　岡山県八幡大塚2号墳例には吊手金具がみられず、収納部金具だけからなる（図68-1）。この収納部は突起のつかない帯形の金具であり、断面半円形を呈する。鉄製で2列の鋲がほどこされている。また、滋賀県円山古墳例には、突起のつかない帯形で断面半円形を呈する収納部金具がみられる[5]（図68-2）。これにも八幡大塚2号墳例と共通した特徴がみられる。

　栗林は福岡県タカバン塚古墳例（半円形鉄製底板責金具1類）、八幡大塚2号墳例（半円形鉄製底板責金具2類）のような断面半円形を呈する金具を、靫の底板金具であるとみなした。田中新史も根拠は明言していないものの八幡大塚2号墳例を靫金具とみなしており（田中新1988）、宮代栄一も、立飾りがみられず吊手金具も共伴しないことからこれを靫の底板の責金具であるとみた（宮代1993）。

　たしかに、これらが鉄製である点と鋲配置は、断面長方形を呈する靫金具と共通している。ただ、これらの断面形態が半円形である点は、胡籙金具の収納部金具とも共通している。例えば、半円形鉄製底板責金具に含められる可能性が高い円山古墳例は、鉄鏃の鏃身部近くに錆着した状態で出土している。鏃身部が下向きに収納された胡籙の金具として用いられたことがわかる事例である。このように、八幡大塚2号墳例、円山古墳例のような半円形鉄製底板責金具は胡籙金具と靫金具の両方の特徴を有した折衷的な形態であると考えられる。このような形態は、出土古墳の共伴遺物から考えると、TK43型式期頃にみられるようである。

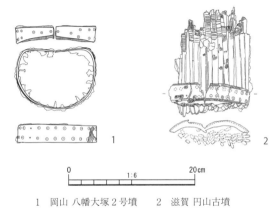

1　岡山 八幡大塚2号墳　2　滋賀 円山古墳

図68　胡籙金具と靫金具の折衷形態（s=1/6）

結　語

　表25では、倭における胡籙金具、平胡籙金具、靫金具の併行関係を示した。胡籙金具のⅢ段階と靫金具のⅡ段階がほぼ併行し、胡籙金具終焉後が靫金具Ⅲ段階に相当する。これらを盛矢具の統合編年と呼び、Ⅰ〜Ⅳ期に区分することとする。

　Ⅲ期までみられた朝鮮半島に由来する胡籙金具は金銅装を基本としており、装飾的なものであった。だが、この胡籙金具はⅣ期（TK43型式期）以降は数を減らし、代わりに増加してくるのが靫金具や平胡籙金具である。奈良時代になると、胡籙や平胡籙は葛をはじめとした蔓で作られるように

表25　倭における盛矢具の統合編年

編年区分	胡籙金具	靫金具	平胡籙金具	陶邑編年
Ⅰ期	Ⅰ段階	Ⅰ段階		TK73〜TK216
Ⅱ期	Ⅱ段階			TK208
Ⅲ期	Ⅲ段階	Ⅱ段階	○	TK23・47〜MT85
Ⅳ期		Ⅲ段階	○	TK43〜

〔凡例〕○：存在することを示す。

第9章　靫金具の変遷

なり、金具は装着されず、赤漆などによる彩色の方向へ加飾が進む。靫金具は、このような金具による装飾から有機質による装飾へと変化する過渡期のものであり、当時の盛矢具の実態を考えるうえで興味深い事例であると考える。

[註]
(1) 水澤幸一は本例を靫とは異なる矢入れ具であると想定している（水澤2016）。その可能性もあるが、現状では古墳時代の盛矢具として胡籙と靫以外はみつかっていないため、ここでは靫の範疇で考えておきたい。

(2) 栗林誠治は本例を収納部中央付近に装着されたものとして復元しているが（据置B式洗韋製III式2類）（栗林1993）、出土状況からみると収納部下端に装着された可能性も考えられる。

(3) 水澤幸一は、本例を靫でなく、胡籙であると指摘している（水澤2016）。共伴する金銅装腰帯金具が胡籙の腰帯金具とみなせることを根拠としているが、胡籙の帯金具であれば中央に長方形の透孔があるはずであり、胡籙の帯金具とは考えにくい。これらは報告書にあるように、短甲の蝶番金具である可能性が高く、本例は靫と考えて問題ないと考える。

(4) このような金具をもつ盛矢具を、正倉院赤漆葛胡籙第19号や漆葛胡籙第29号などに系譜的に繋がるものとみる見解もある（坂2014b）。たしかに、両者の収納部形態が共通する点は考慮すべきである。そもそも古墳時代の「靫」は、『国家珍宝帳』に記載された「御箭壹佰具」の靫とは相違しており、靫の名称をあてることが適切かどうか疑問であるとの指摘もあり（近藤2014）、興味深い。ただ、経僧塚古墳例は、刃先が上を向いた鉄鏃をともなって出土しており（田中編2010）、鉄鏃の収納方法の分類からは靫に分類される。筆者は、古墳時代の盛矢具を区分するうえで鉄鏃の収納方法の分類は有効であるという立場から、田中新史が指摘するように、経僧塚古墳例のような金具を靫金具であると捉えておきたい。

(5) 双方中円形3類吊手金具、収納部金具Bb類（三葉形立飾付帯形金具）も出土しているが、これは別個体の胡籙に装着されたものであったと考える。

第10章　倭における盛矢具生産
—盛矢具に付着する織物の製作技法を中心に—

はじめに

　胡籙、平胡籙、靫からなる古墳時代の盛矢具[1]の金具には織物、皮革をはじめとする有機質が付着することが多い。盛矢具の金具からは金工技術の情報とともに、織物、皮革加工技術の情報も読み取ることができる。この両者をあわせて検討することで、当時の生産の状況により迫ることができるであろう。近年、馬具を中心として、このような方法による研究が増えてきている。ここでは先行研究をふまえながら、盛矢具に付着する有機質について検討する。そして盛矢具の金工品としての情報と組み合わせることで、盛矢具生産に迫りたい。

第1節　盛矢具に付着する有機質の基本構造

　盛矢具には有機質が付着することが多く、残存する有機質の情報から盛矢具の有機質構造を推測することができる。ここでは、もう少し細かな有機質情報に注目する。盛矢具に付着する有機質については、各報告書の自然科学的分析の箇所で言及されることが多い。代表的な事例としては、奈良県寺口千塚3号墳出土胡籙金具（角山1991）、兵庫県西宮山古墳出土胡籙金具（切畑2002）、富山県朝日長山古墳出土胡籙金具（小村・井上2002、沢田2005b，2006a）、兵庫県亀山古墳出土盛矢具金具（沢田2006b）、群馬県井手二子山古墳出土胡籙金具（沢田2009）、朝鮮半島出土の胡籙金具（出土地不詳、東京国立博物館所蔵）（沢田2009，2012）、千葉県経僧塚古墳出土靫金具（沢田2010）、香川県王墓山古墳出土胡籙金具（杉本2014）が挙げられる。これらの研究成果を参考にしながら、多数調査を実施することができた倭の盛矢具をもとに、有機質の基本的構造を探る。

　なお、織物の素材は顕微鏡でみないと判断できないが、沢田むつ代の観察法に基づき、撚りをほとんどかけず引き揃えの糸を絹、撚りがある糸を植物繊維の麻とみなす（沢田2005a）。また、絹からなる織物を平絹、麻からなる織物を布と表記し、判断がつかない場合は絹と麻の総称である平織物とする。同じ素材の複数の織物が重なる場合は、糸の細いものと太いもので区分して表記することとする。皮・革については、杉井健の定義に基づき、獣毛があるものを皮、ないものを革と区分することができるが（杉井2012）、獣毛を内側に折り込んだものもあり、判断が難しいものもあるため、皮革と表記する。

（1）胡　籙
　ここでは多数調査を実施することができた倭の事例をもとに、有機質の基本構造を探る（図69・巻頭口絵2参照）。

① Ⅰ・Ⅱ段階

Ⅰ段階の良好な事例としては、京都府私市円山古墳例、福岡県堤当正寺古墳例（図69-1）、福井県天神山7号墳例が挙げられる（図48-1）。ともに、吊手金具には、金具の裏から順に平絹、皮革が付着する。堤当正寺古墳例には皮革の裏にも平絹が付着していることから、皮革を包むように平絹が巻かれていた可能性がある。

Ⅱ段階の良好な事例としては、兵庫県宮山古墳第2主体部例が挙げられる（図69-2）。吊手金具には、金具裏から平絹、皮革（獣毛がよく残存する）が付着している。

このように、倭におけるⅠ、Ⅱ段階の胡籙金具の裏には皮革が多く付着しており、中には平絹があわせて用いられることもあるようである。

② Ⅲ段階

先述した先行研究は、全てこのⅢ段階に相当する資料の分析である。奈良県寺口千塚3号墳例の分析では、地は「経錦」で構成し、裏地として「筬目の平絹」を付け、その周辺を「組紐」で装飾していたことが明らかにされた（角山1991）。経錦は、複様平組織からなる経二重経組織であるという。沢田によると、筬目とは、経糸が2本ずつ引き寄せられ、つぎの緯糸との間に隙間（筬目）が生じる織物のことである（沢田2005a）。

兵庫県西宮山古墳例の分析では、地は筬目入りの麻布であり、その上に絹糸による経錦がみられたことが指摘された（切畑2002）。また、金具の用途や位置によって織の経緯が用い分けられ、布の縁には諸撚りづかいの刺繍がみられるという。

富山県朝日長山古墳例の分析では、筬目の平絹、皮の順に付着しており、筬目の平絹には、撚りの強い糸で金具を縁取るように刺繍がほどこされていることが確認された（小村・井上2002）。

これらの分析からわかるとおり、Ⅲ段階になると、経錦、筬目の平絹、筬目の平絹の縁につく刺繍（本章ではこのような糸を用いて縁を飾る総称を「縁飾（片山2016）」と呼ぶ）が出現する。他にも、福岡県番塚古墳例を始めとしてⅢ段階の胡籙金具には、筬目の平絹と皮革の間に黒漆が確認される（図69-3）。黒漆は平絹と皮革の接着剤のような役割を果たしていたと考えられる。吊手金具にはみられず、収納部金具（帯形金具B類、山形突起付帯形金具、三葉形立飾付帯形金具）にのみみられるようである。Ⅲ段階になると胡籙の有機質が大きく変化し、装飾的になる。

（2）平胡籙

平胡籙は、胡籙金具Ⅲ段階とほぼ同時期（Ⅲ期）に出現する。これまでに分析がおこなわれたことはない。京都府柿谷古墳第1主体部例には、筬目の平絹、皮革、木質がみられ、筬目の平絹には沢田のいう伏組繍という縁飾がついていた（図69-4、図76-2・巻頭口絵2、7参照）。木質は平胡籙の収納部の材質であると考えられ、胡籙にはない特徴であるが、筬目の平絹や縁飾がみられる点は、胡籙金具や靫金具と共通している。

（3）靫

　靫金具Ⅰ・Ⅱ段階の事例は分析されたことがない。筆者の調査で確認したところ、Ⅰ段階の奈良県五條猫塚古墳例では平絹と木質、京都府宇治二子山南墳例では皮革と木質、京都府長持山古墳例では皮革を確認した。平絹や皮革がみられる点は、胡簶金具Ⅰ・Ⅱ段階と共通している。

　靫金具Ⅱ段階の大阪府峯ヶ塚古墳例には、筬目の平絹、黒漆、木質からなる構造を確認した（図69-5・巻頭口絵2参照）。靫金具Ⅱ段階は、胡簶金具Ⅲ段階の開始時期と併行する時期（Ⅲ期）にあたり、筬目の平絹や黒漆の出現時期は同時期であると考えられる。

　靫金具Ⅲ段階の事例は、千葉県経僧塚古墳例の分析がおこなわれている（沢田2010）。これには、筬目の平絹がみられ、縁には伏組繍という縁飾が確認された。他の事例も調査したところ、三重県井田川茶臼山①（箱式石棺外Ⅰ群）、島根県御崎山古墳例、香川県王墓山古墳例にも伏組繍という縁飾を確認した。

（4）盛矢具に付着する有機質の特徴

　胡簶、平胡簶、靫は、前一者が皮革、後二者が木を収納部の材質として用いるという点で違いはあるが、織物の特徴には共通点が多く認められた。特徴的であったのが、Ⅲ期にみられる有機質構造の変化である。この段階から、胡簶金具の有機質が格段に装飾的になる。平胡簶金具や靫金具にも同時期に共通した変化が起こっており、盛矢具に共通した有機質の変化であったと考えられる。その変化を象徴する特徴の一つが「縁飾」である。次節からは、この縁飾に注目することで、盛矢具の有機質構造について深く検討する。

第2節　盛矢具にみられる縁飾についての先行研究

　ここでは糸を用いて縁を飾る総称である「縁飾」に注目して先行研究をみていく。沢田むつ代の分析によると盛矢具にみられる縁飾には「縁かがり」と「伏組繍」という技法がみられるようである（沢田2005b、2006a、2009、2012）。この両技法を順にみていくことにしよう。

（1）縁かがり

　小村眞理と井上美知子による富山県朝日長山古墳出土胡簶金具の分析では、金具の裏に筬目の平絹と皮が順に付着していること、筬目の平絹には撚りの強い糸で金具を縁取るように刺繍（縁飾）がほどこされていることが確認された（小村・井上2002）。この縁飾は、金具の幅をあけた平絹に太目の絹糸をらせん状に縫い刺しし、布端を折りこみ、金具をのせて胡簶本体に鋲で留めることで作られたという（図70）。

　一方、同じ朝日長山古墳出土胡簶金具を分析した沢田むつ代は、縁飾の技法について異なる解釈を示した。まず、胡簶金具の裏側に付着した筬目の平絹には「縁かがり」が3列あり、そのうち2列は金具の外側、1列は金具の中に入っていることを確認した。そのうえで、①幅の

第10章　倭における盛矢具生産 —盛矢具に付着する織物の製作技法を中心に—

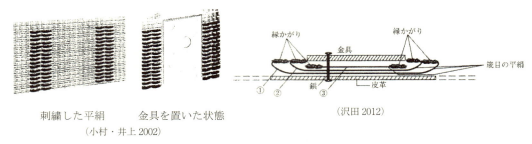

図70　朝日長山古墳出土胡籙金具の縁飾構造

異なる3枚の筬目の平絹を用意する、②経糸がほつれないよう、各層の平絹の両側部分を内側へ織り込むか巻き込む、③各層の平絹の両側に「縁かがり」をほどこす、④3層を重ねる、このような方法で作られたと沢田は指摘した（図70）。この「縁かがり」とは、「筬目の平絹の端を強いZ撚りの糸で縁を螺旋状にかがる仕様（沢田2009、216頁）」のことである。

このように、同じ朝日長山古墳出土胡籙金具を分析した両者であるが、縁飾技法の解釈には、一枚の筬目の平絹へらせん状に刺繍をほどこしたものとする小村・井上説と、縁をかがった筬目の平絹を複数重ねたものと解釈する沢田説の2つの説がみられる（片山2016）。なお、小村・井上説の場合、「縁かがり」という用語を用いるのは正しくないことになるが、後述する「伏組繍」との違いを対照的に示すため、ここでは「縁かがり」の用語を用いた。

（2）伏組繍（ふせぐみぬい）

東京国立博物館所蔵の朝鮮半島出土胡籙金具の裏面に付着する平絹の両端には、強いZ撚りの諸撚糸を用いて50°程度の角度をつけて縫った「伏組繍」と呼ばれる刺繍がみられることが指摘された（沢田2009）。「伏組繍」とは、「2枚の裂や韋などを突き合わせて刺繍をするように縫い合わせるもの（沢田2010、181頁）」である。縁かがりは強いZ撚りの諸撚糸で織物の緯糸方向に対して10°程度のほぼ並行に近い角度でかがっているのに対し、伏組繍は強いZ撚りの諸撚糸を使う点は同じであるが、50°程度の角度をつけてほどこされているという点で違いがあるようである（図71）。沢田は、前者は主に日本列島の胡籙金具、後者は主に朝鮮半島の胡籙金具にみられ、このような仕様の相違が製作地判別の手がかりの一助になると指摘した。

ただ、沢田は後に経僧塚古墳出土の靫金具にも伏組繍がみられることを報告している（沢田2010）。前章で述べた通り、靫は倭の伝統的な盛矢具であり、靫金具は倭製の可能性が高いため、伏組繍が全て半島製のものにみられる訳ではないということがわかる。

また、李恩碩は馬具における繋の製作技法についての考察をおこなううえで、胡籙金具に付着する繋（皮革）について注目した（李恩碩2016）。韓国の全羅北道高敞に所在する鳳徳里1号墳4号石室出土胡籙金具の裏面には、革を中心線に向かって折り、中央部をとじて両端に織物製の紐をつけて補強したもの（F型式）がみられることを指摘した。これは、島根県上塩冶築山古墳出土の雲珠にも確認されるという（図77-2・巻頭口絵8参照）。李恩碩は、これを百済の革紐や馬具の製作技術が日本に伝わったことを示す事例として注目した。鳳徳里1号墳4号石

室出土胡籙金具の報告書の情報では、皮革に織物製の紐が直接縫い付けられたのか、織物に縫い付けられたのかがわからないが（馬韓・百済文化研究所2016）、これも沢田のいう伏組繡である可能性がある。

図71　伏組繡の構造（沢田2012）

(3) 馬具にみられる縁飾

　近年、馬具の繋を中心とした、有機質素材からなる複合素材手工業製品の体系的研究がおこなわれた（片山2016）。片山は、馬具の繋を構造や装飾技法の点から分類し、繋の時間的消長について検討した。馬具の繋の中には盛矢具の有機質と共通した特徴が確認されており、その大きな共通点の一つが縁飾である。縁飾を付ける繋は、繋の両側縁に縁飾を付けるもの（縁飾付繋）と、繋に織物を巻いた後に両側に縁飾を付けるもの（縁飾付織物巻繋）に分類されている。後者は盛矢具にも多く確認することができ、盛矢具の有機質を考えるうえで大変参考になる。

　また片山は、縁飾の技法上の特徴として「刺繡技法」と「別造縫付技法」に分類し、見かけ上の特徴として「垂直型」と「斜行型」に分類した。これは、技法上の特徴と見かけ上の特徴に対応関係があるかは、別途検討する必要があるという立場からの分類である。筆者は、沢田の指摘する「縁かがり」と「伏組繡」は、縫い方そのものが異なっていることから、見かけ上の特徴だけでなく技法上の違いを反映したものであると考える。また、縁かがりと伏組繡という用語は、盛矢具研究の中で定着しつつあることから、本書でもこれらを用いることとする。なお、縁かがりと伏組繡の区別の基準としては、沢田が指摘するように、織物の緯糸方向に対する縫い付けの角度に注目する（縁かがりは10°程度のほぼ並行に近い角度、伏組繡は50°程度の角度をつけて縫い付ける）。

(4) 本章の視点

　本章では、盛矢具に付着する縁飾に注目する。これまでに複数の事例が分析されてきたが、朝鮮半島の事例を含めて体系的に縁飾を分析した研究はまだない。沢田が指摘する通り、縁飾は胡籙金具の製作地に迫りうる情報であるかもしれない。朝鮮半島と日本列島出土の盛矢具に付着する縁飾を改めて検討し、「縁かがり」と「伏組繡」がみられる盛矢具を整理する。そのうえで、金工品としての特徴を考慮しながら、縁飾の技法の違いの背景を探ることとしたい。

第3節　盛矢具にみられる縁かがりの検討

　表26では、実見の結果、筆者が縁かがりと確認した事例を挙げた。実見した範囲の事例であるが、34個体が確認できる。縁かがりは、現状では百済と倭で出土した胡籙金具（双方中円

形Ⅲ群、短冊形BⅡ群）に確認できる。縁かがりは、筆者の胡籙金具編年Ⅲ段階になって出現したようである。まず、残存状態のよい事例（図72・巻頭口絵3参照）を中心に、その特徴を詳しくみてみよう。

（1）事 例

　まず注目すべきは公州宋山里4号墳例である（図72-1）。宋山里4号墳例は、双方中円形3類吊手金具、収納部金具Bb類（山形突起付帯形金具）からなる双方中円形Ⅲ群である。収納部金具Bb類の裏面には筬目の平絹が付着しており、上下両端には縁かがりが2列確認できる。先述した通り、宋山里4号墳は熊津期百済の王陵であり、その横穴式石室は吉井秀夫による編年で宋山里Ⅰ段階に位置づけられる（吉井1991）。熊津遷都後の475年以後の年代が想定され、5世紀後葉〜末頃の百済の事例として、定点となる。出土古墳の年代的位置づけからみて、双方中円形Ⅲ群が出現してすぐの事例であり、百済で製作された可能性が高いものである。

　また倭の事例の中で残存状態がよいものの一つが、京都府坊主山1号墳例である（図72-2）（土屋2012b）。短冊形B2類吊手金具、収納部金具Bb類（帯形金具B類、山形突起付帯形金具）、円頭形勾玉状金具からなる短冊形BⅡ群である。吊手金具と収納部金具の裏側には、筬目の平絹と皮革が確認でき、筬目の平絹の両縁には縁かがりが確認できる。吊手金具には2列、帯形金具B類には3列、山形突起付帯形金具には多いところで4列が確認できる。これらの縁かがりは側面と裏面からみるとその痕跡を確認することができない。表面だけで縁かがりは確認できるのである。これは、縁かがりがほどこされた平絹の両側部分が内側へ織り込まれたことにより、側面、裏面からはみえなくなることに起因すると考えられる[2]。

　さらに倭の事例の中でもう一例、香川県王墓山古墳例をみてみよう（図72-3）。短冊形B2類吊手金具、収納部金具Bb類（帯形金具B類、山形突起付帯形金具）からなる短冊形BⅡ群である。吊手金具と収納部金具の裏側には筬目の平絹と皮革が確認でき、筬目の平絹の両縁には縁かがりが確認できる。どれも2列の縁かがりがほどこされていたようである。また、裏側からみると縁かがりは確認できない。坊主山1号墳例と同様に、縁かがりは平絹の両側部分が内側へ織り込まれるものであったようである。

（2）縁かがりの系譜

　現状、最も古い事例は百済の宋山里4号墳例である。Ⅲ段階における百済の胡籙金具は数が少ないこともあり、現状では百済で他に縁かがりがみられる事例を確認することができていない。一方、倭では縁かがりが非常に多く確認されている。縁かがりが倭に定着した技法であったことはわかるが、これは百済から伝えられたものである可能性も残されている。今後の朝鮮半島における類例増加に期待したい。

（3）縁かがりが確認される盛矢具の変化

　表26をみると、TK23・47〜MT15型式期においてはどの収納部金具にも縁かがりがみられ

第4節　盛矢具にみられる伏組繍の検討

表26　縁かがりの事例

| 地名 | 遺跡名 | 胡籙 | | | | | | 平胡籙 | 靫 | 胡籙金具・盛矢具編年 | 陶邑編年 |
| | | 吊手金具 | | 収納部金具 | | | 群 | | | | |
		双3類	短B2類	山形	三葉形	帯B類					
公州	宋山里4号					○	双Ⅲ群			Ⅲ段階	
海南	龍頭里		○	○			短BⅡ群				
和歌山	大谷①	○					双Ⅲ群				
和歌山	大谷②										
和歌山	大谷③										
和歌山	大谷④										TK23・47～MT15
群馬	井手二子山	○					双Ⅲ群				
千葉	富士見塚	○		○			双Ⅲ群				
大阪	峯ヶ塚後円部①			○			双Ⅲ群				
奈良	市尾墓山①						双Ⅲ群				
奈良	市尾墓山②				○	○					
奈良	市尾墓山③										
大阪	芝山①		○	○			短BⅡ群				
大阪	芝山②										
福岡	番塚				○		群不明				
富山	朝日長山①	○		○		○	双Ⅲ群			Ⅲ期	
富山	朝日長山②										
富山	朝日長山③										
富山	朝日長山④										
奈良	珠城山1号	○		○		○	双Ⅲ群				
奈良	寺口千塚3号	○		○		○	双Ⅲ群				
兵庫	西宮山①	○		○			双Ⅲ群				
兵庫	西宮山②										TK10～MT85
京都	井ノ内稲荷塚		○	○			短BⅡ群				
京都	坊主山1号		○	○			短BⅡ群				
香川	王墓山①		○	○		○	短BⅡ群				
香川	王墓山②										
香川	王墓山③										
愛媛	経ヶ岡①		○	○		○	短BⅡ群				
大分	飛山23号横穴		○				短BⅡ群				
福岡	西堂古賀崎	○					双Ⅲ群				
福岡	田野瀬戸4号①	○		○			双Ⅲ群				
福岡	田野瀬戸4号②		○	○			短BⅡ群				
奈良	星塚2号			○			群不明				

〔凡例〕双3類：双方中円形3類、短B2類：短冊形B2類、山形：山形突起付帯形金具、三葉形：三葉形突起付帯形金具、帯B類：帯形金具B類、双Ⅲ群：双方中円形Ⅲ群、短BⅡ群：短冊形BⅡ群、陶邑編年：（田辺1981）。

るが、TK10型式期以降になると、三葉形立飾付帯形金具にはみられなくなり、山形突起付帯形金具にのみ縁かがりが確認できるようになることがわかる。対照的にTK10型式期以降、三葉形立飾付帯形金具には伏組繍が多く確認できるようになる[3]。金具の形態に応じた縁飾の使い分けがみられるのは興味深い現象である。

第4節　盛矢具にみられる伏組繍の検討

　表27では、盛矢具の中で筆者が伏組繍と確認した事例を挙げた。現状、筆者が確認してい

第 10 章　倭における盛矢具生産 —盛矢具に付着する織物の製作技法を中心に—

るのは 27 例である。伏組繍が確認されるのは胡籙金具（双方中円形Ⅱ群、双方中円形Ⅲ群、短
冊形BⅡ群、短冊形CⅡ群）、平胡籙金具、靫金具である。これらは百済、新羅、大加耶、阿羅
伽耶、倭に分布している。伏組繍は盛矢具編年Ⅱ期（5 世紀中葉〜）に出現したと考えられる。
縁かがりと比べて、盛矢具の種類、地域、時期にばらつきがあるようである。地域ごとに事例
を詳しくみていこう（図 73、74、76　巻頭口絵 4、5、7 参照）。

（1）伝朝鮮半島出土

　双方中円形 2 類吊手金具と勾玉状金具からなる双方中円形Ⅱ群であり、筆者の胡籙金具編年
でいうⅡ段階（5 世紀中葉頃）にみられるものである（図 73-1）。早乙女雅博が指摘するように、
「…裏は鉄地の上に平織の布が二重につき、その上に皮が張られている。布の周囲に斜行目の
紐状がつき、その部分は金具の外にはみ出している（早乙女 1988、188 頁）。」という。この斜
行目の紐状を沢田は伏組繍とみなした（沢田 2009）。注目すべきは、表面、裏面ともにこの伏
組繍が確認できる点である。縁かがりが裏面、側面から確認することができなかったことと対
照的である。これは、沢田が示した 50°程度の角度をつけて縫い付けるという指標に加えて、
伏組繍を判断する指標となるだろう。以下では、これらの指標をもとにして伏組繍の類例をみ
ていく。

　なお、早乙女と沢田によって報告された東京国立博物館所蔵の伝朝鮮半島出土の胡籙金具
は、論文中で「韓国出土」、「出土地未詳」とされており、他の情報については何も記されてい
ない[4]（早乙女 1988、沢田 2009, 2012）。特別観覧の際に白井克也氏にご教示いただいた情報に
よると、本例は昭和 7 年に購入された作品であり、詳細な出土地は不明であるとのことであっ
た。また、一緒に購入された作品はどれも朝鮮半島で出土した可能性が高いものであるが、そ
れぞれ系譜や想定される製作時期が異なっており、同じ古墳からの出土品とは考えられないと
いう。つまり、本例はおそらくは朝鮮半島出土であるが、厳密にはそれも確定情報ではないと
いうことである。これらの情報から、本例は出土地不詳と考えるのが妥当なようである。

（2）阿羅伽耶

　咸安道項里（現）8 号墳例と道項里（東）6-1 号墳例が挙げられる。道項里（現）8 号墳例は
双方中円形 2 類吊手金具からなる双方中円形Ⅱ群である（図 73-2）。Ⅱ段階のものであろう。
左側吊手金具の裏側には、麻糸の平織からなる布と皮革が残存している。吊手金具の中円部付
近の平織物には伏組繍が良好に残存しており、表面・裏面では斜めに縫い付けられる糸、そし
て側面では組紐状に交叉する糸を確認することができる。

　道項里（東）6-1 号墳例は、現状では双方中円形 3 類吊手金具 1 点のみが確認される（図 73-
3）。元々は他の部位もあったはずであるが、現在では確認できない。Ⅲ段階のものであろう。
吊手金具の裏側には、平絹と皮革が残存している。吊手金具の下方部付近の平絹には伏組繍が
良好に残存しており、道項里（現）8 号墳例と同様の特徴をもつ。

　阿羅伽耶ではこの 2 例を確認することができた。阿羅伽耶では、Ⅱ、Ⅲ段階ともに大加耶の

第4節 盛矢具にみられる伏組繡の検討

表27 伏組繡の事例

地名	遺跡名	胡籙									平胡籙	鞍	胡籙金具・盛矢具編年	陶邑編年
		吊手金具				収納部金具				群				
		双2	双3	短B2	短C2	山形	三葉形	帯B	胡籙・鞍折衷形					
咸安	道項里（現）8号	○								双Ⅱ群			Ⅱ段階	
高敬	鳳徳里1号墳4号石室	○								双Ⅱ群				
陝川	玉田M3号（J群）				○					短CⅡ群				
不明	朝鮮半島出土（東博所蔵）	○								双Ⅱ群				
咸安	道項里（東）6-1号		○							双Ⅲ群			Ⅲ段階	
梁山	夫婦塚			○						短C群				
大阪	峯ヶ塚後円部②					○				双Ⅲ群			Ⅲ期	MT15
宮崎	島内139号地下式横穴										○			MT15
奈良	珠城山1号①		○				○			双Ⅲ群	○			
福岡	山の神E		○							双Ⅲ群				
奈良	小山2号						○			双Ⅲ群				TK10 ～ MT85
千葉	大道筋箱式石棺			○			○	○		短BⅡ群				
香川	王墓山④						○			短BⅡ群				
千葉	山王山										○			
京都	柿谷第1主体部										○			
三重	井田川茶臼山①（箱式石棺外Ⅰ群）											○		
大阪	青松塚											○		
奈良	巨勢山ミノ山13号西棺										○			
福岡	善一田18号										○	○		
香川	王墓山⑤											○	Ⅳ期	TK43 ～ TK209
島根	上塩冶築山											○		
島根	下河原横穴											○		
栃木	伯仲1号墳											○		
島根	御崎山											○		
千葉	経僧塚											○		
滋賀	円山								○					
岡山	八幡大塚2号								○					

〔凡例〕双2：双方中円形2類、双3：双方中円形3類、短B2：短冊形B2類、短C2：短冊形C2類、山形：山形突起付帯形金具、三葉形：三葉形突起付帯形金具、帯B：帯形金具B類、双Ⅱ群：双方中円形Ⅲ群、短BⅡ群：短冊形BⅡ群

強い影響を受けており、本例も金具の特徴だけをみると大加耶の事例と大きな違いはない（第5章）。阿羅伽耶もしくは大加耶で製作されたものである可能性を考えておきたい。

（3）百　済

　高敞鳳徳里1号墳4号石室例（図73-4）が挙げられる。双方中円形2類吊手金具、収納部金具Ba類、円頭形勾玉状金具からなる双方中円形Ⅱ群であり、Ⅱ段階（5世紀中葉）のものである。展示中で熟覧調査を実施することができなかったため、伏組繡かどうかの判断は李恩碩の論文に拠る（李恩碩2016）。李恩碩の模式図をみると、皮革の両端に斜行する糸が直接縫い付けられている。片山の指摘する「縁飾付繋」と共通した特徴である（片山2016）。他の事例は全て布に縫い付けられたものであり、様相が異なっている。

（4）大加耶

　陜川玉田M3号墳（J群）（図74-1）が挙げられる。短冊形C2類吊手金具、収納部金具Bd類、逆心葉形帯金具、鳥形勾玉状金具からなる短冊形CⅡ群で、Ⅱ段階後半（5世紀後葉）のものである。百済と大加耶に多くみられる事例であるが、大加耶の金工品に多くみられる文様がみられることから、大加耶で製作されたものであろう（第4章）。裏面には皮革がみられ、皮革の縁には斜行する有機質が確認できる。ただ、保存処理の影響で詳細に観察することができないため、現状ではこれが伏組繡であるかもしれないという指摘に留めざるを得ない。

（5）新　羅

　梁山夫婦塚例の短冊形C類吊手金具にみられる（図74-2）。実見したところ、皮革の両端に斜行する糸が直接縫い付けられていることを確認した。「縁飾付繋」と共通した特徴であり、鳳徳里1号墳4号石室例とも共通している。第3章で述べた通り、百済・大加耶系工人集団の影響のもと、新羅で製作されたものであろう。

（6）倭

　倭では、胡籙、平胡籙、靫に伏組繡が確認できる。多数みられるため、残存状態のよい事例を中心にみてみよう（図74、75・巻頭口絵5、6参照）。

①　胡　籙

　奈良県珠城山1号墳例は、双方中円形3類吊手金具、収納部金具Bb類（帯形金具B類、三葉形立飾付帯形金具）からなる双方中円形Ⅲ群である（図74-3）。吊手金具と収納部金具の裏面には、順に筬目の平絹、平絹、皮革が付着しており、筬目の平絹の縁には伏組繡が確認できる。一方、共伴する山形突起付帯形金具とそれにともなう吊手金具、帯形金具B類には縁かがりがみられることから、収納部金具の形態に応じた縁飾の使い分けがあったことがわかる。

　また、香川県王墓山古墳からも複数個体の胡籙金具が出土しているが、三葉形立飾付帯形金具には伏組繡、山形突起付帯形金具には縁かがりがつき、セットとなる吊手金具、帯形金具B類にもこれらに対応した縁飾がみられる。やはり縁飾の使い分けが確認できる。

　ただ、このような縁飾の使い分けはTK23・TK47～MT15型式期にはみられない。大阪府峯ヶ塚古墳後円部例には、山形突起付帯形金具に縁かがり（図75-1）と伏組繡（図75-2、3）の両方を確認することができる。別個体の胡籙金具にそれぞれ別の縁飾が用いられたことがわかる。福岡県番塚古墳例、奈良県市尾墓山古墳例には、三葉形立飾付帯形金具にも縁かがりが確認されている（図75-4）。縁飾の使い分けは、TK10型式期以降にみられる特徴であったようだ[5]（表26、27）。

②　平胡籙

　千葉県山王山古墳例はほぼ原位置を保っており、鉄鏃に対して3つの金具が重なった状態で出土している（それぞれ上部金具、中部金具、下部金具と呼ぶ）。上部金具は鉄製、中部金具は鉄地金銅張製、下部金具は鉄製であり、上部・中部金具の縁には糸が確認できる。出土状態のま

ま取り上げられたため裏面は観察できないが、縁には斜め方向の糸がみられるため、伏組繍と考えられるだろう（図76-1）。

京都府柿谷古墳第1主体部例は、上部金具と下部金具が有機質を介して繋がった状態で出土した稀有な事例である（図76-2）。上部金具の上縁には部分的に糸が残存している。側面からみると組紐状に交差する糸がみられ、裏面にも斜め方向の糸がみられることから（図69-4）、伏組繍であろう。

他にも珠城山1号墳例にも伏組繍を確認しており、最近では宮崎県島内139号地下式横穴例に伏組繍がみられることが報告されている（橋本・中野2016）。現状、平胡籙には縁かがりはみられない。分布状況から考えて、平胡籙は倭で製作された可能性が高い。これに伏組繍が確認できることから、伏組繍という技法はこの時期になると倭へ移転されたことがわかる。

③ 靫

千葉県経僧塚古墳例は、沢田が伏組繍の存在を報告した基準となる事例である（田中新編2010，沢田2010）。沢田によると、金具の裏には木質が付着しており、表には筬目の平絹が被っているという。また、金具の縁には伏組繍が確認された。

これと同様に、三重県井田川茶臼山古墳例（図76-3）、大阪府青松塚古墳例、香川県王墓山古墳例、島根県上塩冶築山古墳例にも金具縁に伏組繍が確認される。これらは靫金具編年Ⅲ段階（TK43型式期以降）の事例である。靫は古墳時代を通して確認される倭の伝統的盛矢具であることから、倭製であった可能性が高い。平胡籙金具の箇所でも指摘したように、伏組繍という技法は倭に移転していたことがわかる。

④ 胡籙金具・靫金具折衷形態

岡山県八幡大塚2号墳例の裏側には、順に平絹、木質が付着しており、筬目の平絹の縁には伏組繍がみられた（図76-4）。滋賀県円山古墳例は、鉄鏃に錆着した状態であるため裏面が観察できないが、同一個体と考えられる破片をみてみると、金具の裏面から順に平絹と皮革が付着しており、平絹の両縁には伏組繍と考えられる斜め方向の糸が確認できる。

（7）伏組繍の系譜

朝鮮半島では阿羅伽耶の2例が伏組繍の確実な事例であり、少なくとも胡籙金具編年Ⅱ段階（5世紀中葉）からみられたようである。百済、大加耶、新羅でもわずかではあるが伏組繍の可能性がある事例が確認される。倭では、胡籙金具、平胡籙金具、靫金具に確実な事例が確認できた。これらは、盛矢具編年Ⅲ期以降にみられるものであり、7世紀前葉頃までみられたようである。

このように、伏組繍という技法は朝鮮半島南部で広く普及した技法であったと考えられる。そして、その技法はやがて倭へ移転し（現状の資料ではMT15型式期頃）、倭でも用いられるようになったようである。前述した縁かがりと比べてみると、伏組繍のほうが広くみられる技法であることがわかる。この両方が倭へ移転し、同時期の盛矢具生産において使い分けられるようになる点は興味深い。

第5節　その他の器物にみられる縁飾

　盛矢具だけでなく、馬具を始めとしたその他の器物にも縁飾は確認されている。ただ、報告書の分析では、「組紐」や「綾巻」という表現が用いられており、これらが盛矢具の伏組繍と同じ技法を指しているのか厳密な検討は難しかった。だが、片山の研究によって馬具の繋と盛矢具には共通した縁飾がみられることが示されたことから（片山2016）、盛矢具との比較をおこないやすくなった。ここでは、盛矢具で縁かがりと伏組繍を区別するための基準とした、「織物の緯糸方向に対する繍い付けの角度」に注目し、馬具を始めとしたその他の器物にみられる縁飾を整理する（図77・巻頭口絵8参照）。

（1）馬　具

　馬具の縁飾は、主に報告書の遺物説明文の中で言及されてきた。奈良県石光山8号墳例（角山1976）、千葉県江子田金環塚古墳例（永沼1985）、滋賀県鴨稲荷山古墳例（森下・高橋・吉井1995）、島根県上塩冶築山古墳例（松尾1999）、奈良県上5号墳（吉松2003）などにおける言及が挙げられる。そして、片山によって縁飾がみられる繋が体系的に整理された（片山2016）。

①　縁飾付繋

　まずは、片山の研究を参考にしながら、繋にみられる縁飾の状況を整理する。縁飾付繋（繋に直接縁飾がつくもの）は、福井県十善の森古墳例、和歌山県大谷古墳例、島根県上塩冶築山古墳例である。須恵器編年で示すと、TK47〜TK43型式期頃にかけてみられたようである。上塩冶築山古墳出土の雲珠と辻金具（図77-2）にみられる縁飾は、裏面からみても斜行する糸が確認でき、盛矢具にみられた伏組繍と同じものであろう。盛矢具にみられる伏組繍の多くは織物に取り付けられるが、本例は革帯に直接取り付けられている点で異なっている。なお、上塩冶築山古墳例にみられる縁飾と同様の特徴をもつものが、鳳徳里1号墳4号石室出土胡籙金具の縁飾にもみられることが指摘されている（李恩碩2016）。

②　縁飾付織物巻繋

　縁飾付織物巻繋（繋に巻かれた織物に縁飾がつくもの）は非常に多くみられ、TK47〜TK43型式期頃にかけてのf字形鏡板付轡・剣菱形杏葉のセット、十字文楕円形鏡板付轡・三葉文楕円形杏葉のセット、鐘形鏡板付轡・同杏葉のセットに確認されている[6]。織物につく縁飾は盛矢具でも多く確認することができ、同じ技法によるものであると考えられる。具体例をみてみよう。千葉県江子田金環塚古墳出土の面繋辻金具には、織物で巻かれた繋に伏組繍が付いた状態を観察することができる（図77-3）。

　このように、現状ではこれらの縁飾がつく繋は、TK47〜TK43型式期頃にかけての倭で確認されており、多くの資料は「斜行型」（本章でいう伏組繍）であるようである。盛矢具にみられる伏組繍の存続時期とも共通していることから、盛矢具と馬具（f字形鏡板付轡・剣菱形杏葉のセット、十字文楕円形鏡板付轡・三葉文楕円形杏葉のセット、鐘形鏡板付轡・同杏葉のセット）の生産には密接な関係が想定される。

(2) 冑

　近年、群馬県金井東裏遺跡出土の横矧板鋲留衝角付冑に縁かがりがみられることが報告された（沢田2017）。横矧板鋲留衝角付冑につく頬当・錣の側面と下方の革包み覆輪に、筬目の平絹を下地とした縁かがりが確認された（図77-1）。縁かがりは、Z撚りの諸撚り糸からなり、3列がほどこされている。金井東裏遺跡は6世紀初頭の榛名山の噴火によって埋没した遺跡であり、被災者が所持していた横矧板鋲留衝角付冑も6世紀初頭頃のものと考えられている。盛矢具に縁かがりが用いられた時期に含まれており、同じ技法であることから、盛矢具と横矧板鋲留衝角付冑の生産には密接な関係が想定される。

(3) 飾　履

　片山が論文中で言及しているが、公州武寧王陵出土飾履の内側に付着した経錦の縁には、装飾された組紐がつくという報告がある（國立公州博物館2005）。写真をみる限り、伏組繡である可能性がある（図77-4）。武寧王陵から出土した買地券に「百済斯麻王」などと記されており、被葬者が百済武寧王（在位502〜523年）とその王妃であることが確認され、没年や埋葬年が523年であることがわかる。熊津期百済の数少ない事例であるが部分的にしか残存していないため、伏組繡かどうかの判断は保留する。

(4) その他

　奈良県藤ノ木古墳出土掛け布、方形布、金銅製飾履（A）、篠籠手、挂甲小札、襟甲には「綾巻」がみられるという報告がある（角山1990、1993）。角山幸洋は、綾巻は組紐の一つであると説明しており、これも伏組繡と関連する技法である可能性があるが、実見できていないため、判断は保留する。

第6節　縁飾の系譜

　前節までの検討をふまえて、伏組繡と縁かがりの系譜をまとめる。伏組繡は、胡籙金具ではⅡ段階（5世紀中葉）に出現し、阿羅伽耶、百済、大加耶、新羅で確認されている（図79[7]）。倭で確認されるのは、盛矢具編年Ⅲ期（6世紀初頭）からであり、朝鮮半島から移転した技法であった可能性が高い。現状の資料では朝鮮半島南部のどこで出現した技法であるのかを探ることは難しいが、広くみられる技法であったと考えられる。

　また、倭では胡籙金具、平胡籙金具、靫金具、馬具などに確認されており、多様な器種に採用されたことがわかる。とくに馬具で確認される事例が多い。馬具では、TK47型式期頃から確認されており、胡籙金具でも大阪府峯ヶ塚古墳後円部例にみられるようにMT15型式期には確認することができる。馬具と胡籙金具では、伏組繡の出現時期にそれほどの時間差はなかったようである。

　一方、縁かがりは百済と倭で確認されているのみであり、胡籙金具Ⅲ段階から確認できる

第 10 章　倭における盛矢具生産 ―盛矢具に付着する織物の製作技法を中心に―

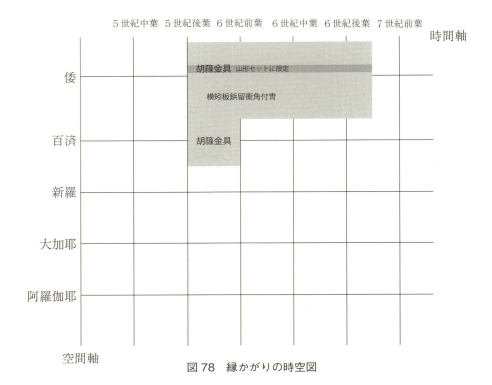

図 78　縁かがりの時空図

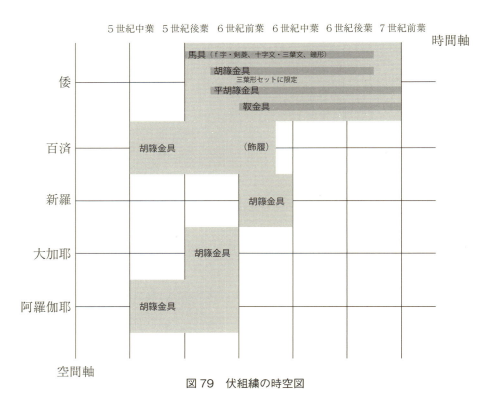

図 79　伏組繡の時空図

（図78）。倭では胡籙金具、横矧板鋲留衝角付冑でみられるだけであり、今のところ馬具では確認されていない。大半は胡籙金具にみられることから、胡籙金具にまず採用された技法であると考えられる。伏組繡と比べてみられる地域が限定されており、現状の資料ではあるが、百済に由来するものである可能性が考えられる。

結　語

　先行研究の成果をもとに、盛矢具にみられる縁飾の技法を縁かがりと伏組繡に区分し、それぞれの類例を盛矢具の中から探してその状況を整理した。その結果、縁かがりは胡籙金具、伏組繡は胡籙金具・平胡籙金具・靫金具に多くみられることを確認した。また、TK10型式期以降、胡籙金具の山形突起付帯形金具をもつセットには縁かがり、三葉形立飾付帯形金具をもつセットには伏組繡がみられ、金具と縁飾技法に対応関係があることを確認した。それぞれの盛矢具の金具には金工技術的にみて多くの共通点があることから、近い環境で生産されていたと考えられるが、縁飾技法の分析からはこれらが一部異なる製作工程を経ていた可能性が明らかになった。

　さらに、縁かがりは横矧板鋲留衝角付冑の頬当、伏組繡はｆ字形鏡板付轡・剣菱形杏葉のセット、十字文楕円形鏡板付轡・三葉文楕円形杏葉のセット、鐘形鏡板付轡・同杏葉のセットにもみられ、盛矢具はこれらのそれぞれと一部製作工程を共有していたことが判明した。

　このように、盛矢具に付着する織物の縁飾技法から、胡籙金具、平胡籙金具、靫金具という形式の異なる盛矢具、そして馬具や衝角付冑という異なる器物の生産を横断的に検討することができた。織物や皮革の製作も含めた複合素材手工業製品としての金工品の生産は、器物という枠組みでなく、複数器物を横断する形でおこなわれていたことがわかる。

[註]
(1) 崔鍾圭が矢を盛る器具という一般的な名称として「盛矢具」という言葉を用いて以降（崔鍾圭1987）、韓国考古学では盛矢具という言葉が定着している。一方、日本では矢を盛る器具としては「矢入れ具」という言葉が用いられることがある（杉井1996）。たしかに音で聞いてわかりやすい言葉であるが、本稿では韓国の事例も取り扱うことから、「盛矢具」という言葉を用いることとする。
(2) 沢田むつ代氏にご教示いただいた。
(3) 吊手金具、帯形金具Ｂ類には、三葉形立飾、山形突起付帯形金具と同じ縁飾がみられる。
(4) より多くの情報を得るために、この資料の来歴について詳しく調べてみた。早乙女の報告の際に引用された図版の出典をみると、写真原版 No.125149 であることが記されていたため、この番号をもとにして東京国立博物館資料館情報資料室のレファレンス・サービスに問いあわせ、他の情報がないかを伺った。その結果、写真と一緒にあったカードに「作品名：胡籙金具、所在：東京国立博物館、列品番号：考古28919、作者：朝鮮半島、時代：朝鮮三国5～6世紀、材質：鉄地金銅張製、撮影：昭和63年1月」と記載されているという情報を得た。次に、この列品番号をもとにして『東京国立博物館収蔵品目録（考古 土俗 法隆寺献納宝物）』（東京国立博物館1956）を調べてみたところ、「考古・アジア・朝鮮・出土地不詳」の欄に該当するもの

第10章　倭における盛矢具生産 ―盛矢具に付着する織物の製作技法を中心に―

があり、本例が「名称：鉄製帯金具、数：6、摘要：長3〜8.3cm、年代：三国、番号：28919」であることがわかった。そして、この列品番号をもとに特別観覧を申請した。現在の列品番号はTJ-1061とのことである。

(5) 例外もあり、寺口千塚3号墳例の三葉形立飾付帯形金具には縁かがりが確認でき、他の事例にみられた縁飾の使い分けとは異なる特徴がみられる。

(6) 縁飾付織物巻繋は、f字形鏡板付轡・剣菱形杏葉の系列ではじめて採用され普及していき、十字文楕円形鏡板付轡・三葉文楕円形杏葉と鐘形鏡板付轡・同杏葉にも日本列島での生産開始にともなって採用されるようである（片山2017）。具体的には、三重県井田川茶臼山古墳例、香川県王墓山古墳例、愛媛県猿ヶ谷2号墳例、香川県菊塚古墳例、大阪府牛石7号墳例、京都府鹿谷18号墳例、静岡県崇信寺10号墳例、大阪府河内愛宕塚古墳例、福岡県寿命大塚古墳例、滋賀県山津照神社古墳例、大阪府高槻市梶原D1号墳例、大阪府寛弘寺75号墳例、福岡県箕田丸山古墳例、大阪府南塚古墳例、奈良県藤ノ木古墳例、千葉県市新坂1号墳例、福岡県高崎2号墳例が挙げられている（片山2016）。

(7) 鈴木勉が用いる「技術と文化の時空図」を参考に、作成した（鈴木勉2008）。

第Ⅲ部

金銅製装身具の展開

第11章　金銅製飾履の受容と展開

はじめに

　金銅製飾履とは、古墳被葬者の足を飾る目的で製作されたとみられる金工品の一種であり、高句麗、百済、新羅、大加耶、そして倭の古墳から出土している。なかでも倭の飾履は、百済との技法的関連性が想定される数少ない金工品として認識されてきた。百済は文献記録からみて、倭と密接な関係を有していたと想定されるが、百済の墳墓発掘事例の少なさ故に、百済の金工品の実態、そして百済と倭の金工品の関連性については不明瞭なところが多かった。だが近年、百済をはじめとした朝鮮半島南部で金銅製飾履が増加し、詳しい研究が可能な状況となってきた。金銅製飾履は、倭における百済系器物の受容のあり方を考えるうえで資するところが大きい器物であると考える。

　そこで本章では、増加した半島南部の飾履を製作技法に注目しながら整理しなおし、その上で倭の飾履の解釈をおこなうこととする。半島南部の飾履を扱う際には、主要な製作主体である百済と新羅にわけて整理し、両地域の製作技法的特徴を明確にする。その知見を倭の飾履と比較しながら、時系列に沿って整理し、半島南部との系譜的関係、倭の独自性、そして倭における飾履受容と展開の様相について考察する。

第1節　先行研究

(1) 本格的な飾履研究の始まり

　馬目順一の研究　金銅製飾履の研究に先鞭をつけたのは馬目順一である（馬目1980）。馬目は、慶州飾履塚の出土品を再検討する中で、飾履についても言及した。また、後に増加した資料を考慮して改めて体系的に論じており、変化の方向性や各型式の特徴を詳しく述べている（馬目1991）。側板の接合方法に注目して、Ⅰ群、Ⅱ群A型・B型・C型に分類し、Ⅰ群は高句麗、Ⅱ群A型は百済と倭、Ⅱ群B型は新羅、Ⅱ群C型は倭に分布する状況を明らかにした。また、Ⅱ群A型の変化の方向性として、爪先の反りあがりの傾向や、長大化の傾向を指摘した。他にも、使用法として実用品ではなく、仰臥伸展の遺体にはかせた仮埋葬の儀式に用いられたものであるとの見解を示したり、飾履にみられる文様の系譜を北朝、南朝にまで遡って検討したりと論点は多岐にわたる。

(2) 日本における研究

　個別資料の詳細な報告　日本では飾履の個別資料の詳細な報告を機に、研究が深められた。松尾昌彦は、千葉県金鈴塚古墳出土飾履を報告しつつ、諸要素を類例と比較しながらその位置づけを考察した（松尾昌1988）。詳細な製作技法の議論にはじまり、出土状況の評価まで、考

察は多岐にわたっている。

桑原邦彦は、山口県塔ノ尾古墳出土品を考証する中で、飾履の特徴にかんしても詳しく指摘しており、類例と比較しながら、その年代的位置づけを示した（桑原1988）。

松田真一は、奈良県藤ノ木古墳出土飾履を位置づける目的で、朝鮮半島・日本列島の飾履の様相を整理した（松田1989、1994）。先行研究を考慮しながら個々の特徴を詳しく検討したうえで、変化の方向性や分布の傾向を指摘し、藤ノ木古墳出土飾履の位置づけを示している。その時点での資料状況・研究状況が詳細にまとめられた体系的な研究である。

吉井秀夫は、滋賀県鴨稲荷山古墳出土飾履の再整理を通して、製作技術に注目した研究をおこなった（森下・吉井1995、吉井1996）。側板の展開形態に注目し、「下縁と甲の合わせ目の縁が斜交する関係にあるもの（傾斜形）」と「側板の下縁と甲の合わせ目の縁がほぼ平行するもの（平行形）」に分類した。次に、側板に対する文様の割り付け方法に注目した。「規則的な割り付けによる施文が認められるもの」と「規則的な割り付けによる施文が認められないもの」に区分し、それぞれ上記の側板展開形態の分類と関連することを指摘した。この2つの分類がスパイクの有無や歩揺・菊綴房などの装飾の有無、そして時期・分布地域とも関連することから、2つの技術系統が存在することを指摘し、それが朝鮮半島と日本列島での製作地の違いに相当すると考えた。その上で、鴨稲荷山古墳出土飾履を、日本列島製の出発点に位置づけられる資料とした。製作技術による詳細な検討は、飾履の研究に新しい道筋を示した点で重要である。

近年の日本における研究としては、高橋克壽の研究が挙げられる（高橋2007）。高橋は、福井県十善の森古墳から出土した金工品を検討の中心に据え、日本列島における金工品の諸様相について考察した。まず、従来、冠帽として知られていた十善の森古墳出土品の中に飾履の破片が混じっているという見解（森下・吉井1995）を追認し、モチーフや製作技術的観点から系譜について検討を加えた。波形文（勾玉文）に縁取られた中を龍文の透彫で飾る文様は、百済の飾履や冠帽にもみられることから、百済が起源であったと考え、十善の森古墳出土飾履に少なからず百済の影響がみられることを指摘した。また、ガラスの割りピン留めや、花形文様といった特徴が同時期に突如開花したことを考え合わせ、百済の金工技術の伝播をきっかけとして、6世紀頃の日本列島では、金工品生産に劇的な変化がおこったと想定した。従来、日本列島における飾履が百済の影響をうけていたであろうことは知られていたが、その影響が飾履に限らず、金工品生産全体に大きな影響を与えていたということを喚起した点が重要であろう。

（3）韓国における研究

韓国では、尹根一が朝鮮半島出土飾履の各事例を、古墳の特徴とあわせて整理し、その時点における新羅出土品と百済出土品の地域的特徴の差や、変化の方向性の見通しについて議論している（尹根一1991）。

美術史的・金属学的研究　その後は美術史的、金属学的観点から個別資料に注目した研究が進められた。申英浩は、従来詳細な報告がなされていなかった公州武寧王陵出土飾履の特徴

を、とくに製作技法に注目して検討した（申英浩 2000）。各部位の特徴を実測図面と拡大写真を用いつつ説明し、その視点をもとに製作工程を細かく復元した。武寧王陵出土飾履の実態が明らかとなっただけでなく、製作工程の復元は他の飾履を考えるうえでも指標となる。

鄭光龍は、武寧王妃の飾履を検討対象とし、金属学的分析を加えた。その上で、鍍金方法や鍍金のタイミングなど微細な製作技法を復元した（鄭光龍 2001）。

禹和延は飾履塚出土飾履の製作技法を検討するとともに、その図像の解釈を美術史的観点から検討した（禹和延 2003）。同様に、イソンナンは飾履塚出土飾履の個別文様を中心に検討を加え、文様の源流がイランにあることを指摘した（이송란 1991、1994）。また、李妍宰は飾履塚出土飾履の全体文様構成に焦点を当て、この文様構成を西域との交流と五胡十六国時代の社会性を反映した、胡漢が共存した産物であると評価した（李妍宰 1994）。

李絞相は、公州水村里古墳群出土飾履の復元製作を通して、漢城期における飾履の製作工程の復元をおこなった（李絞相 2011）。特に、熊津期の飾履との違いに注目しながら、その技術的差異を考察した。

出土状況の研究　近年では、飾履の出土状況に注目した研究もあらわれた。金載烈は、新羅飾履の出土状況に注目した（金載烈 2010）。慶州では、足側・頭側など飾履の出土状況がまちまちであるが、義城、大邱、梁山をはじめとした地方では、飾履は足側からのみ出土する。金載烈は、この出土状況の違いが葬送儀礼と関連していると考え、出土状況が限定される地方では儀礼の自律性が高かったと考えた。

また、後に金載烈は飾履の出土状況の違いについて改めて考察を加えた（金載烈 2011）。着装に近い状態で副葬された飾履を、葬送儀礼中に被葬者を包んだ「成服」用、着装されず頭側や槨外に副葬された飾履を「貢献」用であるとみなした。その上で、新羅中央では飾履に対する認識が貢献品から成服品へと変化するのに対して、地方では一貫して成服品として認識されていたと捉えた。また百済においては、中央では成服品、地方では貢献品として認識されていたとし、新羅のあり方とは反対であることを指摘した。飾履副葬の意義にせまる研究である。

李漢祥による体系的研究　李漢祥は考古学的観点から朝鮮半島全域の飾履の研究を進めている。まず出土例が急増した百済の飾履を、文様に注目しながら漢城期と熊津期にわけて整理した（李漢祥 2009）。百済の飾履は文様が様々であり系統的な理解が難しいが、側板の接合方法からみて新羅などの他地域とは異なる百済の地域性が確かにみられると指摘する。

また、2010 年には釜山福泉博物館にて、「履　古代人の履き物」という特別展が開催され、高句麗、新羅、百済の飾履が数多く展示された（福泉博物館 2010）。その図録中で李漢祥は、高句麗、新羅、百済の飾履の特徴を文様、構造、出土状況に注目しながら整理した（李漢祥 2010a）。李漢祥は、飾履はどの地域であっても主に中央地域で分布していることから、製作や賜与の主体は王室と考えられる点に注目した。飾履が形態的特徴からみて実用品ではなく葬送儀礼品であることをふまえて、飾履は王室の葬送儀礼品であり、地方に分布する飾履は、地方で王室の葬送儀礼がおこなわれていたことを意味すると推測した（李漢祥 2010b、2011b）。その上で、金載烈の視点を継承して、百済と新羅における飾履の出土状況を、主に着装している

例と、していない例に分類した。この類型差が何を意味するかまでは深く考察されていないが、王室の葬送儀礼がどのように伝播したのかを知るうえで重要な視点であろう。

前稿（土屋 2013）発表後の研究状況　李文烔は、高敞鳳徳里 1 号墳 4 号石室出土飾履の整理所見をふまえて、製作技法と文様の変化について検討した（李文烔 2015）。後述する筆者の視点と同様に、底板と側板の接合方法に注目し、4 つに区分した。要約すると、I 式（甲、踵、底板が全て金銅線で接合されるもの。例：高興吉頭里雁洞古墳）、II 式（甲と踵が鋲留され、底板は接合されないもの。例：公州水村里 II-1 号墳、II-3 号墳、II-4 号墳）、III 式（甲、踵、底板が全て鋲留されるもの。例：高敞鳳徳里 1 号墳 4 号石室）、IV 式（甲と踵は鋲留され、底板が金銅線で接合されるもの。例：益山笠店里 86-1 号墳、羅州新村里 9 号乙棺、公州武寧王陵（王）、（王妃））に区分される。文様は彫金技法の発達と密接に関連しており、彫金のない単純な透彫文様から、複雑な彫金がほどこされた多様な透彫文様へ変化するとした。その上で、製作技法と文様は漢城期と熊津期で大きく異なるということを指摘した。

（4）分析の視点

　朝鮮半島南部において飾履の新出事例が増加し、とくに韓国内での研究が盛んになってきているが、日本列島出土品との比較研究はさほど深まりをみせていない。日本列島出土品の大半は破片資料であり、全容を把握しにくいためであろう。また、朝鮮半島南部における新事例の増加にともなう新しい知見は、まだ日本の研究に生かされていない。ここでは、破片資料からでも情報を抽出することができる細かい製作技法に注目することで、朝鮮半島と日本列島の資料を広く対象とし、積極的な比較研究を試みる。

　まず、底板・側板の折り返し方法と接合技法に注目し、分類をおこなったうえで、地域性と時間的変化がいかに反映されるかを分析する。その上で、百済と新羅の資料を具体的に検討したのちに、倭の資料の位置づけを示すこととする。とくに、倭の資料の分析に際しては、他の金工品との関連や出土状況など、様々な角度からも検討することで、飾履がどのように受容されたのかを探ることとする。

第2節　金銅製飾履の製作技法

第1項　底板と側板の接合技法 （図80）

　これまで飾履は、側板の接合方法や、底板と側板の文様が主として注目されてきた。実際、これらの検討が成果を生んでおり、飾履の中でも重要な部分であるといえる。中でも、馬目順一が指摘した側板の接合方法の分類は、高句麗、百済、新羅、倭の地域性とうまく対応し、大きな成果を上げている。さて今回は、これまであまり注目されてこなかった「底板と側板の接合技法」に注目した。これらの製作技法について、報告書の中で指摘されることはあるが、体系的に分析した検討はみられない。

第2節　金銅製飾履の製作技法

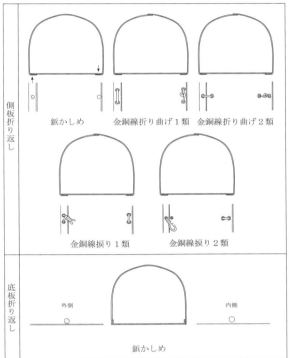

図80　底板・側板の折り返し方法と接合技法

(1) 底板と側板の折り返し方法
　側板折り返し法　側板を内側に折り込んで、その内部に底板を重ねて接合する。
　底板折り返し法　底板を上向きに折り込み、外側から側板を重ねて接合する。

(2) 底板と側板の接合技法
　鋲かしめ技法　側板と底板が重なった部分に1個孔をあけ、外側から鋲を入れて、内側でかしめることで側板と底板を接合する。
　金銅線折り曲げ技法　側板と底板が重なった部分に2個孔をあけ、外側から金銅線を入れて、内側で折り曲げることで側板と底板を接合する。金銅線の両先端は捩るなどして互いに結びつけて固定する。穿孔の方向により、底板の長辺に対して平行になるものを1類、垂直になるものを2類と細分する。
　金銅線捩り技法　側板と底板が重なった部分に2個孔をあけ、内側から長い金銅線を通し、外側で金銅線に捩りを加えることで側板と底板を接合する。金銅線の両先端で輪をつくりだすものもある。穿孔の方向が、底板の長辺に対して平行になるものを1類、垂直になるものを2類と細分する。
　底板と側板の接合技法には、以上に加えて、接合痕跡が明確ではない場合が存在する。有機質製のもので括り付けられて接合されたものであると予想されているが（李絃相2011）、現状

177

第11章　金銅製飾履の受容と展開

では何の痕跡も残っていないため判断を保留しておく。

　このように、「底板と側板の折り返し方法」と「底板と側板の接合技法」には複数の特徴がみられる。これらの組み合わせとして実際に存在するものは、側面折り返し法（鋲かしめ技法、金銅線折り曲げ技法1類・2類、金銅線捩り技法1類・2類）、底板折り返し法（鋲かしめ技法）の計6パターンである。以下、これらを省略して、側折（かしめ、折曲1・2類、捩1・2類）、底折（かしめ）と表記することとする。馬目分類と同様に、飾履の成形にかかわる製作技法であるだけに、地域性や時間的変化が想定される。

　ところで、側板同士の接合方法であるが、左右の側板を接合するものは馬目分類II群A型、前後の側板を接合するものはII群B型、底板に側板をめぐらし甲の部分に別の板を被せるものはII群C型とされている（馬目1991）。いずれも側板を重ね合わせているが、その際の接合技法として鋲かしめ技法、金銅線折り曲げ技法、金銅線捩り技法が確認できる。

第2項　地域性との関連性

　馬目による側板接合の分類は地域性を反映している。そこで、ここでは底板と側板の折り返し方法・接合技法との対応関係を検討した。表28、29、30では、それぞれ百済、新羅、倭出土飾履の諸属性を示している。馬目が百済と倭の特徴とみたII群A型では、側折（かしめ、折曲1・2類、捩1・2類）が確認できる。また、新羅の特徴とみたII群B型では、側折（かしめ、折曲1類）が確認できる。さらに、倭の特徴とみたII群C型では、底折（かしめ）が確認できる。底板と側板の折り返し方法・接合技法には、地域性が反映されていると考えることができる。

　次に、側板同士の接合技法についてである。百済のII群A型と新羅のII群B型では大部分が鋲かしめ技法であり、両者ともに一部金銅線折り曲げ技法がみられる。一方、倭のII群A型では鋲かしめ技法、金銅線折り曲げ技法、金銅線捩り技法が一定数ずつ確認できる。このように、底板と側板の折り返し方法・接合技法がある程度、地域性を反映していることがわかった。とくに金銅線捩り技法は倭にのみ存在しており、倭特有の技法であるといえる。

出土地	馬目分類
原州 法泉里1号	II群A型
原州 法泉里4号	II群A型
華城 料里1号	II群A型
燕岐 羅城里KM004	II群A型
伝公州 宋山里	II群A型
公州 水村里II-1号	II群A型
公州 水村里II-3号	II群A型
公州 水村里II-4号	II群A型
公州 水村里II-8号	II群A型
高興 吉頭里雁洞	II群A型
瑞山 富長里6号墳6号土壙	II群A型
瑞山 富長里8号墳1号土壙	II群A型
高敞 鳳徳里1号墳4号石室	II群A型
益山 笠店里86-1号	II群A型
羅州 新村里9号墳乙棺	II群A型
羅州 伏岩里3号墳96-4号甕棺	II群A型
羅州 伏岩里丁村1号石室	II群A型
高興 新徳1号墳	II群A型？
南原 西谷里・斗洛里32号	II群A型？
公州 武寧王陵　王	II群A型
公州 武寧王陵　王妃	II群A型
ソウル歴博所蔵品	II群A型
伝慶州（出光美所蔵品）	II群A型

〔凡例〕○：有。？：確定できないもの。ないもの、

出土地	馬目分類
慶州 皇南大塚南	II群B型
義城 塔里II号墓槨	II群B型
慶州 皇南大塚北A	II群B型
慶州 皇南大塚北B	I群
慶州 金冠塚A	II群B型
義城 大里里2号B-1号主槨	II群B型
達城 飛山洞37号2号石槨	II群B型
慶州 瑞鳳塚	II群B型
慶州 金冠塚B	I群
慶山 造永洞EII-2号副槨	I群
慶州 飾履塚	II群A型
慶州 天馬塚	II群B型
慶州 金鈴塚	II群B型
慶州 皇吾里4号	II群B型
梁山 夫婦塚	II群B型
達城 内塘洞55号	II群B型
慶山 林堂6A号	II群B型
慶州 銀鈴塚	II群B型
慶州 皇吾里16号第1石槨	II群B型
陜川 玉田M11号	II群B型
伝慶州（菊隠李養璿寄贈品）	II群B型
伝昌寧（小倉コレクション）	II群B型
慶州 伝仁旺洞（嶺南大博所蔵）	II群B型
新羅古墳資料飾履A（九州国立博物館所蔵）	II群B型
新羅古墳資料飾履B（九州国立博物館所蔵）	II群B型

〔凡例〕○：有。？：確定できないもの。馬目分類：

第2節　金銅製飾履の製作技法

表28　百済における飾履の諸属性

底板と側板の折り返し方法	底板と側板の接合技法					側板接合技法			形態		装飾					共伴遺物編年
	かしめ	折曲1	折曲2	捩1	捩2	かしめ	折曲	捩	長(cm)	俯角(度)	スパイク	歩揺	ガラス玉	透彫	亀甲繋文	
側折	○					○					○			○		百済III前半
											○			○		
														○		
側折									26.4		○			○		
側折						○			27.3	27	○			○		
側折						○			29.5	18	○			○		百済III前半
側折						○			31.6	?	○			○		百済III
側折						○			31.6	23	○			○		百済III後半
側折						○					○			○		
側折	○							○	30.0	22	○			○		
側折						○					○			○		
側折						○					○			○		
側折	○					○			28.0		○			○		
側折						○			31.5	18	○			○		百済IV
側折			○			○			29.7	9	○					
側折			○			○			27.0	2	○	円形、魚形			一体	百済V
側折						○			32.0					○	一体	
側折						○									一体	百済V
						○					○	円形				
側折			○			○			38.0	6	○	円形		裏打	一体	※1
側折			○			○			36.4	2	○	円形		裏打		※2
側折			○			○			34.5	6	○	円形		裏打	一体	
側折						○			30.0							

あるいは現状では確認できないものは空欄。馬具分類：馬目1991。共伴遺物編年：韓国―諌早2012aに基づく。※1：523年没,525年葬。※2：526年没、529年葬。

表29　新羅における飾履の諸属性

底板と側板の折り返し方法	底板と側板の接合技法					側板接合技法			形態		装飾			共伴遺物編年
	かしめ	折曲1	折曲2	捩1	捩2	かしめ	折曲	捩	長(cm)	俯角(度)	スパイク	歩揺	文様	
側折	○					○			31.0	6		円形	T字透	慶州III後半
側折						○			30.0			円形	T字透	
側折												○	T字透	慶州III後半
	○?								27.5		○		無文	慶州III後半
側折	○	○				○			33.0	5		円形	T字透	慶州IV
側折	○								27.5			円形	魚鱗文	
側折												円形	魚鱗文	
側折						○							無文	
	○?								30.5		花文		無文	慶州IV
		○?							31.5			円形	無文	慶山IV
側折						○?			32.0	23	○		亀甲繋	慶州IV
側折									約30		○		T字透	慶州V
側折		○						○	約30	12		円形	無文	慶州V
側折													T字透	慶州V
側折		○				○			29.9	10		円形	無文	
側折		○				○			30.0	5		円形	無文	
側折		○				○			30.0	10		円形	無文	慶山V
側折						○						円形	無文	慶州VI
側折												円形		慶州VI
側折						○						○	無文	大加耶V
側折		○				○			29.1	18		円形	T字透	
側折		○				○			28.3	19		円形	T字透	
側折		○				○			29.0			円形	無文	
側折		○						○				円形	無文	
側折													T字透	

馬目1991。共伴遺物編年：諌早2012aに基づく。他にも細片あるいは未報告の資料として、慶州壺杅塚例、漆谷黄桑洞（仁同）1号例、昌寧校洞7号例がある。

第11章　金銅製飾履の受容と展開

第3項　時間的変化との関連性

(1)　II群A型の変化

　では、時間的変化はどのように反映されているだろうか（表28）。研究史上、時間的変化を示すと想定されている属性として、II群A型では長さ、爪先の俯角、スパイクの有無、歩揺の有無が挙げられている。新しくなるにつれて、全体の大きさが長く、爪先俯角が小さくなると想定され、スパイクは有から無へ、歩揺は無から有へと変わると指摘されている。表28をみると、側折（折曲1類）は、爪先の俯角が二桁のもの・歩揺無と組み合い、側折（折曲2類）は、爪先の俯角が一桁のもの・歩揺有と組み合う。これらの属性との対応関係からみて、側折（折曲1類）から、側折（折曲2類）へと変化したことが想定できよう。金具への穿孔が4つから3つになることから、製作の合理化と捉えることができる。また、表30の倭の事例をみると、側折（折曲2類）はスパイク有と組み合うが、側折（捩1類）はスパイク無と組み合う。側折（捩2類）は前2者と比べて全長が大きく、爪先俯角が小さいものと組み合う傾向がある。時間差を示すと想定される属性との組み合わせを考慮すると、

出土地	馬目分類
群馬 下芝谷ツ	II群C型
群馬 井出二子山	II群C型 or 冠帽
福井 十善の森	II群C型 or 冠帽
大阪 峯ヶ塚	II群C型 or 冠帽
熊本 江田船山	II群A型
山口 塔ノ尾	II群A型
伝奈良磯城郡	II群A型
滋賀 鴨稲荷山	II群A型
島根 大念寺	II群A型
大阪 一須賀WA1号	II群A型
大阪 奉献塔山1号	II群A型
大阪 伝城山所在古墳	II群A型
奈良 大和二塚前方部	II群A型
奈良 藤ノ木A	II群A型
奈良 藤ノ木B	II群A型
和歌山 鳴滝1号	II群A型
大谷大博所蔵品	II群A型
千葉 金鈴塚	II群A型
福岡 中浦A3号	II群A型
伝福岡大将陣	II群A型

〔凡例〕○:有。?:確定できないもの。ないもの、

側折（折曲1類→折曲2類・捩1類→捩2類）の順で出現したと考えられる。表28、29、30では共伴馬具編年、陶邑編年をあわせて示しているが、想定する変化と矛盾はない。

　さらに、この底板と側板の折り返し方法・接合技法と側板同士の接合技法の組み合わせをみると、側折（折曲1・折曲2類）と鋲かしめ、側折（捩1類）と金銅線折り曲げ、側折（捩2類）と金銅線折り曲げ・金銅線捩りが組み合うことがわかり、側板同士の接合技法は、鋲かしめ、金銅線折り曲げ、金銅線捩りの順で出現したと考えられる。

(2)　II群B型の変化

　II群B型は、先行研究では時間的変化を示す属性が抽出されていない。表29では、II群A型と同様の属性と共伴馬具の編年的位置づけを示した。馬具編年の新古で判断すると、側折（かしめ）、側折（折曲1類）の順で出現したことがわかる。とくに注目したい例が、慶州金冠塚A（図85-3）と義城大里里2号墳B-1号主槨（慶尚北道文化財研究院 2012）例である。側面折り返し法であるが、接合技法として鋲かしめと金銅線折り曲げ1類が併用されていることがわかる。共伴馬具の位置づけからみて、変化の過渡期にあたる時期であり、両技法の併用は、想定する変化の妥当性を高めるものであると考える。なお、その他の属性には、時間差の傾向はみられない。

表30　倭における飾履の諸属性

底板と側板の折り返し方法	底板と側板の接合技法					側板接合技法			形態		スパイク	装飾				陶邑編年
	かしめ	折曲		捩		かしめ	折曲	捩	長(cm)	俯角(度)		歩揺	ガラス玉	透彫	亀甲繋文	
		1	2	1	2											
底折	○					○			31.0	15		円形	座金ハトメ	○		TK47
												円形	座金ピン	○		TK47～MT15
底折	○											円形魚形	座金ピン	○		TK47～MT15
												円形	座金ハトメ	○		MT15
側折			○			○			34.0	22	○				一体	MT15
側折						○			28.4	16	○	円形魚形	○		一体	MT15
									20?		○	円形				
側折				○				○	31.2			円形魚形	ピン		一体連続分離	TK10
											○				○	
側折				○							○	円形			離	TK43
側折				○								円形	ピン		連続	TK43
側折				○								円形			連続	TK43
側折				○											一体	TK43
側折				○				○	42.8	0		円形魚形			連続一体	TK43
側折				○				○	46.8	-7		心葉			一体	TK43
側折				○?											一体	TK43
側折				○								円形			連続	TK43
側折				○				○	35.0			茄子				TK209
側折				○				○	30?			心葉				TK209
側折				○				○	54.5	1		茄子				

あるいは現状では確認できないものは空欄。馬目分類：馬目1991。陶邑編年は田辺1981に基づく。他にも細片あるいは未報告の資料として、大阪南塚古墳例がある。

(3) 小　結

Ⅱ群Ｃ型は、明確な出土例が１例しかないため、詳細な検討をおこなうことはできない。Ⅱ群Ｃ型には底板折り返し法に鋲かしめ技法のみが用いられていたようである。

このように、底板と側板の折り返し方法・接合技法に注目することによって、ある程度の地域性と時間的変化を抽出することができた。従来も他の属性から時間的変化については指摘されていたが、この折り返し方法・接合技法は、文様系統の違いなどにかかわらず変化がおえるため、時間的変化の一基準として有用であろう。

第3節　朝鮮半島南部における飾履の展開

ここでは、百済と新羅の飾履の展開様相を、製作技法、そして文様などの他属性との関連に注目しながら具体的にみていく。

第1項　百　済

(1) 5世紀前葉―飾履の出現

百済では、漢城期の５世紀前葉頃に飾履が出現する。共伴遺物からみて、原州法泉里１号墳（図81-1）、公州水村里Ⅱ-1号墳（図81-2）、水村里Ⅱ-8号墳（図81-5）、燕岐羅城里遺跡KM004（図81-3）例などが出現期の飾履として挙げられる。法泉里１号墳例からは、底板と

第 11 章　金銅製飾履の受容と展開

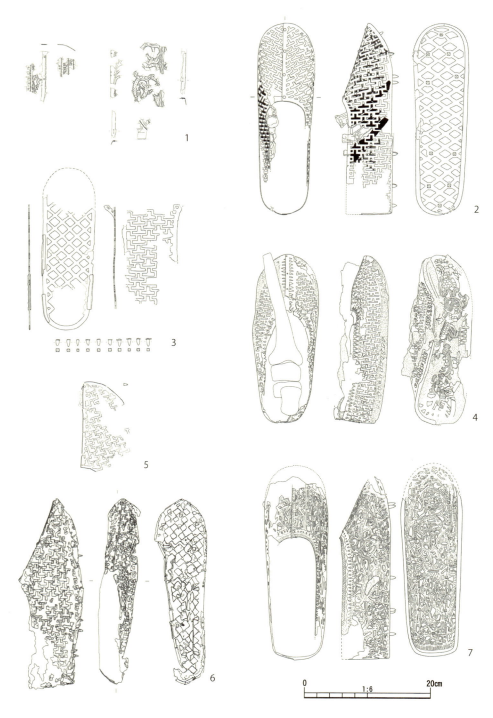

1　原州 法泉里 1 号墳左　　2　公州 水村里Ⅱ-1 号墳右　　3　燕岐 羅城里 KM004　　4　公州 水村里Ⅱ-3 号墳右
5　公州 水村里Ⅱ-8 号墳右　　6　高興 吉頭里雁洞古墳左　　7　公州 水村里Ⅱ-4 号墳右

図 81　百済における飾履の諸例 1 (s=1/6)

182

側板の折り返し方法・接合技法（図84・巻頭口絵参照）として、側折（折曲1類）が認められる（図84-1）。水村里Ⅱ-1号墳例は、側板折り返し法であるが、接合技法ははっきりと確認できない。李絃相によると、有機質製のもので結合されていた可能性があるという（李絃相2011）。側板同士の接合技法はいずれも鋲かしめである。羅城里遺跡KM004例は、側折は確認できるが、片方だけの出土であり残存状態もよくないため接合技法はわからない。

　次に文様であるが、全て透彫技法で表現されている。法泉里1号墳例は、側板にT字文、底板に龍文、縁にC字形瘤付二叉紋[1]がめぐる。水村里Ⅱ-1号墳例と羅城里遺跡KM004例は、側板にT字文、底板に斜格子文がほどこされる。このように、出現当初の飾履には、底板と側板の折り返し方法・接合技法として側折（折曲1類）、側板同士の接合技法としては鋲かしめが確認され、文様としては透かし彫り技法によるT字文、龍文、斜格子文などがみられる。

　この時期には飾履に彫金がほどこされたものはない。一方、水村里Ⅱ-1号墳出土の冠帽には精巧な彫金がほどこされている。李文炯は、冠帽に比べて飾履は重要度が落ちるため技術差があると指摘する（李文炯2015）。ただ、この時期百済の胡籙金具にも彫金はほどこされていない（第2章）。飾履と胡籙金具が冠帽と比べて重要度が落ちるためという解釈よりかは、冠帽と飾履・胡籙金具の製作に関与した工人に違いがあったと可能性を考えたい。新羅の金工品の製作技術を詳細に検討した諫早直人によると、冠にみられる彫金技術とその他の金工品にみられる彫金技術とでは技術水準の違いがみられるという（諫早2016）。地域は異なるが、百済にも同様の現象がみられる可能性がある。

（2）5世紀中葉──製作技法・文様の多様化

　5世紀中葉に相当する出土例は、公州水村里Ⅱ-3号墳（図81-4）、水村里Ⅱ-4号墳（図81-7）、高興吉頭里雁洞古墳（図81-6）、瑞山富長里6号墳6号土壙墓（李勳ほか2009）、富長里8号墳1号土壙墓（李勳ほか2009）例である。水村里Ⅱ-3号墳（図84-2・巻頭口絵9参照）、吉頭里雁洞古墳（図84-3）例からは、底板と側板の折り返し方法・接合技法として側折（折曲1類）が確認できる。また、側板同士の接合技法は大半が鋲かしめであるが、吉頭里雁洞古墳例からは金銅線折り曲げがみられる。文様は、以前と同様に透彫技法による。T字文、龍文、斜格子文に加え、新しく富長里8号墳1号土壙墓例のような亀甲繋文が現れる。底板と側板の折り返し方法・接合技法、文様の技法としては5世紀前葉と差がないが、文様パターンが多様化し始める。

（3）5世紀後葉〜6世紀前葉──製作技法・文様の大きな変化

①　5世紀後葉頃

　高敞鳳徳里1号墳4号石室（図82-3）、益山笠店里86-1号墳（図82-1）例が挙げられる。笠店里86-1号墳例からは底板と側板の折り返し方法・接合技法として側折（折曲1類・2類）が用いられている（図84-4）。接合技法は、金銅線折り曲げ1類から2類に変化する傾向があり、この両者の共伴は、変化の過渡期を示していると考える。側板同士の接合技法は、鋲かしめで

第11章 金銅製飾履の受容と展開

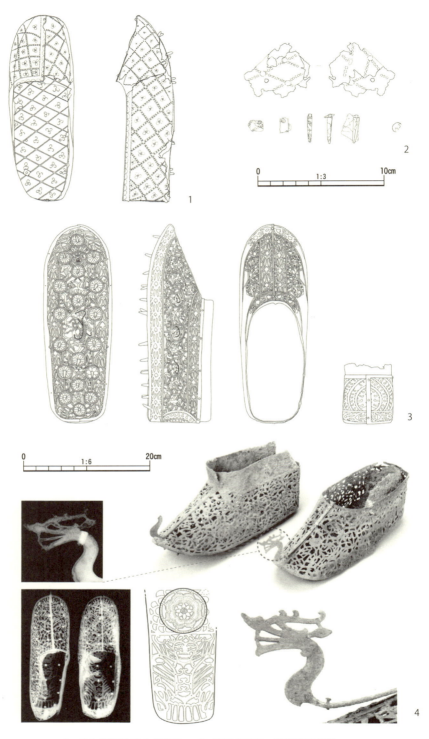

1　益山 笠店里86-1号墳左　　2　南原 酉谷里・斗洛里32号墳
3　高敞 鳳德里1号墳4号石室左　　4　羅州 伏岩里丁村古墳1号石室

図82　百済における飾履の諸例2（2はs=1/3、その他はs=1/6）

ある。また、笠店里86-1号墳例の文様は、表・裏面からの点打ち彫金による斜格子文と花文である。いわゆる打ち出し技法に近く、透彫技法とは異なる技法である。

　鳳徳里1号墳4号石室例は、底板と側板の折り返し方法・接合技法として側折（かしめ）が確認できる。また、側板同士の接合技法も鋲かしめである。接合技法は全て鋲かしめであり、他に類例がない。側板の上側には別造りの板（首襟）がついており、伏岩里丁村1号石室例と本例のみにみられる特徴である。側板の縁には火炎文、中央の亀甲繋文の中に鳳凰、龍、人面鳥、双鳥、瑞獣が配置される。底板の縁には火炎文、中央には鬼面、双鳥、人面鳥、龍、瑞獣、力士がほどこされ、スパイクの回りには花文がつく（馬韓・百済文化研究所2016）。踵の縁にはC字形瘤付二叉紋がほどこされている。透かしによる文様であるが、これは薄肉彫りに近いことから、鋳造製である可能性が高いという指摘もある（鈴木勉2015、2017）。

　なお、慶州飾履塚例も、この時期に相当する（馬目1980）（図85-8）。馬目分類Ⅱ群A型であることから、百済で製作された可能性が高いとされてきた（福泉博物館2010）。底板と側板の折り返し方法は、側板折り返しであるが、接合技法はよくわからない。側板の前側は兵庫鎖で接合されているようである。文様は亀甲繋文であり、中には鬼、双鳥、人面鳥、鳳凰、龍などがほどこされ、縁にはC字形瘤付二叉紋が巡る。底板・側板にみられる文様の立体感は、ろう型鋳造技術によって生み出されたことが指摘されている（鈴木勉2013）。C字形瘤付二叉紋は百済の冠帽などの装身具に多くみられ、また亀甲繋文の中に描かれる様々な文様は、鳳徳里1号墳4号石室例と通じるところがある。第1節で詳しく述べたとおり、文様の系譜については諸説あるが、百済で製作されたものであると考える。

　また、2013年の調査で羅州伏岩里丁村1号石室からも飾履が出土した（図82-4）。報告書が未刊であるが、飾履の写真とX線透過写真が公開されている。底板と側板の折り返し方法は側折であり、側板同士の接合技法は鋲かしめである。底板と側板の接合技法は不明である。側板には亀甲繋文の中に龍文透かしがほどこされ、上側に別造りの板（首襟）がつき、前側の側板接合部分には龍頭装飾がつく。底板には蓮華文と鬼面文の透かしがほどこされている。飾履の中でまったく同じ文様をもつものはないが、亀甲繋文の中に透かし文様（鋳造製の可能性もある）がみられるという点は鳳徳里1号墳4号石室例、飾履塚例と類似している。蓮華文は、武寧王陵出土の銀製托盞と類似するという。古墳についての詳しい情報については不明であるが、5世紀後葉～6世紀初頭頃のものである可能性が高いだろう。

　このように、新しい接合技法が現れるとともに、透彫技法に加えて、打ち出し技法に近いものも現れる。また、透彫でなく、鋳造で作られたという見解もあり、前の時期と比べて、技術的な飛躍が大きい。文様にも大陸の影響が色濃くみられるようになる。

②　5世紀末～6世紀前葉頃

　羅州新村里9号墳乙棺（図83-1）、羅州伏岩里3号墳96号石室4号甕棺（図83-2）、咸平新徳1号墳（図100）、公州武寧王陵（図83-3）、武寧王陵（王妃）（鄭光龍2001）、南原酉谷里・斗洛里32号例（図82-2）が挙げられる。

　この段階になると、底板と側板の折り返し方法・接合技法は全て側折（折曲2類）となる（図

第11章　金銅製飾履の受容と展開

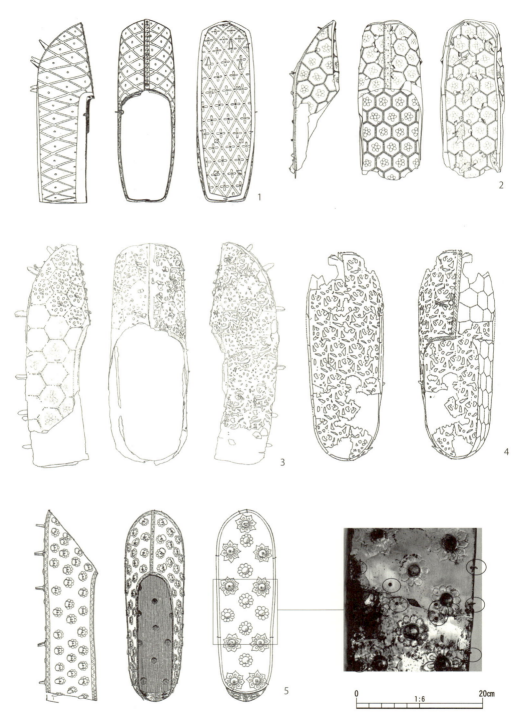

1　羅州 新村里9号墳乙棺右　　2　羅州 伏岩里3号墳96号石室4号甕棺右　　3　公州 武寧王陵右
4　出土地不明左（ソウル歴博所蔵）　　5　伝慶州右（出光美術館所蔵）

図83　百済における飾履の諸例3（s=1/6）

84-5, 6, 7, 8・巻頭口絵9参照）。また、文様は表・裏面からの点打ち彫金による斜格子文、亀甲繋文、透彫技法による亀甲繋文に銀板で裏打ちした事例などが現れる。武寧王陵（王）、武寧王陵（王妃）例のように、わざわざ透かしに裏打ちしていることからみて、従来の透彫だけの文様は用いられなくなったようである。飾履と一緒に出土することが多い冠帽も、5世紀前葉〜中葉にかけては、透彫技法によるものであったが、5世紀後葉頃から徐々に透彫はみられなくなる。飾履と関連する金工品の流れであろう。基本的に前時期の変化の流れを踏襲しつつも、それ以前からあった特徴はみられなくなる。さらに、この時期から歩揺が装着されるようになり、とくに伏岩里3号墳96号石室4号甕棺例からは魚形歩揺が確認される。俯角が0°に近づき、長大化の傾向をみせ始めることを考慮すると、もっとも加飾化が進んだ時期であるといえよう。

　また、南原酉谷里・斗洛里32号墳例のように、大加耶土器の出土圏からも飾履が出土している。打ち出し技法による斜格子文がみられ、新村里9号墳乙棺例に近い文様である。これは百済で製作され、移入されたものであろう[2]。

　このように、製作技法や文様技法の変化は、とくに5世紀後葉以降、顕著にみられる。475年の漢城百済の滅亡と熊津百済への遷都が、工人の動向にも影響を与えていた可能性が考えられる。ただ、鋳造や打ち出しによる文様が新しく出現するが、それまでと同じ馬目分類Ⅱ群A型の資料であり、底板・側板の折り返し方法・接合技法も漸次的な変化である。飾履の製作技法全体が刷新されたというほどのものではなく、それ以前からの流れの中で捉えることが可能であり、製作集団の大きな変化までは考えることができない。この時期以降、百済から金銅製飾履の出土例は確認できない。

（4）出土地不明資料の検討

　まず、伝公州宋山里出土金銅製飾履（梨華女子大學校博物館所蔵）であるが（秦弘燮1968）、文様は透かし彫り技法によるＴ字文と斜格子文であり、公州水村里Ⅱ-1号墳例と共通する点が多い。底板と側板の接合技法が確認できない点なども同様である。伝公州宋山里という出土地が確かならば、熊津期が想定されるが、器物としての特徴からみると、漢城期、とくに5世紀前葉〜中葉頃のものであると考えられる。

　次に、梅原末治によって報告された伝慶州出土金銅製飾履（出光美術館所蔵）である（梅原1964）（図83-5）。この事例は、馬目分類Ⅱ群A型に属し、俯角が最も大きいことから、百済系飾履の中で最も古い資料であるとの位置づけがなされてきた（馬目1980）。しかし、実見したところ、所々に後世の修復痕が確認され、オリジナル部分が観察しにくい状況となっている。俯角がもともとの状況を保っているかの判断は難しい。また、梅原の図面では、底板と側板の接合技法として金銅線撚り2類が描かれているが、これは後世の補修によるものであり、本来のものではない。文様は、側板、底板ともに裏面からの点打ち彫金と、表面からの蹴り彫り彫金による花文である。花文は、羅州伏岩里3号墳96号石室4号甕棺、山口県塔ノ尾古墳や伝奈良県磯城郡出土飾履に類似した文様がみられる。この飾履は、おそらく5世紀後葉以降のも

第11章　金銅製飾履の受容と展開

のであると考えられるが、補修がおこなわれた際の変形が大きく注意が必要である。

　最後に、ソウル歴史博物館所蔵金銅製飾履であるが、底板と側板の折り返し方法・接合技法として側折（折曲2類）が確認され、文様は右側面が表・裏面からの点打ち彫金による亀甲繋文、左側面と底板が鳳凰文を描いた亀甲繋透し文に別板で裏打ちをしたものである（안병찬・이경자2003）（図83-4）。接合技法、文様技法ともに武寧王陵例に近く、熊津期のものであると考えられる。

第2項　新　羅

（1）5世紀中葉―飾履の出現

　現状、新羅で飾履が確認されはじめるのは5世紀中葉以降である。5世紀中葉頃に相当する資料として、慶州皇南大塚南墳（図85-1）、義城塔里2号槨（金載元・尹武炳1962）、慶州皇南大塚北墳A・B（文化財管理局・文化財研究所編1985）（図85-2）例が挙げられる。前3例は馬目分類Ⅱ群B型であり、皇南大塚南墳例は底板と側板の折り返し方法・接合技法として側折（かしめ）が確認される。義城塔里2号槨、皇南大塚北墳A例は遺存状態がよくないため、わからない。文様は、透彫り技法によるT字文か用いられたようである。

　慶州皇南大塚北墳B例は、馬目分類Ⅰ群に相当し、底板だけからなる。側板がないため接合技法はわからないが、底板上縁に一つずつの穿孔がみられ、おそらく皮革であると想定される上の部分と有機質の紐で括り付けられていたと考える。

（2）5世紀後葉～6世紀中葉―製作技法と文様の変化

①　5世紀後葉～末

　慶州金冠塚A・B（図85-3、6）、義城大里里2号墳B-1号主槨（慶尚北道文化財研究院2012）、達城飛山洞37号墳2号石槨（図85-4）、慶州瑞鳳塚（図85-5）、慶山造永洞EⅡ-2号墳副槨（図85-7）例が挙げられる。また、先述した慶州飾履塚例（図85-8）もこの時期の事例である。金冠塚Bと造永洞EⅡ-2号墳副槨例は馬目分類Ⅰ群、飾履塚例はⅡ群A型、それ以外はⅡ群B型である。

　底板と側板の折り返し方法・接合技法として、金冠塚A例と大里里2号墳B-1主槨例からは側折（かしめ・折曲1類）が両方確認される。上述したとおり、これらには両技法が共にみられ、接合技法が変化する過渡期のものであると考えられる。飛山洞37号墳2号石槨例、瑞鳳塚例は残存状態がよくないためわからない。文様はT字文と無文に加えて、飛山洞37号墳2号石槨例と大里里2号墳B-1号主槨例のような魚鱗文が確認される。

　金冠塚B例、造永洞EⅡ-2号墳副槨例は、馬目分類Ⅰ群である。これらには側板がないが、皇南大塚北墳例と同様に底板上縁には穿孔がみられる。有機質からなる上の部分との接合痕跡であろう。金冠塚B例の穿孔は一つであるが、造永洞EⅡ-2号墳副槨例の穿孔は2つセットとなっている[3]。後者の穿孔には繊維が付着しており、繊維で有機質からなる上の部分と接合されていたことがわかる（図85-7）。これはⅡ群B型にみられる底板と側板の接合技法（折曲

第3節 朝鮮半島南部における飾履の展開

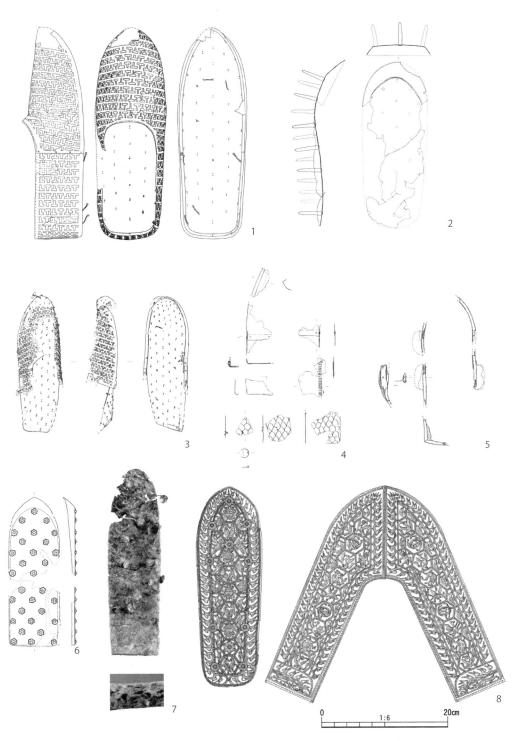

1 慶州 皇南大塚南墳右 2 慶州 皇南大塚北墳 3,6 慶州 金冠塚(3 左,6 右)
4 達城 飛山洞37号墳第2石槨 5 慶州 瑞鳳塚 7 慶山 造永洞EⅡ-2号墳副槨右 8 慶州 飾履塚左

図85 新羅における飾履の諸例1(s=1/6)

189

第11章　金銅製飾履の受容と展開

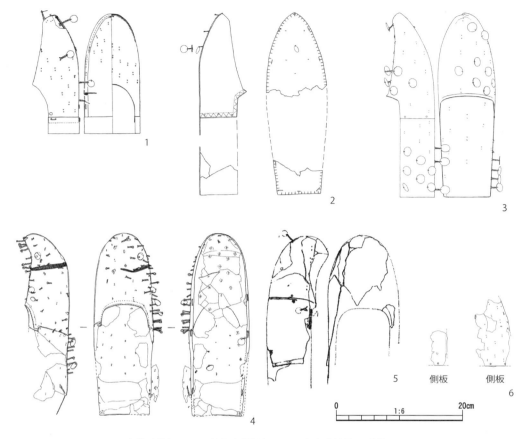

1　慶州 金鈴塚　　2　梁山 夫婦塚右　　3　達城 内塘洞 55 号墳
4　慶山 林堂 6A 号墳右　5　慶州 銀鈴塚　6　陝川 玉田 M11 号墳

図 86　新羅における飾履の諸例 2 (s=1/6)

1類)の痕跡と類似している。

　② 6世紀初頭〜前葉

　慶州天馬塚(金元龍ほか1974)、慶州金鈴塚(図86-1)、慶州皇吾里4号墳(國立中央博物館編1964)、梁山夫婦塚(図86-2)、達城内塘洞55号墳(図86-3)、慶山林堂6A号墳(図86-4)例が挙げられる。全てⅡ群B型である。金鈴塚例、夫婦塚例、内塘洞55号墳例、林堂6A号墳例には、側折(折曲1類)が確認できる。この時期になると、接合技法として金銅線折り曲げ1類が定着したといえる。文様は、無文とT字文になり、魚鱗文は確認できなくなる。

　③ 6世紀中葉

　6世紀中葉に相当する資料として、慶州銀鈴塚(図86-5)、慶州皇吾里16号墳第1石槨(有光・藤井2000)、慶州壺杆塚(金載元1948)例が挙げられる。残存状態がよくないためわからない部分が多いが、前時期までと文様に大きな違いはないようである。新羅出土例ではないが、大加耶の一領域に含められる陝川玉田M11号墳(図86-6)からも新羅系飾履が出土している。無文のⅡ群B型であり、スパイクがなく、歩揺などを装着する点からみても、新羅で製作さ

れたものであると考えられる。大加耶が新羅に滅ぼされた時期に近く、この地域から新羅系飾履が出土するのはその影響であろう[4]。飾履は通常の装身具とは異なり、葬送儀礼品としての性格が強いため（李漢祥 2010a）、新羅の葬送儀礼が他地域にまで広がった一例であると考えられる。6世紀中葉以降になると、新羅の墳墓から飾履の出土は確認できなくなる。

（3）出土地不明品

國立慶州博物館が所蔵する菊隱李養璿蒐集文化財の伝慶州出土飾履（國立慶州博物館 1987）、東京国立博物館の小倉コレクションの一つである伝昌寧出土飾履（東京国立博物館 1982）、嶺南大學校博物館が所蔵する伝慶州仁旺洞古墳出土飾履（嶺南大學校博物館 1982）、九州国立博物館が所蔵する新羅古墳資料飾履A（河野 2012）にはいずれも底板と側板の折り返し方法・接合技法として側折（折曲1類）、側板同士の接合技法は鋲かしめが用いられており、5世紀後葉以降の資料であると考えられる。

（4）小　結

このように、新羅の飾履は遺存状態の良好なものが少なく、文様などの変化も少ないが、底板と側板の折り返し方法・接合技法に注目すると、側折（かしめ）から側折（折曲1類）へという時間的変化を抽出することができる。この金銅線折り曲げ技法であるが、飾履に限って用いられる技法であるという訳ではなく、装飾大刀や冠などにもみられる。新羅の装飾大刀には、把間板の結合技法として鋲状の金銅線が採用され（皇南大塚南墳、北墳など）、大加耶の装飾大刀にみられる釘で留める方法とは区別される（金宇大 2011a）。また、冠にも帯輪部と立飾部の結合技法として、金銅線折り曲げが用いられる事例が認められる（丹陽下里古墳、安東枝洞2号墳など）（國立春川博物館 2008）。以上のように、金具と金具の接合技法としての金銅線折り曲げは他の金工品にも用いられている。時期的に一致するかはさらなる検討を要するが、金工品の生産体制として、これらの器物は近い関係であったことが窺える。

第4節　倭における飾履の受容と展開

倭においては、完形を保った状態で出土したものは限られており、大部分は破片資料である。そのため、倭出土例として韓国などで実際に取り上げられているのは5例ほどに過ぎない。ここでは、従来重視されてこなかった破片資料にも言及しながら、製作技法と文様に注目して展開様相を具体的にみていくこととする。

第1項　倭における初期の飾履

（1）Ⅱ群C型

倭でみられる初期の飾履として、TK47～MT15型式期に相当する群馬県下芝谷ツ古墳（図87-1）、福井県十善の森古墳（図87-2）が挙げられる。またその可能性があるものとして、群

第11章　金銅製飾履の受容と展開

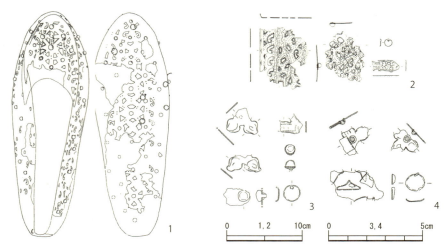

1　Ⅱ群Ｃ型飾履：群馬 下芝谷ッ古墳　　2　飾履：福井 十善の森古墳
3　冠 or 飾履：群馬 井出二子山古墳　　4　冠 or 飾履：大阪 峯ヶ塚古墳
図87　倭における初期の飾履 (1, 2 は s=1/5、3, 4 は s=1/2)

馬県井出二子山古墳（図87-3）、大阪府峯ヶ塚古墳（図87-4）が挙げられる[5]。下芝谷ッ古墳例は馬目分類Ⅱ群Ｃ型とされているが、その他の事例は破片であるため、底板と側板の折り返し方法からは判断できない。下芝谷ッ古墳例は、底板と側板の折り返し方法・接合技法（図90・巻頭口絵10参照）として、底折（かしめ）が確認できる（図90-1、2）。文様は透彫技法によるものであり、底板中央には四弁花文が描かれ、外側には連続波頭文が巡る。側板には三段のガラス玉を起点とした唐草文、甲上板には格子文と連続波頭文が巡る。

十善の森古墳例は、底板と側板の折り返し方法として、底板折り返しが確認できる。接合技法は、現状は穿孔が残っているのみであるが、その間隔からみておそらく鋲かしめであろう（図90-3）。中央に崩れた龍文、縁沿いに連続波頭文が確認できる。

他にも峯ヶ塚古墳例、井出二子山古墳例には、下芝谷ッ古墳例と共通した四弁花文の透彫り文様やガラス玉の接合がみられる。峯ヶ塚古墳例は冠帽である可能性が高く、飾履と同じ透彫り文様である。井手二子山古墳例は判断が難しく、飾履、冠帽の両方の可能性が考えられる。

(2) 系　譜

朝鮮半島に類例のないこの一群をどのように位置づければよいか、その糸口となる点が透彫り文様にあることを高橋は指摘している（高橋2007）。下芝谷ッ古墳、十善の森古墳例の金銅板の端には、透彫技法によって「連続波頭文」が描かれる。この文様は、勾玉形と三角形の透しで波頭形を描き、この文様を連続的にほどこすことで、動的な印象を与える点が特徴であるとされている。連続波頭文の系譜については第13章で詳しく述べるが、百済の飾履・冠帽にみられる「Ｃ字形瘤付二叉紋」をもとに、連続波頭文のモチーフとして再構成されたものであったと考える。倭の初期の飾履は、百済に由来するものであろう。

では、Ⅱ群Ｃ型という特殊な形態が出現した要因は何か。十善の森古墳出土飾履には魚形

192

歩揺が、そして上記4例に共通してガラス玉の装着が確認できるが、これらは透彫文様をもつ漢城期百済の飾履にはみられない特徴である。魚形歩揺やガラス玉が金工品に装着されるのは、透彫りがみられなくなる熊津期になってからである。また、ガラス玉接合技法も百済と倭で異なっている（第12章）。百済において同時期にみられない特徴が倭において同時期にみられ、ガラス玉接合技法が倭独自のものであるのは、漢城期から熊津期初期にかけて百済工人が渡来し、倭の金工品生産に関与したためであったと考える。Ⅱ群C型という構造は、倭の金工品生産における産物であったのではないか。

第2項　Ⅱ群A型の検討

(1) MT15型式期－Ⅱ群A型の出現

Ⅱ群C型の出現よりも若干下る時期から、Ⅱ群A型が出現する。MT15型式期の事例として、熊本県江田船山古墳（図88-1）、山口県塔ノ尾古墳（図88-2）例が挙げられる。江田船山古墳例は、遺物群の新相に属すると指摘されている（桃崎2008）。底板と側板の折り返し方法・接合技法として、側折（屈曲2類）が用いられており（図90-4）、側板同士の接合技法は、鋲かしめである。同様の技法は新村里9号墳乙棺、伏岩里3号墳96号石室4号甕棺、武寧王陵（王）、武寧王陵（王妃）例などにみられる。文様は、蹴り彫り鏨が点打ち彫金のように用いられた亀甲繋文である（図91-1）。同様の技法による亀甲繋文は朝鮮半島にみられない。共伴する広帯二山式冠（図106-3）と同じ特徴の亀甲繋文であることからあわせて倭で製作されたものであると論じられることもあるが（李漢祥2010a）、飾履と比べて冠の亀甲繋文は形が一定でない。底板と側板の折り返し方法・接合技法や、吉井の指摘する側板の展開形態と文様の割り付けをみても、百済出土例と大きな違いがないため、百済の工人集団によって製作されたものである可能性が高いと考える。

塔ノ尾古墳例は現地に埋め戻されたため詳細はわからないが、絵図をみるかぎり側板の展開形態は吉井のいう「傾斜形」であり（吉井1996）、亀甲繋文は規則的な割り付けによる施文であると考えられる。他にも百済にみられる魚形歩揺が確認できる。折り返し方法・接合技法はわからないが、江田船山古墳例と同様に百済の工人集団によって製作されたものであると考える。

(2) TK10～TK43型式期－倭独自の製作技法と文様の変化

TK10型式期の事例として、滋賀県鴨稲荷山古墳出土飾履が挙げられる（図88-3）。底板と側板の折り返し方法・接合技法として、側折（捩1類）が出現し（図90-5, 6）、側板同士の接合技法としても、金銅線折り曲げが出現する。側折（捩1類）は倭でのみみられる技法である。おそらく歩揺の装着技法から派生したものであろう。鴨稲荷山古墳出土飾履には、魚形歩揺、ガラス玉、菊綴房などの装飾がみられる。魚形歩揺とガラス玉は、先述したとおり、倭の初期の飾履にもみられる特徴であり、百済が起源であろう。ガラス玉の装着技法は、2本脚の鉄製割りピンを介して固定するものであり、倭にのみみられる技法である。菊綴房は朝鮮半島に類

第 11 章　金銅製飾履の受容と展開

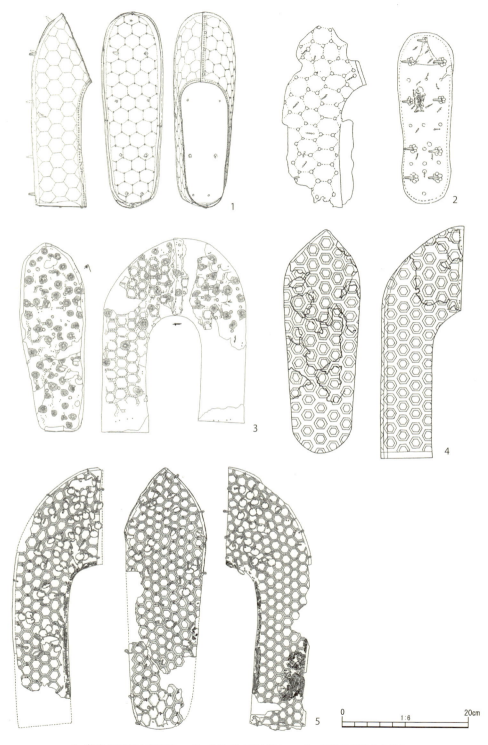

1　熊本 江田船山古墳右　　2　山口 塔ノ尾古墳左　　3　滋賀 鴨稲荷山古墳右
4　大阪 一須賀 WA1 号墳右　　5　奈良 藤ノ木古墳 A 左

図 88　倭におけるⅡ群 A 型の諸例 1 (s=1/6)

第 4 節　倭における飾履の受容と展開

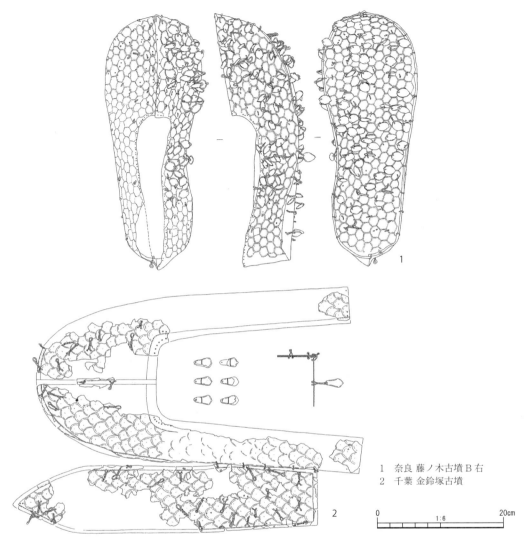

1　奈良 藤ノ木古墳 B 右
2　千葉 金鈴塚古墳

図 89　倭における Ⅱ 群 A 型の諸例 2（s=1/6）

例はみられず、鴨稲荷山古墳の飾履、広帯二山式冠、半筒形金具でのみ確認されている。装飾という点でも、倭独自の様相が現れ始めたといえる。

　さらに、この段階から亀甲繋文に変化があらわれる。吉井が指摘したように、規則的な割り付けが認められなくなり、形がいびつになるとともに亀甲繋文の彫金技術と彫金構成も変化してくる。鴨稲荷山古墳例の亀甲繋文には、従来からみられた、他の単位と接する際に外側の辺を共有する「一体型」に加えて、他の単位と接する際に外側の辺が別の単位となる「連続型」、他の単位と接することなく一定の間隔があく「分離型」が確認される（図 91）。後二者の亀甲繋文の彫金構成はこの時期からみられ始める特徴である。このように、倭でのみ確認できる特徴が出現する。Ⅱ 群 C 型とは異なる新たな飾履が倭で製作され始めた時期と理解できるであろう。

195

第11章　金銅製飾履の受容と展開

TK43型式期の事例として、大阪府一須賀WA1号墳（図88-4）、大阪府奉献塔山1号墳（北野1994）、奈良県大和二塚古墳（奈良県教育委員会1962）、奈良県藤ノ木古墳A（図88-5）・B（図89-1）、和歌山県鳴滝1号墳（樋口・近藤・吉本1967）出土飾履が代表例として挙げられよう。

底板と側板の折り返し方法・接合技法として、側折（捩2類）が出現する。一須賀WA1号墳（図90-7）、奉献塔山1号墳、大和二塚古墳、藤ノ木古墳A（図90-8）・Bなどが例として挙げられる。文様はすべて亀甲繋文となる。この時期、倭の飾履はもっとも多く認められるが、この中には破片資料も多く含んでいる。破片資料からは多くの情報を引き出すことは難しいが、そこから亀甲繋文の彫金構成のパターンを抽出することはできる。

鳴滝1号墳（図91-3）、大和二塚前方部石室（図91-4）、藤ノ木古墳A・B例は、「一体型」である。また、奉献塔山1号墳、大谷大学博物館所蔵品（奈良県立橿原考古学研究所附属博物館2012）、大阪府伝城山所在古墳（羽曳野市史編纂委員会1994）、藤ノ木古墳A（図91-5）例の亀甲繋文は、「連続型」である。藤ノ木古墳A例はかかと部分のみ「一体型」となる特殊な事例である。さらに、大阪府一須賀WA1号墳例の亀甲繋文（図91-6）は、「分離型」である。このように、この時期の資料は、亀甲繋文の彫金構成のパターンによって分類することができる。

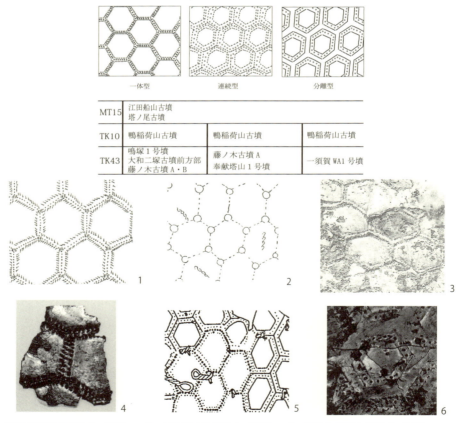

図91　亀甲繋文の分類と変遷

古い資料が一体型であることを考慮すると、従来は隙間なく一体的な単位をもっていたが、徐々に一体性がくずれ、離れるようになったのであろう。吉井の指摘する規則的な割り付けの崩れと関連しており、倭独自の特徴であるといえよう。破片資料だけでもある程度の時期と系譜を推測することができる[6]。

(3) TK209型式期—倭の独自性の高まり

TK209型式期の事例として、千葉県金鈴塚古墳（図89-2）、福岡県中浦A3号墳（玄海町教育委員会1996）、伝福岡県大将陣古墳（三島1979）出土飾履が挙げられる。底板と側板の折り返し方法・接合技法として、いずれも側折（捩2類）が用いられるとともに（図90-9）、側板同士の接合技法としても金銅線捩りが用いられるようになる。部位にかかわらず金銅線捩りが定着したようである。この時期になると、全体長は飛躍的に拡大し、俯角は0度に近くなる。

注目すべきは文様である。それまでは亀甲繋文が主体であったが、この時期からは打ち出し技法による鱗状文（金鈴塚古墳）、斜格子文（中浦A3号墳）、円文（伝大将陣古墳）などがあらわれ、歩揺も茄子形、心葉形となる。接合技法が部位間で画一化し、装飾としては前の時期の規則性が薄れ、倭の独自性がますます増した段階と評価できよう。この時期を最後に、倭の飾履の副葬はみられなくなる。倭の飾履は、百済の技法をもとにして、独自化を加えていったものと理解できる。

第3項　倭における飾履の受容

倭において飾履がいかに受容されたかを探るため、ここでは飾履の分布状況、形態的特徴、共伴遺物、出土状況に注目する。

(1) 分布状況

飾履は、藤ノ木古墳を除いて、基本的に1古墳で1個体が出土しており、日本列島全体でも出土数は多くない。TK43型式期以降、大和川流域にある程度まとまって分布する傾向がみられる（図92）。どの時期にも飾履は、大型の前方後円墳、豊富な副葬品がみられる古墳からの出土が顕著であり（表30）、限られたエリート層だけが入手していたようである。

(2) 形態的特徴

ここでは、飾履左右の特徴に注目する。武寧王陵例は、右足の左側板、左足の右側板、つまり左足と右足が向かい合う側の踵側部分のみ、歩揺や透彫がみられない（図83-3）。これは被葬者に着装された際、外側からみえないことから、製作が省略された部分であると考えられる。つまり、製作時の情報からみる限り、これは被葬者への着装を前提としていることがわかる。では、倭においてはどうか。例えば、藤ノ木古墳（図88-5、89-1）、伝大将陣古墳、金鈴塚古墳（図89-2）例のような、本体の大部分が遺存している事例をみると、右足の左側板、左足の右側板の踵側部分には歩揺が装着されていないことがわかる。倭においても飾履は着装を

第11章　金銅製飾履の受容と展開

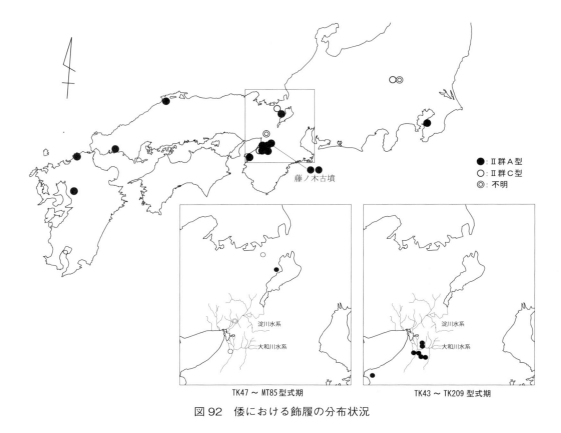

図92　倭における飾履の分布状況

前提としていたと考える一つの根拠になるだろう。ただ、飾履は底板にも歩揺などの装飾があることから、生前に履いて歩くという使用方法は想定できない。馬目が指摘するとおり、仰臥姿勢となる葬送儀礼の場で着装されたものであると考えられる（馬目1991）。

(3) 共伴遺物

百済では飾履は冠とセットになって出土することが多い。倭においてはどうか。金銅製冠・冠帽と一緒に出土する事例として、十善の森古墳、江田船山古墳、塔ノ尾古墳、鴨稲荷山古墳、一須賀WA1号墳、藤ノ木古墳が挙げられる。冠・冠帽も百済に由来すると考えられ、飾履と共通した技法が用いられるものがあるなど、一製品としても関係の深い器物である。第12章で詳しく述べるが、共伴する広帯二山式冠と飾履で同じ文様がほどこされた事例もある。倭においても、これらがセットで用いられていた可能性が考えられる[7]。

(4) 出土状況

百済中央では被葬者に着装された状態で出土することが多い（李漢祥2010b、2011b、金載烈2011）。では、倭においてはどうか。鴨稲荷山古墳例は、石棺内の被葬者足元付近と思われる場所から出土している。詳細はわからないが、この事例にかんしては着装に近い状態であっただろう。一方、藤ノ木古墳A例は着装されておらず、被葬者の踵骨付近の上から小口側へと

立て置かれた状態で出土した。藤ノ木古墳B例の右の飾履は、底を上に向けた状態で出土し、着装されていたとは考えられない。藤ノ木古墳の石棺内では、金銅製冠や金銅製大帯も飾履と近い位置に副葬されているが、ともに折り畳まれた状態で出土しており、被葬者に着装はされていない。これらは、飾履とともに石棺の一角に置かれていたようである。他にも、南塚古墳例は前棺と奥棺の間[8]、鳴滝1号墳例は玄門付近、そして金鈴塚古墳例と中浦A3号墳例は羨道で出土しており、それぞれ被葬者に着装された状態であったとは考えにくい。百済中央では被葬者に着装された状態で出土することが多く、これらは百済中央の出土状況とは異なっている。

これは、百済と倭において棺の性格が異なっていたことと関連していると考えられる。すなわち熊津期の百済では、釘と鐶座金具がともなう木棺が出土した武寧王陵例のように「持ちはこぶ棺」が用いられたが、倭では家形石棺をはじめとした「据えつける棺」が用いられた（和田2014）。おそらく百済では、納棺儀礼がモガリ儀礼の中に吸収されていたため、モガリ儀礼の際に着装された飾履がそのままの状態で古墳に埋納された。これに対して倭では、納棺儀礼とモガリ儀礼の場が異なっていたため、モガリ儀礼の際に着装された飾履が、その後の納棺儀礼の際には改めて着装されなかったと推測される。

このようなモガリ儀礼から納棺・埋納までの流れの違いが、飾履の出土状況の違いに繋がっていると考えられる。そのため、百済では棺に入る大きさの飾履が製作されていたのに対し、倭では棺の大きさに規制されず大型の飾履が製作されるようになったのであろう。葬送儀礼から埋葬までの流れの違いが、倭における飾履の加飾化に繋がったと考えられる。

結　語

本章では、底板と側板の折り返し方法・接合技法に地域性と時間的変化がみられることを明らかにし、この視点に注目しながら、百済、新羅、倭における飾履の展開過程を整理した。倭の飾履は百済の飾履の大きな影響を受けており、徐々に製作技法や文様を改変しながら倭独自の特徴をもつ飾履へと変化させていった。倭において飾履は、エリート層の葬送儀礼品として受容されたようである。飾履は古墳時代終末期を最後にみられなくなる。生前の着装を前提としない飾履は、葬送儀礼が重視された古墳時代だからこそみられた器物であったと考えられる。

[註]
(1) 火焔紋など様々な名称があるが、ここでは馬目順一の名称に則ることとする（馬目1980）。
(2) この古墳からは、大加耶系の古墳構造、大加耶系土器の器形と文様、土着系土器文様、百済系飾履、中国南朝の同型鏡が確認されており（全北大学校博物館2015）、南原という地域を考えるうえで興味深い事例である。
(3) 國立中央博物館所蔵の伝集安飾履は2つ穿孔である（申大坤1991）。
(4) 玉田M11号墳からは百済系の耳飾や、釘・鐶座金具が出土しており、百済と同様の「持ちはこ

第 11 章　金銅製飾履の受容と展開

　　ぶ棺」が用いられた。新羅と百済の間でゆれていた大加耶の状況の一端が反映されている（吉井 2010））。

(5)　下芝谷ツ古墳は TK47 型式期、十善の森古墳・井出二子山古墳は TK47〜MT15 型式期、峯ヶ塚古墳は MT15 型式期と把握している。

(6)　広帯二山式冠や半筒形金具、馬具の鞍金具にも亀甲繋文がみられる。飾履と同様の特徴がみられ、工人集団の技術系譜を考えるうえで興味深い情報である。詳細は終章で論じる。

(7)　松尾昌彦は、金鈴塚古墳、鳴滝 1 号墳、南塚古墳例などの被葬者の足元以外から出土した事例を挙げて、倭においては足元からの出土が一般的ではないと指摘し、朝鮮半島でみられるような装身具のセットもみられないことから、飾履の受容は器物としての受容に留まったと指摘する（松尾昌 1988）。だが、左右足の飾履の特徴や、冠とのセット関係をも考慮すると、必ずしもそうではないと考える。

(8)　ただし、元来棺内におさめられていたものが、盗掘の際、棺外に遺棄されたのではないかという見解もある（川端・金関 1955）。

第12章　倭における広帯二山式冠の出現過程

はじめに

　古墳時代における金銅製冠の多くが朝鮮半島に由来するものであることが、これまでの研究で明らかにされてきた。当時の日朝間の政治的変動の影響を受けながら、様々な形式の冠が倭にもたらされたようである。そのような中、広帯二山式冠は倭で出現した形式であると評価されており、古墳時代後期を中心として急速に普及した。また広帯二山式冠は形態や装飾、出土時期に強い共通性がみられ（中村1983）、上位層の古墳から出土することから、その社会的意義が積極的に指摘されてきた（毛利光1995、高松2007a, bなど）。

　だが倭で出現したとされるものの、広帯二山式冠の出現過程については具体的に示されておらず、影響が想定される朝鮮半島の冠との比較検討も積極的におこなわれてきたとは言い難い。近年、朝鮮半島において冠や飾履といった金工品が急増しており、比較検討に耐えうる資料が整いつつある。そこで本章では広帯二山式冠の出現過程について、朝鮮半島出土資料を考慮しつつ検討し、広帯二山式冠の社会的意義を再評価したいと思う。

第1節　先行研究と分析の視点

　まず、広帯二山式冠の研究の流れを概観し、その後、広帯二山式冠の出現過程にかんする論点に注目して先行研究をみていくこととする。

　広帯二山式冠の認識と研究の展開　日本列島の冠研究に先鞭を付けた後藤守一は、冠を広帯式、立挙式、三角巾式の3形式にわけ、広帯式の中で底縁一文字、上縁は中央に谷を有し、左右に山形をなすものを二つ山式とした（後藤1941）。また、斉藤忠は広帯式を一つ山式と二つ山式に区分しており（斉藤1963）、小林行雄は広帯式を一山形と二山形という山の数、そして立飾りの数によって区分した（小林1966）。

　このように、分類体系上、二つ山式は早い段階から認識されてきたが、「広帯二山式」を命名し積極的に社会的意義を見出したのは中村潤子である（中村1983）。広帯二山式冠は、形態や装飾技法に共通した特徴がみられ、さらに短期間にまとまってみられることから、他形式と比べて強い共通性を持つ一群であると指摘した。中村の研究によって広帯二山式冠の性格が周知されたといえる。

　その後は、新出事例の報告とともに集成がおこなわれたことで、広帯式が日本列島でのみみられることが明らかとなり、とくに畿内地域とその周辺で多く出土することから、大和政権の関与が想定された（白井宏1988、早乙女1990）。また、奈良県藤ノ木古墳から広帯二山式冠が出土したことで、広帯二山式冠が古墳時代後期における冠の主要な形式であることが広く認識されるに至った（奈良県立橿原考古学研究所編1993）。藤ノ木古墳の発見以降、広帯二山式冠の

完形品は出土していないが、岡林孝作は、小破片であっても積極的に広帯二山式冠を認識して集成をおこなった（岡林 1991）。そのうえで、広帯二山式冠は出土数が多く、時期的にもまとまっていることから、それ以外の形式とは分けて考えるべきものとして強調した。

広帯二山式冠の社会的意義が注目される中、森下章司は基準資料ともいえる滋賀県鴨稲荷山古墳出土の広帯二山式冠を再報告し、広帯二山式冠にかんする多角的な分析をおこなった（森下・吉井 1995）。なかでも、広帯二山式冠の装飾技法が半筒形金具や飾履と共通する点に注目し、広帯二山式冠の社会的意義を従来とは違った角度から示した。また、分布状況だけでなく、日本列島独特の髪型である美豆良を装飾した半筒形金具との共通性から、広帯二山式冠が日本列島で製作された可能性が高いことを明確に示した点も重要であろう。

さらに、冠の立飾形態を重視して冠の総合的な分類と編年をおこなった毛利光俊彦の成果も冠研究において大きな画期となった（毛利光 1995）。毛利光は破片資料がどの部位にあたるかを同定し、復元形を示しながら論を展開した。その時点までに出土していたほぼ全ての冠の事例に言及しており、資料状況が明確になったといえる。さらに、副葬品、古墳の形・規模、主体部の構造の検討を通して、広帯二山式冠が副葬される古墳が高い階層にあることを示した点は重要であり、広帯二山式冠の特殊性がより明らかになった。

また、高松雅文は、捩り環頭大刀との共伴例が顕著であり、6世紀前半において畿内地域のなかでも北半部に多いことから、広帯二山式冠が継体大王の動向を反映したものである可能性を考えた（高松 2007a、b）。

最近では、宇野愼敏が愛媛県正光寺山1号墳例を報告する中で、広帯二山式冠の変遷過程について詳しく検討を加えた（宇野 2012）。

広帯二山式冠の出現過程　広帯二山式冠の原型については複数の見解がある。まず第一に、早乙女雅博は小倉コレクションにみられる金銅冠を報告するなかで、伝慶尚南道出土とされる小倉コレクション金銅冠Cの「草花形立飾」（図 97-1）が、鴨稲荷山古墳出土広帯二山式冠（図 97-2）の立飾と類似している点に注目した（早乙女 1982）。鴨稲荷山古墳例には新羅・加耶にみられない広い帯部があることを考慮すると、広帯式は加耶の影響と倭の独自性が融合した形態として解釈できると指摘した。

第二に、毛利光は中国響堂山石窟の飛天が二山式様の宝冠をつけていることから、広帯二山式冠の形態は中国あるいは西域に起源する可能性を想定した（毛利光 1995）。また韓国の益山笠店里 86-1 号墳例（図 98-3、7）や咸平新徳1号墳例が二山形であることから、これらに直接的な系譜が求められるとし、百済や栄山江流域を故地の候補とした（毛利光 2000）。さらに、広帯二山式の立飾によくみられる「船形立飾」は、伝慶尚南道出土例（小倉コレクション金銅冠C）に認められることから、伽耶南西部地域も故地の候補として挙げた（毛利光 2000）。

第三に、咸舜燮は毛利光による益山笠店里 86-1 号墳例の広帯二山式冠への復元案に一定の妥当性を認めるが、上縁の彎曲度と文様および構成要素において、日本の典型的な広帯二山式と差異がみえ、これを源流と断定するのはまだ早いとし、広帯冠の異形程度とみたいと指摘した（咸舜燮 1997）。

第四に、近年國立公州博物館でおこなわれた特別展の図録『百済の冠』において、益山笠店里86-1号墳例についての新しい見解が示された（國立公州博物館編2011）。毛利光が広帯二山式冠に復元していた個体は全体的に曲率をもっていることから（図98-3）、公州水村里Ⅱ-1、Ⅱ-4号墳出土の金銅製冠帽にみられるような後立飾ではないかと指摘された。

第五に、森下章司は広帯二山式冠の装飾方法が多様である一方で、帯部と蝶形金具が定式化されている点、そして長期にわたって継続的にその定式が遵守されている点に注目し、広帯二山式冠がどのような系譜・原型から生み出されたものかについて考察した（森下2010）。森下は、二山形を鉢巻状の被り物を中央で結んだ形状、蝶形金具を織物製の細帯を結んだ形状を示すと理解し、広帯二山式冠の形状的特徴は、倭で在来の織物製冠を模倣したものであると指摘した。さらに、変異に富む立飾については、鉢巻の上から花枝や小さな棒状飾りを指し込んだ装飾物を模倣したものとした。

その上で、朝鮮半島南部で益山笠店里86-1号墳例や咸平新徳1号墳例のような類例とされるものが認められるが、広帯二山式冠という形式は日本で確立したものとした。すなわち、広帯二山式冠と半筒形金具は、金銅製品の製作技術・装飾技法など新技術を朝鮮半島南西部から導入しつつ、在来の織物製の冠と美豆良装飾品の形状を模倣し、日本で生み出されたと考えた。また、広帯二山式冠が身分制度と結びつくかという点は織物製品との関係が重要であるとした。

第六に、吉井秀夫は冠全体の形態や立飾形態の類似性よりはガラス玉の装飾技法や、打出および透彫技法のような、冠に一般的にみられる技術的属性の類似性と連続性を比較検討する必要があると指摘し、広帯二山式冠の起源と系統について考察を加えた（吉井2011）。吉井は、百済の冠帽および飾履と、日本の広帯二山式冠の間に、透彫文様の共通性がみられる点を指摘した。その上で、広帯二山式冠の形態や施文技術の起源が百済にあったが、ある段階から文様についての理解や製作技術に大きな変化が生じた可能性があるとした。

分析の視点　このように、広帯二山式冠は様々な観点から研究されてきたが、広帯二山式冠の出現過程にかんしては定説がないのが現状である。朝鮮半島の笠店里86-1号墳例と新徳1号墳例が原型の候補として挙げられているが、詳細な比較検討はなされていない。まずはこれらの資料の特徴を示し、列島出土品と比較することで、広帯二山式冠の原型にかんする見解を整理する必要があるだろう。

さらに、広帯二山式冠は出現の時点で様々な文様系列が存在することが指摘されているが、これらがいかにして出現したのかについては明らかになっていない。広帯二山式冠の出現過程を検討することは、広帯二山式冠の社会的意義を再評価することにも繋がる論点である。

このような論点を検討するにあたり、冠の形態や文様を主に取り上げるが、加えてこれまであまり注目されてこなかった製作技法の変化にも注目することとする。

第2節　広帯二山式冠の文様系列

広帯二山式冠は、帯部の文様や、立飾の形態から分類されてきた。岡林孝作は、帯部の主文

第 12 章　倭における広帯二山式冠の出現過程

様を亀甲繋文があるものと方形透彫が
あるものに分類した（岡林 1991）。毛利
光は立飾の形態から、「草花形立飾」、
「宝珠文形立飾」、「宝珠文・馬形立飾」、
「宝珠文形・草花形立飾」、「忍冬唐草
文形立飾」に区分し、さらに、「宝珠
文形・草花形立飾」をもつグループを、
帯部の文様や割付け方法から a、b、c
に細分した（毛利光 1995）。また、宇野
は帯部の彫金技法や文様から、A 類 −
亀甲繋文、B 類 − 幾何学文、C 類 − 獣
文・草花文など、D 類 − 無文の 4 つに
区分し、B 類を B1 類・2 類・3 類、C
類を C1 類・2 類・3 類に細分した（宇
野 2012）。ここでは破片資料も積極的
に取り扱うため、残存する可能性の高
い帯部の文様の特徴をもとに、広帯二
山式冠を捉えることとする。宇野の 4
区分を参考とし、かつ彫金技法を重視
して、それぞれ以下の 4 つの系列に分
類した（図 93）。

線彫 A 類　蹴り彫りもしくは点打
ちで亀甲繋文を描き出した帯部をもつ
もの。

線彫 B 類　亀甲繋文がなく、縁に
蹴り彫りと点打ちで波状列点文をほど
こした帯部をもつもの。

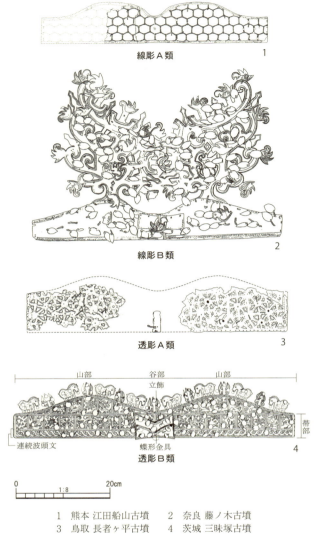

1　熊本 江田船山古墳　2　奈良 藤ノ木古墳
3　鳥取 長者ヶ平古墳　4　茨城 三昧塚古墳

図 93　帯部文様の分類（s=1/8）

透彫 A 類　方格の中に花文を透彫で描き出した帯部をもつもの。

透彫 B 類　獣文もしくは植物文を透彫で描き出した帯部をもつもの。上下縁のどちらかに
連続波頭文の透彫がほどこされる。

　これらは、線彫 A 類（亀甲繋文）→透彫 A 類（方形透彫）→線彫 B 類（無文）という変化が想
定されたこともあったが（岡林 1991）、その後は線彫 A 類（亀甲繋文）と透彫 A 類（方形透彫）
は併行して存在したという見解が主流となっている（森下・吉井 1995、毛利光 1995、宇野 2012）。
では、広帯二山式冠の出現当初から、複数の文様系列がみられた背景は何か。そして、広帯二
山式冠はどのように出現したのか。

第3節　広帯二山式冠を構成する諸属性

　まずは広帯二山式冠の変化の方向性について検討する。従来形態の変化と帯部文様の変化が指摘されてきたが、その他の属性の変化についてはあまり検討されてこなかった。そこで、ここでは広帯二山式冠を特徴づける属性である蝶形金具とガラス玉接合技法について注目する。

(1) 蝶形金具の変化

　蝶形金具は、広帯二山式冠の中央部分にみられる金具であり、どの文様系列にも共通してみられる。蝶形金具は、本体の左右両端を内側に折り返すものと折り返さないもの、本体中央の括れた部分に縦方向の帯状板を重ねるものと重ねないもの、本体を二重にするものと一重のものが確認できる。これらの属性の組み合わせから以下の4つに分類することができる（図94）。

　1類：本体の左右両端を内側に折り返さず、縦方向の帯状板がないもの。
　2類：本体の左右両端を内側に折り返し、縦方向の帯状板がないもの。
　3類：本体の左右両端を内側に折り返し、縦方向の帯状板があるもの。
　4類：本体の左右両端を内側に折り返さず、本体を二重にする。そして縦方向の帯状板があるもの。

　表31では、蝶形金具と共伴する遺物の編年的位置づけを示した。表をみると、1類には古

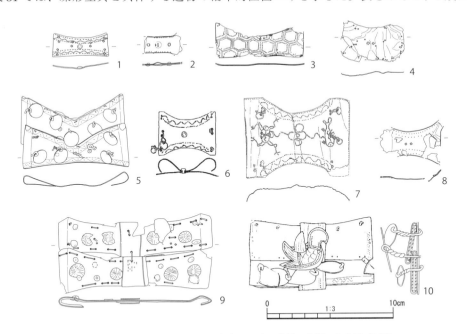

1　佐賀 関行丸古墳 半筒形金具（1類）　　2　広島 みたち2号墳 広帯二山式冠（1類）
3　岐阜 信包八幡神社古墳 広帯二山式冠（1類）　　4　三重 井田川茶臼山古墳 広帯二山式冠（1類）
5　茨城 三昧塚古墳 広帯二山式冠（2類）　　6　熊本 江田船山古墳 半筒形金具（2類）
7　熊本 江田船山古墳 広帯二山式冠（2類）　　8　愛媛 経ヶ岡古墳 広帯二山式冠（2類）
9　滋賀 鴨稲荷山古墳 広帯二山式冠（3類）　　10　奈良 藤ノ木古墳 広帯二山式冠（4類）

図94　蝶形金具の分類と諸例（s=1/3）

表31 蝶形金具の変遷

地名	古墳名	器種	蝶形金具				セット数	共伴遺物編年
			1類	2類	3類	4類		
佐賀	関行丸古墳	半筒形金具	○				1	中期4~5段階
広島	みたち2号墳	広帯二山式　透彫?	○				?	TK23~TK47
岐阜	信包八幡神社古墳	広帯二山式　線彫A類	○				?	中期5~後期1段階
茨城	三昧塚古墳	広帯二山式　透彫B類		○			2	中期4~5段階
三重	井田川茶臼山古墳	広帯二山式　透彫A1類		○			?	MT15
熊本	江田船山古墳	半筒形金具		○			1	MT15
		広帯二山式　線彫A類		○			1	
愛媛	経ヶ岡古墳	広帯二山式　線彫A類		○			?	MT15
滋賀	鴨稲荷山古墳	半筒形金具			○		2	TK10
		広帯二山式　線彫A類			○		2	
愛媛	東宮山古墳	広帯二山式　透彫B類			○		?	MT85
鳥取	長者ヶ平古墳	広帯二山式　透彫A2類			○		?	TK10
奈良	藤ノ木古墳	半筒形金具			○		2	TK43
		広帯二山式　線彫B類				○	2	

〔凡例〕?：欠損により確定できないもの。共伴遺物編年：陶邑編年（田辺1981）と鉄鏃編年（水野2009）。

い時期の共伴遺物がともない、4類には新しい時期の共伴遺物がともなうことがわかる。属性間の対応関係を考慮しても、蝶形金具は1類から4類へ変化したと考えられる。ただし3類と4類は同じ古墳から出土しており、現状では明確な時間差であることは証明できない。なお、蝶形金具は一つのものと2つセットのものがある。装着状態で残存する例は少ないが、一つのものから徐々に2つセットのものへと変化するようである。

　注目したいのは、2~4類の蝶形金具の裏面には平織物（裏張）が付着する点である。これは1類には明確に確認できない。また、3類と4類には縦方向の帯状板がみられ、これは本体裏面の平織物を覆うように接合されている。平織物を強く固定するためのものであるようにみえる。奈良県藤ノ木古墳例にみられる4類では本体を二重にしているが、その間には3枚の綾が確認されており、本来は金具の縁からはみ出して置かれていたことが報告されている（角山1993）。本体を二重にするのは、折り返しの箇所にあたる左右両端からも綾をはみ出させるためであろう。さらに4類では本体表面と縦の帯状板の隙間にも綾が確認できる。

　蝶形金具は、有機質製細帯の結び目を模倣して生まれたものと考えられるが（森下2010）、このように裏面の平織物を華美にするために変化していったと考えられる。蝶形金具の端から織物の色をみせる工夫は、色の違いが大きな意味をもつ織物製冠との対比の中で効力をもったと考えられ（森下2010）、それを強調するための変化であったようである。

（2）ガラス玉接合技法

　広帯二山式冠は、帯部にガラス玉が接合されることが多い。このガラス玉であるが、金属板への接合技法には様々なものが認められる。田口一郎は、ガラス玉装飾金銅製品を、割りピンの有無で二群、さらに割りピン使用のものを座金の有無で二群に分類した（田口1998）。下山恵子は、大阪府峯ヶ塚古墳出土のガラス玉付金銅製品の整理を通して、（座金）カシメ式と割

りピン式の技法の特徴について細かく検討した（下山 2002）。依田香桃美は、福島県真野古墳群 A 地区 20 号墳出土金銅製双魚佩の復元製作に際して、ワッシャー（本書では座金）とパイプ（本書ではハトメ金具）を用いたガラス玉接合技法について、実験的手法から詳しく検討した（依田 2002）。福島雅儀は、金工品に接合されたガラス玉を、鋲頭にガラス玉を装着させた飾鋲であると捉え、一脚鋲、二脚鋲（本書でいう割りピン）、筒脚鋲（本書でいうハトメ金具）に区分した（福島 2003）。形状に合わせた鋳型に鋲脚を置き、これにガラス粒を載せて加熱すれば、比較的容易にガラスと金属を強固に融着した鋲が量産できるという。高橋克壽は、透彫履の系譜を検討する中で、ガラス玉の接合技法として座金具が省略されるようになる点を指摘している（高橋 2007）。さらに吉井は、初期段階には座金具とガラス玉を組み合わせて固定するが、その後、ガラス玉に鉄製ピンの端を金銅板の裏面で折り曲げて固定させる方法が一般化するとした（吉井 2011）。また塚本敏夫も金工品のガラス装飾について言及している（塚本 2012）。塚本によると、割りピンによるガラス装飾が本格化するのは 6 世紀初頭以降で、座金の省略や鉄製割りピンなど材質が変化しながら 6 世紀後半まで盛行し、やがて座金も割りピンも省略されて、正倉院や東大寺須弥壇出土の金銀鈿荘大刀のガラス装飾へと繋がっていくという。

　このような倭におけるガラス玉接合技法を詳細に検討すると、様々な技法があることがわかった。図 95・96（図 96 は巻頭口絵 11 参照）では接合技法の模式図と具体例を、表 32 ではガラス玉が接合される主要な倭の金工品の諸例と共伴遺物編年を示した。ソケット金具鋲カシメ、ソケット金具差し込み、嵌入[1]、座金＋ハトメカシメ、座金＋割りピン（青銅）、座金＋割りピン（鉄）、割りピン（青銅）、割りピン（鉄）に分類できる。まず、注目したいのは、割りピン（鉄）が最も新しい時期に出現したという点である。他の技法にかんしては、そこまで明確な傾向はないが、割りピン（鉄）の出現が他の技法と比べて遅れるという傾向ははっきりとしている。また、座金、ハトメ、割りピンを用いる技法は、TK10 型式期以降、割りピン（鉄）に統合されるようである。座金がなくなることから、変化の背景には製作の省略化があるだろう[2]。蝶形金具の変化と同様に、文様系列にかかわらず共通して割りピン（鉄）の出現

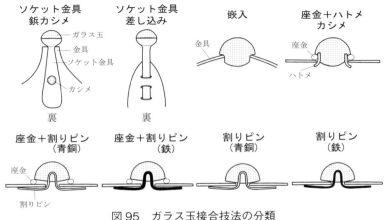

図 95　ガラス玉接合技法の分類

第12章　倭における広帯二山式冠の出現過程

表32　倭におけるガラス玉接合技法の諸例

古墳名	金工品目	ガラス玉接合技法								共伴遺物編年
		ソケット鋲カシメ	ソケット差し込み	嵌入	座金ハトメ	座金割りピン（青銅）	座金割りピン（鉄）	割りピン（青銅）	割りピン（鉄）	
福岡 塚堂古墳1号石室	青銅製鈴			○						中期3段階
福井 西塚古墳	垂飾付耳飾			○						中期4段階
福岡 勝浦峯ノ畑古墳	冠帽	○								TK23~TK47
和歌山 大谷古墳	四葉形金具				○	○				TK23~TK47
群馬 下芝谷ツ古墳	飾履 II群C型				○					TK47
福岡 山の神古墳	冠or飾履						○			TK47
群馬 井出二子山古墳	冠帽or飾履					○				TK47~MT15
福井 十善の森古墳後円部	広帯二山式冠 透彫A1類					○				TK47~MT15
	飾履 II群C型						○			
大阪 峯ヶ塚古墳	冠帽or飾履				○					MT15
	三輪玉（勾革飾金具）					○				
	ガラス玉付銀製品				○					
	ガラス玉付金銅製品A				○					
	ガラス玉付金銅製品B					○				
	魚佩				○					
熊本 江田船山古墳	垂飾付耳飾			○						MT15
滋賀 円山古墳	広帯二山式冠or飾履							○		MT15
京都 天塚古墳南石室	広帯二山式冠or飾履						○			MT15
群馬 古城古墳	広帯二山式冠or飾履							○		MT15?
三重 井田川茶臼山古墳	広帯二山式冠 透彫A1類							○	○	MT15
長野 畦地1号墳	垂飾付耳飾			○						MT15~TK10
愛媛 正光寺山1号墳	広帯二山式冠 透彫B類						○			TK10
滋賀 鴨稲荷山古墳	広帯二山式冠 線彫A類								○	TK10
	飾履 II群A型								○	
	半筒形金具								○	
滋賀 山津照神社古墳	広帯二山式冠 透彫A2類								○	TK10
兵庫 西山6号墳第6主体	広帯二山式冠 透彫A2類								○	TK10
鳥取 長者ヶ平古墳	広帯二山式冠A 透彫A2類								○	TK10
	広帯二山式冠B 透彫A2類								○	
京都 物集女車塚古墳	広帯二山式冠 透彫B類								○	MT85
兵庫 西宮山古墳	広帯二山式冠 透彫A2類								○	TK10~TK43
大阪 海北塚古墳	広帯二山式冠or飾履								○	TK43
奈良 藤ノ木古墳	三輪玉（勾革飾金具）								○	TK43
	馬具 鞍金具（海）			○						
	馬具 竜文飾金具			○						
群馬 不二山古墳	広帯二山式冠 透彫A2類								○	TK43
大阪 奉献塔山1号墳	飾履								○	TK43
大阪 一須賀D4号墳	釵子			○						TK209
千葉 松面古墳	腰佩吊金具								○	TK209
大阪 ゲンゲ谷古墳	広帯二山式冠or飾履								○	?

〔凡例〕共伴遺物編年：陶邑編年（田辺1981）と鉄鏃編年（水野2009）。

が新しい時期であるという点も興味深い。広帯二山式の各系列は製作工程の一部が共通していたのであろう。なお、嵌入技法は、TK10型式期以降も継続して確認できる。

ところで、ソケット金具鋲カシメは、現状では百済の羅州新村里9号墳例と福岡県勝浦峯ノ畑古墳例（図105-1）のみにみられる（池ノ上・吉田2011）。また最近、高敞鳳徳里1号墳4号石室出土の竹葉形装身具が公表された（馬韓・百済文化研究所2016）。これにはソケット金具を用いてガラス玉が接合されている。竹葉形装身具本体に2、3つの孔をあけて、そこにソケットの軸を差し込むことで固定されているようである（ソケット金具差し込み）。接合方法は異なるが、ソケット金具が用いられる点は共通している。資料数が増えない限り判断が難しいが、ソケット金具を用いる接合技法は倭においては一般化しないため、百済の技法である可能性があるだろう[3]。なお、その他の接合技法は、嵌入を除いて倭でのみみられるものであり、倭で生まれた技法であると考えられる。

（3）属性の共伴関係

ここまで蝶形金具は1類→2類→3・4類へと変化し、ガラス玉接合技法は割りピン（鉄）への統一前後で2段階にわかれることを示した。この両属性の組み合わせを検討したところ、三重県井田川茶臼山古墳例（図104-3）では、蝶形金具1類と割りピン（青銅）・割りピン（鉄）が共伴する。割りピン（鉄）は出現しているが、まだ割りピン（鉄）に統一されていないことがわかる。また、滋賀県鴨稲荷山古墳（図106-4）では蝶形金具3類に割りピン（鉄）だけが組み合う。このように、蝶形金具とガラス玉接合技法の共伴関係は、想定する変化の方向性と矛盾しない。これらの変化は文様系列にかかわらない共通の変化であることから、時期を考えるうえの一要素となるだろう。共伴遺物の年代も考慮すると、蝶形金具3類の出現と割りピン（鉄）への統一はほぼ同時期（TK10型式期）に起こったと考えられるため、その前後で2段階に区分して表記することとする。

Ⅰ段階　蝶形金具：1・2類、ガラス玉接合技法：座金・ハトメ・割りピン（青銅）を用いた様々な技法があり、割りピン（鉄）に統一されない。

Ⅱ段階　蝶形金具：3・4類、ガラス玉接合技法：割りピン（鉄）に統一される。ただし、嵌入は残存する。

第4節　広帯二山式冠の原型

これまでに指摘されてきた広帯二山式冠の原型を倭の外に求める議論をまとめると、(1)加耶の影響、(2)百済の影響、(3)中国、ユーラシアの影響にわけられる。ここからはそれらの可能性について、検討することとする。

（1）加耶の影響

まずは、伝慶尚南道出土品（小倉コレクション金銅冠C）の毛利光分類鉢巻式帯冠について検

第 12 章　倭における広帯二山式冠の出現過程

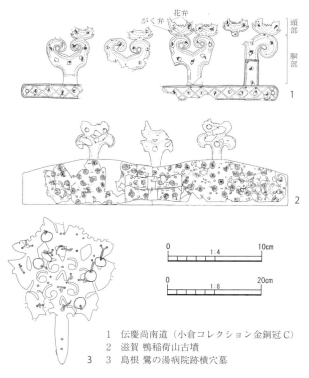

図 97　草花形立飾と船形立飾（1, 2 は s=1/8、3 は s=1/4）

1　伝慶尚南道（小倉コレクション金銅冠 C）
2　滋賀 鴨稲荷山古墳
3　島根 鷺の湯病院跡横穴墓

討してみよう（図 97-1）。同様の例は朝鮮半島で他になく、出土地の情報から加耶で製作されたと推測される。早乙女が草花形とする立飾は、頭部と胴部にわけられる。頭部には、花弁とがく片と思われる表現がみられることから、おそらく花を模したものであると考えられる。胴部は茎であろうか。

日本列島でも草花形に類似した立飾がみられる。線彫 A 類の滋賀県鴨稲荷山古墳例（図 97-2）、透彫 A 類の佐賀県島田塚古墳例（図 104-1）、三重県井田川茶臼山古墳例（図 104-3）、線彫 B 類の奈良県藤ノ木古墳例（図 107）、毛利光分類円縁式冠帽の島根県鷺の湯病院跡横穴墓例（図 97-3）に確認できる。また文様系列はわからないが、佐賀県関行丸古墳例（渡辺 1958）にもある。これらをみると、胴部は大きく変わらないが、頭部の花はいずれもがく弁の表現がないことがわかる。

この立飾の頭部について、鴨稲荷山古墳例の報告では「三葉の百合花形（若しくは蓮花の変形）の上部に、更に開いた花の蕊を櫛歯状に現はした（濱田・梅原 1923、26 頁）」ものとされたが、中村はこの頭部は船、胴部は波を表現したものであると考えた（中村 1983）。たしかに船形のようにもみえ、判断が難しい。ここでは藤ノ木古墳例に注目する（図 107）。藤ノ木古墳例には、船状の立飾とその上に鳥形立飾がつく。奈良県東殿塚古墳の造出状施設から出土した鰭付楕円筒埴輪に、船の舳先に鳥（鶏）が留まっているようすが描かれているように（天理市教育委員会編 2000）、船と鳥は従来親縁性が強い。千賀久も藤ノ木古墳例と鴨稲荷山古墳例にかんしては、船とみなせる可能性を指摘している（千賀 2003）。そして鷺の湯病院跡横穴墓例（図 97-3）には、船状の立飾に加えて、水を連想させる魚の表現が確認される。このような例をみると、草花形立飾の花の部分が退化する過程で船の意味が付与された可能性が考えられるだろう。

このように、伝慶尚南道出土品の立飾が原型で、倭に導入された際、変形して本来の形が失われた。加耶の影響と倭の独自性が融合した形態という早乙女の指摘は妥当であると考える。

(2) 百済の影響

① 益山笠店里 86-1 号墳例

毛利光は、広帯二山式の原型として、朝鮮半島の全羅北道に位置する益山笠店里 86-1 号墳例を挙げた（毛利光 1995）。笠店里 86 − 1 号墳出土馬具は諫早編年百済Ⅳ段階（475 年～5 世紀末）に位置づけられている（諫早 2012a）。ここからは複数形式の冠が確認される（文化財研究所編 1989）。第一は鉢巻式（図 98-1）である。鉢巻式は、帯部の中央付近にみられる打出し点文の間隔から 3 つに区分されており、3 個体あったと報告されている。それぞれ一つずつの立飾をもっていたようである。第二は魚鱗文をもつ尖縁式冠帽（図 98-2）である。さて、問題は残りの破片である。表面に描かれる文様から、図 98-3・4、5・6、7 はそれぞれ別のセットと予想される。図 98-3 と図 98-7 は毛利光が広帯二山式冠の形態に復元した個体であるが（毛利光 1995）、描かれる文様からみて、別セットの可能性がある。

実見の結果、3、4 ともに大きく内彎していることがわかった。國立公州博物館の図録で、3 が冠帽の後立飾ではないかと指摘されており（國立公州博物館編 2011）、文様の共通性を重視すると 3・4 の個体がそれぞれ冠帽に接合される前・後立飾であったと考えられる。3 を広帯二山式冠に復元することはできないだろう。

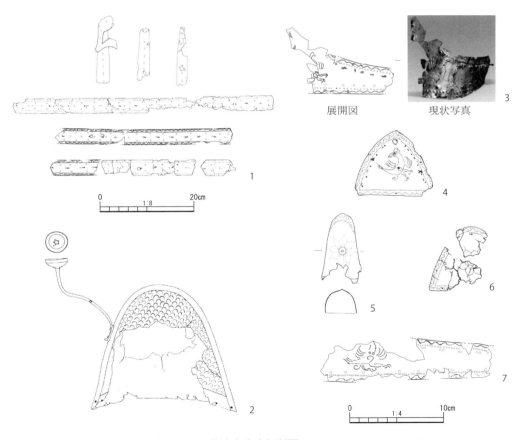

図 98　笠店里 86-1 号墳出土金銅製冠（1 は s=1/8、2～7 は s=1/4）

第 12 章　倭における広帯二山式冠の出現過程

　また、図 98-5、6 も、彎曲具合からみて、冠帽の前・後立飾にあたるものだろう。図 98-3、4 のセットとどちらかが、図 98-2 に接合されるものであったのだろうが、もう一つはどこに接合されていたのかわからない。残存していないが、有機質製の冠帽に接合されていた可能性もあるだろう。

　残る個体は、図 98-7 である。この個体はあまり内彎せず、前・後立飾とは考えられない。形態からみて、おそらく山形を描くものであったと想定されるが、残存部位が少ないため判断が難しい。毛利光はこの個体も広帯二山式冠に復元するが（毛利光 1995）、現状では山が二つあったとは確定できない。蝶形金具がみられない点、上縁の立飾がみられない点、ガラス玉や魚形歩揺などの装飾がみられない点など、広帯二山式冠を特徴付ける属性がまったく確認できず、広帯二山式冠との共通点は少なくとも山部を一つもつ広帯式であるという点に限られる。中村が指摘したように、広帯二山式冠は、形態や装飾技法に共通した特徴がみられ、他形式と比べて強い共通性を持つ一群である点が重要であるという指摘を考慮すると（中村 1983）、この個体は、広帯二山式冠の原型とまではいえない。

　②　咸平新徳 1 号墳例

　咸舜燮は、広帯二山式冠と関連する事例として咸平新徳 1 号墳例に言及した（咸舜燮 1997）。点列亀甲文を施し、ガラス玉を装着させる製作技法からみて、日本の典型的な広帯二山式冠と同一であるとされた。

　新徳 1 号墳の性格　まず注意したいのは、新徳 1 号墳の性格である。新徳 1 号墳は前方後円墳であることはよく知られている。さらに日本列島で、広帯二山式冠とセットで出土することが多い捩り環頭大刀が出土している。古墳の性格だけをみると、倭からもたらされた広帯二山式冠であるという解釈も可能であり、咸舜燮もこの立場をとっている（咸舜燮 1997）。出土馬具は、諫早編年百済 V 段階（6 世紀初〜6 世紀前葉）に位置づけられており（諫早 2012a）、この冠は倭で広帯二山式冠が出現した後のものである。これが倭の広帯二山式冠の原型になるとは考えにくい。このことを先に確認したうえで、新徳 1 号墳例の特徴について検討する。

　冠の特徴　2017 年 5 月に閲覧調査を実施し、詳細な観察をおこなうことができた。破片ではあるが、亀甲繋文をもつ金銅板片が多数確認できる（図 99・巻頭口絵 12 参照）。亀甲繋文は、他の単位と接する際に外側の辺を共有する「一体型」であり、3 列の点文（中央は打出点文、両端は点文）からなる（図 99-5、119-2）。亀甲繋文の中には 5 つの花弁をもつ花文が点文で描かれており、花文の中心には径 0.4 cm ほどのガラス玉が接合される。

　帯部には別造りの金具が鋲留された箇所があり、残存箇所は少ないがこれは蝶形金具の可能性がある（図 99-4）。また帯部の縁には、対になる穿孔と紐が多数確認できる（図 99-4、5）。これは裏張りの織物を接合するために用いられたと考えられ、広帯二山式冠によくみられる特徴である。破片の中には立飾もみられる。立飾は樹木のように 3 つに分岐し（図 99-2）、上部は芽のようになっている（図 99-1）。立飾は帯部に鋲留で接合されていたようである（図 99-3）。他にも、帯部には魚形歩揺（図 99-6）と円形歩揺が接合されていた。

　また、ガラス玉接合技法が独特である。花文の中心に接合されたガラス玉は中央に孔があ

り、帯部の穿孔にあわせるように配置されている（図99-5）。図99-7、8をみると、この孔に線を通し、表裏で留めることで接合されているようにみえる。この線は銅製のようにもみえるが、質感的には図99-4、5にみられた裏張りの紐によく似ており、有機質製のものにもみえる。ここでは、有機質製の線状のものをガラス玉と帯部の孔に通して留めることで、ガラス玉が接合されていたと考える。

　ところで、新徳1号墳出土金銅製品の破片の中には、飾履の破片が含まれていることが判明した（図100・巻頭口絵10参照）。下側には側板の折り返し部分が残存しており、上側には亀甲繋文が確認できる。亀甲繋文は打出点文1列からなり、冠にみられたような花文は確認できない。同じ古墳から出土した冠と飾履で、同じ亀甲繋文がみられる点は興味深いが、厳密には彫金技術や文様が異なっており（図119）、セットで製作されたとは考えにくい。

　冠の位置づけ　亀甲繋文が描かれることから、線彫A類に含まれる。亀甲繋文にみられる彫金と花文の特徴は、羅州伏岩里3号墳96年石室4号甕棺出土飾履（図83-2）に最も近い。魚形歩揺をもつ事例も、百済では伏岩里3号墳例のみである（倭では多くみられる）。

　また、このガラス玉接合技法は、現状では明確に類例といえるものがない。吉井は、この類例の候補として大阪府一須賀D4号墳出土のガラス玉付八葉花形飾金具を挙げる（吉井2011）（図101-1）。詳しくみてみよう。一須賀D4号墳はTK209型式期の時期が想定される（古代を考える会編1983、大阪府立近つ飛鳥博物館編2005）。報告者の小浜成によると、これは釵子に付く垂飾の金具と解釈されている[4]（小浜2005）。釵子は日本列島、朝鮮半島の百済地域、そして中国で出土しており、近年では熊津期の百済地域で出土数が増加しつつあるものの（權五榮2007）、一須賀D4号墳例の製作地の判断は容易ではない。

　観察したところ、ガラス玉の孔と金具の穿孔の位置があわせられていた。穿孔の中には鋲や有機質のような痕跡は遺存していない。ガラス玉の下側が穿孔の大きさと同じくらいの幅で括れており、その部分が穿孔に嵌入されているようである。塚本はこの接合法は不明としている（塚本2012）。有機質は残存していないが、これも元々は新徳1号墳例のガラス玉接合技法のように、孔に有機質の紐を通して接合されていた可能性がある。他に類例はみられず、日本列島、朝鮮半島で多く用いられた接合技法ではない。

　次に立飾に注目する。同様の立飾は朝鮮半島にみられない。日本列島では、香川県王墓山古墳から出土した毛利光分類鉢巻式帯冠の立飾が類例として挙げられる（図101-2）。3つに分岐し、先端に芽のようなものがみられる点が共通している。王墓山古墳例は、4枚の金銅板を鋲留で接合して内冠帽をつくる。さらに、立飾を装着した帯冠を別途設け、内冠帽に鋲留するという作りの個体である。王墓山古墳例は他に類例がなく、朝鮮半島でも類例はない[5]。

　以上のように、新徳1号墳例には、百済の飾履と共通する特徴と、日本列島に分布するガラス玉付八葉花形飾金具と鉢巻式帯冠に通じる特徴がみられる。新徳1号墳例は日本列島で製作された可能性が高いと考えるが、百済あるいは朝鮮半島南西部地域（馬韓）で製作された可能性を排除することは難しい。朝鮮半島南西部地域では、高興吉頭里雁洞古墳出土眉庇付冑のように、日本列島に由来するものの、類例のない特異な特徴をもつものがあり（林永珍・呉東墠・

第 12 章　倭における広帯二山式冠の出現過程

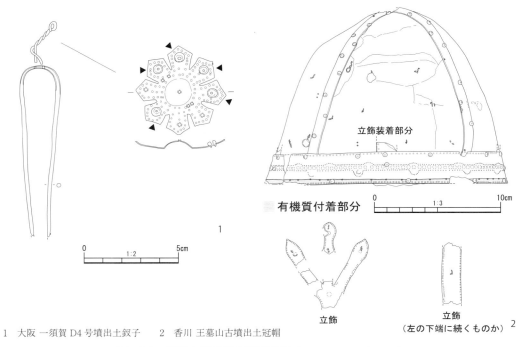

1　大阪 一須賀 D4 号墳出土釵子　　2　香川 王墓山古墳出土冠帽
図 101　新徳 1 号墳例の関連資料（1 は s=1/2、2 は s=1/3）

姜銀珠編 2015）、朝鮮半島内における模倣製作の可能性もある。

　ただし、最初に確認した通り、新徳 1 号墳の年代的位置づけから、これが広帯二山式冠の原型になるとは考えにくい。本例が朝鮮半島内で製作されていたとしても、それは広帯二山式冠が出現した後のことであったと考える。

(3) 中国、ユーラシアの影響

　毛利光は、中国北斉時代の響堂山石窟の飛天に類例があり、朝鮮半島における広帯二山式冠が、中国あるいは西域に起源すると指摘するが（毛利光 1995）、5 世紀後葉に出現した広帯二山式冠の年代とやや乖離しているため、関連があるかどうか評価が難しい。

　また、樋口隆康は、藤ノ木古墳例の立飾の源流をアフガニスタンのバクトリア古墳群に位置するティリア・テペ 6 号墓出土の金冠に求めた（樋口 1981、2003）。同墓群から出土した遺物からみて、紀元後 1 世紀半頃の年代が想定されている。この金冠には、鳥の形をした飾りが付いた樹木形の立飾がみられ、同じく鳥の形をした飾りがみられる藤ノ木古墳例と類似している。これが東北アジアに広がる金銅冠の源流になる可能性は十分に考えられるが、これらは時期が離れているため、広帯二山式冠の直接的な原型になるとは考えにくい。

(4) 小　結

　広帯二山式冠の原型にかんする 3 つの論点を検討した結果、加耶の冠にみられる立飾を変形して用いた部分はあるが、朝鮮半島南部の特定地域に広帯二山式冠の原型となる事例はないこ

とを確認した。

　では広帯二山式冠はいかにして出現したのか。森下は、広帯二山式冠は在来の織物製冠の形状を模倣して倭で生み出されたものであると指摘する（森下2010）。織物製冠の実態が不明であるものの、蝶形金具の出現過程などを踏まえると、現状の資料に最も整合的な見解であろう。だが、広帯二山式冠にある複数の文様系列が、具体的に何の影響をうけて出現したのかについては詳しく検討されていない。後述するように森下は、文様も織物製冠との関連を想定するが、文様は金銅製品の中で解釈ができると考える。そこで、より深くこの論点を検討するため、次章では線彫A類、透彫A類、透彫B類という文様系列ごとに出現過程を検討することとする。

第5節　文様系列の出現過程

　ここでは、分析を詳細におこなうことができた順に出現過程をみていくこととする。

（1）透彫B類

　I段階の資料として、蝶形金具2類をもつ茨城県三昧塚古墳（図102-1）、座金＋割りピン（鉄）の技法をもつ愛媛県正光寺山1号墳（図102-2）が挙げられる。II段階の資料として、蝶形金具3類をもつ愛媛県東宮山古墳（図102-3）、割りピン（鉄）技法をもつ京都府物集女車塚古墳例（図102-4）が挙げられる。兵庫県長尾タイ山古墳例（図102-5）はガラス玉や蝶形金具がないため、時期の判断が難しい。

　透彫B類は、他の系列と比べて帯部の文様に定型性が見出しにくい。三昧塚古墳例は方格に獣と植物が表現されており、正光寺山1号墳例と物集女車塚古墳例は、植物のようなものが表現されている。この系列に共通するのは、上下縁に連続波頭文をもつ点である。連続波頭文は飾履をはじめ複数の金工品で確認できる（第11章）。連続波頭文の系譜については第13章で詳しく述べるが、百済の飾履・冠帽にみられる「C字形瘤付二叉紋」をもとに、連続波頭文のモチーフとして再構成されたものであったと考える。文様からみて、透彫B類は百済に由来するものであると推測できる。

　東宮山古墳例の出現過程　これを別の角度から検討するため、東宮山古墳出土の広帯二山式冠に注目してみよう（図103-6）。東宮山古墳例は上下縁に連続波頭文をもち、帯部に剣菱形の透彫が描かれている。類例がみられないことからこれまであまり言及されることはなかったが、剣菱形の部分をよく観察すると双葉文が蹴り彫りによって描かれていることがわかる。

　この双葉文は、百済の草花文系列冠帽に由来するものと考える。咸舜燮は草花文系列冠帽の透彫文様の変化に注目し、相対序列を設定した（咸舜燮2009）。LEUUMサムソン美術館所蔵品（図103-1）には楕円形の囲いの中に向かい合う植物の蔓のような文様がみられる。高興吉頭里雁洞古墳例（図103-2）は先端が互いに連結して双葉となる。國立慶州博物館所蔵の菊隠李養寄贈品（図103-3）は両隣の茎が互いに連結し、楕円形の囲いが上下で交互に配列される。

第 12 章　倭における広帯二山式冠の出現過程

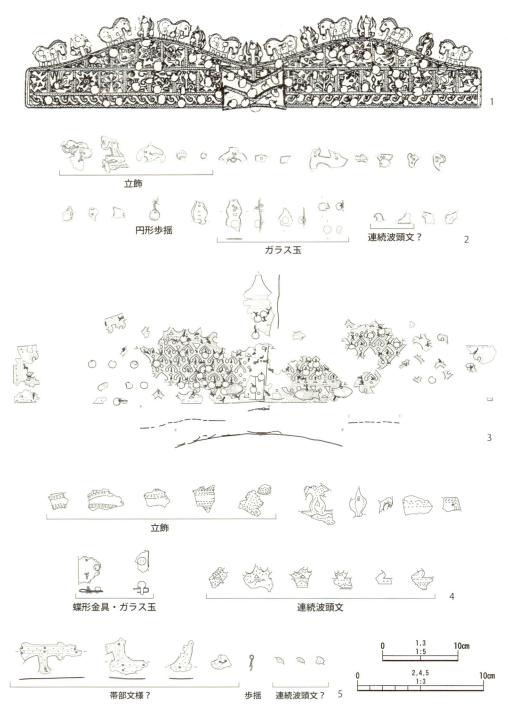

1　茨城 三昧塚古墳　　2　愛媛 正光寺山 1 号墳　　3　愛媛 東宮山古墳
4　京都 物集女車塚古墳　　5　兵庫 長尾タイ山古墳

図 102　透彫 B 類の諸例 (1, 3 は s=1/5、2, 4, 5 は s=1/3)

第5節　文様系列の出現過程

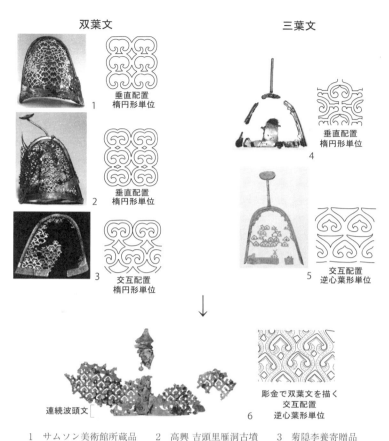

1　サムソン美術館所蔵品　　2　高興 吉頭里雁洞古墳　　3　菊隠李養寄贈品
4　陜川 玉田23号墳　　5　華城 郷南邑料里　　6　愛媛 東宮山古墳

図103　冠帽と広帯二山式冠の文様の関連性（縮尺任意）

このように咸舜燮は、LEUUMサムソン美術館所蔵品→高興吉頭里雁洞古墳出土例→菊隠李養寄贈品という相対序列を設定し、草花文系列の存続期間を5世紀第3四半期から6世紀第1四半期とした[6]。さらに、吉井秀夫は、菊隠李養寄贈品のような構成をとりながら双葉文の先端部が菱形に変化したものが、愛媛県東宮山古墳例にみえる宝珠文であると指摘した（吉井2011）。

また、咸舜燮が挙げた双葉文をもつものに加えて、三葉文をもつものがある。陜川玉田23号墳例（図103-4）と華城郷南邑料里例（図103-5）である。玉田23号墳例は楕円形の囲いが互いに連結せず、間に囲いのない三葉文がつくことが特徴である[7]。また、華城郷南邑料里の木棺墓出土例は2014年に出土した新例である（韓国文化遺産研究院編2014）。未報告であるため詳細はわからないが、玉田23号墳例と同様に三葉文をもち、まわりに逆心葉形の囲いがつく。そして、上下に連結して水平に並ぶ。出土地からみて、おそらく百済の漢城において製作されたものであろう。

これらを参考とし、東宮山古墳例を位置づけてみよう。東宮山古墳例は上の双葉文の茎にあたる部分が、下の逆心葉形の囲いの上端と一体化し、それによって菊隠李養寄贈品よりも文様

217

が隙間なくほどこされてみえる。逆心葉形の囲いは三葉文からの影響であろう。また、双葉文は透彫ではなく蹴り彫りで描かれており、「草花文系列」の省略化の流れで解釈することができるであろう。

このように、「草花文系列」の中には双葉文と三葉文がみられるが、いずれも東宮山古墳例に繋がる特徴をもっている。朝鮮半島で製作時期がわかる資料は少ないが、5世紀前～中葉の吉頭里雁洞古墳例よりも新しい特徴をもつ個体が想定されることから、5世紀中葉以降までは存続していたと考えられる。これらが、倭の東宮山古墳例に影響を与えたのであろう。以上のように、東宮山古墳例は帯部の文様からみて、漢城期百済の冠帽からの影響がみてとれた。先述した連続波頭文の解釈と整合するといえよう。

(2) 透彫 A 類

Ⅰ段階の資料として、座金＋割りピン（青銅）の技法をもつ福井県十善の森古墳例（図104-2）、蝶形金具1類と割りピン（青銅）・（鉄）をもつ三重県井田川茶臼山古墳例（図104-3）が挙げられる。また後述するが文様の特徴からみて、佐賀県島田塚古墳例（図104-1）もⅠ段階の資料であろう。Ⅱ段階の資料として、割りピン（鉄）がみられる兵庫県西宮山古墳例（図104-4）、鳥取県長者ヶ平古墳（図104-5、6）、兵庫県西山6号墳第6槨（図104-7）、滋賀県山津照神社古墳例（図104-8）、群馬県不二山古墳例（図104-9）が挙げられる。

透彫 A 類の変化　宇野の検討によると、方格花文は、「B1 類：底辺に水平・直立の基準区画を設け、その間に三角形の透彫を施すもの（十善の森古墳例）→ B2 類：帯部内区最下段に幾何学文ではなく、草花文を透彫するもの（島田塚古墳・井田川茶臼山古墳例）→ B3 類：帯部全体が幾何学文であるが、ヨコ方向の基準区画が右や左下がりになるもの（山津照神社古墳・鳥取県長者ヶ平古墳[8] 例）」という変化が想定されている（宇野2012）。毛利光は、a種：四花が花弁状に膨み、割付けが帯下辺と平行するもの（井田川茶臼山古墳・島田塚古墳例）→ b種：割付けはa種と同じだが、四花文は直線的であるもの（十善の森古墳例）[9] → c種：b種に似るが、割付けが斜めで文様も乱れるもの（山津照神社古墳・長者ヶ平古墳・西宮山古墳・西山6号墳第6主体例）と区分する（毛利光1995）。

宇野 B3 類と毛利光c種は同様であり、割付けが斜めで四弁花文が直線的であるものが新しいという見解は一致している。これらには、割りピン（鉄）や蝶形金具3類がともなっており、追認できる。

問題は宇野 B1 類、B2 類と毛利光a種、b種であるが、互いに想定している変化の方向性が異なっている。対象となっている井田川茶臼山古墳、十善の森古墳、島田塚古墳例はガラス玉接合技法をみると、前二者は割りピン（鉄）に統一される前の段階であり、これらに大きな時間差は想定できない。これらの違いは四弁花文に丸みがあるかどうかであるが、十善の森古墳例は直線的と表現されているものの、実際はやや丸みをもっており（図104-2）、他の2例と明確に区分できるものでもない。現状では、これらを一つにまとめて認識するのが妥当であろう。そこで、宇野 B1 類、B2 類と毛利光a種、b種に相当する透彫 A1 類と、宇野 B3 類と毛

第5節　文様系列の出現過程

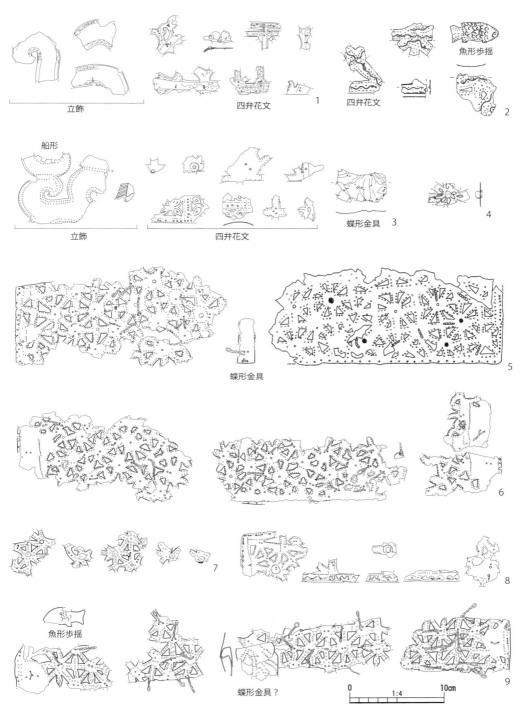

1　佐賀 島田塚古墳　　2　福井 十善の森古墳　　3　三重 井田川茶臼山古墳
4　兵庫 西宮山古墳　　5　鳥取 長者ヶ平古墳A　　6　鳥取 長者ヶ平古墳B
7　兵庫 西山6号墳第6榔　　8　滋賀 山津照神社古墳　　9　群馬 不二山古墳

図104　透彫A類の諸例（s=1/4）

219

利光 c 種に相当する透彫 A2 類にわけて認識することとする。つまり、透彫 A 類は、花弁が丸みをもち、水平に分布するもの（A1 類）から、花弁が直線的となり、右や左下がりになるもの（A2 類）へと変化すると考えられる。蝶形金具、ガラス玉接合技法の変化と対応させると、A1 類は I 段階、A2 類は II 段階のものである。

透彫 A 類の出現過程　方格花文は百済にないため、百済との関係を直接的に論じるのは難しいとされてきた（吉井 2011）。また、森下は、方格花文のような単一の図形を規則的に連ねた文様は織りや縫い取りによって造り出しやすい文様パターンであることから、織物製冠との関連を想定するが（森下 2010）、文様にかんしては金銅製品の中で解釈ができると考える。方格花文の中でも古い特徴である花弁が丸みをもつ花文は、日本列島出土の冠帽と飾履にもみられる。福岡県勝浦峯ノ畑古墳例は、覆輪と裾板の破片があることからおそらくは冠帽である（図 105-1）。破片の中には、六弁花文がみられる。全形は復元できないが、花文をもつ冠帽であったと考えられる。金銅板にガラス玉が接合されており、その接合技法はソケット金具鋲カシメである。

大阪府峯ヶ塚古墳からは、四弁花文の破片が出土している（図 105-2）。ガラス玉接合技法は、座金＋ハトメカシメである。報告書では冠帽の破片とされているが（下山・吉澤編 2002）、飾履の破片である可能性も否定できない。少なくとも広帯二山式冠に復元することはできない。

群馬県井出二子山古墳からは四弁花文の破片が出土している（図 105-3）。ガラス玉接合技法は、座金＋割りピン（青銅）である。判断は難しいが、四弁花文がある冠帽もしくは飾履であるといえよう。

群馬県下芝谷ツ古墳からは馬目順一分類 II 群 C 型に相当する飾履が出土している（図 87-1）（馬目 1980, 1991）。飾履の底板には四弁花文がみられる。ガラス玉接合技法は、座金＋ハトメカシメである。

このように、四弁もしくは六弁の花文をもつ冠帽もしくは飾履は多数確認されている。これらの花文はどれも丸みのある花弁をもち、広帯二山式冠の透彫 A1 類と共通することから、関連性が考えられる。TK23・47〜MT15 型式期の時期の古墳から出土していることとも整合している。

ここで、再び下芝谷ツ古墳の飾履に注目したい。この飾履は II 群 C 型という特殊な形態である。底板を折り返して側板と接合し、鋲カシメによって両板を接合するという、倭独特の製作技法が認められる。さらに、ガラス玉接合技法が百済とは異なり、先述した連続波頭文もみられることから、この飾履は倭で製作されていたと考えられる。

では、図 105 に挙げた他の個体はどうか。2、3 は下芝谷ツ古墳出土の飾履と四弁花文という文様が共有されることから、近い環境で製作されていた可能性が高い。だが、勝浦峯ノ畑古墳例については六弁花文をもっており、そうとも言い切れない。先述した通り、これはガラス玉がソケット金具鋲カシメという方法で接合されるが、この技法は現状百済でしか確認されておらず、本例は百済で製作された可能性が考えられる。その他の 3 例は四弁花文をもってお

第5節　文様系列の出現過程

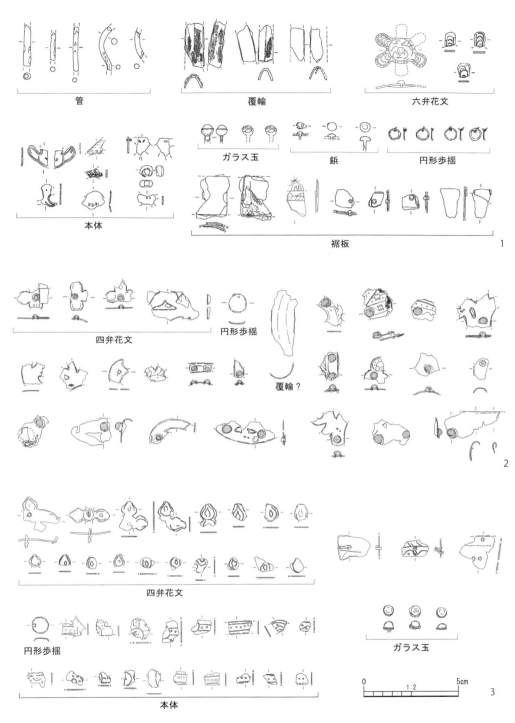

1　福岡　勝浦峯ノ畑古墳　　2　大阪　峯ヶ塚古墳　　3　群馬　井出二子山古墳

図105　冠帽・飾履にみられる花文（s=1/2）

第12章　倭における広帯二山式冠の出現過程

り、ガラス玉は座金＋ハトメ・割りピン（青銅）技法をもって接合される。この接合技法は倭でのみみられる技法である。この3例は倭で製作されていたと考えられるだろう。勝浦峯ノ畑古墳例はこの3例の文様の原型であったのではないか。

　このように、透彫A1類の文様は倭の初期の冠帽・飾履と共通しており、そしてそれらは百済の冠帽の文様に由来するものであったと考える。

（3）線彫A類

　I段階の資料としては、蝶形金具2類をもつ江田船山古墳例（図106-3）、蝶形金具1類または2類をもつ山口県桑山塔ノ尾古墳例[10]（図106-1）、蝶形金具2類をもつ愛媛県経ヶ岡古墳例（図106-5）が挙げられる。また、蝶形金具1類をもつ岐阜県信包八幡神社古墳例[11]（図106-2）もI段階の広帯二山式冠にともなうものである可能性がある。II段階の資料としては、蝶形金具3類をもつ鴨稲荷山古墳例（図106-4）が挙げられる。奈良県大谷今池2号墳第1主体部例（図106-6）、広島県横大道1号墳例（図106-7）は蝶形金具が欠損しているため時期の判断が難しい。なお、前述した新徳1号墳例もこの系列に入る（図99）。蝶形金具の形態は破片のためよくわからず、ガラス玉接合技法も特殊なものであるため、時期の判断は難しい。

　亀甲繋文は、瑞山富長里5号墳1号土壙出土冠帽、高敞鳳徳里1号墳4号石室、羅州伏岩里3号墳96年石室4号甕棺、公州武寧王陵、武寧王妃、慶州飾履塚出土飾履などの百済の金工品においてみられる特徴であることから、百済の影響をうけて出現した文様であることが知られている（吉井2011）。これらの亀甲繋文と比較してみよう。線彫で表現する亀甲繋文の彫金パターンは、3つに分類できる（図91）。線彫A類の多くは、他の単位と接する際に外側の辺を共有する「一体型」であり、先述した百済の例と同様のものである。ただし鴨稲荷山古墳例は、他の単位と接する際に外側の辺が別の単位となる「連続型」である。鴨稲荷山古墳例は飾履も同様であり、セットを意識した作りであったのだろう。

　このように、亀甲繋文は他系列と同様に百済の金工品に由来するが、それをそのまま使い続けるものもあれば、鴨稲荷山古墳例のように倭で作り変えたものもあるといえる。

（4）線彫B類

　現状では藤ノ木古墳例の一例に限られる（図107-1, 2）。これは蝶形金具4類をもち、II段階に位置づけられる。この系列は線彫A類系列が退化したものとの見解もある（岡林1991）。他系列よりも出現が遅れることはたしかであるが、共伴遺物からみて藤ノ木古墳と同じ時期、もしくは少し新しいと考えられる広島県横大道1号墳（図106-7）からも線彫A類系列が出土していることから、単純に退化という流れでは説明ができない。ここでは判断を保留しておきたい。

（5）小　結

　広帯二山式冠の各文様系列の出現過程を検討した結果、線彫B類系列を除いて、百済の冠

第5節 文様系列の出現過程

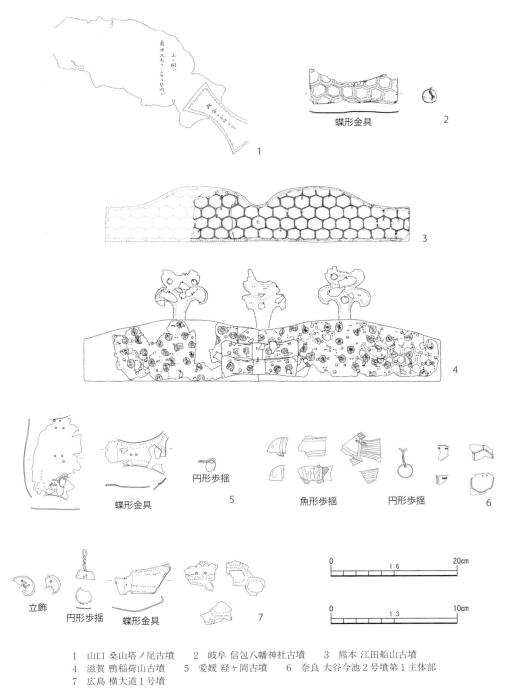

1 山口 桑山塔ノ尾古墳　2 岐阜 信包八幡神社古墳　3 熊本 江田船山古墳
4 滋賀 鴨稲荷山古墳　5 愛媛 経ヶ岡古墳　6 奈良 大谷今池2号墳第1主体部
7 広島 横大道1号墳

図106　線彫A類の諸例（1は縮尺任意、3, 4はs=1/6、その他はs=1/3）

223

第12章 倭における広帯二山式冠の出現過程

1 奈良 藤ノ木古墳　2 奈良 藤ノ木古墳（細部）

図 107　線彫 B 類の諸例 (s=1/6)

帽、飾履に由来する要素をもつことがわかった。ただし透彫 A・B 類系列のように、百済に由来する要素は認められるが、それらはいずれも倭で変形されていた。これは、加耶に由来すると思われる船形立飾も同様であった。広帯二山式冠の形状は倭の織物製の冠を模倣して生まれたという見解（森下 2010）を考え合わせると、広帯二山式冠は、加耶の冠の立飾形態、百済の冠帽・飾履の文様を変形し、倭の織物製冠の形状を模倣して、倭で生まれたものであったと考えられる。

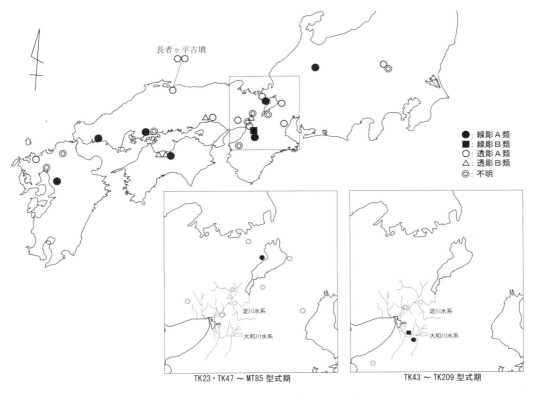

図108　倭における広帯二山式冠の分布状況

第6節　広帯二山式冠の副葬

　これまで広帯二山式冠の製作にかんする特徴をみてきたが、ここからは製作後、倭において広帯二山式冠がいかに用いられていたのかを検討するため、副葬の特徴について検討する。図108、表33では、広帯二山式冠、もしくはその可能性がある事例を全て挙げた[12]。ここでは、本章で注目した広帯二山式冠の諸属性と、出土状況、墳丘、共伴遺物編年の情報を挙げた。

（1）出土状況

　広帯二山式冠は、西山6号墳第6槨例、三昧塚古墳例のように確実に頭部に装着された事例も確認されていることから、埋葬あるいは葬儀の段階に用いられる場合のあったことが指摘されている（森下・吉井1995）。これがどの程度一般的な状況であったのかを確認するため、表33の出土状況の項目では、広帯二山式冠の出土状況についてのデータを記した。○は頭部付近で出土したもの、？は撹乱などでわからないもの、×は頭部以外から出土したものである。

　広帯二山式冠で出土位置がわかるものは、基本的に石棺内、とくに頭部付近で出土している。さらに、大谷今池2号墳第1主体部でも確実に頭部に装着された事例が確認された。頭部

表 33　広帯二山式冠の諸属性

古墳名	文様系列	蝶形金具	ガラス玉接合技法	出土状況	時期	墳丘	共伴遺物編年
咸平　新徳1号墳	線彫A類（一体型）	?	有機質残留	?		前方後円墳約48m	百済V
岐阜　信包八幡神社古墳	線彫A類（一体型）	2類	—	?		前方後円墳64m	TK47～MT15
山口　桑山塔ノ尾古墳	線彫A類	1or2類	—	?		?	MT15
熊本　江田船山古墳	線彫A類（一体型）	2類	—	?		前方後円墳62m	MT15
愛媛　経ヶ岡古墳	線彫A類	2類	—	○		前方後円墳30m	TK10
佐賀　島田塚古墳	透彫A1類	?	—	?		前方後円墳33m	MT15
福井　十善の森古墳	透彫A1類	?	座金＋割りピン（青銅）	?		前方後円墳67m	TK47～MT15
三重　井田川茶臼山古墳（二号石棺）	透彫A1類	2類	割りピン（青銅）割りピン（鉄）	○	I	円墳?20m?	MT15
茨城　三昧塚古墳	透彫B類	2類	—	○		前方後円墳85m	TK47～MT15
愛媛　正光寺山1号墳	透彫B類	?	座金＋割りピン（鉄）	○		円墳15m	TK10
兵庫　長尾タイ山古墳	透彫B類	?	—			円墳15m	MT15～TK10
広島　みたち第2号墳	透彫	1類	—			円墳12m	TK23～TK47
佐賀　関行丸古墳	?	?	—			前方後円墳55m	中期4～5段階
福岡　山の神古墳	?	?	座金＋割りピン（鉄）			前方後円墳80m	TK47,MT85
滋賀　円山古墳	?	?	割りピン（青銅）			円墳28m	MT15
京都　天塚古墳南石室	?	?	座金＋割りピン（鉄）			前方後円墳71m	MT15
群馬　古城古墳	?	?	割りピン（青銅）	○		前方後円墳55m	—
滋賀　鴨稲荷山古墳	線彫A類（連続型）	3類	割りピン（鉄）	○		前方後円墳45m	TK10
奈良　大谷今池2号第1主体	線彫A類（一体型）	?	—	○		円墳24m	TK43
広島　横大道1号墳	線彫A類（一体型）	3類?	—	○		前方後円墳31m	TK43～TK209
奈良　藤ノ木古墳	線彫B類	4類	—	×	II	円墳48m	TK43
兵庫　西宮山古墳	透彫A2類	?	割りピン（鉄）	?		前方後円墳34.6m	TK10～TK43
鳥取　長者ヶ平古墳A	透彫A2類	3or4類	割りピン（鉄）	?		前方後円墳49m	TK10
鳥取　長者ヶ平古墳B	透彫A2類	?	割りピン（鉄）	?			TK10
兵庫　西山6号墳第6主体	透彫A2類	?	割りピン（鉄）	○		前方後円墳35m	TK10
滋賀　山津照神社古墳	透彫A2類	2or3類	割りピン（鉄）	?		前方後円墳46.2m	TK10
群馬　不二山古墳	透彫A2類	3類?	割りピン（鉄）	?		前方後円墳54.5m	TK43?
大阪　ゲンゲ谷古墳	透彫A2類	?	割りピン（鉄）	?			—
愛媛　東宮山古墳	透彫B類	3類	—	?		前方後円墳?	TK10
京都　物集女車塚古墳	透彫B類	2or3類	割りピン（鉄）	?		前方後円墳48m	MT85
和歌山　船戸箱山1号石室	透彫	?	—	?		方墳30m	TK43
大阪　海北塚古墳	?	?	割りピン（鉄）	?		円墳30m	TK43

〔凡例〕○：有。—：無。？：現状では確認できない。出土状況：頭部付近出土であれば○、そうでなければ×。共伴遺物編年：韓国は馬具編年（諫早2012a）、日本は陶邑編年（田辺1981）と鉄鏃編年（水野2009）。

付近で出土したものの中には、もともと頭部装着状態で副葬されていたものも一定数含まれている可能性がある。広帯二山式冠以外の形式の冠にかんしては、そもそも頭部付近で出土することは一般的であるとはいえず、長野県桜ヶ岡古墳例や茨城県武者塚古墳例は副葬品庫から出土したことが確認されている。広帯二山式冠が頭部付近で出土するということは、他形式と比べて顕著な傾向である。

　当時の倭の古墳では、家形石棺をはじめとした「据えつける棺（和田2014）」が基本的に用いられていたことをふまえると、モガリ儀礼後の納棺儀礼の際に、一定の共通認識のもと、広帯二山式冠が配置されていたということが推測される。この点は、納棺儀礼時に着装されない飾履とは対照的である。なお、藤ノ木古墳例は脚部付近で折り畳まれた状態で出土した。他に折り畳まれた状態で出土した事例は確認できない。これは、狭い石棺の中に二人の被葬者が合

葬されており、広帯二山式冠を頭部に配置するだけの場所がなかったためであった可能性があり、特殊なケースと考えておきたい。

（2）飾履との共伴関係

　線彫A類の鴨稲荷山古墳例、江田船山古墳例、桑山塔ノ尾古墳例のように亀甲繋文が飾履と共有される事例はセットで作られ、その使用法も同じであったと指摘されている（森下・吉井1995）。飾履はその構造からみて生前の使用が想定できず、仰臥姿勢となる葬送儀礼の場での使用が考えられることから（馬目1991）、これらの線彫A類は葬送儀礼用であったと考えられる。飾履と共伴する広帯二山式冠としては、他に線彫B類の藤ノ木古墳例と透彫A1類の十善の森古墳例が挙げられる。前者の飾履は亀甲繋文、後者の飾履は透彫（龍文？）であり（高橋2007）、ともに文様が異なることから、セットで作られたとまではいい切れない。だが、前者は線彫、後者は透彫という点で共通していることに注目したい。線彫と透彫という製作技法が大きく異なる広帯二山式冠と飾履は共伴しないのである。検討できる事例は少ないが、これらの広帯二山式冠と飾履は、少なからず共通性が意識されていたのではないか。線彫A類に限らず、線彫B類、透彫A類についても、葬送儀礼において一定の役割を果たしていた可能性が考えられる。

結　語

　広帯二山式冠の出現意義として強調しておきたいことは、これが加耶の冠の立飾、百済の冠帽・飾履の文様を変形し、倭の織物製冠の形状を模倣して、倭において生み出されたと考えられることである。このような出現過程は、他の金工品にもみられる。例えば、古墳時代中期中葉に日本列島で出現した眉庇付冑は、三燕に連なり、朝鮮半島諸地域の技術・デザインを統合的に採用して、日本列島の王権を象徴する冑として生み出されたと指摘されている（橋本2012）。また、このような現象は倭以外でもみられる。新羅と百済は、三燕や高句麗に通ずる冠や飾履という器物を受容するものの、形状や装飾といった「かたち」は独自のものを創出していたという（上野2014）。広帯二山式冠もまさにこれらと同じ脈略の中で評価することができる。

[註]
(1) 座金、ハトメ、割りピンなどの他の金具を介することなく、孔にガラス玉を「嵌入」したものである。鈴木勉と松林正徳は、藤ノ木古墳出土鞍金具（海）にみられるガラス玉の嵌入の詳細な技法を、孔の周囲に溝を彫って「カシメ」たものと推測している（鈴木勉・松林1993）。一方、福島雅儀は、孔を開けた金属板の上にガラス粒を積みあげて加熱をおこなえば、ガラス玉を融着させることは容易であり、量産も可能であると指摘する（福島2003）。ここでは詳細な技法を確定させるに至らなかったため、これらをまとめて嵌入と呼ぶことにする。
(2) 奈良県藤ノ木古墳出土大刀1・大刀5・剣の柄頭・柄縁・鞘口・鞘尻にはガラス玉が接合されている。柄頭・柄縁は、銀の薄板を張って木地の文様を浮き立たせる木彫銀張り技法（勝部・

第 12 章　倭における広帯二山式冠の出現過程

鈴木勉 1998）を用いた木地銀装、鞘口・鞘尻は同技法を用いた木地金銅装である。ガラス玉
接合技法はよくわからないが、座金が使われているようである。奈良県立橿原考古学研究所附
属博物館に展示されている復元品には座金と鋲がついたガラス玉が装着されているが（卜部編
2007）、このような接合技法は他にみられない。木地と金銅板とでは、接合時の状況が大きく
異なることから、ガラス玉接合技法が異なっていた可能性が考えられる。

(3)　新羅地域にもガラス玉が接合された金工品は多くみられる。詳細な観察を終えてはいないが、
多くは本書でいう嵌入で接合されていたと思われ、百済とは異なる技法である。

(4)　この金具が釵子ではなく、大阪府峯ヶ塚古墳出土品にみられるような棺装飾用の花形金具で
あった可能性もあるが、ここでは出土状況を重視したい。

(5)　敢えていうのであれば、和歌山県井辺八幡山古墳出土の角杯を背負った人物埴輪の帽（森ほか
編 1972）や京都府堀切 7 号墳出土人物埴輪の帽（田辺町教育委員会 1989）の表現に類似して
いる。4 枚の金銅板を鋲留した部分にみられる帯状の金具の表現が共通しており、全く同じ形
態とはいえないまでも関連性が想定できる。

(6)　吉頭里雁洞古墳例が倭系遺物からみて 5 世紀前〜中葉と考えられること以外は（金榮珉 2011）、
出土地不明であるため年代がわからない。咸舜燮は、公州武寧王陵出土の花形冠飾と菊隠李養
寄贈品の文様属性が類似することから、菊隠李養寄贈品を熊津期まで下げているが（咸舜燮
2009）、武寧王陵例には双葉文はみられず、類似しているとはいい難いため、熊津期まで下げ
れるかどうかは不明である。

(7)　咸舜燮は、玉田 23 号墳例は百済のものと比べて文様が継起的に連続しないため、百済とは別
の生産地を想定している（咸舜燮 2009）。だが、覆輪をもつ点、羽が接合される点など、冠帽
としての要素は百済の冠帽と共通しており、玉田 23 号墳の時期である 4 世紀末〜5 世紀初頭に
おいては、大加耶でまだ金工品生産が本格化していなかったと考えられるため（諫早 2009）、
百済において製作されたものと考える。

(8)　鳥取県長者ヶ平古墳からは、透彫 A 類が 2 個体出土した（中原・角田 1990）。小石槨から出土
したとあり、追葬は想定されず一括性が高い。1 古墳から 2 個体が出土するのは、この事例に
限る。この 2 個体はともに透彫 A 類であるが、細部が異なっている。花文が帯部下辺に斜行し
て配置される点は共通している。だが、個体 A は花文が直線的である一方、個体 B は花文が
丸みをもっており、A よりも配置が崩れている。出土数、形態ともに特異であり、入手経緯が
他の事例と異なっていた可能性がある。

(9)　毛利光は、B 種の例として他にも大阪府ゲンゲ谷古墳例と山津照神社古墳例を挙げるが、前者
は破片であり、方格花文であることはかろうじてわかるが、詳細は不明である。また、毛利光
は山津照神社古墳例が 2 個体あると考えているが、図 104-8 を 2 個体に区分するのは難しい。
これは、毛利光 C 種に含められると考える。

(10)　『風土注進案』には、広帯二山式冠と思われるものが描かれている（桑原 1988）。桑原邦彦は、
半筒形金具である可能性も述べているが、森下も指摘するように、蝶形金具と思われる金具が、
長辺に対して平行方向に接合されていることから、広帯二山式冠本体の部分であった可能性が
高いと考える（森下・吉井 1995）。

(11)　従来、金銅製飾履とされてきたが（八賀 2004）、蝶形金具をもつことからみて広帯二山式冠も
しくは半筒形金具の一部であると考えられる。大きさからみると前者であろうか。藤井康隆に
よると、信包八幡神社古墳の副葬品は、TK47〜MT15 型式期の第 1 群（初葬）と、TK217 型
式期の第 2 群（追葬）の 2 時期が存在するという（藤井・森島 2013）。藤井は金銅製飾履（広
帯二山式冠）を第 2 群としたが、広帯二山式冠の下限が TK43 型式頃にあり、蝶形金具 1 類で
あることから、第 1 群に含められるのではないかと考える。

(12)　他にも奈良県額田部狐塚古墳（北棺）例（岡林 1991）、大阪府南塚古墳例（小林 1966）、鳥取
県諸木古墳例（小林 1966）などが広帯二山式冠である可能性があるが、現物の写真や図面を確
認することができなかったので、表 33 には含めていない。

第13章　倭の金工品にみられるモチーフの系譜

はじめに

　TK23・47型式期以降の倭の金工品には、特定のモチーフが確認できるようになる。連続波頭文、魚、鳥、船といったモチーフである。これらのモチーフの興味深いところは、特定の金工品だけにみられるのではなく、この時期の複数の金工品に共通して確認できるようになる点である。複数の金工品の相互比較が可能となる情報であるため、これらのモチーフの系譜について、詳しく検討してみたい。

第1節　連続波頭文の系譜

第1項　透彫表現の連続波頭文

　連続波頭文は、勾玉形透しと三角形透かしを上下に組み合わせて、波頭の形を描いた文様である。連続波頭文は、同時期の異なる金工品に共通してみられる文様であることが指摘されてきた（山口2004）。改めて集成したところ、冠、飾履、馬具、胡籙金具に連続波頭文の透彫りがみられることを確認した（表34）（図109、110）。

（1）冠・飾履

　金銅製の広帯二山式冠と飾履にみられる連続波頭文は、金具の縁沿いに配置される。良好な状態を保った三昧塚古墳例と東宮山古墳例では、ともに上側に波頭がくるように配置されている。ただ、前者では左右の帯部でそれぞれ外向きに連続波頭文が展開するのに対して、後者では内向きに連続波頭文が展開する点で違いがある。

　飾履では群馬県下芝谷ツ古墳例をみると、底板、側板、上板の縁にそれぞれ連続波頭文がほどこされている。千葉県金鈴塚古墳出土金銅製品（用途には、立飾式冠という見解もあれば、葆という見解（小杉1981）もある）にも連続波頭文と思われる透彫文様がみられる。勾玉形透しと三角形透しが左右交互にほどこされ、波頭が左右交互に展開する。区画帯を挟んで左側と右側にわかれるようである。基本的な文様パターンは後述する香川県王墓山古墳例

表34　連続波頭文をもつ金工品

器種名	分類	古墳名	陶邑編年
広帯二山式冠	透彫B類	茨城　三昧塚古墳	TK23・TK47
飾履	Ⅱ群C型	群馬　下芝谷ツ古墳	TK47～MT15
飾履	Ⅱ群C型？	福井　十善の森古墳	TK47～MT15
馬具	鞍金具	大阪　峯ヶ塚古墳	MT15
広帯二山式冠	透彫B類	愛媛　正光寺山1号墳	TK10
広帯二山式冠	透彫B類	兵庫　長尾タイ山1号墳	TK10
広帯二山式冠	透彫B類	京都　物集女車塚古墳	TK10
広帯二山式冠	透彫B類	愛媛　東宮山古墳	MT85
胡籙金具	短BⅡ群	香川　王墓山古墳	TK10
馬具	鞍金具	福岡　箕田丸山古墳	TK10
馬具	心葉形透杏葉	大分　飛山4号横穴	MT85～TK43
立飾式冠		千葉　金鈴塚古墳	TK209

〔凡例〕陶邑編年は田辺1981に基づく。

第13章 倭の金工品にみられるモチーフの系譜

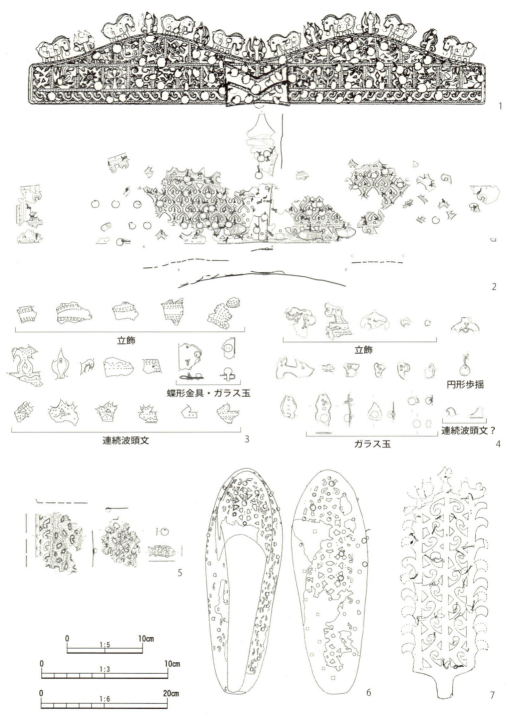

1 茨城 三昧塚古墳　2 愛媛 東宮山古墳　3 京都 物集女車塚古墳
4 愛媛 正光寺山1号墳　5 福井 十善の森古墳　6 群馬 下芝谷ッ古墳
7 千葉 金鈴塚古墳（1-4：広帯二山式冠、5-6：飾履、7：立飾式冠か）

図109　連続波頭文をもつ金工品1（1, 2, 5, 6はs=1/5、3-4はs=1/3、7はs=1/6）

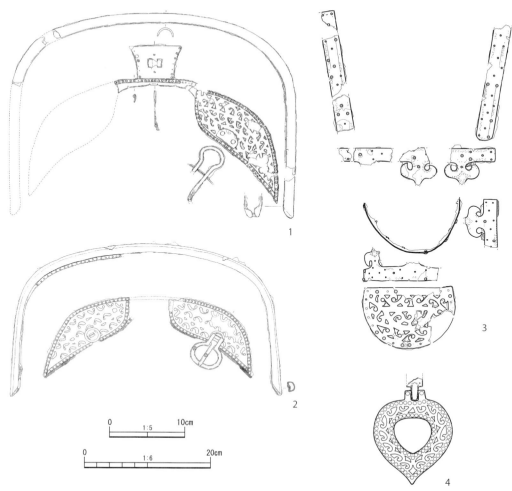

1 大阪 峯ヶ塚古墳　　2 福岡 箕田丸山古墳　　3 香川 王墓山古墳　　4 大分 飛山4号横穴
（1-2：鞍金具、3：胡籙金具、4：心葉形透杏葉）

図110　連続波頭文をもつ金工品2（1, 2は s=1/6、3, 4は s=1/5）

と共通しており、連続波頭文の一種であると考えられる。

（2）馬　具

　馬具では鞍の海金具（峯ヶ塚古墳例、箕田丸山古墳例）と心葉形透杏葉（飛山4号横穴墓例）に連続波頭文がみられる。大阪府峯ヶ塚古墳例は鉄製、福岡県箕田丸山古墳例は鉄地金銅張製であり、ともに連続波頭文が3段に配置されている。峯ヶ塚古墳例は、上段では下側に波頭がくるように配置され、右向きに展開する。中・下段では上側に波頭が配置され、左向きに展開する。各段の間に区画帯が入るのが特徴である。一方、箕田丸山古墳例は、上段では上側に波頭がくるように配置され、左向きに展開する。中・下段では下側に波頭が配置され、右向きに展開する。区画帯はみられず、透かしをうまく配置することで各段をわけている。同じ海金具であっても、連続波頭文の配置には違いがある。

大分県飛山4号横穴墓例は、金具は鉄地金銅張製であり、その上から鉄製の枠金が装着されている。その枠金に連続波頭文が描かれている。中心線を境に連続波頭文の向きが変わり、それぞれ上向きに連続波頭文が展開する。

（3）胡籙金具

王墓山古墳出土胡籙金具の底板にも連続波頭文と思われる透彫文様がみられる。勾玉形透しと三角形透しが上下交互にほどこされ、波頭が上下交互に展開する。区画帯を挟んで外側と内側にわかれるようである。金鈴塚古墳例と同様に、連続波頭文が変形したものであると考えられる。

このように、TK23・47〜TK209型式期にかけて、様々な金工品に連続波頭文がほどこされている。配置箇所には様々なパターンがみられ、王墓山古墳例、金鈴塚古墳例のように変形したものもみられるが、倭で長期間にわたってみられるモチーフであったようである。

広帯二山式冠と飾履にみられるものは金銅製であるが、馬具と胡籙金具にみられるものは鉄地金銅張製と鉄製である。透かしをほどこすためには異なる技術が必要となるにもかかわらず、共通のモチーフが描かれている。広帯二山式冠、飾履、馬具、胡籙金具の製作において情報交換がなされていたことを示すと考えられる。

（4）系 譜

百済の冠帽、飾履にみられる「C字形瘤付二叉紋（馬目1980）」の透彫文様は、連続波頭文の透彫文様と同じ縁の部分に配置されており、これとの関係性が想定されている（高橋2007、吉井2011）。C字形瘤付二叉紋は、公州水村里Ⅱ-1号墳、4号墳、熊本県江田船山古墳出土冠帽、原州法泉里1号墳、水村里Ⅱ-3号墳、高敞鳳徳里1号墳4号石室、慶州飾履塚出土の飾履に確認されている（図111）。

また吉井秀夫は、C字形瘤付二叉紋〔火炎文〕と連続波頭文の詳細な比較検討をおこなっている（吉井2011）。水村里Ⅱ-1・4号墳、江田船山古墳出土冠帽と飾履塚出土飾履にみられるC字形瘤付二叉紋は先端部が2つにわかれており、前三者は彫金によって細部も表現されていることから、C字形瘤付二叉紋の表現をある程度を理解した状態で文様が描かれている。一方、三昧塚古墳、東宮山古墳出土広帯二山式冠、福井県十善の森古墳出土飾履にみられるものは波頭状の文様となっており、元々の文様が理解されていない。このような状況から吉井は、波頭状の文様はC字形瘤付二叉紋と配置箇所に共通性はあるが、表現しようとした文様が互いに異なっていたと考えた。その上で連続波頭文は、広帯二山式冠の製作者がC字形瘤付二叉紋をよく理解することができなかったため、波頭状文様を模倣して波頭を連続される文様として再構成して生まれたものである可能性を指摘した。

近年、C字形瘤付二叉紋をもつ金工品が出土した水村里古墳群や鳳徳里1号墳の調査報告書が刊行されたことにより情報が増加したため、C字形瘤付二叉紋と連続波頭文を改めて比較検討してみたい（図112）。吉井が指摘するとおり、水村里Ⅱ-1・4号墳（1・4）、江田船山古墳

第1節 連続波頭文の系譜

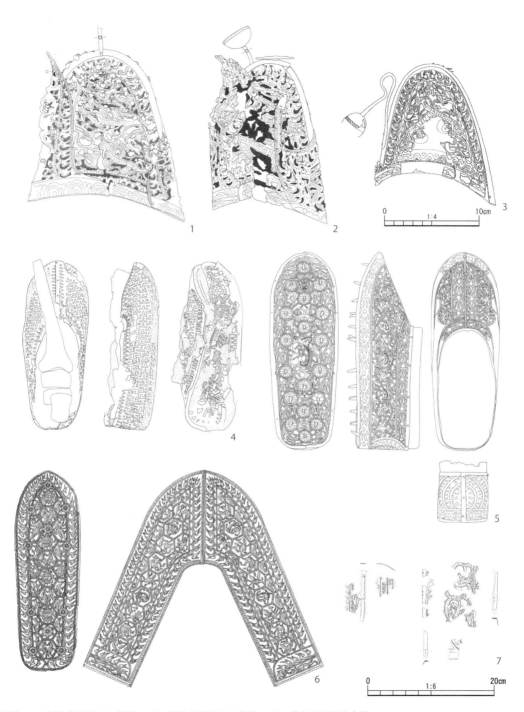

冠帽：1　公州 水村里Ⅱ-1号墳　　2　公州 水村里Ⅱ-4号墳　　3　熊本 江田船山古墳
飾履：4　公州 水村里Ⅱ-3号墳右　5　高敞 鳳徳里1号墳4号石室左　6　慶州 飾履塚左　7　原州 法泉里1号墳左

図111　C字形瘤付二叉紋の諸例（1〜3はs=1/4、4〜7はs=1/6）

233

第13章　倭の金工品にみられるモチーフの系譜

C字形瘤付二叉紋

連続波頭文

1　公州 水村里Ⅱ-1号墳　　2　原州 法泉里1号墳　　3　慶州 飾履塚　　4　公州 水村里Ⅱ-4号墳
5　高敞 鳳徳里1号墳4号石室　6　熊本 江田船山古墳　7　公州 水村里Ⅱ-3号墳　8　茨城 三昧塚古墳
9　群馬 下芝谷ツ古墳　　10　大阪 峯ヶ塚古墳　　11　福井 十善の森古墳　　12　福岡 箕田丸山古墳
13　京都 物集女車塚古墳　　14　愛媛 東宮山古墳　　15　大分 飛山4号横穴墓

図112　C字形瘤付二叉紋と連続波頭文の比較（縮尺不同）

出土冠帽（6）と飾履塚出土飾履（3）にみられるC字形瘤付二叉紋は先端部が2つにわかれており、細部が彫金で表現されている。一方、水村里Ⅱ-3号墳例（7）は先端部が一体化してしまっている。出土古墳の年代としては、水村里Ⅱ-3号墳出土馬具は百済Ⅲ段階（5世紀前葉〜中葉）であり（諫早2012a）、飾履塚例が5世紀第4四半期頃（馬目1980）と飾履塚のほうが新しいが、飾履塚例のC字形瘤付二叉紋に造形の乱れはみられない。百済内での時期差というよりも、製作者の文様に対する理解の差が反映されたものであろう。

　連続波頭文は配置箇所には様々なパターンがあるが、1単位あたりの波頭文の形にはそれほど大きな変化はみられない。下側に三角形透しがつき、上側に勾玉形透しがつく点は共通して

234

おり、勾玉形透しの間に三角形透しがないという点を除けば、C字形瘤付二叉紋とほぼ同じ造形である。高橋克壽や吉井が指摘するとおり、連続波頭文はC字形瘤付二叉紋に由来する可能性が高いと考える。

ところで、連続波頭文は透彫表現以外にもみられる。以下、詳しくみてみよう。

第2項　立体、象嵌・彫金表現の連続波頭文

(1) 立体表現

連続波頭文は、静岡県鳥居松遺跡出土円頭大刀の柄間にも確認されている（図113-18）。これには木彫金銀張技法が用いられており、連続波頭文が立体的に表現されている。TK10型式期を前後する時期の資料である。報告者の鈴木一有によると、鳥居松遺跡例は、柄頭にほどこされた双龍文、心葉形懸通孔、双連珠菱形文の特徴からみて、百済もしくは加耶で製作されたものと推定されている（鈴木－2009）。鳥居松遺跡例にみられる立体的な連続波頭文は、中国北朝（北魏）に系譜が求められる可能性があるという。

北魏の事例を具体的にみてみよう。北魏では寝台形石製葬具と金銅仏に連続波頭文がみられる（図113-1〜5）。寝台形石製葬具は北魏〜隋代に特有のものであり、石棺床、石榻、囲屏石牀などと呼ばれている（山本2006）。山本忠尚によると、これは漢人の風俗であった木製の腰掛・寝台を三燕時代に鮮卑族が取り込み、北魏になって石製の葬具へと転用したものである。寝台形石製葬具の下縁には連続波頭文がつくことが多く、丸くふくよかな波頭から崩れて低く扁平になり、最終的には単なる鋸歯状の連続線になった段階へと変化するという。連続波頭文がみられる寝台形石製葬具は、大同期（398〜494）にあたる北魏太和8年（484）年の司馬金龍墓が初現で、多くは洛陽期（494〜534）にみられる。

また、仏像の台座にも連続波頭文が確認されており、太平真君4年（443）の苑申造如来立像、太和元年（477）の陽氏造如来坐像、大代某年（480前後）の北京延慶家営出土仏坐像などが挙げられる（山本2006）。連続波頭文の出現は、寝台形石製葬具よりも早いようである。

(2) 象嵌・彫金表現

これと関連して、銀象嵌や彫金で表現される連続波頭文が装飾大刀に用いられることも指摘されている（鈴木－2009）。象嵌表現の連続波頭文は、金宇大による集成や近年の出土例も考慮すると、天安花城里A1号墳例（素環Ⅰ群）（図113-9）、公州水村里7号竪穴式石槨墓例（素環Ⅰ群）（忠清南道歴史文化研究院2013）、陝川玉田70号墳例（素環Ⅰ群）、陝川玉田M3号墳出土龍鳳文環頭大刀の鞘尾金具（龍鳳Ⅲ群）（図113-8）、東京国立博物館所蔵伝昌寧出土有銘環頭大刀の鞘口金具（図113-7）、京都府穀塚古墳例（龍鳳Ⅰ群）（図113-10）にみられる（金宇大2017）。金宇大は、これらは加耶での出土例が多いが、百済に由来するものである可能性を指摘している。

大刀にみられる連続波頭文で最も古い事例は素環Ⅰ群の象嵌表現にみられる。素環Ⅰ群の存続年代は、金宇大編年の1期から2期後半以降（5世紀前葉から5世紀後葉）とされている。天

第13章　倭の金工品にみられるモチーフの系譜

1　大同 南郊 M112　　2　大同 北師院 M5（太和元年（477）銘）　　3　大同 南郊出土
4　新田グループコレクション　　5　南甫 双楹塚　　6　慶州 鶏林路14号　　7　伝朝鮮（東博蔵）
8　陜川 玉田 M3号　　9　天安 花城里 A1号　　10　京都 殻塚　　11　生実所在　　12　奈良 藤ノ木
13　栃木 別処山　　14　群馬 綿貫観音山　　15　奈良 芝塚　　16　三重 井田川茶臼山　　17　群馬 台所山
18　静岡 鳥居松　　19　千葉 金鈴塚　　20　島根 かわらけ谷横穴墓群　　21　伝藤岡市小林

図113　立体・平面表現の連続波頭文（鈴木一2009より引用）

　安花城里A1号墳出土素環頭大刀（素環Ⅰ群）は、出現期の象嵌大刀と考えられており、報告書では4世紀中、後半に位置づけられている（國立公州博物館1991）。百済の実年代は、新羅・加耶や倭の実年代と比べて古くされる傾向があるため（土田2017）、この年代をそのまま受け入れることはできないが、天安という立地を考えると漢城陥落後の熊津期の資料とは考えにくく、漢城期（～475）の資料である可能性が高い。また、公州水村里7号竪穴式石槨墓出土素環頭大刀（素環Ⅰ群）も漢城期に位置づけられる資料である。

　他にも、6世紀代の日本列島にみられる木彫金銀張技法で製作された装飾大刀（図113-11～14）、銀象嵌大刀（図113-15～17）に連続波頭文は多用されており、6世紀末以降の装飾大刀の柄間や鞘金具にほどこされる渦文彫金の原形が連続波頭文にあることが指摘されている（鈴木一2009）。

　このように、連続波頭文には立体表現と象嵌・彫金表現のものもある。北魏における立体表現の連続波頭文の出現時期は5世紀中葉頃であり、百済の象嵌表現にみられる連続波頭文の出現時期は、漢城期であるようだ。現状の資料状況では、北魏にみられる立体表現の連続波頭文と百済の象嵌・彫金表現の連続波頭文の間に接点を見出すことは難しいが、倭の金工品にみられる透彫表現の連続波頭文よりも先に、これらの地域で連続波頭文が用いられていたことがわかる。

第3項　透彫表現と立体表現、象嵌・彫金表現の関係性

　立体表現、象嵌・彫金表現の連続波頭文は、透彫表現の連続波頭文よりも古くから確認されている。連続波頭文というモチーフは、5世紀以降の東アジアで広く用いられていたようである。上述した透彫表現の連続波頭文は、C字形瘤付二叉紋（火炎文）との共通性が高く関連性が想定されるが、C字形瘤付二叉紋が退化、簡略化したものというよりも、新しいモチーフとして再構成されたものであったと考えられる。透彫表現の連続波頭文が、百済と倭のどちらの地域で出現したかの証明は難しいが、百済では一例も確認できないことから、TK23・47型式期以降の倭の金工品にみられる特有の表現であったと考える。

第2節　魚を描いた金具の系譜

第1項　魚の文様構成

　魚の造形は、銅鐸、銅鏡、埴輪、土器などで多く確認されており、取り立てて珍しいモチーフではない。金工品にも福岡県月岡古墳や千葉県祇園大塚山古墳出土の眉庇付冑に彫金で表現された例がある。倭で多くみられる造形であるが、TK23・47型式期以降、倭の金工品に魚を描いた金具がとくに多く確認されるようになる。

　具体的には、魚形歩揺、双魚佩、立飾式冠（透彫文様）、大刀（象嵌）が挙げられる（図114、115）。魚形歩揺が装着される金工品は、広帯二山式冠（線彫A類、透彫A類）、飾履（Ⅱ群C型、

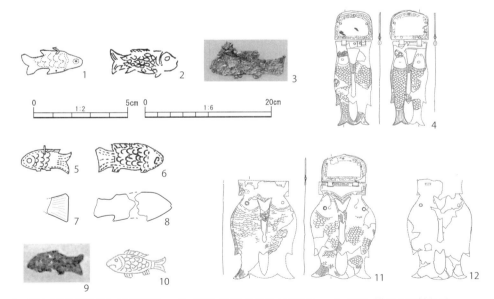

1　飾履（羅州 伏岩里 3-96号石室）　　2　飾履（山口 桑山塔ノ尾古墳）　　3　不明（茨城 玉里村出土）
4, 11, 12　双魚佩（大阪 峯ヶ塚古墳）　　5　半筒形金具（佐賀 関行丸古墳）　　6　飾履（福井 十善の森古墳）
7　広帯二山式冠（三重 井田川茶臼山古墳）　　8　冠？（滋賀 円山古墳）　　9　冠？（群馬 古城古墳）
10　象嵌大刀（熊本 江田船山古墳）

図114　魚を描いた金具1（1-3, 5-10はs=1/2、4, 11, 12はs=1/6）

237

第13章 倭の金工品にみられるモチーフの系譜

1 広帯二山式冠（滋賀 鴨稲荷山古墳） 2 広帯二山式冠（兵庫 西山6号墳第6主体） 3 不明（奈良 市尾宮塚古墳）
4 広帯二山式冠（愛媛 東宮山古墳） 5 双魚佩（伝 滋賀 三上山下古墳） 6 双魚佩（滋賀 鴨稲荷山古墳）
7 広帯二山式冠（群馬 不二山古墳） 8 飾履（奈良 藤ノ木古墳） 9 半筒形金具（奈良 藤ノ木古墳）
10, 11, 13 双魚佩（奈良 藤ノ木古墳） 12 広帯二山式冠（奈良 大谷今池1号墳） 14 双魚佩（福島 真野20号墳）
15 冠？（和歌山 船戸箱山古墳1号石棺） 16 立飾式冠（島根 鷺の湯病院横穴墓） 17 双魚佩（千葉 松面古墳）

図115 魚を描いた金具2（双魚佩は s=1/6、その他は s=1/2）

Ⅱ群A型)、半筒形金具であり、特定の器種や文様系列だけにみられるものではない。双魚佩は、倭風の様式の拵えをもつ大振りの立派な大刀にともなうものであることが指摘されており（白石1993）、倭で特徴的にみられる金工品である。立飾式冠である島根県鷺の湯病院横穴例には、透彫文様として魚が描かれている。大刀には銀象嵌で魚が描かれているものがある。

　表35では、TK47〜MT15、TK10〜MT85、TK43〜TK209という時期ごとに分けて示した。魚形歩揺はどれも鱗表現などが共通しており、魚のモチーフは大きく変化しないが、TK43〜TK209になると、鰓付近と尾の付け根付近に線文と点文による装飾がみられるようになる[1]。魚形歩揺、双魚佩、立飾式冠は金銅製、象嵌大刀は鉄への銀象嵌であり、これらには異なる

表35　魚が描かれた金工品

器種名	分類	古墳名	時期
広帯二山式冠	線彫A類	山口　桑山塔ノ尾古墳（飾履の可能性あり）	MT15
広帯二山式冠	透彫A類	三重　井田川茶臼山古墳	MT15
広帯二山式冠	透彫A類	福井　十善の森古墳（飾履の可能性あり）	TK47〜MT15
広帯二山式冠	系列不明	滋賀　円山古墳	MT15
広帯二山式冠	系列不明	群馬　古城古墳	MT15
飾履	Ⅱ群A型	羅州　伏岩里3-96号石室	百済Ⅴ
半筒形金具		佐賀　関行丸古墳	TK47
双魚佩		大阪　峯ヶ塚古墳A	MT15
双魚佩		大阪　峯ヶ塚古墳B	MT15
双魚佩		大阪　峯ヶ塚古墳C	MT15
象嵌大刀		熊本　江田船山古墳	MT15
象嵌大刀		福岡　番塚古墳	TK47〜MT15
不明		茨城　玉里村出土	―
広帯二山式冠	線彫A類	滋賀　鴨稲荷山古墳	TK10
広帯二山式冠	透彫A類	兵庫　西山6号墳第6主体部	TK10
広帯二山式冠	透彫A類	鳥取　長者平古墳A・B	TK10
広帯二山式冠	透彫B類	愛媛　東宮山古墳	TK10
飾履	Ⅱ群A型	滋賀　鴨稲荷山古墳	TK10
双魚佩		滋賀　鴨稲荷山古墳	TK10
双魚佩		愛知　白鳥古墳	TK10
双魚佩		滋賀　伝三上山下古墳	―
双魚佩		京都　鹿谷古墳	TK10
不明		奈良　市尾宮塚古墳	TK10
広帯二山式冠	線彫A類	奈良　大谷今池2号墳第1主体部	TK43
広帯二山式冠	線彫B類	奈良　藤ノ木古墳	TK43
広帯二山式冠	透彫A類	群馬　不二山古墳	TK43
広帯二山式冠	系列不明	和歌山　船戸箱山古墳1号石室	TK43
飾履	Ⅱ群A型	奈良　藤ノ木古墳A	TK43
半筒形金具		奈良　藤ノ木古墳	TK43
立飾式冠		島根　鷺の湯病院横穴	TK43
双魚佩		千葉　松面古墳	TK43
双魚佩		福島　真野古墳	―
双魚佩		奈良　藤ノ木古墳A	TK43
双魚佩		奈良　藤ノ木古墳B	TK43
双魚佩		奈良　藤ノ木古墳C	TK43

〔凡例〕馬具編年は諫早2012a、陶邑編年は田辺1981に基づく。

239

第13章　倭の金工品にみられるモチーフの系譜

技術が要求されるが、魚の基本的な文様構成やその変化は共通している[2]。魚というモチーフ自体は東アジアで多くみられるものであるが、倭の金工品にみられる魚を描いた金具には文様構成に共通性がみられ、その製作において情報交換がなされていたと考えられる。

第2項　他のモチーフとの組み合わせ

（1）魚と鳥

　魚を描いた金具は他のモチーフと組み合わせて用いられることが多い。その一つが魚を追う鳥のモチーフである。眉庇付冑（月岡古墳例、祇園大塚山古墳例）と、象嵌大刀（熊本県江田船山古墳例（図116-1）、三重県石塚谷古墳例）に確認できる。

　橋本達也によると、これらは共通する物語を背景とした魚や鳥が象徴する神あるいは霊的な存在を表現したものであるという（橋本2013）。また塚田良道は、魚と鳥の組み合わせは中国後漢代の画像石、西晋から北魏代の墓室壁画、棺画に起源があり、夜空や天の川を象徴した天界図像であったとする。その上で、このような墓葬美術が古墳時代中期の眉庇付冑や古墳時代後期の大刀や金銅製装身具に影響を与えた可能性を指摘している（塚田2016、2017）。

　一方、賀来孝代は、月岡古墳例と祇園大塚山古墳例にみられる鳥は実在するかどうかわからない鳥であり、江田船山古墳例と石塚谷古墳例は鵜飼の表現と考えられることから、両者が表す意味が違っていると指摘している（賀来2017）。賀来の見解をふまえて、中期の月岡古墳例・祇園大塚山古墳例と後期の江田船山古墳例・石塚谷古墳例は異なるモチーフであると捉えておきたい。

（2）魚と連続波頭文

　愛媛県東宮山古墳出土の広帯二山式冠には、透彫表現の連続波頭文の近くにのみ魚形歩揺が装着されており、その他の部分には円形歩揺が装着されている（図116-4）。あたかも水の中を泳ぐ魚を表現したかのような用いられ方である。塚田は、魚形歩揺と連続波頭文の関係を、中国の天界図像にみられる魚と水波文の関係と関連付けて捉えている（塚田2017）。

（3）魚と船

　鷺の湯病院横穴墓例には、魚形立飾と船形立飾が隣り合って配置されている（図116-3）。共に水を連想させるモチーフである。塚田は、水の世界であることを強調する新たな図像として加わったのが船であると推測している（塚田2017）。なお、船が鳥と組み合う例（図116-2）もあり、魚、鳥、船が互いに関連の深いモチーフであったことがわかる。

第3項　系　譜

　TK23・47型式期以降の倭の金工品にみられる魚を描いた金具は、文様構成に共通性があり、鳥、連続波頭文、船のモチーフと組み合わせて用いられている。どれも水を連想させるモチーフであり、何らかの思想的背景の存在を窺わせる。倭の魚形歩揺と同じ特徴をもつものは、百

結　語

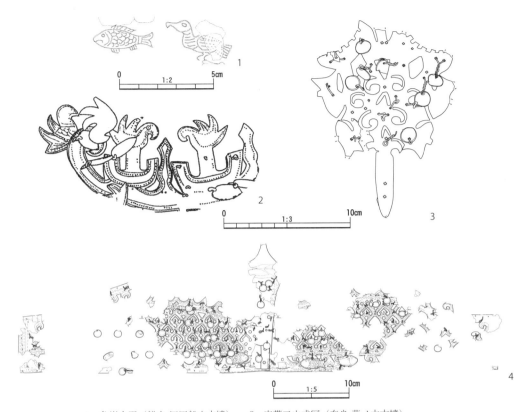

1　象嵌大刀（熊本 江田船山古墳）　2　広帯二山式冠（奈良 藤ノ木古墳）
3　立飾式冠（島根 鷺の湯病院跡横穴墓）　4　広帯二山式冠（愛媛 東宮山古墳）
図 116　モチーフの組み合わせ （1 は s=1/2, 2, 3 は s=1/3, 4 は s=1/5）

済製と考えられる羅州伏岩里 3-96 号石室、咸平新徳 1 号墳出土飾履にもみられる〔第 11 章〕。また、伝慶尚南道出土品の草花形立飾が船形立飾の原型となっている〔第 12 章〕。しかし、鳥、船、連続波頭文というような他のモチーフと組み合わせて用いられた事例は、朝鮮半島南部では確認できない。塚田はこのようなモチーフの組み合わせは中国の天界図像に由来するものと捉えている（塚田 2017）。

　このように、TK23・47 型式期以降にみられるこれらのモチーフを表現するための個々の技術や発想は、直接的には百済や加耶に由来しており、モチーフの組み合わせの背景には中国からの影響がある。このような諸要素が倭の中で組み合わされ再構成されることで、生み出されたものであったと考えられる。

結　語

　本章では、倭の金工品にみられるモチーフの内、とくに連続波頭文と魚に注目して、その系譜について検討した。ともに東アジアで広くみられるモチーフであるが、直接的には百済、加耶にみられる技術や発想が倭の中で組み合わされ再構成されることで、倭の金工品に用いられ

ていた。このような意味においては、倭に特有のモチーフであるといえる。

　改めて注目したいのは、これらのモチーフが、広帯二山式冠、立飾式冠、飾履、馬具、胡籙金具、半筒形金具、双魚佩、装飾大刀といった倭の複数の金工品に確認されるという点である。繰り返し述べてきた通り、製作に異なる技術が要求される金工品同士であっても、基本的に描かれるモチーフに大きな違いはみられない。これは、製作の設計段階にモチーフにかんする情報が共有されていたことを示している。これらのモチーフは、倭の金工品の特徴、そして異なる金工品の工房間の関係性を考えるうえで、有益な情報である。

[註]
(1) 鰓付近と尾の付け根付近にみられる線文と点文による装飾は、MT15型式期の峯ヶ塚古墳出土双魚佩から既にみられる。TK43型式期以降、魚形歩揺の彫金構成が双魚佩のそれに近づいたということであろう。

(2) 特に魚形歩揺と双魚佩は共通性が高い。奈良県大谷今池1号墳出土の魚形歩揺（図115-12）は胸鰭が二段構成になっており、双魚佩のような形態を呈していた可能性がある。また、この魚形歩揺にみられる鱗表現は、頭側と尾側の方向が逆になっている。これは鱗表現の退化を示しており、同様の特徴は藤ノ木古墳出土の双魚佩（図115-11）にもみられる。

終 章　倭における金工品生産と渡来系工人集団

はじめに

　第Ⅰ部〜第Ⅲ部までは、胡籙金具、飾履、冠に焦点をあて、他の金工品の技術系譜とも比較しながら、各地における金工品の特徴について検討した。朝鮮半島における分析では、百済、新羅を中心とした地域性がみられ、大加耶、阿羅伽耶で両者の特徴が混じる様相が明らかとなった。また、そのような朝鮮半島の動向をふまえて、日本列島における金工品の系譜、変化、分布の様相について検討した。本章ではこれらの成果を統合し、日本列島における金工品生産の様相から、日朝交流の具体的な形である渡来系工人集団について考える。

第1節　古墳時代中期における渡来系集団の研究事例

第1項　集落研究

　日朝交流の具体的な形である渡来系集団にかんする研究には長年の蓄積があり、とくに近年の集落研究の成果は目覚しい。渡来系集団の集落は、韓式系軟質土器、大壁建物、オンドル、Ｕ字形カマド枠、煙突に用いる円筒形容器などの出土をもとに抽出が進められてきた（亀田1993など）。3・4世紀代における福岡県西新町遺跡（白井2001、久住2007）や、5世紀代における奈良県南郷遺跡群（坂1998、青柳2005，2014）、大阪府長原遺跡群（中久保2017）などの渡来集団が多く抽出された集落の構造に対する考察が進められている。また長原遺跡群のような渡来系集団定着型集落と、南郷遺跡群のような在来集団主体型集落がみられることも指摘されており（中久保2017）、日本列島内における渡来系集団の定着様相の多様性が明らかになってきている。

　集落研究をもとにした日朝交流論は成果をあげているが、集落で日常的に用いられた土器資料をもとにした日朝交流論と、古墳副葬品をもとにした日朝交流論とでは、それぞれに違った社会が描き出されており、乖離が目立つとの指摘がある（中久保2017）。例えば、金工品や鉄製品を研究対象とすると、5世紀前半における主要な交流相手は新羅であり、5世紀後半は大加耶であると考えられるが（朴天秀2007）、集落から出土する土器や遺構を研究対象とすると、5世紀には百済・全羅道との交流がみえてくる（中久保2017）。中久保辰夫が指摘するように、古墳副葬品にみられるようなハイレベルな「交渉」と、土器といった日常生活品が移動、影響するといったローレベルの「交流」「交易」は区別して考えるべきであり、これらの関連する点、相違する点を議論することが、渡来文化の受容と政治権力のかかわりを見るうえで重要である。

第2項　生産遺跡研究

　集落研究と古墳副葬品研究を接ぎ木する可能性があるものが、生産遺跡の研究である。5世

紀になると畿内地域において大規模な手工業生産地が成立する（花田 2002）。例えば、須恵器生産をおこなう大阪府南部の陶邑窯跡群、鍛冶生産をおこなう大阪府大県遺跡、大阪府森遺跡、奈良県布留遺跡、玉作り生産をおこなう奈良県曽我遺跡、製塩をおこなう大阪府小島東遺跡、馬匹生産をおこなう大阪府蔀屋北遺跡などが挙げられる。また、このような生産地が倭王権の領域内で計画的に配置されていたこともわかってきており、5 世紀が手工業生産の転換点であるとする見方は広く共有されるようになった（菱田 2007, 2017 など）。そして、5 世紀にみられる手工業生産革新の背景には、渡来系集団の定着が関係していることが明らかになってきた。このような、先進技術を持つ外来集団を招来することによって技術革新を管理する交流のあり方は、「技術・知識導入型対外交流」と表現されている（中久保 2017）。

　古墳時代中期の生産遺跡は、手工業生産という視点から、専業的な工房、複合的な工房（複合工房）、小規模な集落内工房に類型化されている（堀田 1993、花田 2002 など）。金工品生産遺跡の実例は、古墳時代中期の奈良県南郷角田遺跡にみられる（坂編 1996）。ここからは銀滴、銅滓などが出土した。渡来人を含む中間層による管理・指導のもと、集落内の竪穴住居に居住する一般住民によってさまざまな生産活動がおこなわれており、豪族直営の複合工房の実態が明らかになった（坂 1998、2012）。これは、玉作り生産における曽我遺跡、鍛冶生産における大県遺跡、須恵器生産における陶邑窯跡群などの専業的な工房とは対照的であり、渡来系集団がかかわる生産遺跡の多様性が浮彫りとなった。

　他にも、金工品生産遺跡として布留遺跡が想定されているが、王権直営と想定されるような金工品生産遺跡はよくわかっていない状況である。

第 3 項　古墳副葬品の研究

　このような状況の中、古墳副葬品そのものの分析によって、生産組織についての検討が深められてきた。とくに甲冑研究では大きな成果が上がっている。古墳時代中期中葉（TK73〜TK216 型式期、5 世紀前葉〜中葉）には、在来系甲冑（衝角付冑・打延式頸甲・短甲）に加えて、外来系甲冑（眉庇付冑・襟状頸甲・小札甲）が確認されるようになる。技術移転の様相から、中期中葉（TK208〜TK23・47 型式期、5 世紀中葉〜後葉）に在来甲冑工人・渡来甲冑工人・装飾品工人の協業体制が開始され、中期後葉には在来系甲冑工人と渡来甲冑工人の混成が進み、装飾品工人に代わって馬具工人が製作工程に加わるという生産組織の状況が復元されている（内山 2008）。生産遺跡は発見されていないものの[1]、中期中葉から後葉にかけて在来集団と渡来系集団の技術が統合されていく過程がよくわかる。

　また、馬具研究をみてみると、TK216 型式期の福岡県月岡古墳出土例は、木心鉄板張輪鐙は百済・大加耶、馬鐸は新羅、圭形杏葉・十字形鏡板轡は三燕に類例があり、特定地域に系譜を求められない馬具セットであることが報告されている。このような日本列島の初期の装飾馬具生産は、新羅を中心としつつも、加耶や百済、さらには三燕などの広範な地域から様々な理由で渡来した馬具工人が、倭王権の掌握する同一工房内に再編成されることで始まった可能性が高いと解釈されている（諫早 2012a）。朝鮮半島の様々な地域に由来する渡来系工人集団が、

倭の金工品生産にかかわっていたことを読み取ることができる。

さらに、金銅製装身具の研究をみてみると、TK216 型式期以降倭で流通する長鎖式耳飾は、大加耶あるいは百済の製作工人が倭に渡来し、列島内で製作されていたと解釈されている（金宇大 2017）。

このように、TK73～TK216 型式期に朝鮮半島南部からの工人集団の大規模な渡来があったようであり、日朝交流という観点でみたときに一つの画期として捉えられる。金工品生産遺跡の実態はまだわからないところが多いが、以上のような古墳副葬品の研究からも渡来系集団の動向に迫ることができる。本章でも、金工品自体の分析から金工品生産について議論したうえで、渡来系工人集団について考えてみたい。

第2節　広帯二山式冠、飾履の出現と盛矢具の変化

（1）広帯二山式冠

広帯二山式冠は、TK23・47 型式期に百済の冠帽・飾履の文様と加耶の冠の立飾を変形し、倭在来の織物製冠を模倣して、倭で製作が開始されたと考えられる。百済と加耶の要素がみられることから、百済と加耶の工人集団が製作に関与していたようであり、また倭在来の織物製冠を知る倭の工人集団も一定数関与していたと考えられる。系譜の異なる工人集団が一つの器物の製作に関与して倭独自の製品を生み出す体制を読み取ることができ、系譜の異なる渡来系工人集団が倭の中で再編成されることもあったことが窺える。

冠は 5 世紀代から倭において確認することができるが、いずれも単発的であり、一定期間同じ形式のものが製作されたということはなかった。その反面、広帯二山式冠は一定の形態が長期間保たれ、かつ出土数も従来の冠よりも多い。このような意味では、広帯二山式冠ははじめて倭に定着した冠であったといえる。

（2）飾　履

飾履は TK47～MT15 型式期から倭で確認される。馬目分類Ⅱ群C型という形態の飾履である。底板と側板の折り返し方法・接合技法やガラス玉接合技法は倭国内でのみみられるものがあり、透影文様は百済に由来するものである。これは百済系工人集団関与のもと、倭で製作されていたと考える。MT15 型式期からは百済に多くみられるⅡ群A型の飾履が出現し、TK10 型式期には倭での製作が始まった。このように、飾履は TK47～MT15 型式期から倭で確認され、まもなくして倭国内でも製作が開始された。出土数はあまり多くないが、TK209 型式期頃まで継続してみられ、一連の製作がなされることから、TK47～MT15 型式期頃から定着しはじめた器物であるといえる。

（3）盛矢具

Ⅲ期（TK23・47～MT85 型式期）には、双方中円形Ⅲ群と短冊形BⅡ群の胡籙金具がみられ

る。これらは、百済と大加耶の工人集団の技術的交流の中で出現したとみられる胡籙金具である。また、MT15型式期になると、倭で胡籙金具の出土数が急増し、とくに畿内地域に胡籙金具が集中するようになる。百済・大加耶での胡籙金具の出土数が少なくなる時期であるため比較できる対象が限られるが、百済・大加耶で出土する双方中円形Ⅲ群・短冊形BⅡ群と倭で出土する同群は、多くの属性が共通している。このような状況を考慮すると、この時期の胡籙金具は、百済系・大加耶系工人集団の関与のもと、倭で製作されていたと考えられる。また、MT15型式期頃には平胡籙金具が出現し、これも倭で製作されていた可能性が高い。

　さらに、盛矢具にみられる有機質構造が大きく変化する〔第10章〕。盛矢具に付着する織物などの有機質が多くなり、織物の縁の部分に装飾的な加工（縁飾）がほどこされるようになる。

（4）金工品モチーフの変化

　TK23・47型式期以降、金工品に新しいモチーフが用いられる。連続波頭文は東アジアに多くみられるモチーフであり、とくに透彫表現の連続波頭文が倭の金工品にみられるようになる。これは、百済の金工品にみられるC字形瘤付二叉紋をもとに新しいモチーフとして再構成されたものであったと考えられる。

　また、魚のモチーフも東アジアで多く見られるモチーフであり、とくに倭では魚を描いた金具が、鳥、船、連続波頭文と組み合わせて用いられる。これは、直接的には百済や加耶に由来しており、モチーフの組み合わせの背景には中国からの影響がある。このような諸要素が倭の中で組み合わされ再構成されることで、生み出されたものであった。

　これらのモチーフが、広帯二山式冠、立飾式冠、飾履、馬具、胡籙金具、半筒形金具、双魚佩、装飾大刀といった複数の金工品に確認されるようになる。モチーフという点でみると、TK23・47型式期以降の金工品にはそれまでにない特徴が多くみられるようになる。

第3節　5世紀後葉以降における倭の金工品生産

　広帯二山式冠、飾履、胡籙金具は、TK23・47型式期（5世紀後葉）頃から倭で生産されていたと考えられる。また、新しいモチーフもみられるようになり、それまでの倭の金工品生産と比べて変化がみられる。ここではTK23・47型式期以降における金工品生産の様相について詳しく検討する。

第1項　生産遺跡と器物の状況

（1）生産遺跡の状況

　5世紀後半は、須恵器生産、鍛冶生産にみられるように、技術が地方へ広がり、畿内をこえた範囲での分業体制が成立してくる時期であるとされる（和田2003, 2015）。畿内の特定工房はおもに装飾付大刀や金銅製馬具などの威信材、主要な武器・武具、あるいは高級品の生産に特化し、重要物資については全国的な広域的分業・貢納体制に再編されていったという。実

際、個別の鉄器生産遺跡をみてみると、王権直営の鍛冶工房と考えられている大阪府大県遺跡
は、鍛冶炉、鉄滓、鞴羽口、砥石などの遺構・遺物からみて、本格的な操業は5世紀後半であ
ると指摘されている（坂2014a、中久保2017）。

　一方で、この時期は記紀の記載の分析から雄略朝の画期といわれてきたが、生産遺跡から
みると、応神朝以降王権の求心構造が強化された帰結点として捉えられるという指摘もある
（菱田2007）。大県遺跡の本格的な操業が開始されたという点で、鉄器生産の変化は想定でき
るが、より大きな変化は5世紀前半頃にあり、5世紀後半はその変化の延長線上にある。想定
される金工品生産の変化は、既に整備されていた生産遺跡でおこったものであったと考えら
れる。

（2）器物の状況

　TK47〜MT15型式期にかけて、f字形鏡板付轡の法量や形態にまとまりがみられ、型の使
用がうかがえることから、少なくともこの時期までにはf字形鏡板付轡の国内での製作が始
まっていたとされる（田中由2004）。また、馬装全体の華美化、製作技法の単純化、金銅板と
銀張鋲・責金具の組み合わせの普遍化は、後期1段階（MT15型式期頃）からおこり、古川匠
はこれを国産化の基準とする（古川2007）。

　また、MT15型式期には、倭系金銀大刀の付属装具である振り環や金銀で装飾された基本装
具が出現した。振り環は、環頭部の半ばまで被さる木製把装具を装着した環頭大刀の外見が起
源になっているとされ（橋本英2005、深谷2008）、倭装大刀を創出する過程において、装飾され
た環頭大刀の存在が念頭に置かれていたと指摘されている（金宇大2017）。環頭、鎺本孔、象
嵌、茎元抉り・三輪玉といった中期以来の伝統的な刀剣の付随要素に加え、高度な鉄器の振り
技法が「威信継承戦略（福永2005）」によって統合されたものという評価もある（齋藤2017）。
また、装具の種類・組み合わせが異なる様々な大刀がみられるようになり、金銀で装飾された
基本装具と振り環、金銅製三輪玉の組み合わせを頂点とし、基本装具に金銀装飾がなく、振り
環がないものを下位とする大刀の序列が形成された（深谷2008）。刀剣類の変遷のうえで最も
大きな画期の1つとされる。

　一方、TK23・47型式期を最後に、古墳時代中期の代表的な副葬品であった短甲の副葬が終
焉する。そしてMT15型式期になると、新たに小札甲、装飾付大刀、冠、馬具などを中心と
する社会関係の表示へ移行し、中期的価値観が放棄されて新たな威信が創出されたと指摘され
ている（橋本2010）。

　TK23・47型式期以降、倭で生産されたと考えられる金工品が増加するとともに、この時期
を最後に終焉を迎えるものもあり、金工品生産が変化した時期であったことがわかる。

第2項　金工品生産の様相

　広帯二山式冠、飾履、盛矢具と、その他の金工品との共通点を探り、当時の金工品生産につ
いて考えてみたい。これらは、鈴木勉の分類でいう「蹴り彫り主体彫金製品」に含められる

終章　倭における金工品生産と渡来系工人集団

設計 ⇒	部材製作・組み立て	
形状	部材成形　切削、鍛造	歩揺接合　円形、魚形、心葉形
モチーフ	鋲孔加工	ガラス玉接合　割りピンほか
材質	鍍金　アマルガム、金銅・銀張	部材接合　鋲留、線留、歩揺留
	彫金　文様のケガキ、透彫り、蹴り彫り	裏張り用織物・皮革接合
	仕上げ加工	
	織物縁飾加工　縁かがり、伏組繡	
	皮革加工	

図 117　金工品の製作工程

ものであり、5世紀半ば以降、古墳時代を通して作り続けられたものである（鈴木勉2003）。ここでは、5世紀後葉頃に出現する新しい特徴に注目し、5世紀後葉～6世紀後葉（TK23・47～TK43型式期）の金工品生産を対象とする[2]。なお、図117では、広帯二山式冠、飾履、盛矢具のような彫金製品の製作工程を大きく「設計」、「部品製作・組み立て」に区分した。以下、異なる金工品間の共通点が製作工程のどの段階にあたるものであるのかを意識しながら検討する。

（1）設計段階―モチーフの共有

　透彫表現の連続波頭文は、広帯二山式冠、立飾式冠、飾履、馬具（鞍金具、杏葉）・胡籙金具底板に確認された（図109，110）。また、魚の表現があるものとして、広帯二山式冠・飾履・半筒形金具（魚形歩揺）、双魚佩、大刀（象嵌表現）が挙げられる（図114，115）〔第13章〕。

　また、和田晴吾らが指摘したように、特殊な花文（和田1986）が、馬具（辻金具、雲珠）（松浦2004）、大刀の半球形勾革飾金具（深谷2008）に確認される（図118）。この特殊な花文と類似した文様が胡籙金具（短冊形B2類吊手金具）にも確認できる。ここには、松浦の分類でいう花文内区の列点文に近い文様が複数確認できる。内側の円文がない点で厳密には違いはあるものの、馬具の特殊な花文を意識して付けられた文様であると考えられる。

　さらに、彫金による亀甲繋文が広帯二山式冠と飾履にみられることは第11、12章で確認したところであるが、これらの他に静岡県原分古墳出土の鞍（海金具）にも彫金による亀甲繋文が確認される（表36）。また、製作技術は大きく異なるが、肉彫り・毛彫りなどの技術で表現された奈良県藤ノ木古墳出土の鞍金具（Aセット）（奈良県立橿原考古学研究所編1993）、象嵌技術で表現された栃木県足利公園麓古墳出土の鞍（海金具）（東京国立博物館1980、鈴木一2008）、奈良県星塚2号墳例を始めとした円頭大刀（橋本博1993）にも亀甲繋文は確認できる。

　このような異製品間にみられるモチーフの共有は、それぞれの金工品生産の「設計」段階にかかわるものである。「設計」は模倣が容易な段階であり、特定工房のみに限定されるものではない。例えば、透彫りに異なる技術が要求される金銅製と鉄地金銅張製の金具に対して、連

第3節　5世紀後葉以降における倭の金工品生産

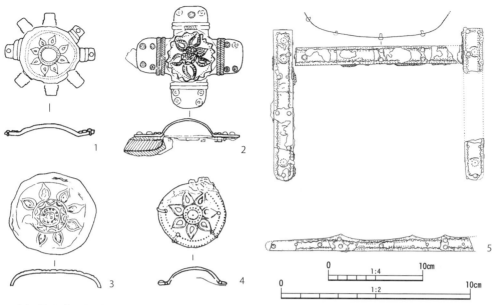

1　雲珠（熊本 塩塚古墳）　2　辻金具（埼玉 宮西塚古墳）　3　雲珠（愛知 鎌田古墳）
4　刀装具（奈良 石光山46号墳）　5　胡籙金具（大分 飛山23号横穴墓）1,2,4,5　鉄地金銅張　3　鉄地銀象嵌

図118　特殊な花文をもつ馬具・刀装具・胡籙金具（1,2,5はs=1/4、3,4はs=1/2）

表36　彫金表現による亀甲繋文をもつ金工品

古墳名	器物名	配置分類	彫金分類	共伴遺物編年
熊本 江田船山古墳	広帯二山式冠	一体型	1類	MT15
咸平 新徳1号墳	広帯二山式冠	一体型	2類	百済V
岐阜 信包八幡神社古墳	広帯二山式冠	一体型	2類	TK47〜MT15
山口 桑山塔ノ尾古墳	広帯二山式冠	一体型か		MT15
熊本 江田船山古墳	飾履	一体型	1類	MT15
咸平 新徳1号墳	飾履	一体型	3類	百済V
山口 桑山塔ノ尾古墳	飾履	一体型か		MT15
愛媛 経ヶ岡古墳	広帯二山式冠	一体型		TK10
滋賀 鴨稲荷山古墳	広帯二山式冠	連続型	4類	TK10
滋賀 鴨稲荷山古墳	飾履	一体型 分離型 連続型	4類	TK10
奈良 大谷今池2号第1主体	広帯二山式冠	一体型	2類	TK43
広島 横大道1号墳	広帯二山式冠	一体型	2類	TK43
和歌山 鳴滝1号墳	飾履	一体型	2類	TK43
奈良 大和二塚古墳前方部	飾履	一体型	2類	TK43
奈良 藤ノ木古墳A	飾履	一体型 連続型	一体型：2類 連続型：4類	TK43
奈良 藤ノ木古墳B	飾履	一体型	2類	TK43
大阪 奉献塔山1号墳	飾履	連続型 分離型	4類	TK43
大阪 一須賀WA1号墳	飾履	分離型	4類	TK43
大阪 伝城山所在古墳	飾履	分離型	4類	
大谷大学博物館所蔵品	飾履	連続型	4類	
奈良 藤ノ木古墳	半筒形金具	一体型	2類	TK43
静岡 原分古墳	鞍（海金具）	一体型	2類	TK43〜TK209
長崎 笹塚古墳	不明	一体型	2類	TK209

〔凡例〕陶邑編年は田辺1981、馬具編年は諫早2012aに基づく。

続波頭文という同じモチーフが用いられるのは、複数の工房において同じモチーフが共有されていたためであろう。

（2） 部品製作・組み立て段階

① 亀甲繋文の彫金技法

先述した亀甲繋文であるが、彫金表現の亀甲繋文は、製作技法から4つに分類される（図119・巻頭口絵11参照）。

1類：中心1列は裏面から点打ち。外側2列は表面から蹴り彫り鏨を用いて点打ち[3]。

2類：中心1列は裏面から点打ち。外側2列は表面から点打ち。

3類：裏面から点打ち。

4類：中心1列は表面から点打ち。外側2列は表面から蹴り彫り。

2類と4類が主流であり、長期間用いられた技法であったようである（表36）。鈴木勉は、滋賀県鴨稲荷山古墳出土飾履と藤ノ木古墳出土飾履A、長崎県笹塚古墳出土金銅製品と藤ノ木古墳出土飾履Bにみられる亀甲繋文がそれぞれ全く同じ技法で製作されていることから（前者は連続型・4類、後者は一体型・2類）、両者が直接的な技術系譜のもとにあることを指摘している（鈴木勉2003）。とくに2類は飾履に加えて、広帯二山式冠、半筒形金具、鞍（海金具）でも確認することができる。技術系譜の近い工人集団が、これらの器物の製作工程の一部を担っていたという状況が考えられる。

② 象嵌技法

（1）で言及した特殊な花文であるが、図118-3のように、銀象嵌という大刀の技術が雲珠に用いられたものもある。彫金と違って銀象嵌が用いられる器物は限られていることから、大刀と雲珠には「設計」段階に加えて、「部材製作」段階の共通点もあったと考えられる[4]。

③ 織物加工技法

TK10型式期以降、胡籙金具（山形突起付帯形金具をもつセット）には縁かがり、胡籙金具（三葉形立飾付帯形金具をもつセット）、平胡籙金具、靫金具には伏組繡という縁飾が用いられる〔第10章〕。縁かがりは横矧板鋲留衝角付冑の頬当で確認されており、伏組繡は主に馬具のf字形鏡板付轡・剣菱形杏葉のセット、十字文楕円形鏡板付轡・三葉文楕円形杏葉のセット、鐘形鏡板付轡・同杏葉のセットにみられる技術である。織物加工技法は、「部品製作・組み立て」の段階にかかわるものであり、共通する縁飾がみられる器物は、技術系譜の近い工人集団が担っていたと考えられる。

④ ガラス玉接合技法

ガラス玉装飾自体は、倭だけでなく、百済、新羅においても確認できるが、ガラス玉接合技法の中には倭でのみ確認できるものがある。それが、座金ハトメ技法、座金割りピン（青銅）技法、座金割りピン（鉄）技法、割りピン（青銅）技法、割りピン（鉄）技法である（表32）。これらのガラス玉接合技法は、TK10型式期以降になると割りピン（鉄）に統一される。割りピン（鉄）は、広帯二山式冠、飾履、半筒形金具、三輪玉（勾革飾金具）、腰佩吊金具で確認さ

れる。ガラス玉接合技法は、金工品製作工程の「部品製作」の段階にかかわるものであり、同じ技法が用いられる器物は技術系譜の近い工人集団が製作を担っていたと考えられる。

⑤　魚形歩揺・蝶形金具

魚形歩揺が装着される金具は広帯二山式冠、飾履、半筒形金具であり、蝶形金具が装着される金具は広帯二山式冠、半筒形金具である。これは、「部品製作・組み立て」の段階の共通点である。鴨稲荷山古墳出土の広帯二山式冠、飾履、半筒形金具に共通して亀甲繋文、ガラス玉、菊綴房という特徴的な装飾がみられることに象徴されるように、広帯二山式冠、飾履、半筒形金具は共通する点が多く、同じ技術系譜の工人集団が製作を担っていたと考えられる。

（3）小　結

以上の検討を、鈴木勉の要素技術による分析図（鈴木勉2003）を参考にしながらまとめたものが表37である。複数の金工品に、共通の部材や要素技術を確認することができる。例えば、亀甲繋文の彫金技法2類は広帯二山式冠、飾履、半筒形金具、鞍（海金具）にみられ、ガラス玉接合技法（座金＋ハトメカシメ）は飾履、双魚佩、四葉形金具にみられる（図120上）。また、織物加工技法の縁かがりは胡籙金具（山形突起付帯形金具をもつセット）、横矧板鋲留衝角付冑

表37　異なる金工品間で共通する特徴

| 分類 | 品目 | 設計段階 モチーフ ||||部材製作・組み立て段階 部材 ||要素技術 亀甲繋文 ||||象嵌|ガラス玉接合 |||||縁飾 ||
		連続波頭文	魚文	亀甲繋文	花文	魚形歩揺	蝶形金具	1類	2類	3類	4類	象嵌	座金ハトメ	座金割りピン青銅	座金割りピン鉄	割りピン青銅	割りピン鉄	縁かがり	伏組繍
金銅製・銀製	広帯二山式冠	○	○	○		○	○		○		○			○	○	○	○		
	飾履	○	○	○		○			○				○		○	○	○		
	半筒形金具		○	○		○	○		○								○		
	双魚佩		○										○						
	四葉形金具												○	○		○			
	三輪玉（勾革飾金具）													○		○			
	鞍（海金具）			○					○										
	腰佩吊金具（*1）															○			
	立飾式冠（*2）	○	○																
鉄地金銅張製・鉄製	胡籙金具（山形）				○													○	
	横矧板鋲留衝角付冑																	○	
	胡籙金具（三葉形）	○			○														○
	平胡籙金具																		○
	靫金具																		○
	辻金具・雲珠（*3）				○							○							○
	鞍（海金具）	○		○															
	心葉形透杏葉	○																	
	半球形勾革飾金具				○														
	象嵌大刀		○	○								○							

山形：山形突起付帯形金具。三葉形：三葉形立飾付帯形金具。
（*1〜2）TK209型式期以降。
（*3）f字形鏡板付轡・剣菱形杏葉のセット、十字文楕円形鏡板付轡・三葉文楕円形杏葉のセット、鐘形鏡板付轡・同杏葉のセットとともなうもの。

終章　倭における金工品生産と渡来系工人集団

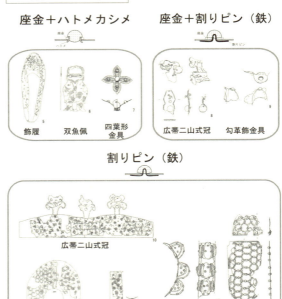

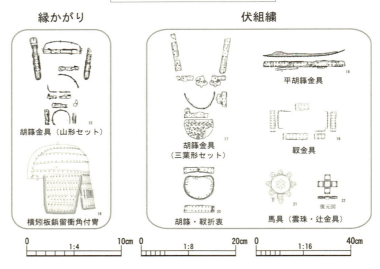

1　奈良　大谷今池2号墳第1主体部　　2, 3, 13　奈良　藤ノ木古墳B右　　4　静岡　原分古墳
5　群馬　下芝谷ッ古墳　　6, 9　大阪　峯ヶ塚古墳　　7　和歌山　大谷古墳　　8　愛媛　正光寺山1号墳
10, 11, 12　滋賀　鴨稲荷山古墳　　14　千葉　松面古墳　　15　京都　坊主山1号墳
16　群馬　金井東裏遺跡　　17　香川　王墓山古墳　　18　京都　柿谷古墳第1主体部　　19　三重　井田川茶臼山古墳
20　岡山　八幡大塚2号墳　　21　島根　上塩冶築山古墳　　22　千葉　江子田金環塚古墳

図120　共通の要素技術がみられる金工品のまとまり
（1, 4, 7, 8, 9はs=1/4、13, 14, 22はs=1/8、その他はs=1/16）

252

にみられ、伏組繍は胡籙金具（三葉形立飾付帯形金具をもつセット）、平胡籙金具、靫金具、辻金具・雲珠（f字形鏡板付轡・剣菱形杏葉、十字文楕円形鏡板付轡・三葉文楕円形杏葉、鐘形鏡板付轡・同杏葉のセット）にみられる（図120下）。図120上は金銅製品もしくは銀製品、図120下は鉄地金銅張製品もしくは鉄製品であり、共通の部材や要素技術がみられる金工品のまとまりは材質の違いと対応している。ベースとなる金具の材質が変われば用いられる技術が異なるのも当然ではあるが、同じ材質のものの生産には、技術系譜の近い工人集団が関与していたということを改めて確認することができた（図120）。

　また、設計段階でモチーフが共有されたと考えられるまとまりとしては、さらに多くの金工品が確認された。ここには材質の違いを越えて共通するものや、象嵌大刀のように製作技術が大きく異なるものも含まれている。このようなモチーフは倭の複数工房の中で共有されていたようだ。

　これらは、金工品の製作工程における一部の共通点を示したに過ぎないが、5世紀後葉以降における金工品生産（蹴り彫り主体彫金製品）は、器物という枠組みでなく、材質の違いを主とした枠組みの中で、複数器物を横断する形でおこなわれていたと考えられる。

　金銅製品・銀製品は、広帯二山式冠と飾履に代表されるように、百済に由来する特徴が多くみられる金工品であり、生産には百済系工人集団が関与していたと考えられる。一方、鉄地金銅張製品・鉄製品は、胡籙金具のように大加耶・百済に由来する特徴がみられるもの、靫金具、横矧板鋲留衝角付冑のように倭在来の特徴がみられるものが含まれており、複数系譜の工人集団が生産に関与していたと考えらえる。これらの中で特筆すべきは百済系工人集団である。金銅製品・銀製品への影響はもちろんであるが、連続波頭文、魚文という複数の金工品に共通してみられたモチーフは、直接的には百済に由来するものである。5世紀後葉以降の倭の金工品生産に百済系工人集団が大きな影響を与えていたことがわかる。

第4節　百済系工人集団をめぐる国際環境

　ここでは百済系工人集団の渡来の契機と、倭の金工品生産へのかかわり方について、主として金工品の情報から考えてみたい。

第1項　金工品にみられる特徴

（1）漢城期の金工品に由来するモチーフ

　注目したいのは、漢城期の冠帽、飾履にみられる透彫りのモチーフが倭の広帯二山式冠や飾履に影響を与えている点である。愛媛県東宮山古墳例（透彫B類）は、帯部に剣菱形透がほどこされており、剣菱形の中には彫金で双葉文が描かれている。これは、百済の漢城期にみられた草花文系列冠帽（高興吉頭里雁洞古墳例、華城郷南邑料里例、陜川玉田23号墳例（図103）など）の影響を受けたものであると考えられる。

　また、東宮山古墳例や茨城県三昧塚古墳例に代表される広帯二山式冠（透彫B類）や飾履（Ⅱ

群Ｃ型）にみられる連続波頭文は、漢城期の百済の冠帽（公州水村里Ⅱ-1号墳例、水村里Ⅱ-4号墳例）、飾履（水村里Ⅱ-3号墳例、原州法泉里1号墳例、高敞鳳徳里1号墳4号石室例）にみられる「Ｃ字形瘤付二叉紋」の影響を受けていた可能性が高い。

　熊津期になると百済では透彫りの金工品は減少することから、百済の技術の中でも、とくに漢城期の技術が倭へ伝わったと考えられる。

（2）モチーフの退化と製作技法の変化

　モチーフの退化　TK23・47型式期には、金工品に様々なモチーフが用いられるようになるが、TK10型式期になると、モチーフの退化がみられるようになってくる。その一つが、広帯二山式冠（透彫Ａ類）である。透彫Ａ類とは、方格の中に花文を透彫で描き出した帯部をもつものである。TK10型式期頃、透彫Ａ類は花弁が丸みをもち水平に分布するもの（A1類）から、花弁が直線的となり右や左下がりになるもの（A2類）へと変化する（図104）〔第12章〕。A2類はもはや花弁の形ではない。これは、花文モチーフが退化したものであろう。

　さらに、TK10型式期から亀甲繋文に変化があらわれる。百済でみられる亀甲繋文やMT15型式期頃の倭でみられる亀甲繋文は「一体型」であったが、TK10型式期になると、他の単位と接する際に外側の辺が別の単位となる「連続型」や他の単位と接することなく一定の間隔があく「分離型」が確認されるようになる〔第11章〕。これも亀甲繋文というモチーフの退化と考えられる。

　製作技法の変化　TK10型式期以降になると、ガラス玉接合技法が割りピン（鉄）と嵌込に限られるようになり、ガラス玉接合技法が統合される〔第12章〕。また、飾履の底板と側板の折り返し方法・接合技法として側折（捩1類）が出現する。これはおそらく歩揺の装着技法から派生したもので、倭でのみみられる技法である〔第11章〕。さらに、胡籙金具の山形突起付帯形金具をともなうセットには縁かがり、三葉形立飾付帯形金具をともなうセットには伏組繍がつき、金具に応じた縁飾の使い分けがなされるようになる〔第12章〕。

　以上のように、TK10型式期以降になるとモチーフの退化と製作技法の変化がみられ、より倭の独自性が強くなり始める。これは倭に定着した百済系工人集団をはじめとした工人集団の世代交代により、朝鮮半島の新しい情報が入ることなく製作されたことに起因すると考える。その後、胡籙金具、広帯二山式冠、飾履は出土数が大幅に増加し、より広い地域で確認されるようになる。TK23・47型式期にかけての百済系工人集団をはじめとした工人集団が倭の金工品生産に大きな影響を与え、その後の金工品生産の基礎になったことが窺える。

第2項　百済系工人集団の渡来の契機

（1）百済系工人集団の移住の可能性

　倭への百済系工人集団の渡来の契機は、金工品の変化からみて5世紀後葉頃であり、これは漢城百済陥落、熊津遷都の時期とほぼ同じ時期であったと考えられる。

　熊津遷都を契機とした百済系技術の移転が、大加耶の金工品にみられるという指摘がある。

第4節　百済系工人集団をめぐる国際環境

千賀久は、大加耶で百済に共通した金工品が製作されていることについて、百済の熊津遷都の際に戦禍を逃れた人々の亡命・移住にともなって金工などの技術者の流出があり、それを受け入れたことで大加耶の工房が変容したためと想定している（千賀2004）。大加耶における龍鳳文環頭大刀の製作開始の背景にも、同様の契機が想定されている（金宇大2017）。これは、鈴木勉による古代の技術移転形態の分類（勝部・鈴木勉1998）を参考にすると、「ヒト介在群」「送り側（百済側）主導方式」「移住型」に近い考え方であろう。倭への技術移転を考えるうえで参考となる事例である。ただ、倭の場合は海を挟んだ遠隔地に位置しているため海路での交流経路が前提となり、大加耶の場合と同様に考えることはできない。ここでは、百済系工人集団の「移住」という仮説を、交流経路という視点から検討してみたい。

（2）交流経路

ここからは視点を変えて、百済系工人集団の渡来の前提となる当時の交流経路について検討してみよう。4世紀代においては洛東江河口の金官加耶を拠点とした倭との活発な交流が展開していたが、5世紀以降、金官加耶の衰退にともなってその交流経路は新羅（とくに福泉洞勢力）に引き継がれた〔第6章〕。また近年、5世紀頃の朝鮮半島との交流経路として、朝鮮半島南西部が脚光を浴びている。

① 朝鮮半島南西部にみられる倭系遺物・倭系古墳

5世紀前葉～中葉　とくに注目されているのは、朝鮮半島南西部における倭系甲冑の出土例の増加である。高興吉頭里雁洞古墳、高興野幕古墳、海南外島古墳、海南萬義塚1号墳、霊岩沃野里1号墳、新安ペノルリ古墳、長城晩舞里古墳において倭系鉄鏃、帯金式甲冑の出土が

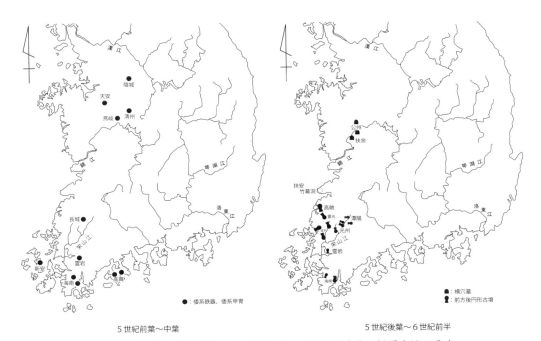

図121　朝鮮半島中西部から南西部における倭系武具・倭系古墳の分布

確認されている（鈴木－2016）（図121左）。また、中西部地域からも燕岐松院里 KM94、清州新鳳洞 90B-1 号墳、90B-2 号墳、90B-9 号墳、92-77 号墳、92-108 号墳、天安道林里 3 号墳、陰城望夷山城において、倭系鉄鏃や帯金式甲冑の出土が確認されている（鈴木－2012，2016）。これらは 5 世紀前葉から中葉に位置づけられるものであり、倭で製作されたものである可能性が高い。とくに南西部では沿岸航路の利用と直接的に関連する地点に位置しており、海上交通に長けた被葬者像が想定されている（鈴木－2012、2016）。

さらに、5 世紀になると日本列島と全羅道を中心とする朝鮮半島南西部において、共有される土器（須恵器の甑、有孔広口小壺）が出現したことが明らかにされており、その背景に日本列島と全羅道地域との相互交流が想定されている（中久保2017）。

5世紀後葉～6世紀前半　5 世紀後葉以後になると、九州系の横穴式石室が南海岸一帯で本格的に築造されるようになるとともに、栄山江流域で墳丘形態が前方後円形を呈するものも登場する（図121右）。被葬者の性格については、韓日の両国で活発に議論がおこなわれており、在地首長説、倭からの移住者説、倭系官僚説などがあるが（朴天秀2007、高田2012）、いずれにせよ、南西部地域と北部九州を中心とした日本列島との間で密接な交流がおこなわれていたことは疑いない。中西部においても、公州や扶余一帯には九州系の横穴墓が築造される（図121右）。これは、百済王権の直接的な統制のもとで、倭王権と一定の関係を結んでいた九州系の人々が定着する中で造営した墓と考えられている（金洛中2016b）。

また、5 世紀後半～6 世紀前半頃に露天祭祀が盛んにおこなわれていた扶安竹幕洞祭祀遺跡も見逃せない。竹幕洞祭祀遺跡は、百済の王都である公州・扶餘に向かう場合、航路上の関門である錦江河口に至る沿岸航路上の最後の難所に位置する。ここからは、倭系石製模造品、百済地域の土器、大加耶系の馬具、魏晋南北朝時代の青磁などの国際色豊かな遺物が供献されており、国際的な貨物を運ぶ交易船の航海の安全を願う祭祀がおこなわれていたとされている（禹在柄2010）。

他にも、全羅道地域を中心に須恵器、あるいはその模倣土器である須恵器系土器が多数確認されており、TK23・47 型式期に最も増加するという。5 世紀後葉に出現した子持甑も、日本列島と栄山江流域の相互交流的な関係を背景として出現したものと指摘されている（中久保2017）。

②　日本列島にみられる朝鮮半島中・南西部系遺物と遺構

5 世紀頃からの畿内地域の集落を中心に、非常に多くの韓式系軟質土器、甑、大壁建物（壁柱建物）、U 字形カマド枠（焚口枠）などが出土するようになる。韓式系軟質土器は南西部に由来するものと捉えられることが多い（中久保2017）。蒸し器として用いられる甑も畿内地域から出土するものの多くは、底部形態と蒸気孔の形状からみて朝鮮半島中西部から南西部に由来するものである（寺井編2017）。大壁建物（壁柱建物）は、熊津期から泗沘期にかけての百済の都城に集中する傾向があり、中央出身の百済系住民が伝えたものであると指摘されている（禹在柄2006）。U 字形カマド枠（焚口枠）は百済地域、とくに栄山江流域に多く分布しており、各地域で形態や製作技法に違いがあるが、畿内地域（とくに大阪府）出土品は忠清道―全羅道

地域の資料と類似度が高いという（權五榮 2007）。このように、5世紀以降、畿内地域の集落で増加する遺物・遺構の多くは、中・南西部に由来するものであり、当該地から多くの渡来系集団が移住してきたことが窺える。中西部と南西部を区分して理解するのは現状では難しく、畿内地域に定着した渡来系集団の出身地域および移住の契機は非常に多様であったようである（權五榮 2007）。

生産遺跡や古墳出土品をみてみても、TK73 型式期以降、杯身・蓋が主要品目になるなど、百済系あるいは全羅道地域の影響が須恵器に顕著に認められるようになる（酒井 2004）。装飾大刀にも、5世紀中葉頃には、蕾状突起付環頭大刀（兵庫県宮山古墳第2主体例）のような百済系のものが確認されている（金宇大 2017）。このような状況から、日本列島と朝鮮半島中・南西部との交流あるいは移住は5世紀代からおこなわれており、既に交流経路として活発に利用されていたことがわかる。百済系工人集団の渡来の背景に、この活発な交流経路が前提としてあったことは確かであろう。

③ 中西部地域と南西部地域の関係性

南西部と日本列島　5世紀以降の日本列島が朝鮮半島中・南西部と活発な交流をおこなっていたことは確認することができたが、5世紀前葉～中葉における倭の金工品生産には百済のからの技術的影響はそれほど目立っては認められなかった。5世紀前葉～中葉にかけての倭の金工品生産に、技術的影響を与えていたのは、主に新羅や大加耶であった〔第6章〕。これは、朝鮮半島南西部において、金工品生産がおこなわれていた痕跡が今のところ確認できていないこととも関連するであろう。5世紀頃に南西部で出土する金工品（高興吉頭里雁洞古墳出土の冠帽、飾履など）は、中西部において製作されて移入されたと考えられるものである。すなわち、5世紀前葉頃から日本列島と朝鮮半島中・南西部との交流が開始されるが、その拠点となっていたであろう南西部において盛んな金工品生産がおこなわれていなかったため、当地域の金工技術が伝わることもなかったという状況が考えられる。そのため、5世紀後葉以降の百済系工人集団の渡来を考えるうえで、中西部との交流が重要な論点となる。

中西部と南西部の関係性　金洛中は百済から倭へ至る航海経路として、栄山江流域、慶南西部海岸を経て日本列島の有明海沿岸へと至るルートを想定した（金洛中 2016a）。百済と倭の交流に際して、船舶を乗り継ぐ場所となる南西部というのは重要な位置を占める。

ここで問題となるのは、中西部と南西部の関係性である。南西部は文献でいう馬韓の地であったとされる地域である。文献史学的立場からは、馬韓が百済の領域に帰属した時期を紀元前後、5世紀後半、6世紀と捉える説がある[5]（白井 2011）。考古学的立場からも、5世紀中葉、5世紀後半～末、6世紀中葉と捉える説があり、定説はない（李暎澈 2016）。百済土器の研究成果からは、5世紀中葉～後葉における百済は、一部地域（瑞山地域）を除き、北は華川、東は忠州、南は全州までの範囲を面的直接支配に置いていたが、5世紀後葉に至っても百済は忠清道全体ですら面的支配地域に組み込むことはできなかったという状況が想定されている（土田 2017）。一方、李暎澈は、5世紀中葉以降に栄山江流域において百済系の住居類型が出現することをふまえて、中心集落の成立を百済の統治行政の実体を表すものと捉え、この時期に百済

終章　倭における金工品生産と渡来系工人集団

の直接的支配圏に入ったと指摘する（李暎澈 2012, 2016）。栄山江流域では外部地域の多様な影響がみられることから、馬韓の百済編入時期は研究視点の違いによって見解が分かれているようである。

　馬韓の百済編入時期はともかくとして、李暎澈が注目する栄山江流域における集落の様相は興味深い。栄山江流域を中心とした南西部では、3世紀中葉〜4世紀前葉には地域政体を統括するような盟主的勢力は確認されていなかったが、4世紀中葉〜5世紀前葉から鉄素材の占有を背景として集落間に優劣的な関係が形成され、5世紀中葉〜後葉には光州東林洞遺跡などの中心集落を頂点とした集落間の位階化（中心集落—拠点集落—下位集落）が進行した（李暎澈 2012, 2016）。その中心集落の代表例である光州東林洞遺跡からは、馬韓、百済系遺物がみられるとともに、小加耶系土器と倭系土器（須恵器系土器）が大量に出土しており、小加耶人と倭人が共同で居住し交易に従事する拠点であったと評価されている（河承哲 2014）。これは、5世紀中葉〜後葉にかけて、錦江流域⇔栄山江流域⇔小加耶（慶南の南海沿岸）⇔九州・近畿地域をとりまくネットワークが相互的な方向性のもとに活発に展開していたことを示す一例である（李暎澈 2016）。

　このような南西部（栄山江流域）における集落間の位階化にともなって、東林洞遺跡のような交易の拠点が形成されたことで、南西部が中西部と日本列島を結ぶ拠点となり、交流が活発化したのではないか。百済系工人集団は、錦江流域の熊津への遷都、錦江流域から栄山江流域、慶南西部海岸、日本列島へと至る活発な交流経路を背景に、倭へ「移住」したと考えられる。大加耶の場合と異なるのは、戦禍を逃れた人々の亡命・移住というよりかは、交流経路の活発化にともなう経済的理由を主とした移住であったと考えられる点であろう。

第3項　倭の社会状況

　ここでは、5世紀後葉以降における倭の古墳の状況から、百済系工人集団の技術が普及した背景について考えてみたい。

　古墳の変化　TK23・47型式期頃は、大型の前方後円墳やそれに連なっていた中小古墳群が急速に衰退・消滅する一方で（旧勢力の弱体化）、新たな墓域に別系列の中小古墳群の築造がはじまり（新興勢力の出現）、古式群集墳が出現する（共同体の有力成員の墓が古墳秩序に組み込まれる）時期である。王権が新興勢力と結んで大首長層の地域支配を解体し、より直接的に民衆をも支配する、より中央集権的な支配体制の形成へと動き出した古墳時代最大の画期と評価されている（和田 2004）。

　畿内型横穴式石室の成立　畿内型横穴式石室は、TK23・47型式期に大きな胎動があり、MT15型式期以降に多く確認されるようになる。畿内型横穴式石室内には多くの土器が副葬され、墓室内でさまざまな飲食物やその容器を供献する新たな儀礼がなされるようになり（土生田 1998 など）、埋葬儀礼の中で人々が墳丘の頂上に登ることが基本的になくなった（和田 2014）。このような意味では、横穴式石室の採用によって古墳の意義が変化したともいえるが、その一方で、棺には釘付式木棺・家形石棺といった「閉ざされた据えつける棺」という古墳時

代前期以来の棺と同様の機能と用法が踏襲されたものが用いられており、他界観自体には大きな変化はなかったともされる[6]（和田 2014）。

　TK23・47 型式期頃とされる大阪府高井田山古墳の左片袖式横穴式石室は、定型化された畿内型横穴式石室の前段階にあたるものである。左片袖式の石室形態、夫婦合葬の可能性がある棺の並葬、釘付式木棺、熨斗が出土したことから、百済系渡来人がこの地域に持ち込んだと解釈されており（安村・桑野編 1996、白石 2007、和田 2014）、畿内型横穴式石室が百済に由来するものであることが想定されている。

　畿内型横穴式石室の受容様相は、百済の影響を受けた金工品の受容様相と時期・系譜・展開過程からみて共通する点が多く、一連の現象である可能性がある。すなわち、金工品製作技術をもつ百済系工人だけが渡来してきたのではなく、様々な技術や思想的背景をもつ百済系の渡来集団が 5 世紀後葉頃に渡来してきたという状況が考えられる。古墳の変化に反映される変革期という社会状況と相まって、百済系渡来集団の技術を背景に、新たな横穴式石室や金工品が導入されるに至ったようである。

　興味深い点は、倭在来の要素が少なからず認められる点である。横穴式石室という新しい埋葬施設が採用されたが、棺には依然として倭在来のものが用いられた。金工品でも広帯二山式冠にみられるように、百済の技術や文様をそのまま用いるのではなく、倭風にアレンジして倭独自のものとして創出されている。葬送儀礼における飾履の用いられ方にもしても百済と倭では異なっているところがあり、倭では百済とは違って納棺儀礼時に飾履が着装された痕跡がなく、モガリ儀礼のような必要な場面でのみ着装された。百済系渡来集団の技術は、その集団の中だけで用いられたのではなく、倭の在来文化と融合して広く用いられたのである。百済系技術が倭に普及し、その後定着した要因はここにあると考える。

おわりに

　本章では、盛矢具、飾履、広帯二山式冠という器物を軸とし、複数の金工品に共通してみられるモチーフや要素技術に注目しながら、5 世紀後葉以降の金工品生産の様相について論じた。また、金銅製品・銀製品を中心とした金工品生産に大きな影響を与えていた百済系工人集団の渡来について、当時の国際環境を考慮しながら考察した。結論的には、錦江流域から日本列島にいたる交流経路の活発化を契機に百済系の集団が日本列島へ渡来し、倭在来の文化をうまく取り入れながら、百済の技術を伝えたという状況を考えた。百済系技術は金銅製品・銀製品を中心に定着し、その後倭独自のものとして変容されながら倭の金工品生産の基礎技術として定着していった。

　本書で取り上げた朝鮮半島の金工品の多くは近年出土した新出事例であり、とくに百済の金工品の多くはここ 10 年以内に発見されたものである。本書の作業は、従来少ない資料から想定されてきた日本列島と朝鮮半島との関係性を新出事例によって再検討したものに過ぎないが、5 世紀後葉以降に百済が倭の金工品生産に与えた影響は想定されていたよりも大きなものであっ

終 章　倭における金工品生産と渡来系工人集団

たと考える。今後も朝鮮半島中西部と南西部における金工品の出土数の増加が予測されることから、アプローチ方法を変えつつ、これらの地域に注目していきたい。

［註］

(1) 甲冑そのものの分析から、甲冑は近畿地域中央部の限定された工房で生産されたとされ、大阪府大県遺跡が候補として挙げられている（橋本2015）。だが、大県遺跡の本格的な操業は5世紀後半であり、5世紀を前後する時期における鍛冶は、基本的に複合工房群が中心とみるのが穏当との見解や（中久保2017）、南郷遺跡群のような豪族直営の武器生産を含む複合的生産のあり方（坂1998）を想定する見解もある。

(2) なお、この時期の他の金工品としては、なめくり鏨による線彫り・薄肉彫り等が用いられた「殻塚群彫金製品」、鋳造・なめくり鏨による線彫り・薄肉彫り等が用いられた「殻塚群大刀装具」、細粒連珠文といった細金細工の技法が用いられた「耳飾り等装身具」、高肉彫り・毛彫り鏨がもちいられた「龍鳳文環頭と大刀装具」、「珠城山3号墳鏡板・杏葉」、「藤ノ木古墳馬具」などがある（鈴木勉2003）。

(3) 三角形の打撃痕が全て内側を向いており、「三角形の鏨の打撃痕を連続して設けることで線のように見せる」という蹴り彫り本来の技術とは異なるものである。蹴り彫り鏨を用いて、点打ちをしたようなものであろう。このような特徴的な亀甲繋文（1類）は江田船山古墳出土飾履と広帯二山式冠にのみみられる。第11章で言及したとおり、この両者には同じ技術が用いられているが、広帯二山式冠の亀甲繋文は、飾履の亀甲繋文と比べて形が一定しておらず、基準精度という点で違いがある。よって筆者は、これらがともに倭で製作されたとみる見解（李漢祥2010a）とは異なる立場をとる。

(4) 半球形勾革飾金具は馬具製作工人によって製作された可能性が高いと指摘されている（河上・千賀1976、和田1986、深谷2008）。

(5) 『三国史記』によれば、百済は建国間もない紀元前後に馬韓を征服したことになる。『南斉書』百済伝によれば、百済王が配下の者に全羅南道を指すとみられる土地の「王」号を与え、南斉の承認を求めており、これによって5世紀後半に百済の旧馬韓地域への勢力浸透を読み取る意見もある。さらに、『日本書紀』の512年・513年の内容を、倭から百済への領土割譲ではなく百済の馬韓征服を意味するとみなせば、6世紀を指すこととなる（白井2011）。

(6) 近年では、在来の儀礼と新来の儀礼が融合し、在来文化のような様態になっている点に注意を傾けるべきという立場から、横穴式石室の採用にともなう新しい儀礼を強調する見解もあり（坂2016）、新来文化と在来文化が混じり合った当時の社会状況が深められつつある。

参考文献

【あ行】

青柳泰介 2005「大和の渡来人」『ヤマト王権と渡来人』サンライズ出版

青柳泰介 2014「南郷遺跡群と葛城地域—古墳時代中期の土器様相と遺跡の関係からみられる画期を中心に—」『韓式系土器研究』ⅩⅢ　韓式系土器研究会

東　　潮 1997『高句麗考古学研究』吉川弘文館

足立　正 1901「伯耆國西伯郡高麗山麓の古窟」『東京人類學會雑誌』16（186）東京人類学会事務所

穴沢咊光 1975「金銅魚佩考（真野古墳出土例を中心にして）」『福島考古』第 16 号　福島県考古学会

穴沢咊光・馬目順一 1977「頭椎大刀試論—福島県下出土例を中心にして—」『福島考古』第 18 号　福島県考古学会

穴沢咊光・馬目順一 1980「慶州鶏林路 14 号墓出土の嵌玉金装短剣をめぐる諸問題〈付〉慶州鶏林路出土の短剣についてのソ連邦・西独の考古学者の諸見解」『古文化探叢』第 7 集　九州古文化研究会

有光教一・藤井和夫 編著 2000『慶州皇吾里第 16 號墳 慶州路西里 215 番地古墳發掘調査報告書 1932-1933』東洋文庫

有光教一・藤井和夫 編著 2002『宋山里第 29 號墳 高靈主山第 39 號墳發掘調査報告 1933、1939』（朝鮮古蹟研究會遺稿 2）東洋文庫附置ユネスコ東アジア文化研究センター

李 恩 碩 2016「繁の復元による製作技法の考察」『日韓文化財論集』Ⅲ（奈良文化財研究所学報第 95 冊）奈良文化財研究所

イ・グァンヒ 2004「高句麗の盛矢具について」『朝鮮考古研究』主体 93 社会科学出版社（武末純一訳 2007「高句麗の盛矢具について」『福岡大学考古資料集成』1（福岡大学考古学研究室調査報告第 6 冊）福岡大学人文学部考古学研究室）

池ノ上宏・吉田東明 2011『津屋崎古墳群Ⅱ』福津市教育委員会

池本正明・堀木真美子・川添和暁・鈴木恵介 2013『車塚遺跡』（愛知県埋蔵文化財センター調査報告書第 190 集）公益財団法人愛知県教育・スポーツ振興財団・愛知県埋蔵文化財センター

諫早直人 2008a「古代東北アジアにおける馬具の製作年代—三燕・高句麗・新羅—」『史林』第 91 巻第 4 号　史学研究会

諫早直人 2008b「日韓出土馬具の製作年代」『日・韓交流の考古学』嶺南考古学会・九州考古学会

諫早直人 2012a『東北アジアにおける騎馬文化の考古学的研究』雄山閣

諫早直人 2012b「九州出土の馬具と朝鮮半島」『沖ノ島祭祀と九州諸勢力の対外交渉』第 15 回九州前方後円墳研究会

諫早直人 2012c「馬具」土生田純之・亀田修一 編『古墳時代研究の現状と課題』下巻　同成社

諫早直人 2016「新羅における初期金工品の生産と流通」『日韓文化財論集Ⅲ』奈良文化財研究所

諫早直人・鈴木 勉 2015「古墳時代の初期金銅製品生産—福岡県月岡古墳出土品を素材として—」『古文化談叢』第 73 集　九州古文化研究会

伊藤勇輔 編 1985『沼山古墳・益田池堤』（奈良県文化財調査報告書第 48 集）奈良県立橿原考古学研究所

犬塚康博 1997「古墳時代」『新修名古屋市史』名古屋市

茨城県教育委員会 1960『三昧塚古墳 茨城県行方郡玉造町所在』

茨城県立歴史館 1990『茨城の古墳』

岩松　保 編 2004『女谷・荒坂横穴群』（京都府遺跡調査報告書第 34 冊）京都府埋蔵文化財調査研究センター

参考文献

岩本　崇 2015「山陰における古墳時代中期首長墓の展開と「地域圏」の形成—古墳時代中期の地域
　　　社会と集団関係—」『前方後方墳と東西出雲の成立に関する研究』（島根県古代文化センター
　　　研究論集第 14 集）島根県古代文化センター

上田哲也・是川　長ほか 1982『長尾・タイ山古墳群』龍野市教育委員会

上野祥史 2014「龍文透彫帯金具の受容と創出—新羅と倭の相互交渉—」『七観古墳の研究—1947 年・
　　　1952 年出土遺物の再検討—』京都大学大学院文学研究科

上野祥史 2015「中期古墳と鏡」『中期古墳とその時代—5 世紀の倭王権を考える—』（季刊考古学・
　　　別冊 22）雄山閣

上林史郎 2005「一須賀 WA1 号墳の再検討」『大阪府立近つ飛鳥博物館館報』6　大阪府立近つ飛鳥
　　　博物館

禹　在　柄 2010「百済地域の竹幕洞祭祀遺跡と前方後円墳が語る 5〜6 世紀の百済と倭国」『待兼山考
　　　古学論集 II—大阪大学考古学研究室 20 周年記念論集—』大阪大学考古学研究室

内山敏行 2008「古墳時代の武具生産」『地域と文化の考古学 II』六一書房

内山敏行 2012「装飾付武器・馬具の受容と展開」『馬越長火塚古墳群』豊橋市教育委員会

宇野愼敏 2012「正光寺山 1 号墳出土歩揺付金銅製品について」『正光寺山古墳群』新居浜市教育委員
　　　会

宇美町教育委員会 1981『宇美観音浦　福岡県宇美町井野所在の観音浦岩長浦遺跡群の調査』

梅原末治 1931「慶州金鈴塚飾履塚發掘調査報告」『大正十三年度古蹟調査報告』第 1 冊　朝鮮総督府

梅原末治・藤田亮策・小泉顕夫 1931「慶尚北道達城郡達西面古墳調査報告」『大正十二年度古蹟調査
　　　報告』第 1 冊　朝鮮総督府

梅原末治 1959「羅州潘南面の宝冠」『朝鮮学報』第 14 輯　朝鮮学会

梅原末治 1964「韓三国鼎立時代の金銅の沓と冠帽」『美術史』53 No.1　美術史学会

卜部行弘 編 2007『金の輝き、ガラスの煌めき—藤ノ木古墳の全貌—』奈良県立橿原考古学研究所附
　　　属博物館

大金宣亮ほか 編 1986『星の宮神社古墳・米山古墳』（栃木県埋蔵文化財報告書第 76 集）栃木県教育
　　　委員会

大阪府立近つ飛鳥博物館 編 2005『一須賀古墳群の調査 V　D/E/F/J/K/L/P 支群』

大澤正吾 2015「第 2 章 I 埴輪 挂甲武人」『東京国立博物館所蔵重要考古資料学術調査報告書　国宝
　　　埴輪挂甲武人重要文化財埴輪盛装女子附埴輪盛装男子』東京国立博物館

大谷晃二 1999「上塩冶築山古墳の時期」『上塩冶築山古墳の研究』島根県古代文化センター

太田宏明 2011『畿内政権と横穴式石室』学生社

大和久震平 1974『七廻り鏡塚古墳』大平町教育委員会

岡崎　敬・本村豪章 1982「島田塚古墳」『末慮国』六興出版

岡　　崇・坂本雄介 編 2007『田野瀬戸古墳』宗像市教育委員会

岡田敏彦 1984「経ヶ岡古墳」『四国縦貫自動車道関係埋蔵文化財調査報告』愛媛県埋蔵文化財セン
　　　ター

岡林孝作 1991「冠・帽」『古墳時代の研究』8　古墳 II 副葬品　雄山閣

岡村秀典・重藤輝行 編 1993『番塚古墳—福岡県京都郡苅田町所在前方後円墳の発掘調査—』九州大
　　　学文学部考古学研究室

小栗鉄次郎 1929「井戸田おつくり山古墳」『愛知県史蹟名勝天然記念物調査報告』第 7　愛知県

奥村清一 編 1983『湯舟坂 2 号墳』（京都府久美浜町文化財調査報告第 7 集）久美浜町教育委員会

小村眞理・井上美知子 2002「朝日長山古墳出土胡籙金具について」『氷見市史』7　氷見市

小村眞理 2005「日本の組紐—ループ操作技法を中心に—」『絹文化財の世界—伝統文化・技術と保存
　　　科学—』角川学芸出版

【か行】

片山健太郎 2016「古墳時代馬具における繋の基礎的研究」『史林』第 99 巻第 6 号　史学研究会

片山健太郎 2017「古墳時代馬具における繋の変化とその背景」『考古学研究』64-3 考古学研究会

片山祐介 2002「月の木 1 号墳出土鉄製品について」『月の木遺跡　月の木古墳群』飯田市教育委員会

勝部明生・鈴木　勉 1998『古代の技　藤ノ木古墳の馬具は語る』吉川弘文館

加藤謙吉 1991『大和政権と古代氏族』吉川弘文館

金子　款・菊地信之 1993『秩父・柳瀬古墳群第 1 号墳 ’91—発掘調査報告書—』埼玉県秩父郡皆野町教育委員会

亀田修一 1993「考古学からみた渡来人」『古文化論叢』30（中）九州古文化研究会

賀来孝代 2017「古墳時代の鵜と鵜飼の造形」『古代』第 140 号　早稲田大学考古学会

河上邦彦 1984『市尾墓山古墳』高取町教育委員会

河上邦彦・千賀　久 1976「遺物」『葛城・石光山古墳群』（奈良県史跡名勝天然記念物調査報告第 31冊）奈良県教育委員会

河野一隆 2012「館蔵「新羅古墳資料」の冠・冠帽・飾履〜その伝来と製作技術を中心として〜」『東風西声』第 7 号　九州国立博物館

川畑　純 2014「飾金具」『五條猫塚古墳の研究　報告編』奈良国立博物館

川畑　純 2015『武具が語る古代史　古墳時代社会の構造転換』京都大学学術出版会

川端眞治・金関　恕 1955「摂津豊川村南塚古墳調査概報」『史林』第 38 巻第 5 号　史学研究会

菊池吉修 2003「静岡県出土の胡籙・靫金具について」『研究紀要』第 10 号　静岡県埋蔵文化財調査研究所

菊池吉修 2007「三葉形立飾り付帯状金具について」『研究紀要』第 13 号　静岡県埋蔵文化財調査研究所

岸本一宏 編 2008『芝花弥生墳墓群・古墳群』兵庫県教育委員会

北野耕平 1963「中期古墳の副葬品とその技術史的意義—鉄製甲冑における新技術の出現—」『近畿古文化論攷』吉川弘文館

北野耕平 1994『羽曳野市史　第 3 巻　史料編 1』羽曳野市史編纂委員会

木下　修 編 1993『蒐ギ坂古墳群—遠賀郡岡垣町所在古墳群の調査—』（福岡県文化財調査報告書第 106 集）福岡県教育委員会

金 宇 大 2011a「装飾付環頭大刀の技術系譜と伝播—朝鮮半島東南部出土資料を中心に—」『古文化談叢』66　九州古文化研究会

金 宇 大 2015「単龍・単鳳環頭大刀製作の展開」『第 11 回古代武器研究会発表資料集』古代武器研究会

金 宇 大 2017『金工品から読む古代朝鮮と倭—新しい地域関係史—』京都大学学術出版会

京都大学総合博物館 1997『王者の武装—5 世紀の金工技術—』（京都大学総合博物館春期企画展展示図録）

京都大学文学部考古学研究室 編 1995『琵琶湖周辺の 6 世紀を探る』（平成 6 年度科学研究費補助金一般研究 B 調査研究成果報告書）

京都府教育委員会 1965『埋蔵文化財発掘調査概報』

九州国立博物館 2015『古代日本と百済の交流—大宰府・飛鳥そして公州・扶餘—』

切畑　健 2002「古墳を中心とした出土染織の再検討（1）—西宮山古墳—」『大手前大学史学研究所紀要』第 1 号　大手前大学史学研究所

久住猛雄 2007「「博多湾貿易」の成立と解体」『考古学研究』第 53 巻第 4 号　考古学研究会

樟本立美 1991「天神山古墳群」『福井市史』資料編 1 考古　福井市

工藤敬一ほか 編 2007『菊水町史　江田船山古墳編』菊水町史編纂委員会

栗林誠治 1993「古墳時代・靫の分類と変遷」『眞珠』第 2 号　徳島県埋蔵文化財センター

栗林誠治 2008「胡籙に関する基礎的考察（1）」『青藍』5　考古フォーラム蔵本

参考文献

栗林誠治 2009「胡籙に関する基礎的考察（2）」『青藍』6　考古フォーラム蔵本

桑原邦彦 1988「山口県防府市桑山塔ノ尾古墳―その史・資料集成と再検討―」『古文化談叢』第20
　　集（上）九州古文化研究会

群馬県教育委員会・群馬県埋蔵文化財調査事業団 編 1986『荒砥北原遺跡・今井神社古墳群・荒砥青
　　柳遺跡』

群馬県教育委員会 2017『金井東裏遺跡甲着装人骨等詳細調査報告書』群馬県教育委員会

玄海町教育委員会 1996『牟田尻古墳群文化財速報展示―福岡県宗像群玄海町大字牟田尻所在古墳群
　　の調査―』福岡県玄海町

小泉裕司・大野壽子 編 2007『城陽市埋蔵文化財調査報告書』第54集　城陽市教育委員会

小杉一雄 1981「金銅製葆」『上総金鈴塚古墳』千葉県教育委員会

古代を考える会 編 1983『古代を考える』3　河内飛鳥と磯長谷古代を考える会

児玉真一 編 1990『若宮古墳群Ⅱ―塚堂古墳・日岡古墳―』吉井町教育委員会

児玉真一 編 2005『若宮古墳群Ⅲ―月岡古墳―』吉井町教育委員会

児玉真一 2007「月岡古墳・塚堂古墳の副葬品に見る渡来的要素―とくに胡籙のＵ字形方立飾金具に
　　注目して―」茂木雅博 編『日中交流の考古学』同成社

後藤守一 1941「上古時代の天冠」『史潮』10―3、4（1942『日本古代文化研究』河出書房所収）

木幡成雄・千田一志 編 2017『神谷作古墳群』（いわき市埋蔵文化財調査報告第180冊）いわき市教
　　育委員会

小浜　成 2005「一須賀Ｄ4号墳の釵子」『大阪府立近つ飛鳥博物館館報』9　大阪府立近つ飛鳥博物
　　館

小林行雄 1959「胡籙」『図解 考古学辞典』創元社

小林行雄 1966「倭の五王の時代」『日本書紀研究』2　日本書紀研究会

近藤好和 2014『日本古代の武器―『国家珍宝帳』と正倉院の儀仗―』思文閣出版

【さ行】

齋藤大輔 2017「古墳時代中期刀剣の編年」『中期古墳研究の現状と課題Ⅰ〜広域編年と地域編年の齟
　　齬〜』中国四国前方後円墳研究会第20回研究集会（徳島大会）実行委員会

斉藤　忠 1963『古代の装身具』塙書房

斉藤　優 1970『若狭上中町の古墳』上中町教育委員会

才本佳孝 2011「近江八幡市・車塚古墳出土の「帯金具」について」『琵琶湖と地域文化―林博通先生
　　退任記念論集』サンライズ出版

早乙女雅博 1982「新羅・加耶の冠―小倉コレクションの研究1―」『MUSEUM』No.372　ミュージ
　　アム出版

早乙女雅博 1988「古代東アジアの盛矢具」『東京国立博物館紀要』第23号　東京国立博物館

早乙女雅博 1990「政治的な装身具」『古墳時代の工芸』（古代史復元7）講談社

早乙女雅博 2010『新羅考古学研究』同成社

阪口英毅 2008「いわゆる「鋲留技法導入期」の評価」『古代武器研究』第9号　古代武器研究会

阪口英毅 2016「第4章　甲冑形鉄製品」『真野遺蹟発掘調査報告書Ⅱ』（大津市埋蔵文化財調査報告
　　書100）大津市教育委員会

酒井清治 2004「須恵器生産のはじまり」『国立歴史民俗博物館研究報告』第110集　国立歴史民俗博
　　物館

酒巻忠史 2009「第3章　松面古墳出土双魚佩の図上復元」『木更津市文化財調査集報』14　木更津市
　　教育委員会

笹川龍一 編 1992『史跡有岡古墳群（王墓山古墳）保存整備事業報告書』善通寺市文化財保護協会

佐藤　隆 2007「6世紀における須恵器大型化の諸様相―陶邑窯跡編年の再構築に向けて・その3―」
　　『大阪歴史博物館研究紀要第6号』大阪歴史博物館

沢田むつ代 2005a「出土繊維の観察法」『季刊考古学』第 91 号　雄山閣

沢田むつ代 2005b「出土繊維の記録法」『季刊考古学』第 91 号　雄山閣

沢田むつ代 2006a「2-2-3. 胡籙金具に付着する繊維について」『日本出土原始古代　繊維製品の分析調査による発展的研究』（平成 14～17 年度科学研究費補助金・基盤研究（A）(2)）東京国立博物館

沢田むつ代 2006b「特論 1　東京国立博物館所蔵遺物　3. 繊維分析」『玉丘古墳群 II』（加西市埋蔵文化財調査報告 57）加西市教育委員会

沢田むつ代 2009「第 1 節. 井出二子山古墳出土の織物」『史跡保渡田古墳群　井出二子山古墳』（史跡整備事業報告書第 2 分冊　遺物・分析・考察編）高崎市教育委員会

沢田むつ代 2010「経僧塚古墳出土の織物等について」『武射経僧塚古墳石棺篇報告』早稲田大学経僧塚古墳発掘調査団

沢田むつ代 2012「生産と流通 III　繊維製品」『古墳時代研究の現状と課題　下』同成社

沢田むつ代 2017「金井東裏遺跡出土の挂甲と横矧板鋲留衝角付冑に付着する織物等について」『金井東裏遺跡甲着装人骨等詳細調査報告書』群馬県教育委員会

三木ますみ 1996「朝鮮半島出土の垂飾付耳飾」『筑波大学先史学・考古学研究』第 7 号　筑波大学歴史・人類学系

澁谷恵美子 編 2000『宮垣外遺跡』飯田市教育委員会

島根県教育委員会・島根県立八雲立つ風土記の丘 編 1996『御崎山古墳の研究』（島根県立八雲立つ風土記の丘研究紀要 3）島根県教育委員会

島根県古代文化センター 編 1999『上塩冶築山古墳の研究』（島根県古代文化センター調査研究報告書 4）島根県教育委員会

志村　哲・荒木勇次 1995「群馬県出土の武器・武具埴輪」『群馬県内古墳出土の武器・武具』（群馬県古墳時代研究会資料集第 1 集）群馬県古墳時代研究会

下垣仁志 2010「威信材論批判序説」『立命館大学考古学論集』V　立命館大学考古学論集刊行会

下垣仁志 2011『古墳時代の王権構造』吉川弘文館

下山恵子・吉澤則男 編 2002『史跡古市古墳群　峯ヶ塚古墳後円部発掘調査報告書』羽曳野市教育委員会

下山恵子 2002「金銅製品に取付けられたガラス玉について」『史跡古市古墳群　峯ヶ塚古墳後円部発掘調査報告書』羽曳野市教育委員会

城倉正祥 編 2017『殿塚・姫塚古墳の研究—人物埴輪の三次元計測調査報告書—』（早稲田大学東アジア都城・シルクロード考古学研究所調査研究報告第 3 冊）六一書房

正光寺山古墳群発掘調査報告書編集委員会 2012『正光寺山古墳群』新居浜市教育委員会

白井克也 2001「勒島貿易と原の辻遺跡—粘土帯時・三韓土器・楽浪土器からみた弥生時代の交易—」『弥生時代の交易—モノの動きとその担い手—』第 49 回埋蔵文化財研究集会

白井克也 2003a「馬具と短甲による日韓交差編年—日韓古墳編年の並行関係と暦年代—」『土曜考古』第 27 号　土曜考古学研究会

白井克也 2003b「新羅土器の型式・分布変化と年代観—日韓古墳編年の併行関係と暦年代—」『朝鮮古代研究』第 4 号　朝鮮古代研究刊行会

白井克也 2003c「日本における高霊地域加耶土器の出土傾向—日韓古墳編年の並行関係と暦年代—」『熊本古墳研究』創刊号　熊本古墳研究会

白井克也 2011「東アジア実年代論の現状」『古墳時代史の枠組み』（古墳時代の考古学 1）同成社

白井宏子 1988「冠」『物集女車塚』（向日市埋蔵文化財調査報告書 23）向日市教育委員会

白石太一郎 1993「玉纒太刀考」『国立歴史民俗博物館研究報告』50　国立歴史民俗博物館

白石太一郎 2003「二つの古代日韓交渉ルート」『熊本古墳研究』創刊号　熊本古墳研究会

白石太一郎 2007「横穴式石室誕生」『横穴式石室誕生　黄泉の国の成立』大阪府立近つ飛鳥博物館

白石太一郎・白井久美子・山口典子 編 2002「千葉県史編さん資料　千葉県古墳時代関係資料』第1，2，3分冊　千葉県

新庄町教育委員会 1988『寺口忍海古墳群』新庄町文化財調査報告第1冊

進藤　武 編 2001『史跡大岩山古墳群天王山古墳・円山古墳・甲山古墳調査整備報告書』（野洲町文化財資料集）野洲町教育委員会

新村　出 編 1983『広辞苑　第三版』岩波書店

末永雅雄 1936「矢の具の推移」『歴史公論』第5巻第3号　雄山閣

末永雅雄 1941『日本上代の武器』弘文堂書房

末松保和 1949『任那興亡史』吉川弘文館

杉井　健 1996「靫の構造とその成立背景」『雪野山古墳の研究　考察篇』八日市市教育委員会

杉井　健 2012「古墳時代の繊維製品・皮革製品」『講座 日本の考古学』8　古墳時代　下　青木書店

杉井　健 2013「古墳時代前期における靫（矢入れ具）の生産とその意義」『眠りから覚めた城の山遺跡』（第1回城の山古墳シンポジウム資料）胎内市教育委員会

杉本　宏 編 1991『宇治二子山古墳発掘調査報告』（宇治市文化財調査報告第2冊）宇治市教育委員会

杉本和江 2014「王墓山古墳出土盛矢具の調査と分析」（王墓山古墳出土武具の研究）『香川考古』第13号　香川考古刊行会

鈴木一有 2008「原分古墳出土馬具の時期と系譜」『原分古墳 調査報告編』（静岡県埋蔵文化財調査研究所調査報告第184集）静岡県埋蔵文化財調査研究所

鈴木一有 2009「鳥居松遺跡出土円頭大刀の系譜」『鳥居松遺跡5次　円頭大刀編』浜松市文化振興財団

鈴木一有 2012「清州新鳳洞古墳群の鉄器にみる被葬者集団」『清州新鳳洞百済古墳群発掘30周年記念国際学術会議』忠北大学校博物館・国立清州博物館・百済学会

鈴木一有 2014「七観古墳出土遺物からみた鋲留技法導入期の実相」『七観古墳の研究—1947年・1952年出土遺物の再検討—』京都大学大学院文学研究科

鈴木一有 2016「朝鮮半島出土倭系武装具の全容」『古代日韓交渉の実態　予稿集』国立歴史民族博物館

鈴木一有 2017a「志段味大塚古墳と5世紀後半の倭王権」『埋蔵文化財調査報告書77—志段味大塚古墳の副葬品—』（名古屋市文化財調査報告94）名古屋市教育委員会

鈴木一有 2017b「古墳時代実年代論のいま」『歴博』204号　国立歴史民俗博物館

鈴木敬三 編 1996『有職故実大辞典』吉川弘文館

鈴木　勉 2003「彫金」千賀　久・村上恭通 編『考古資料大鑑』7　小学館

鈴木　勉 2004『ものづくりと日本文化』奈良県立橿原考古学研究所附属博物館

鈴木　勉 2008『百練鉄刀とものづくり』（論叢　文化財と技術1）雄山閣

鈴木　勉 2013「朝鮮半島三国時代の彫金技術その4　飾履塚古墳出土金銅製飾履の製作技術」『文化財と技術』第5号　工芸文化研究所

鈴木　勉 2014「九州の円弧状なめくりたがねと（渡来系）工人ネットワーク—江田船山古墳銀象嵌銘鉄刀など円文などを持つ鉄製品—」『文化財と技術』第6号　工芸文化研究所

鈴木　勉 2015「朝鮮半島三国時代の彫金技術　その19　全北高敞郡雅山面鳳徳里古墳群1号墳出土飾履の製作技術の疑問」『文化財と技術』第7号　工芸文化研究所

鈴木　勉 2017「朝鮮半島三国時代の彫金技術　その20 全北高敞郡雅山面鳳徳里古墳群1号墳出土飾履ふたたび」『文化財と技術』第8号　工芸文化研究所

鈴木　勉・松林正徳 1993「石棺内出土金属製品の金工技術」『斑鳩藤ノ木古墳　第二・三次調査報告書　分析と技術編』奈良県立橿原考古学研究所

鈴木靖民 1984「東アジア諸民族の国家形成と大和王権」『講座日本史1　原始・古代1』東京大学出版会

鈴木靖民 2002「倭国と東アジア」『倭国と東アジア』吉川弘文館

清喜裕二・横田真吾・土屋隆史 2017「妻鳥陵墓参考地墳丘外形調査および出土品調査報告」『書陵部紀要』第 68 号〔陵墓篇〕宮内庁書陵部

千家和比古 1980「胡籙について」『上総山王山古墳発掘調査報告書』市原市教育委員会

【た行】

高井健司 1987「城下マンション（仮称）建設工事に伴う長原遺跡発掘調査（NG85-23）略報」『昭和60 年度大阪市内埋蔵文化財包蔵地発掘調査報告書』大阪市文化財協会

高久健二 1993「胡籙」『番塚古墳—福岡県京都郡苅田町所在前方後円墳の発掘調査—』九州大学文学部考古学研究室

高田貫太 2004「5，6 世紀日本列島と洛東江以東地域の地域間交渉」『文化の多様性と比較考古学』（考古学研究会 50 周年記念論文集）考古学研究会

高田貫太 2006「5，6 世紀の日朝交渉と地域社会」『考古学研究』第 53 巻 2 号　考古学研究会

高田貫太 2012「栄山江流域における前方後円墳築造の歴史的背景」『古墳時代の考古学 7　内外の交流と時代の潮流』同成社

高田貫太 2013「古墳出土龍文透彫製品の分類と編年」『国立歴史民俗博物館研究報告』第 178 集　国立歴史民俗博物館

高田貫太 2014『古墳時代の日朝関係—新羅・百済・大加耶と倭の交渉史—』吉川弘文館

高槻市教育委員会 2011『高槻市立今城塚古代歴史館常設展示図録』

高槻市立今城塚古代歴史館 2014『古墳時代の船と水運』（平成 26 年度秋季特別展）

高橋克壽 1988「器材埴輪の編年と古墳祭祀」『史林』第 71 巻 2 号　史学研究会

高橋克壽 2007「日本出土金銅製透彫冠・履の系譜」『鹿園雑集』第 9 号　奈良国立博物館

高松雅文 2007a「継体大王期の政治的紐帯に関する考古学的研究」『ヒストリア』205　大阪歴史学会

高松雅文 2007b「古墳時代後期の政治変動に関する考古学的研究」『近畿の横穴式石室』横穴式石室研究会

高松雅文 2010「継体大王の時代を読み解く」『継体大王の時代　百舌鳥・古市古墳群の終焉と新時代の幕開け』大阪府立近つ飛鳥博物館

滝口　宏 編 1981『上総金鈴塚古墳』千葉県教育委員会

田口一郎 1998「下芝・谷ツ古墳の飾履が提起する問題—東国の渡来文化研究Ⅱ—」『日本考古学協会第 64 回総会研究発表要旨』日本考古学協会

武田宗久・永昭律朗 1985『上総江子田金環塚古墳』市原市教育委員会

武田幸男 1974「新羅・法興王代の律令と衣冠制」朝鮮史研究会 編『古代朝鮮と日本』竜渓書舎

武田幸男 1980「序説　五～六世紀東アジア史の一視点—高句麗『中原碑』から新羅『赤城碑』へ—」『東アジア世界における日本古代史講座』第 4 巻（朝鮮三国と倭国）学生社

伊達宗泰・小島俊次 1956『大和國磯城郡大三輪町穴師　珠城山古墳』奈良県教育委員会

田中新史 1988「古墳出土の胡籙・靭金具」小川貴司 編『井上コレクション　弥生・古墳時代資料図録』言叢社

田中新史 編 1988『「王賜」銘鉄剣：概報：千葉県市原市稲荷台 1 号墳出土』市原市教育委員会

田中新史 編 2010『武射経僧塚古墳石棺篇報告』早稲田大学経僧塚古墳発掘調査団

田中聡一 編 2006『双六古墳』（壱岐市文化財調査報告書第 7 集）壱岐市教育委員会

田中史生 2013「倭の五王と列島支配」『岩波講座日本歴史　第 1 巻』原始・古代 1　岩波書店

田中俊明 1992『大加耶連盟の興亡と「任那」加耶琴だけが残った』吉川弘文館

田中由理 2004「f 字形鏡板付轡の規格性とその背景」『考古学研究』第 51 巻第 2 号　考古学研究会

田辺昭三 1981『須恵器大成』角川書店

田辺町教育委員会 編 1989『堀切古墳群調査報告書』

丹野　拓 編 2008『岩橋千塚』（平成 20 年度特別展）和歌山県立紀伊風土記の丘

参考文献

千賀　久・田中一宏 編 1984『1982 年度奈良県遺跡調査概報（第 2 分冊）』奈良県立橿原考古学研究所

千賀　久 2003「金・銀・金銅製品」『考古資料大観』第 7 巻　小学館

千賀　久 2004「日本出土の「非新羅系」馬装具の系譜　大加耶圏の馬具との比較を中心に」『国立歴史民俗博物館研究報告』110（古代東アジアにおける倭と加耶の交流）国立歴史民俗博物館

朝鮮総督府 1920『大正 6 年度古蹟調査報告』

陳　顕　明 1970『土保山古墳発掘調査概報』（高槻叢書第 14 集）高槻市教育委員会

塚田良道 2016「魚を追う鳥―江田船山古墳出土大刀の天界図像―」『魂の考古学―豆谷和之さん追悼論文編―』

塚田良道 2017「魚形歩揺の系譜」『鴨台史学』第 14 号　大正大学史学会

塚本和弘・山口　敏・鈴木敏則 1996『宇藤遺跡群発掘調査』（菊川町埋蔵文化財報告書第 41 集）菊川町教育委員会

塚本敏夫 2012「金銅・ガラス装飾」『古墳時代の考古学 5　時代を支えた生産と技術』同成社

塚本敏夫ほか 2012「胡籙の復元製作―今城塚古墳出土品をモデルとして―」『日本文化財科学会第 29 回大会研究発表要旨集』日本文化財科学会

辻川哲朗 2009「近江八幡市西車塚古墳出土埴輪・須恵器について」『埴輪研究会誌』第 13 号　埴輪研究会

辻田淳一郎 編 2015『山の神古墳の研究―「雄略朝」期前後における地域社会と人制に関する考古学的研究：北部九州を中心に―』九州大学大学院人文科学研究院考古学研究室

土田純子 2017『東アジアと百済土器』同成社

土屋隆史 2012a「日朝における胡籙金具の展開」『考古学研究』第 59 号第 1 号 考古学研究会

土屋隆史 2012b「坊主山 1 号墳出土胡籙金具の意義―胡籙の復元―」『古代学研究』195 号　古代學研究會

土屋隆史 2012c「古墳時代の胡籙―宇治市坊主山 1 号墳出土例―」『古事記・日本書紀とやましろ』京都府立山城郷土資料館

土屋隆史 2012d「烏山水清洞墳墓群出土胡籙金具の編年的位置と地域性」『烏山水清洞墳墓群』京畿文化財研究院

土屋隆史 2013「金銅製飾履の製作技法とその展開」『古代文化』Vol.64 No.4　古代學協会

土屋隆史 2014「王墓山古墳出土盛矢具の意義（王墓山古墳出土武具の研究）」『香川考古』13　香川考古刊行会

都出比呂志 1995「継体朝という時代」『継体朝の謎』河出書房新社

角山幸洋 1976「石光山 8 号墳の馬具付着織物片の観察所見」『葛城・石光山古墳群』（奈良県史跡名勝天然記念物調査報告第 31 冊）奈良県教育委員会

角山幸洋 1990「Ⅵ　繊維―織物・組紐―」『斑鳩藤ノ木古墳第一次調査報告書』斑鳩町・斑鳩町教育委員会

角山幸洋 1991「寺口千塚 3 号墳出土の織物」『寺口千塚古墳群』（奈良県史跡名勝天然記念物調査報告第 62 冊）奈良県教育委員会

角山幸洋 1993「繊維―織物・組紐―」『斑鳩藤ノ木古墳　第二・三次調査報告書　分析と技術編』奈良県立橿原考古学研究所

帝室博物館 1944『正倉院御物図録』第 10 冊

寺井　誠 編 2017『渡来人いずこより』大阪歴史博物館

寺前直人・高橋照彦 編 2005『井ノ内稲荷塚古墳の研究』大阪大学稲荷塚古墳発掘調査団

寺脇隆彦・中田健一・大谷晃二 1995「石見町下川原墳墓群の調査」『島根考古だより』第 48 号　島根考古学会

天理市教育委員会 編 2000『西殿塚・東殿塚古墳』

東京国立博物館 1956『東京国立博物館収蔵品目録（考古土俗法隆寺献納宝物）』

東京国立博物館 1980『東京国立博物館図版目録・古墳遺物篇（関東Ⅰ）』

東京国立博物館 1982『寄贈 小倉コレクション目録』

東京国立博物館 1983『東京国立博物館図版目録・古墳遺物篇（関東Ⅱ）』

東京国立博物館 1986『東京国立博物館図版目録・古墳遺物篇（関東Ⅲ）』

東京天理教館 1969『人物埴輪』天理ギャラリー

富山　努 編 2004『本村遺跡』（宇都宮市埋蔵文化財報告書第 49 集）宇都宮市教育委員会

【な行】

中久保辰夫 2017『日本古代国家の形成過程と対外交流』大阪大学出版会

永沼律朗 1985「馬具」『上総江子田金環塚古墳』市原市教育委員会

中原　斉・角田徳幸 1990「鳥取県・長者ヶ平古墳の研究」『島根県考古学会誌』第 7 集　島根考古学会

中村潤子 1983「広帯二山式冠について」『古代学研究』101 号　古代學研究會

中村　浩ほか 1990『陶邑』Ⅶ（大阪府文化財調査報告書第 37 輯）大阪府教育委員会

鍋田　勇・大橋康文ほか 1989「近畿自動車敦賀線関係遺跡—私市円山古墳—」『京都府遺跡調査概報』36　京都府埋蔵文化財調査研究センター

奈良県教育委員会 1962『大和二塚古墳』

奈良県立橿原考古学研究所 編 1990『斑鳩藤ノ木古墳第 1 次調査報告書』斑鳩町

奈良県立橿原考古学研究所 編 1993『斑鳩 藤ノ木古墳　第二・三次調査報告書調査報告篇』

奈良県立橿原考古学研究所 編 2003『大谷今池 1 号墳・2 号墳』奈良県立橿原考古学研究所

奈良県立橿原考古学研究所附属博物館 2012『末永雅雄：末永考古学の軌跡』

新納　泉 2001「空間分析からみた古墳時代社会の地域構造」『考古学研究』第 48 巻第 3 号　考古学研究会

西岡千絵 2006「加耶の胡簶」『第 18 回東アジア古代史考古学研究交流会予稿集』東アジア考古学会

西岡千絵 2007「日韓胡簶金具考—分類と列島出土古式事例について—」『古文化談叢』第 58 集　九州古文化研究会

西岡千絵・武末純一 2007「胡簶資料集成Ⅰ—道渓洞 19 号土壙墓例、付：論文翻訳—」『福岡大学考古資料集成』Ⅰ（福岡大学考古学研究室研究調査報告第 6 冊）福岡大学人文学部考古学研究室

西嶋定生 1985『日本歴史の国際環境』東京大学出版会

西　弘海 1978「土器の時期区分と型式変化」『飛鳥・藤原宮発掘調査報告』Ⅱ　奈良国立文化財研究所

西山要一 1981「福井県上中町十善の森古墳出土の金銅製冠帽」『古代研究』22　元興寺文化財研究所

野上丈助 1977「武器・武具十六の謎」『歴史読本』22-12　9 月臨時増刊号

【は行】

朴 天 秀 1998「考古学から見た古代の韓・日交渉」『青丘学術論集』第 12 集　韓国文化研究振興財団

朴 天 秀 2007『加耶と倭　韓半島と日本列島の考古学』講談社選書メチエ

橋本達也 1995「古墳時代中期における金工技術の変革とその意義—眉庇付冑を中心として—」『考古学雑誌』第 80 巻第 4 号　日本考古学会

橋本達也 2002「器物を模倣した埴輪　武具」『季刊考古学』第 79 号　雄山閣

橋本達也 2010「古墳時代中期甲冑の終焉とその評価—中期と後期を分かつもの—」『待兼山考古学論集 2』（大阪大学考古学研究室 20 周年記念論集）大阪大学考古学友の会

橋本達也 2012「東アジアにおける眉庇付冑の系譜　マロ塚古墳出土眉庇付冑を中心として」杉井健・上野祥史 編『国立歴史民俗博物館研究報告』第 173 集（マロ塚古墳出土品を中心にした古

墳時代中期武器武具の研究）国立歴史民俗博物館

橋本達也 2015「古墳時代中期の武器・武具生産」『中期古墳とその時代』季刊考古学・別冊22　雄山閣

橋本達也・中野和浩 2016「宮崎県えびの市島内139号地下式横穴墓の発掘調査概要」『日本考古学』第42号　日本考古学協会

橋本英将 2005「心合寺山古墳出土鉄製三葉環頭大刀の構造と意義」『史跡心合寺山古墳整備事業報告書』八尾市教育委員会

橋本博文 1993「亀甲繋鳳凰文象嵌大刀再考」『翔古論聚』久保哲三先生追悼論文集刊行会

八賀　晋 1982「西宮山古墳出土の遺物」『富雄丸山古墳・西宮山古墳出土遺物』京都国立博物館

八賀　晋 2004『岐阜県史跡信包八幡神社古墳測量調査報告書』飛騨市教育委員会

服部哲也 2005「おつくり山古墳」『愛知県史　資料編3　考古3　古墳』愛知県

花田勝広 2002『古代の鉄生産と渡来人―倭政権の形成と生産組織―』雄山閣

馬場是一郎・小川敬吉 編 1927『梁山夫婦塚と其遺物』朝鮮總督府

羽曳野市史 編纂委員会 1994『羽曳野市史　第7巻　史料編5』

羽曳野市教育委員会 2002『史跡古市古墳群峯ヶ塚古墳後円部発掘調査報告書』

土生田純之 1998『黄泉国の成立』学生社

濱田耕作・梅原末治 1923『近江國高島郡水尾村鴨の古墳』京都帝國大学文學部考古学研究室

濱田耕作・梅原末治 1924「慶州金冠塚と其遺寶」『古蹟調査報告』第3冊　朝鮮総督府

原口正三 1973「土保山古墳」『高槻市史』第6巻　考古編　高槻市史編さん委員会

早川由紀夫ほか 2015「榛名山で古墳時代に起こった渋川噴火の理化学的年代決定」『群馬大学教育学部紀要』自然科学編　第63巻

林巳奈夫 1972『中國殷周時代の武器』京都大学人文科学研究所

坂　　靖 1990「胡籙の復元―寺口千塚の資料を中心として―」『古代学研究』120号　古代學研究會

坂　　靖 編 1991『寺口千塚古墳群』奈良県教育委員会

坂　　靖 1991「奈良県出土の胡籙金具」『寺口千塚古墳群』奈良県教育委員会

坂　　靖 1992「胡籙の系譜」『考古学と生活文化』同志社大学考古学シリーズV　同志社大学考古学シリーズ刊行会

坂　　靖 編 1996『南郷遺跡群』I（奈良県史跡名勝天然記念物調査報告第69冊）奈良県教育委員会

坂　　靖 1998「古墳時代における大和の鍛冶集団」『橿原考古学研究所論集』第13　橿原考古学研究所

坂　　靖 2012「複合工房」『時代を支えた生産と技術』（古墳時代の考古学5）同成社

坂　　靖 2014a「遺跡からみたヤマト王権と鉄器生産」『たたら研究』第53号　たたら研究会

坂　　靖 2014b「5～6世紀の胡籙について―復元の再検討と日本列島出土胡籙の系譜―」『武器・武具と農工具・漁具―韓日三国・古墳時代資料―』韓日交渉の考古学―三国・古墳時代―研究会

坂　　靖 2016「儀礼」『季刊考古学』第137号　雄山閣

引原茂治 編 2011『柿谷古墳・美濃山遺跡発掘調査報告』京都府埋蔵文化財調査研究センター

樋口隆康・西谷真治・小野山節 1959『大谷古墳：和歌山市大谷』京都大学文学部考古学研究室

樋口隆康・近藤喬一・吉本堯俊 1967『和歌山県文化財学術調査報告』第2冊　和歌山県教育委員会

樋口隆康 1981「テイラ・テペの遺宝」『佛教藝術』137　毎日新聞社

樋口隆康 2003『アフガニスタン遺跡と秘宝～文明の十字路の五千年』日本放送出版協会

菱田哲郎 2007『古代日本国家形成の考古学』京都大学学術出版会

菱田哲郎 2017「五、六世紀の手工業生産と王権」『日本史研究』656　日本史研究会

深谷　淳 2008「金銀装倭系大刀の変遷」『日本考古学』第26号　日本考古学協会

福岡大学人文学部考古学研究室 編 2004「箕田丸山古墳出土馬具の検討」『長崎県景華園遺跡の研究、

福岡県京都郡における二古墳の調査、佐賀県東十郎古墳群の研究』

福島雅儀 2003「古墳時代のガラス飾り金具」『考古学に学ぶ（Ⅱ）』（同志社大学考古学シリーズⅧ）同志社大学考古学シリーズ刊行会

福永伸哉 2005「いわゆる継体期における威信財変化とその意義」『井の内稲荷塚古墳の研究』大阪大学稲荷塚古墳発掘調査団

福田正継・内藤善史 編 1996『田益新田遺跡　西山古墳群』岡山県教育委員会　建設省岡山国道工事事務所

福山博章ほか 2009「香川県善通寺市王墓山古墳出土胡籙の構造と復元」『日本文化財科学会　第26回大会発表資料』日本文化財科学会

藤井康隆 2008「おつくり山古墳」『新修名古屋市史　資料編　考古1』名古屋市

藤井康隆・森島一貴 2013「飛騨の横穴式石室について」『飛騨と考古学』Ⅲ　飛騨考古学会

藤枝市埋蔵文化財調査事務所 編 1980『原古墳群白砂ヶ谷支群』（国道1号藤枝バイパス（藤枝地区）埋蔵文化財調査報告書（第3冊））建設省中部地方建設局・静岡県教育委員会・藤枝市教育委員会

藤野一之 2009「Hr-FA の降下年代と須恵器暦年代」『上毛野の考古学Ⅱ』群馬県考古学ネットワーク

古川　匠 2007「6世紀における装飾馬具の「国産化」について」『古文化論叢』第57集　九州古文化研究会

古川　匠 2013「古墳時代中・後期の金工品生産体制についての一試論」『立命館大学考古学論集Ⅵ　和田晴吾先生定年退職記念論集』立命館大学考古学論集刊行会

古宮隆信・井上文男 編 2001「花野井大塚古墳」『柏市埋蔵文化財調査報告書』44　柏市教育委員会

堀田啓一 1993「渡来人—大和を中心に—」『古墳時代の研究』13　雄山閣

北郷泰道 1980「地下式横穴墓出土の胡籙金具」『宮崎考古』第6号　宮崎考古学会

北郷泰道 1981「地下式横穴墓出土の胡籙金具—補遺—」『宮崎考古』第7号　宮崎考古学会

【ま行】

町田　章 1979『装身具』（日本の原始美術9）講談社

松井忠春 1991「私市円山古墳出土胡籙とその系譜」『京都府埋蔵文化財論集』第2集　京都府埋蔵文化財調査研究センター

松浦一之介ほか 2003『元岡・桑原遺跡群 2—桑原石ヶ元古墳群調査の報告—』福岡市教育委員会

松浦宇哲 2004「花文付馬具の編年と系譜」『古文化談叢』第50集（下）　九州古文化研究会

松浦宇哲 2005「三葉文楕円形杏葉の編年と分析—金銅製馬具にみる多元的流通ルートの可能性—」『井ノ内稲荷塚古墳の研究』大阪大学稲荷塚古墳発掘調査団

松尾　宏 編 2000『堤当正寺古墳　福岡県甘木市堤当正寺古墳発掘調査報告書』甘木市教育委員会

松尾昌彦 1988「上総金鈴塚古墳出土飾履の再検討」『MUSEUM』No.446　ミュージアム出版

松尾充晶 1999「馬具」『上塩冶築山古墳の研究』（島根県古代文化センター調査研究報告書4）島根県教育委員会

松尾充昌 編 2005『装飾付大刀と後期古墳—出雲・上野・東海地域の比較研究』島根県教育庁古代文化センター

松崎元樹 1997「世田谷区御嶽山古墳出土遺物の調査」『学習院大学史料館紀要』9　学習院大学史料館

松田真一 1989「金銅製履」『斑鳩藤ノ木古墳概報』吉川弘文館

松田真一 1994「金銅製飾履の系譜と展開」『橿原考古学研究所論集』12　吉川弘文館

松本岩雄 編 1999『上塩冶築山古墳の研究』（島根県古代文化センター調査研究報告書4）島根県古代文化センター

松本正信・加藤史郎 1970『宮山古墳発掘調査概報第1次』姫路市文化財保護協会

的野文香 2013「日本列島出土胡籙の変遷と系譜」『九州考古学』第88号　九州考古学会

参考文献

的野文香 2015「5. 胡籙金具」『山の神古墳の研究—「雄略朝」期前後における地域社会と人制に関する考古学的研究：北部九州を中心に—』九州大学大学院人文科学研究院考古学研究室

真野和夫 ほか 1973『飛山 大分市大字東上野所在の横穴古墳群の調査報告』大分県教育委員会

馬目順一 1980「慶州飾履塚古新羅墓の研究—非新羅系遺物の系統と年代—」『古代探叢』早稲田大学出版部

馬目順一 1991「金銅製飾履」『古墳時代の研究』8　古墳Ⅱ　副葬品　雄山閣

三重県教育委員会 編 1988『井田川茶臼山古墳』

三木文雄 1956『埴輪の美しさ』（アサヒ写真ブック 28）朝日新聞社

三島　格 1979「館蔵本豊前・筑前其他出土考古品図譜解題」『福岡市立歴史資料館研究報告』3　福岡市立歴史資料館

水澤幸一 2016「靫の構造と位相」『城の山古墳（4 次〜9 次調査）』（胎内市埋蔵文化財報告書第 26 集）胎内市教育委員会

水野敏典 2006「鉄鏃にみる日韓古墳時代の年代観」『日韓古墳時代の年代観』国立歴史民俗博物館・韓国國立釜山大學校博物館

水野敏典 2009『古墳時代鉄鏃の変遷にみる儀仗的武装の基礎的研究』（平成 18 年度〜20 年度科学研究費補助金基盤研究 C 調査研究成果報告書）

宮代栄一 1993「タカバン塚古墳出土の帯状鉄製品について」『タカバン塚古墳』（福岡市埋蔵文化財調査報告書第 335 集）福岡市教育委員会

宮代栄一・栗林誠治・美濃口紀子 2016「資料紹介　熊本博物館所蔵の古墳時代鉄製品二題」『熊本博物館　館報』No.28（2015 年度報告）熊本市熊本博物館

向日市教育委員会 編 1984『物集女車塚古墳』

村井嵓雄 1972「岡山県天狗山古墳出土の遺物」『MUSEUM』No.250　東京国立博物館

桃崎祐輔 2005「高句麗太王陵出土瓦・馬具からみた好太王陵説の評価」『海と考古学』六一書房

桃崎祐輔 2006「馬具からみた古墳時代実年代論—五胡十六国・朝鮮半島三国伽耶・日本列島の比較の視点から—」『日韓古墳時代の年代観』国立歴史民俗博物館・釜山大学校博物館

桃崎祐輔 2008「江田船山古墳遺物群の年代をめぐる予察」『王権と武器と信仰』同成社

森　浩一ほか 編 1972『井辺八幡山古墳』和歌山市教育委員会

森下章司・吉井秀夫 1995「6 世紀の冠と沓」『琵琶湖周辺の 6 世紀を探る』（平成 6 年度科学研究費補助金一般研究 B 調査研究成果報告書）京都大学文学部考古学研究室

森下章司・高橋克壽・吉井秀夫 1995「副葬品の再検討」『琵琶湖周辺の 6 世紀を探る』（平成 6 年度科学研究費補助金一般研究 B 調査研究成果報告書）京都大学文学部考古学研究室

森下章司 2010「広帯二山式冠・半筒形金具の原型」『大手前大学史学研究所紀要』第 8 号　大手前大学史学研究所

毛利光俊彦 1995「日本古代の冠—古墳出土冠の系譜—」『文化財論叢』Ⅱ　同朋社出版

毛利光俊彦 1999「古代朝鮮の冠—百済—」『瓦衣千年』森郁夫先生還暦記念論文集刊行会

毛利光俊彦 2000「二山式帯冠の源流を探る—百済から日本へ—」『日韓古代における埋葬法の比較研究』奈良国立文化財研究所

諸星雅一・石川武男・井鍋誉之 2001『富士川 SA 関連遺跡：平成 9・10 年度富士川 SA 改良工事に伴う埋蔵文化財発掘調査報告書』（静岡県埋蔵文化財調査研究所調査研究報告書第 123 集）静岡県埋蔵文化財調査研究所

【や行】

安村俊史 1996「高井田山古墳をめぐる諸問題」『高井田山古墳』柏原市教育委員会

安村俊史・桑野一幸 編 1996『高井田山古墳』柏原市教育委員会

山尾幸久 1989『古代の日朝関係』塙書房

山口裕平 2004「箕田丸山古墳出土馬具の検討」『長崎県景華園遺跡の研究、福岡県京都郡における二

古墳の調査、佐賀県東十郎古墳群の研究』福岡大学人文学部考古学研究室

山本　清 1984「横穴被葬者の地位をめぐって」『島根考古学会誌』1　島根考古学会

山本忠尚 2006「囲屏石牀の研究」『中国考古学』第 6 号　日本中国考古学会

吉井秀夫 1991「朝鮮半島錦江下流域の三国時代墓制」『史林』第 74 巻第 1 号　史学研究会

吉井秀夫 1993「百済地域における横穴式石室分類の再検討―錦江下流域を中心として―」『考古学雑誌』第 79 巻第 2 号　日本考古学会

吉井秀夫 2002「朝鮮の墳墓と日本の古墳文化」『倭国と東アジア』吉川弘文館

吉井秀夫 2010『古代朝鮮　墳墓にみる国家形成』京都大学学術出版会

吉澤　悟・川畑　純・初村武寛 編 2014『五條猫塚古墳の研究 報告編』奈良国立博物館

吉澤則男 2002「魚佩について」『史跡古市古墳群　峯ヶ塚古墳後円部発掘調査報告書』羽曳野市教育委員会

吉田　晶 1998『倭王権の時代』新日本出版社

吉松茂信 2003「上 5 号墳出土繊維について」『上 5 号墳』（奈良県文化財調査報告書 92 集）奈良県立橿原考古学研究所

吉村幾温・千賀　久 編 1988『寺口忍海古墳群』（新庄町文化財調査報告第 1 冊）新庄町教育委員会

吉村武彦 1993「倭国と大和王権」『岩波講座　日本通史 2』岩波書店

依田香桃美 2002「真野古墳群 A 地区 20 号墳出土金銅製魚佩のワッシャーと目玉を復元する」『福島県文化財センター白河館研究紀要 2001』福島県教育委員会・福島県文化振興事業団（『文化財と技術』第 2 号に再録）

【わ行】

若狭　徹 編 2009『史跡保渡田古墳群　井出二子山古墳群　史跡整備事業報告書第 2 分冊　遺物・分析・考察編』高崎市教育委員会

和歌山県教育委員会 2013『大日山 35 号墳発掘調査報告書―特別史跡岩橋千塚古墳群発掘調査・保存整備事業報告書 2』

和歌山県文化財センター 2005『緊急雇用対策特別基金事業に係る埋蔵文化財発掘資料整理概報―和歌山県内 6 遺跡の概要報告書―』

和歌山県立紀伊風土記の丘 2016『岩橋千塚とその時代―紀ノ川流域の古墳文化―』

和田晴吾 1986「金属器の生産と流通」『岩波講座　日本考古学 3　生産と流通』岩波書店

和田晴吾 2003「古墳時代の生業と社会―古墳時代の秩序と生産・流通システム―」『考古学研究』第 50 巻第 3 号　考古学研究会

和田晴吾 2004「古墳文化論」『日本史講座 1　東アジアにおける国家の形成』東京大学出版会

和田晴吾 2009「古墳の他界観」『国立歴史民俗博物館研究報告』第 152 集　国立歴史民俗博物館

和田晴吾 2014『古墳時代の葬制と他界観』吉川弘文館

和田晴吾 2015『古墳時代の生産と流通』吉川弘文館

渡辺正気 1958「佐賀市関行丸古墳」『佐賀県文化財調査報告』7　佐賀県教育委員会

ハングル（カナダ順）

【ㄱ】

諫早直人 2009「大伽耶圏 馬具生産の展開とその特質―高霊 池山洞古墳群を中心に―」『高霊池山洞 44 号墳―大伽耶王陵―』慶北大學校博物館・慶北大學校考古人類学科・高霊郡大加耶博物館

姜　仁　求 1994『華城白谷里古墳』韓国精神文化研究院

慶南考古学研究所 2000『道項里・末山里遺蹟』慶南考古学研究所・咸安郡

慶尚北道文化財研究院 2007『達城琴楽里古墳群発掘調査報告書』

慶尚北道文化財研究院 2012『義城 大里里 2 號墳Ⅱ』

權　五　榮 2007「住居構造と炊事文化からみた百済系移住民の畿内地域への定着とその意味」『韓国上

古史学報』第56号（坂靖訳 2013『古代学研究』第197号　古代学研究会）

國立慶州博物館 1987『菊隠李養璿蒐集文化財』

國立慶州博物館・慶北大學校博物館 1990『慶州月城路古墳群』

國立慶州博物館 編 2001『新羅黄金』

國立慶州博物館 2016『慶州金冠塚（遺物篇）』（日帝強占期資料調査報告 23 輯）

國立公州博物館 1991『天安花城里百済墓』

國立公州博物館 2005『武寧王陵—出土遺物分析報告書(1)—』

國立公州博物館 2006『4～5 世紀百済遺物特別展　漢城から熊津へ』

國立公州博物館 編 2011『百済の冠』

國立公州博物館 2012『宋山里古墳群基礎資料集』（國立公州博物館研究叢書第 25 冊）

國立光州博物館・光州広域市 1996『光州 明花洞古墳』光州広域市

國立金海博物館 2007『咸安末伊山 34 号墳』

國立羅州文化財研究所 2012『霊巌沃野里長台形古墳第 1 号墳発掘調査報告書』

國立羅州文化財研究所 2014a『高興野幕古墳』

國立羅州文化財研究所 2014b「高興野幕古墳の年代と西南海岸地域倭系甲冑出土古墳の分布」『高興野幕古墳』

國立羅州文化財研究所 2014c『羅州伏岩里丁村古墳』（羅州市郷土文化遺産 13 号）

國立大邱博物館 2015『大邱達城遺蹟Ⅱ—達城古墳群発掘調査報告書(1)』

國立文化財研究所 1989『益山笠店里古墳群発掘調査報告書』

國立中央博物館 編 1964『皇吾里四・五號古墳皇南里破壊古墳發掘調査報告』

國立中央博物館 編 2014『慶州瑞鳳塚Ⅰ（遺物篇）』

國立中央博物館 2006『壺杅塚　銀冠塚　発掘 60 周年記念シンポジウム』

國立春川博物館 2008『権力の象徴、冠—慶州から江原へ—』

吉井秀夫 1996「金銅製沓の製作技術」『碩晤尹容鎮教授停年退任記念論叢』碩晤尹容鎮教授停年退任記念論叢刊行委員会

吉井秀夫 2011「百済の冠と日本の冠」『百済の冠』國立公州博物館

金 洛 中ほか 編 2001『羅州伏岩里 3 号墳』國立文化財研究所

金 洛 中 2016a「西南海岸一帯の百済海上交通路と寄港地検討」『百済学報』第 16 号、百済学会

金 洛 中 2016b「古墳からみた栄山江流域・百済と倭」『古代日韓交渉の実態　予稿集』国立歴史民族博物館

金 斗 喆 2001「大加耶古墳の編年検討」『韓國考古學報』第 45 輯　韓國考古學會

金 泰 植 1993『加耶連盟史』一潮閣

金 榮 珉 2011「高興吉頭里雁洞古墳の短甲と冑」『高興吉頭里雁洞古墳特別展記念シンポジウム』全南大學校博物館

金 宇 大 2011b「百濟・加耶における装飾付大刀の製作技法と系譜」『嶺南考古学』第 59 号　嶺南考古学会

金 宇 大 2013「新羅垂飾附耳飾の系統と変遷」『韓國考古學報』89　韓國考古學會

金 元 龍ほか 1974『天馬塚発掘調査報告書』文化公報部文化財管理局

金日成綜合大学考古学及民俗学講座 1973『大城山城の高句麗遺蹟』金日成綜合大学出版社

金 正 完ほか 1987『陜川磻渓堤古墳群』慶尚南道・國立晋州博物館

金 鍾 徹 1981『高霊池山洞古墳群 32～35 号墳・周辺石槨墓』啓明大學校博物館

金 載 烈 2010「新羅飾履の特徴と副葬方式」『考古學探究』第 8 号　考古學探究會

金 載 烈 2011「新羅飾履の葬送儀禮的性格」『考古學探究』第 9 号　考古學探究會

金 載 元 1948『壺杅塚と銀鈴塚』（国立博物館古蹟調査報告 第 1 冊）乙酉文化社

金 載 元・尹 武 炳 1962『義城塔里古墳』乙酉文化社

金　昌　鎬 1988「東莱福泉洞 22 号胡籙復元の現段階」『嶺南考古学』第 5 号　嶺南考古学会

金　昌　鎬 1997「東莱福泉洞 22 号墳盛矢具の臨時復元案」『古文化』第 50 冊　韓國大學博物館協會

【ㄹ】

柳　昌　煥 2002「馬具を通して見た阿羅伽耶」『古代咸安の社会と文化』國立昌原文化財研究所・咸安郡

【ㅁ】

馬韓・百済文化研究所 2009『高敬鳳徳里 1 号墳―第 3 次現地説明会会議資料―』

馬韓・百済文化研究所 2016『高敞鳳徳里 1 号墳綜合報告書』

文化財管理局・文化財研究所 編 1985『皇南大塚 I（北墳）発掘調査報告書』

文化財管理局・文化財研究所 編 1994『皇南大塚南墳発掘調査報告書』

文化財研究所 編 1989『益山笠店里古墳群発掘調査報告書』

【ㅂ】

朴　普　鉉 1987「樹枝形立華飾冠の系統」『嶺南考古学』第 4 号　嶺南考古学会

朴　淳　發 2005「公州水村里古墳群出土中国陶磁器と交叉年代問題」『忠清学と忠清文化』第 4 輯　忠
　　　清南道歴史文化研究院

朴　淳　發 2012「鶏首壺と鐎斗からみた南原月山里古墳群」『雲峰高原に埋まる加耶武者』（南原月山
　　　里発掘遺物特別展）國立全州博物館・全北文化財研究院

朴　升　圭ほか 1998『高霊池山洞 30 号墳』社団法人嶺南埋蔵文化財研究院・高霊郡

朴　天　秀 2006「新羅加耶古墳の編年―日本列島古墳との併行関係を中心に―」『日韓古墳時代の年代
　　　観』國立歴史民俗博物館・釜山大學校博物館

朴　天　秀ほか 2009『高霊池山洞 44 号墳―大伽耶王陵―』慶北大學校博物館・慶北大學校考古人類学
　　　科・高霊郡大加耶博物館

福泉博物館 2010『履　古代人の履き物』

釜山大學校博物館 1987『咸陽白川里 1 號墳』

【ㅅ】

成　正　鏞（亀田修一訳）1999「3 ～ 5 世紀の錦江流域における馬韓・百済墓制の様相」『古文化談叢』
　　　第 43 集　九州古文化研究会

成　正　鏞 2003「百済と中国の貿易陶磁」『百済研究』第 38 輯　忠南大學校百済研究所

成　正　鏞 2006「百済地域の年代決定資料と年代観」『日韓古墳時代の年代観』国立歴史民俗博物館・
　　　釜山大学校博物館

宋　義　政・尹　炯　元 2000『法泉里 I』國立中央博物館

申　敬　澈 1995「三韓・三国時代の東莱」『東莱区誌』東莱区史編纂委員会

申　大　坤 1991「高句麗金属製一括遺物の一例」『考古學誌』3　韓国考古美術研究所

申　英　浩 2000「武寧王陵の金銅製飾履についての一考察」『考古學誌』11　韓国考古美術研究所

沈　奉　謹 1991『梁山金鳥塚・夫婦塚』（古蹟調査報告第第 19 冊）東亜大學校博物館

【ㅇ】

안 병 찬・이 경 자 2003「三国時代　金銅飾履―5 ～ 6 世紀墳墓出土品を中心に―」『都市文化』2
　　　ソウル歴史博物館

嶺南大學校博物館 1982『嶺南大學校博物館図録』

嶺南大學校博物館 1999『慶山林堂地域古墳群Ⅳ―造永 C I . Ⅱ号墳―』嶺南大學校博物館・韓国土地
　　　公社

嶺南大學校博物館 2000『慶山林堂地域古墳Ⅴ―造永 E I 号墳―』

嶺南大學校博物館・大邱広域市都市開発公社 1999『時至の文化遺蹟Ⅲ　古墳群 2 本文』

禹　炳　喆 2005『嶺南地方 3 ～ 6 世紀の鉄鏃地域性研究』慶北大學校大学院文学碩士学位論文

禹　在　柄 2006「5 ～ 6 世紀百済住居・暖房・墓制文化の倭国伝播とその背景」『韓国史学報』23

禹　和　延 2003『三国時代金銅製飾履研究』嶺南大學校碩士学位論文

参考文献

尹 根 一 1991「三国時代 古墳出土飾履に関する小考」『文化財』24 國立文化財研究所

尹 浄 賢 2011『天安 柳里・獨井里・道林里遺蹟』財団法人忠清文化財研究院・大田地方國管理庁

李 南 奭 2000『龍院里古墳群』公州大學校博物館・天安温泉開発・高麗開発

李 文 炯・옥 창 민 2009「高敞鳳徳里1号墳」『第33回韓国考古学会発表集』韓國考古學會

李 文 炯 2015「製作技法と文様を通して見た百済金銅飾履の編年」『中央考古研究』第18号

任 鶴 鐘ほか 2001『徳山―本浦間地方道路工事区間内発掘調査昌原茶戸里遺跡』國立中央博物館・慶尚南道

任 孝 宰ほか 2001『龍院里遺跡C地区発掘調査報告書』ソウル大學校博物館・ソウル大學校人文学研究所・㈱高麗開発

李 尚 律 1990「東來福泉洞23号墳と副葬遺物」『伽耶通信』第19・20号合輯号 伽耶通信編集部

李 尚 律 1998「新羅、加耶文化圏からみた百済馬具」『百済文化』第27輯 公州大學校百済文化研究所

이 송 란 1991『飾履塚金銅飾履にみえる装飾文様の原流―イラン美術を中心に―』弘益大學校碩士学位論文

이 송 란 1994「新羅古墳出土工藝品にみえる外来要素の淵源」『美術史學研究』203号 韓國美術史學會

李 姸 宰 1994「飾履塚出土金銅飾履の文様研究」『講座 美術史』27 韓國美術史研究所

李 柱 憲(竹谷俊夫)訳 1998「末伊山34号墳の再検討」『天理参考館報』第11号 天理大学出版部

李 柱 憲 1999『咸安道項里古墳群Ⅱ』國立昌原文化財研究所

李 柱 憲 2001『咸安道項里古墳群Ⅳ』國立昌原文化財研究所

李 柱 憲 2004『咸安道項里古墳群Ⅴ』國立昌原文化財研究所

李 暎 澈 2012「拠点集落の変異からみた栄山江流域の古代社会」『日韓集落の研究―弥生・古墳時代および無文土器～三国時代（最終報告書)―』日韓集落研究会

李 暎 澈 2016「集落からみた栄山江流域・百済・倭」『古代日韓交渉の実態 予稿集』国立歴史民族博物館

李 在 烈ほか 2010『慶州鶏林路14號墓』國立慶州博物館

李 昶 燁 2007「中西部地域 百済漢城期 木棺墓変化―烏山水清洞遺蹟を中心に―」『先史と古代』27 韓國古代學會

李 昶 燁 2012「烏山水清堂墳墓群の特徴と年代」『烏山水清洞墳墓群』京畿文化財研究院

李 漢 祥 1996「6世紀 新羅の帯金具―'樓岩里型'帯金具の設定―」『韓國考古學報』35 韓國考古學會

李 漢 祥 2009『装身具賜与体制からみた百済の地方支配』書景文化社

李 漢 祥 2010a「三国時代の金銅飾履文化」『履 古代人の履き物』福泉博物館

李 漢 祥 2010b「金銅飾履からみた三国時代 葬送儀禮の一断面」『新羅史學報』20 新羅史學會

李 漢 祥 2011a「高興 吉頭里 雁洞古墳金銅冠帽と金銅飾履について」『高興吉頭里雁洞古墳の歴史的性格』全南大學校博物館

李 漢 祥 2011b『東アジア古代金属製装身具文化』図書出版考古

李 絃 相 2011「漢城期 百済 金銅飾履の製作技術とその特徴―公州水村里古墳群出土品を中心に―」『湖西史學』58 湖西史學会

李 賢 淑 1999「百済盛矢具に対する検討―天安龍院里遺蹟出土品を中心に―」『百済文化』28 公州大學校出版部

李 勳ほか 2009『瑞山富長里古墳群』忠清南道歴史文化研究院

李 熙 濬(吉井秀夫訳) 1996「洛東江以東地方 4・5世紀古墳資料の定型性とその解釈」『4・5世紀の日韓考古学』（九州考古学会・嶺南考古学会第2回合同考古学大会）九州考古学会・嶺南考古学会

李 煕 濬 1998「金海禮安里遺跡と新羅の洛東江西岸進出」『韓國考古學報』39　韓國考古學會

李 煕 濬 2002「4～5世紀における新羅古墳被葬者の服飾品着装定型」『韓國考古學報』47　韓國考古學會

李 煕 濬 2007『新羅考古学研究』社会評論

林 永 珍・呉 東 㙨・姜 銀 珠 編 2015『高興吉頭里雁洞古墳』（全南大學校博物館學術叢書100）全南大學校博物館

【ス】

조 효 숙・김 동 건・이 은 진・전 현 실 2005「織物の種類と製作特徴」『武寧王陵出土遺物分析報告書（I)』

張 正 男ほか 2002『慶州仁旺洞古墳群』國立慶州文化財研究所

全北大學校博物館 2015『南原西谷里および斗洛里32号墳』（全北大學校博物館叢書第57冊）

全北文化財研究院ほか 2012『南原月山里古墳群―M4・M5・M6号墳―』

全 玉 年 1985「東萊福泉洞22号墳出土胡籙金具から見た胡籙の復元」『伽耶通信』第11，12合併号

全 玉 年 1992「伽耶の金銅製品に関して―盛矢具研究―」『伽耶考古学論叢』I　駕洛國史蹟開発研究院

鄭 光 龍 2001「武寧王陵王妃飾履の製作技法研究」『湖西考古學』4・5　湖西考古學社

鄭 永 和ほか 2002『慶山林堂地域古墳群Ⅵ―林堂2号墳―』嶺南大學校博物館

鄭 永 和ほか 2003『慶山林堂地域古墳群Ⅶ―林堂5・6号墳―』嶺南大學校博物館

鄭 永 和ほか 2005『慶山林堂地域古墳群Ⅷ―林堂7号墳―』嶺南大学校博物館

鄭 澄 元ほか 1983『東萊福泉洞古墳群Ⅰ』釜山大學校博物館

鄭 澄 元ほか 1990『東萊福泉洞古墳群Ⅱ』釜山大學校博物館

趙 榮 濟 1988『陜川玉田古墳群Ⅰ木槨墓』慶尚大學校博物館

趙 榮 濟ほか 1990『陜川玉田古墳群Ⅱ　M3号墳』慶尚大學校博物館

趙 榮 濟ほか 1992『陜川玉田古墳群Ⅲ　M1・M2号墳』慶尚大學校博物館

趙 榮 濟ほか 1993『陜川玉田古墳群Ⅳ　M4・M6・M7号墳』慶尚大學校博物館

趙 榮 濟ほか 1995『陜川玉田古墳群Ⅴ　M10・M11・M18号墳』慶尚大學校博物館

趙 榮 濟ほか 1997『陜川玉田古墳群Ⅵ　23・28号墳』慶尚大學校博物館

趙 榮 濟ほか 1998『陜川玉田古墳群Ⅶ　12・20・24号墳』慶尚大學校博物館

趙 榮 濟ほか 1999『陜川玉田古墳群Ⅷ　5・7・35号墳』慶尚大學校博物館

趙 榮 濟ほか 2003『陜川玉田古墳群Ⅹ』慶尚大學校博物館

조 은 하 2010「松潭・松院里遺跡　百済古墳群出土遺物の様相と編年」『燕岐松潭里・松院里遺蹟』韓國考古環境研究所・韓國土地住宅公社

趙 現 鐘ほか 2011『海南 龍頭里古墳』國立光州博物館

曺 永 鉉 2012『高霊池山洞第73～75號墳』（大東文化財研究院學術調査報告第36輯）高霊郡大加耶博物館・大東文化財研究院

中央文化財研究院・慶州市 2005『慶州徳泉里古墳群』

秦 弘 燮 1968『梨花女子大學校博物館図録』梨花女子大學

【え】

車 勇 杰ほか 1995『清州新鳳洞古墳群』忠北大學校博物館

崔 鍾 圭 1983「中期古墳の性格に対する若干の考察」『釜山史學』第7輯　釜山史學會（定森秀夫・緒方　泉 訳 1984「韓国・中期古墳に対する若干の考察」『古代文化』第36巻第12号　古代學協会）

崔 鍾 圭 1987「盛矢具考」『釜山直轄市立博物館年報』第9冊　釜山直轄市立博物館（定森秀夫訳 1992「盛矢具考」『古文化談叢』第28集　九州古文化研究会所収）

忠清南道歴史文化研究院 2007『公州水村里遺蹟』

参考文献

忠清南道歴史文化研究院 2013『公州水村里古墳群Ⅰ』

【ㄷ】

東亜細亜文化財研究院 2008『咸安道項里古墳群　咸安道項里 6-1 号墳』（東亜細亜文化財研究院発掘
　　　調査報告書第 19 輯）咸安

【ㅎ】

河承哲 2014「全南西南海地域と加耶地域の交流様相」『全南西南海地域の海上交流と古墳文化』（全
　　　南文化財研究所研究叢書 1）図書出版 ヘアン

韓國考古學會 2007『韓国考古學講義』社会評論

韓國考古環境研究所 2015『燕岐羅城里遺蹟』（韓國考古環境研究所研究叢書第 63 輯）

韓國文化財保護財団 編 1998『慶山林堂遺跡(Ⅱ)』韓國土地公社・韓國文化財保護財団

韓國文化財保護財団 2014『蔚山 下三亭 古墳群Ⅶ（本文）』

韓國文化遺産研究院 編 2014「京畿道華城から百済時代　金銅冠帽と金銅飾履等出土」『季刊韓国の
　　　考古学』第 26 号　주류성出版社

漢城百済博物館 編 2013『百済、馬韓と一つになる』

咸 舜 燮 1997「小倉 collection　金製帯冠の製作技法とその系統」『古代研究』5　書景文化社

咸 舜 燮 2009「菊隠寄贈品からみた百済草花紋系列帽冠に対する考察」『新羅文物研究』3　國立慶
　　　州博物館

洪潽植 1998「金官加耶の成立と発展」『加耶文化遺跡調査および整備計画』慶尚北道・加耶大學校敷
　　　設加耶文化財研究所

中国語（拼音順）

【j】

吉林省博物館集安考古隊 1964「吉林輯安麻線溝一号壁画墓」『考古』1964 年 10 期　中国社会科学院
　　　考古研究所

【l】

遼寧省博物館文物隊・朝陽地区博物館文物隊・朝陽県文化館 1984「朝陽袁台子東晋壁画墓」『文物』
　　　1984 年第 6 期　文物出版社

遼寧省博物館 2015『三燕馮素弗墓』文物出版社

遼寧省文物考古研究所・朝陽市博物館 1997「朝陽十二台郷磚廠 88M1 発掘簡報」『文物』1997 年第
　　　11 期　文物出版社

遼寧省文物考古研究所 編（奈良文化財研究所訳）2004『三燕文物精粋』遼寧省文物考古研究所・奈
　　　良文化財研究所

林 聖 智 2011「中国中古時期墓葬中的天界表象—東亜的比較視野—」『古代墓葬美術研究』第一輯
　　　文物出版社

【t】

田 立 坤 2002「袁台子壁画墓的再認識」『文物』2002 年第 9 期　文物出版社

田 立 坤・李　　智 1994「朝陽発現的三燕文化遺物及相関問題」『文物』1994 年第 1 期　文物出版社

【y】

于 俊 玉 1997「朝陽三合成墓出土的前燕文物」『文物』1997 年第 11 期　文物出版社

図版出典

第1章

図1：筆者作成。

図2：彫金技術上側の模式図は鈴木勉2003より引用。その他は筆者作成。

図3〜7：筆者作成。

図8-1：鄭澄元ほか1990より引用。図8-2：李南奭2000を実見のうえ改変再トレース。図8-3：趙榮濟ほか1992より引用。図8-4：筆者実測（慶尚大學校博物館）。図8-5：坂靖編1991より引用。

図9-1：張正男ほか2002を実見のうえ改変再トレース。図9-2：慶尚北道文化財研究院2007を再トレース。図9-3：岸本編2008を再トレース。図9-4：筆者実測（慶尚大學校博物館）。図9-5：筆者実測（忠清南道歴史文化研究院）。図9-6：筆者実測（慶尚大學校博物館）。図10-1：鄭永和ほか2005より引用。図10-2：嶺南大學校博物館1999を再トレース。図10-3：嶺南大學校博物館1999を再トレース。図10-4：嶺南大學校博物館2000を実見のうえ改変再トレース。図10-5：金正完ほか1987を実見のうえ改変再トレース。図10-6：吊手金具と帯金具の左2つは筆者実測（釜山大學校博物館）、その他は釜山大學校博物館1987を再トレース。

図11、12：筆者作成。

図13-1：遼寧省文物考古研究所編2004より引用。図13-2：于俊玉1997を再トレース。図13-3遼寧省文物考古研究所・朝陽市博物館1997を再トレース。

図14、15：筆者作成。

第2章

図16-1：李南奭2000を実見のうえ改変再トレース。図16-2：筆者実測（京畿文化財研究院）。図16-3：筆者実測（忠清文化財研究院）。図16-4：韓國考古環境研究所2015より引用。図16-5：筆者実測（京畿文化財研究院）。

図17-1：筆者実測（京畿文化財研究院）。図17-2：國立慶州博物館・慶北大學校博物館1990を実見のうえ改変再トレース。図17-3，4：李在烈ほか2010より引用。図17-5：筆者実測（慶尚大學校博物館）。図17-6：吉林省博物館集安考古隊1964より引用。

図18-1：申大坤1991より引用。

図19-1：忠清南道歴史文化研究院2013より引用。図19-2：筆者実測（忠清南道歴史文化研究院）。図19-3：筆者実測（國立清州博物館）。図19-4：勾玉状金具は筆者実測（國立清州博物館）、その他は車勇杰ほか1995より引用。図19-5：筆者実測（國立清州博物館）。

図20-1：馬韓・百済文化研究所2016より引用。図20-2：姜仁求1994より引用。図20-3：筆者実測（國立光州博物館）。

図21-1：吊手金具右側と帯金具の両端は尹浄賢2011より引用、その他は筆者実測（忠清文化財研究院）。図21-2：筆者実測（公州大學校博物館）。図21-3：筆者実測（國立全州博物館）。

図22-1：筆者実測（忠清南道歴史文化研究院）。図22-2：筆者実測（韓國考古環境研究所）図22-3：帯金具は車勇杰ほか1995より引用、その他は筆者実測（國立清州博物館）。図22-4：任孝宰ほか2001より引用。図22-5：筆者実測（忠清南道歴史文化研究院）。図22-6：車勇杰ほか1995より引用。図22-7：文化財研究所編1989より引用。

図23-1：筆者実測（京畿文化財研究院）。図23-2：田立坤・李智1994より引用。図23-3：吊手金具右と収納部金具は田立坤・李智1994より引用、吊手金具左は遼寧省文物考古研究所編2004よりそれぞれ引用。図23-4：遼寧省博物館2015より引用。図23-5：遼寧省博物館文物隊ほか1984より引用。

図24-1：筆者実測（國立公州博物館）。図24-2：筆者実測（國立光州博物館）。図24-3：筆者実測

図版出典

（公州大學校博物館）。図 24-4：國立光州博物館・光州広域市 1996 より引用。

第 3 章

図 25-1：國立慶州博物館・慶北大学校博物館 1990 を実見のうえ改変再トレース。図 25-2：鄭澄元
　ほか 1990 より引用。図 25-3：帯金具は筆者実測（福泉博物館）。その他は全玉年 1992 より引用。
　図 25-4：韓国文化財保護財団 2014 より引用。図 25-5：崔鍾圭 1987 より引用。

図 26-1：張正男ほか 2002 を実見のうえ改変再トレース。図 26-2：嶺南大學校博物館 1999 を再ト
　レース。図 26-3：鄭永和ほか 2005 より引用。

図 27-1，2：文化財管理局・文化財研究所編 1994。図 27-3：全玉年 1992 より引用。図 27-4：筆者
　実測（嶺南大學校博物館 2000）。図 27-5：筆者実測（國立慶州博物館）。

図 28-1：慶尚北道文化財研究院 2007 を再トレース。図 28-2：右の吊手金具は國立慶州博物館・慶
　北大學校博物館 1990 を再トレース。その他は引用。図 28-3：嶺南大學校博物館 1999 を再トレー
　ス。図 28-4：嶺南大學校博物館 2000 を実見のうえ改変再トレース。

図 29-1：李尚律 1990 より引用。図 29-2：鄭永和ほか 2002 より引用。図 29-3：収納部は金載元
　1948 より引用。その他は筆者実測（國立中央博物館）。図 29-4，5：李在烈ほか 2010 より引用。

第 4 章

図 30-1：趙栄濟ほか 1997 より引用。

図 31-1，2：朴升圭ほか 1998 より引用。図 31-3：収納部金具は金鍾徹 1981 より引用、その他は筆
　者実測（國立金海博物館）。図 31-4，7：曺永鉉 2012 より引用。図 31-5：収納部金具断面は金鍾
　徹 1981 より引用、その他は筆者実測（啓明大學校博物館）。図 31-6：筆者実測（國立大邱博物
　館）。

図 32-1：筆者実測（慶尚大學校博物館）。図 32-2：左側は趙栄濟 1988 より引用、右側は筆者実測
　（慶尚大學校博物館）。図 32-3：趙榮濟ほか 1999。図 32-4：趙榮濟ほか 1998。図 32-5：筆者実測
　（慶尚大學校博物館）。図 32-6：筆者実測（慶尚大學校博物館）。

図 33-1：筆者実測（慶尚大學校博物館）。図 33-2，3，5，6，7，8：趙栄濟ほか 1992 より引用。図
　33-4：収納部金具は趙栄濟ほか 1992 より引用、吊手金具は筆者実測（慶尚大學校博物館）。

図 34-1：帯金具の鉸具と吊手金具は趙栄濟ほか 2003 より引用、その他は筆者実測（慶尚大學校博物
　館）。

図 35-1：吊手金具左側は筆者実測（慶尚大學校博物館）、その他は趙栄濟ほか 1990 より引用。図
　35-2：筆者実測（慶尚大學校博物館）。図 35-3：趙栄濟ほか 1990 より引用。

図 36-1：筆者実測（國立大邱博物館）。図 36-2：帯金具の左端、吊手金具左側、収納部金具は筆者
　実測（慶尚大學校博物館）、その他は趙栄濟ほか 1998 より引用。図 36-3：筆者実測（國立晋州博
　物館）。図 36-4：吊手金具と帯金具の左 2 つは筆者実測（釜山大學校博物館）、その他は釜山大學
　校博物館 1987 を再トレース。図 36-5，6：全北文化財研究院ほか 2012 より引用。

図 37-1：筆者実測（國立晋州博物館）。図 37-2：筆者実測（群山大學校博物館）。図 37-3：任鶴鐘ほ
　か 2001 より引用。図 37-4：朴天秀ほか 2009 より引用。図 37-5：趙栄濟ほか 1998 より引用。

図 38-1，2，3，4：筆者実測（慶尚大學校博物館）。図 38-5：有光・藤井編著 2002 より引用。

第 5 章

図 39-1：吊手金具と右側のコ字形金具は筆者実測（國立金海博物館）、その他は李柱憲 2004 より
　引用。図 39-2：左側吊手金具は筆者実測（國立金海博物館）、その他は李柱憲 2004 より引用。図
　39-3：筆者実測（國立金海博物館）。図 39-4：帯金具は李柱憲 2001 より引用、その他は筆者実測
　（國立金海博物館）。図 39-5：筆者実測（國立金海博物館）。図 39-6：筆者実測（國立金海博物館）。
　図 39-7：慶南考古学研究所 2000 より引用。図 39-8，9，10：筆者実測（國立金海博物館）。

第 6 章

図 40-1，2，3，4：児玉編 2005 より引用。図 40-5：筆者実測（京都大学総合博物館）。図 40-6：左
　側吊手金具は実見のうえ鍋田・大橋ほか 1989 を改変再トレース。その他は引用。図 40-7：松尾宏

編 2000 より引用。図 40-8：筆者実測（福井市立郷土歴史博物館）。

図 41-1：白石・白井・山口編 2002 を実見のうえ改変再トレース。図 41-2：早乙女 1988 より引用。図 41-3：野上 1977 より引用。図 41-4：松崎 1997 を実見のうえ改変再トレース。図 41-5：児玉編 1990 より引用。図 41-6：才本 2011 より引用。

図 42-1：筆者実測（姫路市埋蔵文化財センター）。図 42-2：早乙女 1988 より引用。図 42-3：村井 1972 を再トレース。図 42-4：筆者実測（千葉県立風土記の丘）。図 42-5：北郷 1980 より引用。図 42-6：筆者実測（飯田市考古博物館）。図 42-7：片山 2002 より引用。図 42-8：岸本編 2008 を再トレース。図 42-9：早乙女 1988 より引用。

図 43-1：筆者実測（和歌山市立博物館保管、文化庁所蔵）。図 43-2：坂編 1991 より引用。図 43-3：高井 1987 より引用。図 43-4：土屋 2014 より引用（善通寺市教育委員会）。図 43-5：筆者実測（ふるさとミュージアム山城）。

図 44-1, 2, 3, 4, 5, 6, 7：辻田編 2015 より引用。

図 45：筆者作成。

第 7 章

図 46：末永 1936 より引用。

図 47-1：野上 1977 より引用。図 47-2：全玉年 1992 より引用。図 47-3：坂 1992 より引用。収納部断面形態は筆者加筆。

図 48-1：筆者実測（福井市立郷土歴史博物館）。図 48-2：筆者撮影（福井市立郷土歴史博物館）。

図 49-1：田中新 1988 より引用。図 49-2：坂 1990 より引用。図 49-3：福山ほか 2009 より引用。図 49-4：寺前・高橋編 2005 より引用。図 49-5：塚本ほか 2012 より引用。図 49-6：和歌山県教育委員会 2013 より引用。

図 50-1, 2, 3：ふるさとミュージアム山城提供、図 50-4：京都府教育委員会 1965 より引用。

図 51：筆者実測（ふるさとミュージアム山城）。

図 52-1, 2, 3, 4：土屋 2014 より引用（善通寺市教育委員会）。

図 53-1：坂 1992 より引用。収納部断面形態は筆者加筆。図 53-2, 3：筆者作成。

第 8 章

図 54-1：千家 1980 を一部改変再トレース。図 54-2：大金ほか編 1986 より引用。

図 55-1：筆者実測（京都府埋蔵文化財調査研究センター）。図 55-2：筆者実測（八幡市教育委員会）。図 55-3：実見のうえ坂 1991 を一部改変再トレース（奈良県立橿原考古学研究所附属博物館）。

図 56-1：筆者実測（財団法人とちぎ未来づくり財団埋蔵文化財センター）。図 56-2, 3, 4：坂 1991 を再トレース。図 56-5：小泉・大野編 2007 を再トレース。図 56-6：中村ほか 1990 を再トレース。図 56-7：福田・内藤 1996 を再トレース。図 56-8：松浦ほか 2003 を再トレース。

図 57：帝室博物館 1944 を参考に筆者作成。

図 58：筆者実測（國立大邱博物館）。

第 9 章

図 59-1：大澤 2015 より引用。図 59-2：群馬県教育委員会・群馬県埋蔵文化財調査事業団編 1986 より引用。図 59-3：木幡・千田編 2017 より引用。

図 60-1, 2, 3, 4, 5：東京国立博物館 1983 より引用。図 60-5：東京国立博物館 1986 より引用。

図 61-1：陳顕明 1970 の図面をトレース。図 61-2：富山編 2004 より引用。図 61-3：吉澤・川畑・初村編 2014 より引用。図 61-4：田中編 2010 より引用。

図 62-1：和歌山県立紀伊風土記の丘 2016 より引用。図 62-2, 3：城倉編 2017 より引用。

図 63：左上から右下方向に、下山・吉澤編 2002、吉村・千賀編 1988、奥村編 1983、田中編 2010、吉村・千賀編 1988、奈良県立橿原考古学研究所編 1990 よりそれぞれ引用。

図 64-1：吉澤・川畑・初村編 2014 より引用。図 64-2：杉本編 1991 より引用。図 64-3：京都大学総合博物館 1997 より引用。

図版出典

図65-1, 2：下山・吉澤編 2002 より引用。図 65-3：吉村・千賀編 1988 より引用。

図66-1, 2, 3, 4：三重県教育委員会編 1988 より引用。図 66-5, 6：奈良県立橿原考古学研究所編 1990 より引用。図 66-7：島根県教育委員会・島根県立八雲立つ風土記の丘編 1996 より引用。図 66-8：田中編 2010 より引用。図 66-9：奥村編 1983 より引用。図 66-10：寺脇・中田・大谷 1995 より引用。

図67-1：土屋 2014 より引用（善通寺市教育委員会）。図 67-2：菊池 2003 より引用。図 67-3：木下編 1993 より引用。図 67-4：松本編 1999 より引用。図 67-5：宇美町教育委員会 1981 より引用。図 67-6：塚本・山口・鈴木 1996 より引用。図 67-7：菊池 2003 より引用。図 67-8：池本・堀木・川添・鈴木 2013 より引用。図 67-9：藤枝市埋蔵文化財調査事務所編 1980 より引用。図 67-10：田中編 2006 より引用。図 67-11：諸星・石川・井鍋 2001 より引用。

図68-1：筆者実測（岡山県立博物館保管、文化庁所蔵）。図 68-2：進藤編 2001 より引用。

第10章

図69-1：松尾宏編 2000 より引用。写真は筆者撮影（朝倉市教育委員会）。図 69-2：筆者実測・撮影（姫路市埋蔵文化財センター）。図 69-3：岡村・重藤編 1993 より引用。写真は筆者撮影（九州歴史資料館保管、九州大学考古学研究室所蔵）。図 69-4：筆者実測・撮影（京都府埋蔵文化財調査研究センター）。図 69-5：下山・吉澤編 2002 より引用。筆者撮影（羽曳野市教育委員会）。

図70左：小村・井上 2002、右：沢田 2012 より引用。

図71：沢田 2012 より引用。

図72-1：筆者実測・撮影（國立公州博物館）。図 72-2：筆者実測・撮影（ふるさとミュージアム山城）。図 72-3：土屋 2014 より引用。筆者撮影（善通寺市教育委員会）。

図73-1：図面は早乙女 1988 より引用、写真は筆者撮影（東京国立博物館）。図 73-2：左側吊手金具は筆者実測・撮影（國立金海博物館）、右側吊手金具は李柱憲 2004 より引用。図 73-3：筆者実測・撮影（國立金海博物館）。図 73-4：馬韓・百済文化研究所 2016 より引用。

図74-1：筆者実測・撮影（慶尚大學校博物館）。図 74-2：筆者実測・撮影（東京国立博物館）。図 74-3：吊手金具は筆者実測・撮影（奈良国立博物館）、収納部金具は伊達・小島 1956 より引用。

図75-1, 2, 3：筆者撮影（羽曳野市教育委員会）。図 75-4：写真は筆者撮影（九州歴史資料館保管、九州大学考古学研究室所蔵）。

図76-1：千家 1980 を一部改変再トレース、筆者撮影（市原市埋蔵文化財センター）。図 76-2：筆者実測・撮影（京都府埋蔵文化財調査研究センター）。図 76-3：三重県教育委員会編 1988 より引用。写真は筆者撮影（三重県埋蔵文化財センター）。図 76-4：筆者実測・撮影（岡山県立博物館保管、文化庁所蔵）。

図77-1：群馬県立教育委員会 2017 より引用。図 77-2：島根県古代文化センター編 1999 より引用。写真は筆者撮影（出雲弥生の森博物館）。図 77-3：武田・永昭 1985 より引用。写真は筆者撮影（市原市埋蔵文化財センター）。図 77-4：조효숙・김동건・이은진・전현실 2005 より引用。

図78、79：筆者作成。

第11章

図80：筆者作成。

図81-1：宋義政・尹炯元 2000 より引用。図 81-2, 4, 7：忠清南道歴史文化研究院 2007 より引用。図 81-3：韓國考古環境研究所 2015 より引用。図 81-5：忠清南道歴史文化研究院 2013 より引用。図 81-6：林永珍・呉東墠・姜銀珠編 2015 より引用。

図82-1：文化財研究所編 1989 より引用。図 82-2：全北大学校博物館 2015 より引用。図 82-3：馬韓・百済文化研究所 2016 より引用。図 82-4：國立羅州文化財研究所 2014c より引用。

図83-1：梅原 1959 より引用。図 83-2：金洛中ほか編 2001 より引用。図 83-3：申英浩 2000 より引用。図 83-4：안병찬・이경자 2003 より引用。図 83-5：梅原 1964 より引用。右 - 筆者撮影（出光美術館）。

図84-1：宋義政・尹炯元 2000 より引用。図 84-2：筆者撮影（忠清南道歴史文化研究院）。図 84-3：

福泉博物館 2010 より引用。図 84-4：筆者撮影（國立全州博物館）。図 84-5：筆者撮影（國立光州博物館）。図 84-6，7：筆者撮影（國立公州博物館）。図 84-8：筆者撮影（國立中央博物館）。

図85-1：文化財管理局・文化財研究所編 1994 より引用。図 85-2：文化財管理局・文化財研究所編 1985 より引用。図 85-3，6：國立慶州博物館 2016 より引用。図 85-4：國立大邱博物館 2015 より引用。図 85-5：國立中央博物館編 2014 より引用。図 85-7：福泉博物館 2010 より引用。図 85-8：馬目 1980 より引用。

図86-1：梅原 1931 より引用。図 86-2：沈奉謹 1991 より引用。図 86-3：梅原・藤田・小泉 1931 より引用。図 86-4：鄭永和ほか 2003 より引用。図 86-5：金載元 1948 より引用。図 86-6：実見のうえ、趙榮濟ほか 1995 の図面に加筆し再トレース（慶尚大學校博物館）。

図87-1：田口 1998 より引用。図 87-2：西山 1981 より引用。図 87-3：若狭編 2009 より引用。図 87-4：下山・吉澤編 2002 より引用。

図88-1：工藤ほか編 2007 より引用。図 88-2：桑原 1988 の『風土注進案』より引用。図 88-3：京都大学文学部考古学研究室編 1995 より引用。図 88-4：上林 2005 より引用。図 88-5：奈良県立橿原考古学研究所編 1993 より引用。

図89-1：奈良県立橿原考古学研究所編 1993 より引用。図 89-2：松尾昌 1988 より引用。

図90-1，2：筆者撮影（高崎市教育委員会）。図 90-3：筆者撮影（若狭町歴史文化館）。図 90-4：筆者撮影（東京国立博物館）。図 90-5，6：筆者撮影（京都大学総合博物館）。図 90-7：筆者撮影（大阪府立近つ飛鳥博物館）。図 90-8：奈良県立橿原考古学研究所編 1993 より引用。図 90-9：筆者撮影（東京国立博物館）。

図91-1：工藤ほか編 2007 より引用。図 91-2：桑原 1988 の『風土注進案』より引用。図 91-3：樋口・近藤・吉本 1967 より引用。図 91-4：筆者撮影（奈良国立博物館）。図 91-5：奈良県立橿原考古学研究所編 1993 より引用。図 91-6：筆者撮影（大阪府立近つ飛鳥博物館）。

図92：筆者作成。

第12章

図93-1：工藤ほか編 2007 より引用。図 93-2：奈良県立橿原考古学研究所編 1993 より引用。図 93-3：右－足立 1901 より引用。中・左－実見のうえ中原・角田 1990 の図面に加筆し再トレース（東京大学総合研究博物館）。図 93-4：茨城県教育委員会 1960 より引用。

図94-1：筆者作成（佐賀県立博物館）。図 94-2：筆者作成（広島県立埋蔵文化財センター）。図 94-3：筆者作成（京都国立博物館）。図 94-4：筆者作成（三重県埋蔵文化財センター）。図 94-5：実見のうえ茨城県教育委員会 1960 の図面に加筆し再トレース（茨城県立歴史館）。図 94-6，7：工藤ほか編 2007 より引用。図 94-8：筆者作成（愛媛県教育委員会所蔵、愛媛県歴史文化博物館保管）。図 94-9：実見のうえ京都大学文学部考古学研究室編 1995 の図面に加筆し再トレース（京都大学総合博物館）。図 94-10：奈良県立橿原考古学研究所編 1993 より引用。断面は再トレース。

図95：下山・吉澤編 2002 を参考にして、筆者作成。

図96-1：筆者撮影（國立羅州博物館）。図 96-2：漢城百済博物館編 2013 より引用。図 96-3、4：筆者撮影（若狭町歴史文化館）。図 96-5：筆者撮影（羽曳野市教育委員会）。図 96-6：筆者撮影（三重県埋蔵文化財センター）。図 96-7：筆者撮影（三田市）。

図97-1：実見のうえ早乙女 1982 の図面に加筆し再トレース（東京国立博物館）。図 97-2：京都大学文学部考古学研究室編 1995 より引用。図 97-3：実見のうえ山本 1984 の図面に加筆し再トレース（東北大学大学院文学研究科考古学研究室）。

図98-1 の帯部中央と下の左側、3（左）は筆者実測（國立全州博物館）、3（右）は國立公州博物館編 2011 より引用、その他は文化財研究所編 1989 より引用。

図99，100：筆者撮影（國立光州博物館）。

図101-1：筆者実測（大阪府立近つ飛鳥博物館）。図 101-2：実見のうえ笹川編 1992 の図面に加筆し再トレース（善通寺市教育委員会）。

図版出典

図102-1：茨城県教育委員会 1960 より引用。図 102-2：清喜・横田・土屋 2017 より引用。図 102-3：正光寺山古墳群発掘調査報告書編集委員会 2012 より引用。図 102-4：実見のうえ向日市教育委員会編 1984 の図面に加筆し再トレース（向日市教育委員会）。図 102-5：筆者実測（たつの市埋蔵文化財センター）。

図103-1, 2, 3：國立公州博物館編 2011 より引用。図 103-4：國立慶州博物館編 2001 より引用。図 103-5：韓国文化遺産研究院編 2014 より引用。図 103-6：：清喜・横田・土屋 2017 より引用。模式図は咸舜燮 2009 を参考にしつつ、これら写真をもとに筆者作成。

図104-1：筆者実測（東京国立博物館）。図 104-2：高橋 2007 より引用。図 104-3：筆者実測（三重県埋蔵文化財センター）。図 104-4：筆者実測（京都国立博物館）。図 104-5 左・中、6 は実見のうえ中原・角田 1990 に加筆し再トレース（東京大学総合研究博物館）、5 右は足立 1901 より引用。図 104-7：筆者実測（三田市）。図 104-8：実見のうえ京都大学文学部考古学研究室 1995 に加筆し再トレース（滋賀県立安土城考古博物館保管）。図 104-9：筆者実測（群馬大学教育学部）。

図105-1：六弁花文、本体の左から 2 つ目、裾板の左から 2 つ目は筆者実測（九州歴史資料館）、その他は池ノ上・吉田 2011 より引用。図 105-2：下山・吉澤編 2002 より引用。図 105-3：一部は実見のうえ若狭編 2009 の図面に加筆し再トレース（高崎市教育委員会）。その他は引用。

図106-1：桑原 1988 の『風土注進案』より引用。図 106-2：筆者実測（京都国立博物館）。図 106-3：工藤ほか編 2007 より引用。図 106-4：京都大学文学部考古学研究室編 1995 より引用。図 106-5：筆者実測（愛媛県教育委員会所蔵、愛媛県歴史文化博物館保管）。図 106-6：奈良県立橿原考古学研究所編 2003 より引用。図 106-7：筆者実測（竹原市歴史民俗資料館）。

図107-1, 2：奈良県立橿原考古学研究所編 1993 より引用。

図108：筆者作成。

第13章

図109-1：茨城県教育委員会 1960 より引用。図 109-2：清喜・横田・土屋 2017 より引用。図 109-3：実見のうえ向日市教育委員会編 1984 の図面に加筆し再トレース（向日市教育委員会）。図 109-4：正光寺山古墳群発掘調査報告書編集委員会 2012 より引用。図 109-5：西山 1981 より引用。図 109-6：田口 1998 より引用。図 109-7：滝口編 1981 より引用。

図110-1：下山・吉澤編 2002 より引用。図 110-2：福岡大学人文学部考古学研究室編 2004 より引用。図 110-3：土屋 2014 より引用（善通寺市教育委員会）。図 110-4：真野ほか 1973 より引用。

図111-1, 2, 4：忠清南道歴史文化研究院 2007 より引用。図 111-3：工藤ほか編 2007 より引用。図 111-5：馬韓・百済文化研究所 2016 より引用。図 111-6：馬目 1980 より引用。図 111-7：宋義政・尹炯元 2000 より引用。

図112-1, 4, 7：忠清南道歴史文化研究院 2007 より引用。図 112-2：宋義政・尹炯元 2000 より引用。図 112-3：馬目 1980 より引用。図 112-5：馬韓・百済文化研究所 2016 より引用。図 112-6：工藤ほか編 2007 より引用。図 112-8：茨城県教育委員会 1960 より引用。図 112-9：田口 1998 より引用。図 112-10：下山・吉澤編 2002 より引用。図 112-11：西山 1981 より引用。図 112-12：福岡大学人文学部考古学研究室編 2004 より引用。図 112-13：実見のうえ向日市教育委員会編 1984 の図面に加筆し再トレース（向日市教育委員会）。図 112-14：清喜・横田・土屋 2017 より引用。図 112-15：真野ほか 1973 より引用。

図113：鈴木一 2009 より引用。

図114-1：金洛中ほか編 2001 より引用。図 114-2：桑原 1988 の『風土注進案』より引用。図 114-3：茨城県立歴史館 1990 より引用。図 114-4, 11, 12：下山・吉澤編 2002 より引用。図 114-5：渡辺 1958 より引用。図 114-6：西山 1981 より引用。図 114-7：筆者実測（三重県埋蔵文化財センター）。図 114-8：進藤編 2001 より引用。図 114-9：東京国立博物館 1986 より引用。図 114-10：工藤ほか編 2007 より引用。

図115-1, 6：京都大学文学部考古学研究室編 1995 より引用。図 115-2：筆者実測（三田市）。図

115-3：筆者実測（高取町教育委員会）。図115-4：清喜・横田・土屋2017より引用。図115-5：九州国立博物館2015より引用。図115-7：筆者実測（群馬大学教育学部）。図115-8, 9, 10, 11, 13：奈良県立橿原考古学研究所編1993より引用。図115-12：奈良県立橿原考古学研究所編2003より引用。図115-14：穴沢1975より引用。図115-15：和歌山県文化財センター2005より引用。図115-16：実見のうえ山本1984の図面に加筆し再トレース（東北大学大学院文学研究科考古学研究室）。図115-17：酒巻2009より引用。

図116-1：工藤ほか編2007より引用。図116-2：奈良県立橿原考古学研究所編1993より引用。図116-3：実見のうえ山本1984の図面に加筆し再トレース（東北大学大学院文学研究科考古学研究室）。図116-4：清喜・横田・土屋2017より引用。

終章

図117：筆者作成。

図118-1〜4：和田1986より引用。図118-5：真野ほか1973より引用。

図119-1：筆者撮影（東京国立博物館）。図119-2, 4：筆者撮影（國立光州博物館）。図119-3：筆者撮影（奈良国立博物館）。図119-5：筆者撮影（大阪府立近つ飛鳥博物館）。図119-6：筆者撮影（羽曳野市教育委員会）。

図120-1：奈良県立橿原考古学研究所編2003より引用。図120-2, 3, 13, ：奈良県立橿原考古学研究所編1993より引用。図120-4：鈴木一2008より引用。図120-5：田口1998より引用。図120-6, 9：下山・吉澤編2002より引用。図120-7：樋口・西谷・小野山1959より引用。図120-8：正光寺山古墳群発掘調査報告書編集委員会2012より引用。図120-10, 11, 12：京都大学文学部考古学研究室編1995より引用。図120-14：白石・白井・山口編2002より引用。図120-15：筆者実測（ふるさとミュージアム山城）。図120-16：群馬県教育委員会2017より引用。図120-17：土屋2014より引用（善通寺教育委員会）。図120-18：筆者実測（京都府埋蔵文化財調査研究センター）。図120-19：三重県教育委員会編1988より引用。図120-20：筆者実測（岡山県立博物館保管、文化庁所蔵）。図120-21：島根県古代文化センター編1999より引用。図120-22：武田・永昭1985より引用。

図121：筆者作成。

韓国語要旨

고분 시대의 일한교류와 금공품

쯔치야 다카후미

서장

본서의 목적은 고분시대 왜와 한반도 남부지역의 교류 양상을 금공품의 분석을 통해서 고찰하는 것이다.

금공품은 금속에 세공이 베풀어진 공예품의 일종으로 관, 대금구, 식리와 같은 금동제 장신구나 장식대도, 호록금구와 같은 무구, 장식마구 등을 들 수 있다. 이것들은 고분시대에 대륙으로부터 한반도를 경유해서 일본열도로 전파되었다. 그 배경에는 한반도를 중심으로 한 지역과 교류가 있었다고 생각되기 때문에 금공품은 일한교류에 접근할 수 있는 좋은 자료이다. 본서에서는 한반도 금공품의 특징을 해명하고 그 성과를 바탕으로 왜의 금공품 생산에 종사한 도래계 공인 집단의 동향에 대해서 논하였다.

구체적인 연구 대상은 盛矢具, 冠, 飾履이다. 자료조사를 통해서 얻은 제작 기술이나 각 속성의 정보가 금공품의 변화 및 지역성과 어떻게 대응하는지를 확인함으로써 금공품 생산을 검토하기 위한 기초 작업을 실시했다. 그리고 금공품에서 공통적으로 확인되는 속성과 제작 기술을 추출하고 횡단적인 시야에서 금공품 생산의 양상을 살펴보았다.

제 I 부 한반도 호록금구의 전개

제 1 장 호록금구의 분류 · 편년 · 지역성

본장에서는 호록금구의 각 부위（吊手金具 · 収納部金具 · 勾玉状金具 · 帯金具）를 속성으로 분류하고 이를 통합하여 분류를 실시했다. 다음으로 吊手金具 속성의 상관관계와 収納部金具의 공반관계를 근거로 변화의 방향성을 확인하고 공반유물을 통해 앞서 상정한 변화의 타당성을 검증했다. 이렇게 해서 얻어진 정보를 바탕으로 각 형식의 병행 관계를 정하여 호록금구의 변천 과정을 총 3단계로 파악했다. 마지막으로 호록금구 분포 상황을 검토하고 그 지역성을 정치영역과 관련시켜 해석했다. 그 결과 백제, 신라, 대가야, 아라가야에서 각각 지역성이 있음을 확인할 수 있었다.

제 2 장 백제 호록금구의 전개

본장에서는 백제 호록금구의 전개를 정리하고 그 지역성에 대해서 자세하게 검토했다. 백제에서는 고구려의 영향을 받아 5세기 전엽 무렵부터 독자적인 호록금구가 제작되었다. 이후에도 독자성이 강한 호록금구가 계속해서 제작되었으며 웅진기에는 대가야와의 기술교류도 확인되었다.

제 3 장 신라 호록금구의 전개

본장에서는 신라 호록금구의 전개를 정리하고 단계별 호록금구의 특징에 대해서 검토했다. 신라에서는 고구려의 영향을 받아 5세기 전엽 무렵부터 독자성이 강한 호록금구가

韓国語要旨

제작되었다. 5세기 중엽부터 6세기 중엽에 걸쳐서 백제와 대가야로부터 일부 영향을 받기도 하지만, 독자성이 강한 호록금구의 생산은 지속적으로 확인되었다. 또 신라 호록금구는 시기별로 대금구, 마구, 장식대도와 장식적인 요소나 기술적 요소에서 공통성이 확인된다. 이는 호록금구가 다른 금공품과 가까운 환경에서 생산되었기 때문에 기인하는 현상일 것이다. 다른 지역의 호록금구와 비교하면 신라 호록금구는 독자성이 강하지만, 이는 신라 호록금구가 지닌 특징이라기 보다 신라의 금공품 생산의 특징으로서 이해할 수 있다.

제4장 대가야 호록금구의 전개

본장에서는 대가야 호록금구의 전개를 정리하고 그 지역성을 검토했다. 대가야에서 호록금구가 급증하는 것은 5세기 중엽 무렵이며 신라·백제에서 들여 온 이입품이 확인되었다. 또 5세기 후엽 대가야에서 제작된 호록금구 가운데 백제계 공인집단이 관여한 사례도 확인되었다. 동일한 양상은 장식대도와 마구에도 확인되므로 이 시기는 대가야 금공품 생산의 획기라고 할 수 있다. 그 계기는 백제의 웅진 천도에 따른 공인 유입으로 짐작해 볼 수 있다.

제5장 아라가야 호록금구의 전개

아라가야에서 출토된 대부분의 호록금구는 대가야에서 이입된 것으로 생각되며 일부 신라에서 이입된 것도 보인다. 한편 대가야에서 많이 확인되는 백제계 호록금구는 확인할 수 없었다. 마구의 기술계보도 호록금구와 공통되므로 대가야와 활발한 교류가 이루어진 반면 백제와 교류는 저조했음을 알 수 있다. 또 대가야 호록금구를 모방하려고 한 아라가야 독자의 호록금구도 확인되어 아라가야에서도 일정의 호록금구가 제작된 것을 확인할 수 있었다. 이와 유사한 양상은 이식에서도 확인되고 있다. 아직 출토 사례는 적지만 아라가야에서도 금공품 제작이 어느 정도 이루어졌던 것으로 생각된다.

제Ⅱ부 일본열도 성시구의 전개

제6장 왜 호록금구의 전개

본장에서는 한반도 남부에서 확인되는 호록금구 전개 양상을 고려하면서 왜의 호록금구 계보를 단계별로 정리하였다. 5세기 전엽 경에는 주로 신라, 5세기 중엽 경에는 신라와 대가야, 5세기 후엽부터 6세기 중엽 경에는 백제와 대가야에서 계보를 구할 수 있는 호록금구가 확인되었다. 다음으로 왜에서 출토된 호록금구의 분포 상황을 검토했다. 5세기 전엽~후엽에는 키나이(畿内) 지역에 그다지 호록금구가 분포하지 않고 세토우치(瀬戸内) 지역·북부큐슈(北部九州) 지역을 비롯한 해안지역에 많이 분포하지만, 6세기 초두~6세기 중엽 경이 되면 畿内지역에 집중되고 분포 영역이나 출토 수도 확대되었다. 이를 고려하여 6세기 초두 이후, 畿内지역의 엘리트층이 호록금구를 수용하기 시작한 것이 계기가 되어 일본열도에 호록금구가 정착된 것으로 이해하였다.

제7장 호록의 형태복원

본장에서는 호록금구에 조금 남아 있는 유기질에 주목함으로써 열화로 인해 본래의 모습을 알기 어려운 호록 자체의 구조에 대해서 검토했다. 특히 5세기 후엽 이후에 많이 보이는 호록에 대해서 선행 연구의 논점을 정리한 후 잔존 상태가 양호한 사례를 주목하여 형태의 복원안을 제시하였다. 6세기 후엽 이후 호록은 고분에 부장되지 않지만 본체의 형태적 특징으로 보아 이것이 正倉院宝物 가운데 볼 수 있는 나라 시대의「호록」으로 이어지는 것으로 이해했다.

韓国語要旨

제8장 평호록의 출현 과정과 형태복원

본장에서는 正倉院宝物인 나라시대의「평호록」의 조형이 고분시대에 이미 확인된다는 것을 제시하였다. 금구의 출토 사례로 보아 평호록은 6세기 초 무렵에는 출현했다. 신라에서 유사한 평호록금구가 출토되지만 사례가 적어 주로 일본열도 내에서 제작된 것으로 보았다.

제9장 화살통금구 (靫金具) 의 변천

靫은 4세기부터 확인되는 왜의 전통적인 성시구이다. 촉신부가 위쪽을 향하도록 해서 화살이 수납되는 점이 특징이다. 고분시대의 성시구는 호록, 평호록, 靫으로 구분되며 6세기에는 이 3개가 병존하였다. 유기질로 이루어졌기 때문에 출토될 당시에는 본체를 확인할 수 없지만 각각에 장착된 금구로 이것들을 구분할 수 있다. 본장에서는 靫금구의 속성을 분석하고 그 변천 과정을 3개의 단계로 파악해서 호록금구, 평호록금구와 병행 관계를 설정했다.

제10장 왜의 성시구 생산 —성시구에 부착된 직물의 제작기법을 중심으로—

본장에서는 성시구에 부착된 직물의 복륜장식 기법을「縁かがり」와「伏組繍」로 구분하고 각각의 유례를 성시구에서 발견한 뒤 그 상황을 정리했다. 그 결과「縁かがり」는 백제와 왜의 호록금구,「伏組繍」는 백제, 신라, 대가야, 아라가야, 왜의 호록금구・평호록금구・靫에 많이 확인되었다. 또「縁かがり」는 왜의 횡인판병유충각부주,「伏組繍」는 왜의 마구에도 확인되므로 왜의 성시구는 이들과 일부 제작공정을 공유한 것을 분명히 하였다. 이러한 분석을 통해서 직물이나 피혁의 제작을 포함한 복합소재 수공업제품으로써 금공품 생산이 복수의 기물을 횡단하는 형태로 이루어졌음을 알 수 있었다.

제Ⅲ부 금동제 장신구의 전개

제11장 금동제식리의 수용과 전개

본장에서는 바닥판과 측판을 접는 방법, 접합기법에 지역성과 시간적 변화가 있음을 분명히 하고 이 관점에 주목하면서 백제, 신라, 왜에서 출토된 식리의 전개과정을 정리했다. 왜에서는 6세기 초두 경에 식리가 출현했다. 왜의 식리는 관과 함께 엘리트층이 장송의례품으로서 수용한 것 같다. 초기의 식리는 백제로부터 이입품 (Ⅱ군 A 형) 과 함께, 백제계 공인집단이 관여하여 왜에서 제작된 것으로 생각되는 식리 (Ⅱ군 C 형) 이 확인되었다. 6세기 전엽이 되면 Ⅱ군 A 형의 식리에도 왜 독자의 제작기법이나 문양이 보이게 되며 7세기 전엽 경까지 독자성이 강한 식리가 전개되었다.

제12장 왜에서 광대이산식관의 출현 과정

본장에서는 5세기 후엽 이후 왜에서 확인되는 광대이산식관의 출현과정에 대해서 논했다. 광대이산식관의 원형으로 생각되는 한반도의 관을 비교하고 또 접형금구 (蝶形金具), 유리옥 접합 기법, 문양의 변화에 주목함으로 광대이산식관의 출현 과정을 제시했다. 그 결과, 광대이산식관은 백제의 관모・식리의 문양과 가야의 관의 입식을 변형시킨 것이며 왜 재래의 직물제 관의 형상을 모방해서 창출된 왜 독자의 관임을 알 수 있었다.

제13장 왜의 금공품에 보이는 모티프의 계보

본장에서는 왜의 금공품에 보이는 모티프, 특히 연속파두문 (連続波頭文) 과 어문 (魚文) 에 주목하고 그 계보를 검토했다. 양자는 동아시아에서 흔히 확인되는 모티프로 직접적으로는

289

韓国語要旨

백제와 가야에 보이는 기술과 발상이 왜에서 조합되어 재구성됨으로써 왜의 금공품에 이용되었다. 흥미로운 것은 이 모티프가 관, 식리, 마구, 호록금구, 장식대도와 같은 왜에서 출토된 복수의 금공품에서 확인된다는 점이다. 이는 모티프에 관한 정보가 왜의 금공품 제작공방 사이에서 공유된 것을 의미하며 이 모티프가 왜의 금공품 생산을 특징짓는 것으로 판단했다.

종장 왜의 금공품 생산과 도래계 공인집단

본장에서는 광대이산식관, 식리, 성시구라는 기물을 분석의 축으로 하여 다른 금공품과 공통점을 찾으면서 5 세기 후엽 이후 왜의 금공품 생산 양상과 도래계 공인집단의 관계에 대해서 논했다. 먼저 일부 제작공정에서 공통된 제작 기술이 보이는 2 군의 그룹을 추출했다. 이 그룹은 재질의 차이와 대응하고 있어 동일한 재질의 생산에 가까운 기술계보의 공인집단이 관여하였음을 재차 확인했다. 특히 금동제품에는 백제계 공인집단의 큰 영향이 확인된다는 점을 분명히 하였다. 이러한 백제계 공인집단의 도래는 금강유역의 웅진으로 천도, 금강유역에서 영산강유역, 경남서부해안, 일본열도에 이르는 교류 루트의 활발화에 따른 경제적 이유 등으로 인하여 왜로 이주가 그 원인이었던 것으로 생각했다. 또 이주 후, 백제계 공인집단의 기술은 왜의 재래문화와 융합되어 왜의 금공품 생산의 기초기술로서 정착해 갔다. 5 세기 후엽 이후 백제가 왜의 금공품 생산에 끼친 영향은 종래 상정된 것보다 더욱 큰 것이었다.

あとがき

　本書は、2016 年 3 月に京都大学大学院文学研究科に提出した博士論文『古墳時代の日朝交流と金工品』を骨子とし、内容に加除補訂を加えたものである。各章を構成する論文の初出は以下の通りである。

序　　章　新稿
第 1 章　「古墳時代における胡籙金具の変遷とその特質―朝鮮半島南部・日本列島出土資料を中心に―」『古文化談叢』66　九州古文化研究会　pp.29-60（2011 年）
　　　　　「日朝における胡籙金具の展開」『考古学研究』第 59 巻第 1 号　考古学研究会 pp.39-59（2012 年）をもとに再構成。
第 2 章　「百済・大加耶における胡籙金具の展開」『古代武器研究』第 11 号　古代武器研究会　pp.39-59（2015 年）の一部に加筆補訂。
第 3 章　新稿
第 4 章　「百済・大加耶における胡籙金具の展開」『古代武器研究』第 11 号　古代武器研究会　pp.39-59（2015 年）の一部に加筆補訂。
第 5 章　新稿
第 6 章　「日朝における胡籙金具の展開」『考古学研究』第 59 巻第 1 号　考古学研究会 pp.39-59（2012 年）の一部に加筆補訂。
第 7 章　「坊主山 1 号墳出土胡籙金具の意義―胡籙の復元―」『古代学研究』第 195 号、古代學研究會　pp.42-50（2012 年）の一部に加筆補訂。
第 8 章　「平胡籙の出現過程」『技術と交流の考古学』同成社　pp.235-246（2013 年）に加筆補訂。
第 9 章　「善一田 18 号墳出土盛矢具の意義」『乙金地区遺跡群 23』（大野城市文化財調査報告書第 159 集）大野城市教育委員会（2017 年）を再構成。
第 10 章　新稿
第 11 章　「金銅製飾履の製作技法とその展開」『古代文化』Vol.64 No.4　古代学協会　pp.18-39（2013 年）に加筆補訂。
第 12 章　「古墳時代における広帯二山式冠の出現とその意義」『日本考古学』第 40 号　日本考古学協会　pp.69-88（2015 年）に加筆補訂。
第 13 章　新稿
終　　章　新稿

　私は京都府南部の城陽市に生まれ、18 歳の春に東京の大学に進学した。同級生には様々な地方出身者がいたため、各地の特産物や観光地の話をよく耳にしたが、ふと自分には地元につ

あとがき

いて語る話題がないことに気が付いた。地元について聞かれた際は近隣の宇治市の話をしていたが、少し寂しい思いもあったため、帰省の際には話題を探しに地元を色々と散策するようになった。その中で、城陽市には有名な古墳が沢山あるということを知った。家族とよく買い物に出かけたスーパーの駐車場にある竹藪が、古墳（芭蕉塚古墳）であることを知った時には少し感動を覚えた。これをきっかけに古墳に対して関心をもち、以降は各地の古墳巡りに熱中するようになった。

大学院修士課程への進学を機に、また京都に戻ってきた。研究室には、朝鮮半島の考古学を専門とされる先生、先輩、同期、韓国からの留学生が在籍していらっしゃったため、自然と自分も朝鮮半島の考古学に関心をもつようになった。博士後期課程に在籍中には、韓国に留学する機会を得た。韓国では、三国時代の古墳の踏査や博物館所蔵資料の調査、韓国人研究者との交流を通して、日本の古墳との共通点や相違点を学んだ。海外から日本の古墳について考えるのはとても新鮮で、刺激的な日々を過ごすことができた。

就職してからは超巨大陵墓の調査研究に携わることになった。陵墓は文化遺産としての価値が認められている一方で、現在も皇室の祭祀が継続しておこなわれており、皇室と国民の追慕尊崇の対象となっている。様々な側面をもつ陵墓へのかかわりを通して、古墳を現在に通じる身近な存在として感じられるようになった。

このように振り返ってみると、私は様々な角度から古墳を考える機会を得てきた。まだまだ知らないことが多くある。今後も、様々な角度から古墳と向き合っていきたいと思う。

博士論文の執筆にあたっては、吉井秀夫先生、吉川真司先生、村上由美子先生より様々なご指摘を頂戴しました。また、早稲田大学第一文学部考古学専修在学時には岡内三眞先生、京都大学大学院文学研究科歴史文化学専攻考古学専修在籍時には泉拓良先生、上原真人先生にもご指導を賜りました。

京都大学考古学研究室では、阪口英毅氏、金大煥氏、崔英姫氏、諫早直人氏、川畑純氏、河野正訓氏、金宇大氏、内記理氏をはじめとする諸先輩方、同期、後輩より、多くの刺激を頂きました。また、韓国の忠南大学校百済研究所在籍時には禹在柄先生、張寅成先生、朴淳発先生、土田純子先生、崔卿煥先生に留学生活を支えて頂きました。工芸文化研究所の鈴木勉先生と松林正徳先生には、金工品の製作実験（根岸塾）への参加以来、多くの研究視点を与えて頂きました。そして現在は、宮内庁書陵部陵墓課の諸兄より様々な研究視点からのご教示を頂いております。

本書の基礎資料を得るための資料調査に際しては、日韓の非常に多くの研究機関と研究者にご協力を賜りました。編集にあたっては、児玉有平氏、桑門智亜紀氏をはじめとした雄山閣の方々にご尽力を賜りました。また、韓国語要旨の校正は、金跳咏氏にお引き受け頂きました。皆様に心より感謝申し上げます。

本書の内容には、公益財団法人みずほ国際交流奨学財団アジア留学助成、公益財団法人高梨

学術奨励基金、JSPS 科研費（JP17H00026）による成果を含んでいます。また、本書を刊行するにあたり、JSPS 科研費（研究成果公開促進費）「学術図書」（JP17HP5258）による助成を受けました。

　最後に私事ではありますが、日頃より応援してくれている祖母、父、母、そして妻と娘に感謝したいと思います。

　2017 年 12 月

土屋 隆史

■著者紹介

土屋 隆史 （つちや たかふみ　Takafumi Tsuchiya）

1985 年、京都府生まれ。
2008 年、早稲田大学第一文学部総合人文学科考古学専修卒業。
2010 年、京都大学大学院文学研究科歴史文化学専攻考古学専修修士課程修了。
2011 年～2012 年、韓国國立忠南大學校百済研究所客員研究員。
2016 年、京都大学大学院文学研究科歴史文化学専攻考古学専修博士後期課程修了。
2012 年～現在、宮内庁書陵部陵墓課陵墓調査室。
京都大学博士（文学）。

〈主要著書〉
『宇和奈辺陵墓参考地旧陪冢ろ号（大和 6 号墳）』共著、宮内庁書陵部陵墓課、2017 年。
「日朝における胡籙金具の展開」『考古学研究』第 59 巻第 1 号、考古学研究会、2012 年。
「金銅製飾履の製作技法とその展開」『古代文化』Vol.64 No.4、古代学協会、2013 年。
「古墳時代における広帯二山式冠の出現とその意義」『日本考古学』第 40 号、日本考古学協会、2015 年。

2018 年 2 月 26 日　初版発行　　　　　　　　　　　　　　　《検印省略》

古墳時代の日朝交流と金工品

著　者　土屋隆史
発行者　宮田哲男
発行所　株式会社 雄山閣
　　　　東京都千代田区富士見 2-6-9
　　　　ＴＥＬ　03-3262-3231 ／ＦＡＸ　03-3262-6938
　　　　ＵＲＬ　http://www.yuzankaku.co.jp
　　　　e-mail　info@yuzankaku.co.jp
　　　　振　替：00130-5-1685
印刷・製本　株式会社ティーケー出版印刷

©Takafumi Tsuchiya 2018　　　　　　　ISBN978-4-639-02552-8 C3021
Printed in Japan　　　　　　　　　　　N.D.C.210　316p　28cm